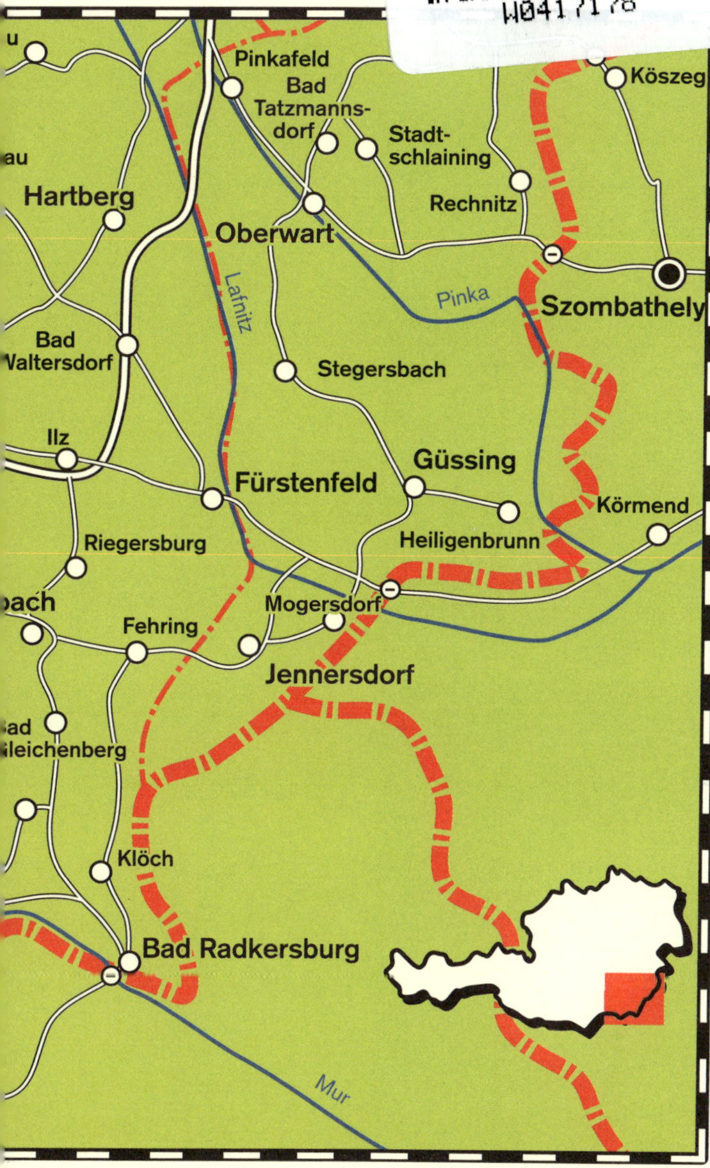
Pinkafeld
Bad Tatzmannsdorf
Stadtschlaining
Köszeg
Hartberg
Rechnitz
Oberwart
Lafnitz
Pinka
Szombathely
Bad Waltersdorf
Stegersbach
Ilz
Güssing
Fürstenfeld
Körmend
Riegersburg
Heiligenbrunn
Mogersdorf
Fehring
Jennersdorf
Klöch
Bad Radkersburg
Mur

Steirisches Hügelland

und südliches Burgenland

Lilli und Werner T. Bauer

Steirisches Hügelland
und südliches Burgenland

Geschichte, Kultur, Natur, Ausflüge, Wanderungen und angenehme Plätze zwischen Schilcherland, Thermenregion und Graz

Herausgegeben von Othmar Pruckner

Mit Fotos von Jörg Klauber

Falter Verlag

ISBN 3-85439-185-4

1011 Wien, Marc-Aurel-Straße 9
Telefon 01/536 60-0, Fax 01/536 60-35

Fotonachweis:
Lukas Beck (Seite 223)
Bildarchiv der Österreichischen Nationalbibliothek (Seite 19, 20, 248, 367)
Franz Hausner (Seite 277)
Archiv Herberstein/Foto Dr. Roth (Seite 166 unten)
Vene Maier (Seite 383)
Murecker Murmüller (Seite 309)
Österreich Werbung/Herzberger (Seite 251, 263 oben, 267, 339 unten), Markowitsch (Seite 259), Trumler (Seite 86 oben), Wiesenhofer (Seite 81, 84 oben, 85 unten, 86 unten, 88, 110, 165 oben, 260 unten, 338 oben und unten, 339 oben, 342 unten, 344, 374, 393)
Radio Steiermark (Seite 310)
Rathmayer/Köstler (Seite 27, 254)
Edition Scheibmaier (Seite 199)
Slowenisches Tourismusbüro (Seite 299, 342 oben)
Tourismusverband Straden (Seite 306)
Alle übrigen Fotos stammen von Jörg Klauber.

Zeichnungen: Stolz & Partner
Karten: Thomas Pölz
Typografie: Christof Janitschek
Lektorat: Kirstin Breitenfellner
Produktion: Susanne Schwameis
Satz: Falter Satz, 1011 Wien
Druck: Landesverlag, 4010 Linz

Inhalt

RUND UM GRAZ

WEIZ – DAS APFEL- UND SCHLÖSSERLAND

Hexen, Kürbisse, heiße Quellen und ein Wein namens Schilcher

Sie kennen sicher das schöne Lied «I wül ham nach Fürstenfeld». Sie halten es möglicherweise für ganz witzig. Haben sogar schon einmal, bei einem Feuerwehrfest, lauthals mitgesungen. Sonst mögen Sie ja derartige Musik nicht, aber in diesem Fall machen Sie augenzwinkernd eine Ausnahme. Sie fühlen mit, Sie haben Verständnis für den Popbarden Günter Timischl, der so große Sehnsucht nach seiner Heimat hatte, daß sein Freund und STS-Mitsinger Schiffkowitz ihm schließlich zum Trost diese Komposition widmete.

Sie kennen also das Lied, aber natürlich waren Sie noch nie in Fürstenfeld. Standen noch nie auf der südländisch wirkenden «Piazza» der Stadt. Und haben keine Ahnung, daß im Schloß seit dem 18. Jahrhundert Rauchwaren hergestellt werden.

Macht nichts. Dieses Reisebuch erzählt Ihnen alles über die – sagen wir's doch – Industriestadt Fürstenfeld, aber auch vom Drumherum, von der südlichen Steiermark insgesamt und der Hauptstadt des Landes, dem stillen, anmutigen Graz.

Es hat sich schon herumgesprochen, daß die Steiermark ein zwar kleines, aber sehr aktives Weinland ist. Der berühmteste der steirischen Weine ist zweifelsfrei der zartrosa bis rubinrot gefärbte Schilcher; ihn gilt es in der Weststeiermark, im «Schilcherland», in verträumten Buschenschenken zu entdecken – und zu probieren.

Bad Loipersdorf, Bad Blumau, Bad Waltersdorf, Bad Gleichenberg, Bad Radkersburg. Daß hier, in der Südostecke Österreichs, einst Vulkane spieen, kann man heute noch an den zahlreichen warmen Quellen und den steil aufragenden Basaltfelsen erkennen. Die Riegersburg, eine der größten und besterhaltenen barocken Festungen, steht auf einem solchen. Burgen und Schlösser, gotische Kirchen und barocke Klöster – dieses Buch ist ein kompetenter Wegweiser für Kunstfreunde. Wer weiß schon, daß Stift Rein das älteste bestehende Zisterzienserkloster der Welt ist?

Der vorliegende «Falters Feine» ist aber nicht nur ein klassischer Kulturführer – er führt Sie auch zu den besten Winzern, zu Apfeldörfern und Bummelzügen, zu neuen Kulturinitiativen und zu einer alten Kulturpflanze, dem Kürbis. Mit diesem Buch radeln und spazieren Sie durch die Hügel, Weingärten, Wälder und Maisfelder der Region, machen Ausflüge ins nahe Südburgenland und hinüber zum jungen Nachbarn, nach Slowenien.

Sie statten den Lipizzanern in Piber einen Besuch ab (nicht ohne der Hundertwasserkirche in Bärnbach die Reverenz zu erweisen), machen mit uns eine Zeitreise in die schreckliche Ära der Hexenprozesse, schauen beim Stradner Straßen Spektakel vorbei und besuchen Dieter Dorner, eine der berühmtesten Radiostimmen Österreichs, auf seinem Bauernhof.

Er ist einer von denen, die «ham» wollten – und tatsächlich heimgekehrt sind. Ihn hat es aus der Stadt gezogen und in die südlichste Ecke des Landes verschlagen; er hat sich seinen Traum vom friedlichen Leben in der sonnigen Südsteiermark wahr gemacht.

Wenn Sie auch nicht für immer dorthin ziehen wollen: Anschauen sollten Sie sich das Land jedenfalls. Erholsame, ruhige Tage in einer gesegneten Region verbringen, die noch immer vom Massentourismus völlig unberührt ist.

Wir wünschen Ihnen – mit diesem Buch – eine gute Reise!

Geographie, Geologie, Klima und Reisezeit

GEOGRAPHIE Eigentlich wäre alles so einfach. Auf alten Karten wird die Steiermark in ein Styria Superior und ein Styria Inferior, also in Ober- und Untersteiermark unterteilt, wobei die Grenze zwischen diesen beiden Landeshälften auf der Linie Hartberg – Fronleiten – Maria Lankowitz verlief. Die Obersteiermark ist, was sie immer schon war. Was läge näher, als den verbleibenden Rest – die in diesem Buch behandelte Region – einfach Untersteiermark zu nennen. Daß es so einfach nicht ist, hat vor allem historische Gründe: Die frühere Untersteiermark reichte nämlich bis weit ins heutige Slowenien hinein, und der Begriff blieb an diesen nach dem Ersten Weltkrieg verlorengegangenen Gebieten haften.

Auch die Bezeichnung «Südsteiermark», die in den letzten Jahren stark propagiert wird, ist unzulässig, da eine Südsteiermark strenggenommen gar nicht existiert, sich entweder mit der oben erwähnten Untersteiermark deckt oder bestenfalls einen relativ kleinen Landstrich um Leibnitz umfaßt.

Realität hingegen – und für Nichtsteirer schwer begreifbar – ist, daß der geographisch mächtigen Obersteiermark ein verbleibender kleinerer Teil gegenübersteht, der keinen eigenen Namen hat und sich folgendermaßen abstecken läßt: Seine nördliche Begrenzung sind das Vorland der Fischbacher Alpen und das Wechselmassiv, zugleich auch die Grenze zu Niederösterreich. Im Osten bildet die Lafnitz eine jahrhundertealte natürliche Grenze, die über weite Strecken auch die heutige Landesgrenze zum Burgenland darstellt. Die Staatsgrenze zu Slowenien im Süden wird von der Berggruppe des Poßruck, den Windischen Büheln und der Mur markiert. Im Westen bilden die Kor-, Glein- und Packalpe wiederum eine natürliche Grenze, die von alters her die Steiermark von Kärnten trennt. Das solcherart im Norden, Westen und Teilen des Südens von

Gebirgen umschlossene und nach Osten hin sanft abfallende Hügelland mit der Landeshauptstadt Graz als Gravitationszentrum wird – gemäß steirischem Selbstverständnis – von der Mur in eine West- und eine Oststeiermark geteilt. Oder, wie der steirische Autor Reinhard P. Gruber feststellte: «Der Westen beginnt im Süden. Obwohl die große Mehrheit der Steirer weitaus westlicher wohnt als die Weststeirer, sind sie keine Weststeirer, sondern bestenfalls Obersteirer oder Nordsteirer. Oberhalb der Weststeiermark ist der Westen zu Ende. Der Westen beginnt also im Süden und stößt in der Nähe von Graz direkt auf den Osten.» Alles klar?

GEOLOGIE Das aus Poßruck, Koralm, Stubalm, Gleinalm, Fischbacheralpe und Wechsel gebildete steirische Randgebirge besteht fast gänzlich aus Altkristallin, während das daran angrenzende «Riedelland», auch Steirische Bucht oder Steirisches Becken genannt, in welches breite Talböden und Schotterflächen wie das Grazer und das Leibnitzer Feld eingelagert sind, vor allem aus den Abtragsprodukten dieses Berglandes gebildet wird.

Vor etwa 25 Millionen Jahren kam es in der Steirischen Bucht zu einer starken vulkanischen Aktivität. Von diesen mittelmiozänen Vulkanen sieht man aufgrund der später erfolgten Ablagerungen heute nur noch die beiden Gleichenberger Kogel als Reste eines mächtigen Schildvulkans.

Eine zweite Phase vulkanischer Aktivität ereignete sich vor etwa vier Millionen Jahren. Diese jüngere Eruptionsphase prägte vor allem die Landschaft um Feldbach. Dabei entstanden keine großen Vulkane, sondern oberflächliche Lavadecken und Tuffstiele, wie sie uns im Südosten der Steiermark häufig begegnen, beim Stradner Kogel ebenso wie in Klöch, Gnas, Kapfenstein, Pertlstein, Feldbach, Riegersburg, aber auch im burgenländischen Güssing. Die Basalte, v.a. aber die mit diesen Vulkanen zusammenhängenden Säuerlinge und Mineralquellen sind heute für die Wirtschaft der Region von großer Bedeutung.

KLIMA UND REISEZEIT Das Klima der südlichen und südöstlichen Steiermark ist ein Übergangsklima mit – je nach Lage – mehr oder weniger starken alpinen oder pannonischen Einflüssen. Während die Obersteiermark große Niederschlagsmengen erhält, nehmen diese nach Süden hin kontinuierlich ab. Bad Radkersburg etwa weist nur 113 Regentage pro Jahr auf, gegenüber 179 in Altaussee. Die Südoststeiermark gehört überdies zu den wärmsten Regionen Österreichs. Die meisten Niederschläge fallen im Frühjahr und Sommer, wo es manchmal auch zu heftigen Unwettern kommen kann. Die beste Reisezeit ist der Spätsommer und Herbst, mit ruhigem und stabilem Wetter, traumhaften Fernsichten über das von Bergen eingerahmte Hügelland und einer prächtigen Färbung der Landschaft.

Geschichte

Die Besiedlung des steirischen Hügellandes erfolgte im 5. Jahrtausend v.u.Z. entlang der Flußläufe von Lafnitz, Feistritz, Raab und Mur. Erste bedeutendere Siedlungsreste, zum Beispiel am Schloßberg bei Wildon oder am Königsberg bei Tieschen, stammen aus der Urnenfelderzeit (1300–800 v.u.Z.). Als erste Hochkultur auf österreichischem Boden gilt die Hallstattkultur (800–400 v.u.Z.). Die Siedlungen waren locker gestreut, jedoch regelmäßig verteilt und durch Verkehrswege miteinander verbunden. Eine der größten Siedlungen aus dieser Zeit wurde auf dem Purgstallkogel bei Kleinklein entdeckt.

DIE KELTEN

In der La-Tène-Zeit (400–15 v.u.Z.) besiedelten die Kelten das heutige Ostösterreich. Im 2. Jahrhundert v.u.Z. schlossen sich mehrere keltische Stämme zum Regnum Noricum zusammen, das von den Quellen der Drau und der Salzach bis an die Raab in

Westungarn und von der Donau bis an die Karawanken reichte und intensive wirtschaftliche Beziehungen zum Römischen Reich unterhielt; begehrte Rohstoffe waren das norische Eisen und Salz.

DIE RÖMER

Um das Jahr 15 v.u.Z. wurde der keltische Staatsverband von den Römern kampflos besetzt und in den folgenden Jahrzehnten dem Imperium Romanum eingegliedert – vorerst als Protektorat, später als römische Provinz Noricum mit dem Hauptort Virunum (Zollfeld bei Klagenfurt). Unter Kaiser Vespasian (69–79) aus dem Geschlecht der Flavier erhielt schließlich auch das steirische Flavia Solva das Stadtrecht. Seine Bevölkerung bestand zum größten Teil aus romanisierten Kelten, was vor allem an den auf Grabsteinen abgebildeten Trachten ersichtlich ist. Die Blüte dieser einzigen römischen Stadt in der heutigen Steiermark fällt in das 2. Jahrhundert, in eine Zeit, als germanische Stämme bereits die ersten räuberischen Überfälle auf römisches Territorium verübten.

DIE SLAWEN

Im späten 4. Jahrhundert war der Untergang der antiken Weltordnung nicht mehr aufzuhalten. Völkerwanderung und Awaren brachten das römische Leben im Süden der Provinz Noricum völlig zum Erliegen. Zwischen dem 6. und dem 7. Jahrhundert wurde das verödete Gebiet von Slawen neu besiedelt. Wichtige Belege für diese slawische Landnahme sind unzählige Orts- und Flurnamen. Die ständigen Übergriffe der Awaren veranlaßten die karantanischen Slawen schließlich, Herzog Odilo II. von Bayern um Hilfe bei der Abwehr des Reitervolkes zu bitten.

Im Gegenzug mußten die Alpenslawen die Oberhoheit der Bayern anerkennen, mehr noch, das von slawischen Bauern nur relativ dünn besiedelte Land wurde von den fränkischen Herrschern systematisch an Bistümer, Klöster, Kirchen und bayrische Adelsfamilien vergeben, die bayrische Kolonisten ins Land holten. Die Steiermark war gewissermaßen «Bayerns wilder Osten», und aus einem mehrheitlich slawischen Land wurde sukzessive ein deutsches. Besonders großzügig bedachten die deutschen Kaiser das auf den Ruinen des römischen Juvavum gegründete Bistum Salzburg.

DIE TRAUNGAUER

Zu Beginn des 10. Jahrhunderts wurde die Grenzmark mehrfach von Magyaren verwüstet. Zum Schutz gegen die Eindringlinge aus dem Osten gründeten die Franken die sogenannte Karantanische Mark oder Mark an der Mur mit dem Zentrum Hengistburg in der heutigen Weststeiermark. Das Gebiet stand unter der Führung eines Markgrafen aus der bayrischen Familie der Eppensteiner, die auch Herzöge von Kärnten waren und eine neue Generation bayrischer Siedler ins Land brachten.

Im Jahr 1043 eroberte Kaiser Heinrich III. auch die heutige Oststeiermark. Die Lafnitz wurde damit zur neuen Ostgrenze des Deutschen Reiches gegen Ungarn und blieb es im wesentlichen bis zum Ende des Ersten Weltkriegs. Um 1050 übernahmen die Traungauer aus dem oberösterreichischen Steyr die Verwaltung der Karantanischen Mark. Ihnen gelang es, sich nach und nach von der formalen Lehenshoheit Bayerns zu emanzipieren und die alten steirischen Adelsgeschlechter, wie zum Beispiel die Stubenberger oder Wildoner, von der Legitimität ihrer Herrschaft zu überzeugen.

HERZOGTUM STEIERMARK

Im Jahr 1158 wird der Traungauer Markgraf Otakar III. erstmals als «princeps», also als Fürst bezeichnet. Unter seinem Nachfolger Otakar IV. erfolgt 1180 schließlich die Erhebung der Steiermark zum Herzogtum. Otakar nennt sich fortan «dux Styre», womit der Name der oberösterreichischen Stammburg der Traungauer auf das neue Herzogtum überging. Das steirische Landeswappen ist ebenfalls seit dieser Zeit nachweisbar, auch wenn der Panther im Laufe der Jahrhunderte einige Veränderungen erlebt hat: schlank oder gedrungen, mit Pfoten, Hufen oder Krallen, gehörnt oder ungehörnt, mit hängender oder mit aufgerichteter Rute, mit oder ohne feuerspeiendem Geschlecht …

DIE STEIERMARK WIRD ÖSTERREICHISCH

1186 schloß der unheilbar kranke und kinderlose Herzog einen Erbvertrag mit den Babenbergern, die berühmte «Georgenberger Handfeste». Das junge Herzogtum trat somit in die Geschichte Österreichs ein, dem es auch nach dem Aussterben der Babenberger im Jahr 1246 verbunden blieb. Als Grenzland hatte die Steiermark weiterhin einen großen Teil der gegen Österreich gerichteten Angriffe zu ertragen.

DIE TÜRKEN KOMMEN

Schon 1396 drangen die Osmanen erstmals bis in die Steiermark vor, und von 1471 an verwüsteten die türkischen Streifscharen regelmäßig die Grenzregionen. Das schlimmste Jahr war jenes von 1480, als 30.000 türkische «Renner und Brenner» durch die Gegend zogen, die Männer massakrierten, Frauen und Kinder verschleppten. Im selben Unglücksjahr wütete auch die Pest, und riesige Schwärme von Wanderheuschrecken fielen über die Ernten her. Der Pfarrer von Pack notierte in seinem «Chronikstrauß der alten Zeiten»: «(…) und war durch ganz Steiermark eine große Pest und die Türken mit einem ungeheuren Heer sind gewesen durch die ganze Steiermark und haben mich, Erharden Polinger, Pfarrer in der Packh, zehn Türken überfallen und verfolgt, und zu Pferd entkam ich (…). Mein Kirchlein aber und dessen Schätze haben sie zusammen mit dem Weiler Packh am heiligen Laurenziabend verbrannt und fast meine ganze Gemeinde erschlagen und weggeführt (...) und fast die ganze obere und untere Steiermark mit Feuer und Schwert ganz gottserbärmlich verwüstet.»

Auch im 16. Jahrhundert waren die Türken weiterhin häufige, wenn auch ungebetene Gäste. Im Jahr 1529 etwa verwüsteten die Osmanen auf ihrem Rückzug von der ersten Belagerung Wiens weite Teile der Oststeiermark. Zur Türkengefahr und den landesweiten Bauernunruhen gesellte sich der Konflikt zwischen Katholiken und Protestanten. 1561 war das Land bereits zu zwei Dritteln protestantisch. Wenig später setzte jedoch die gewaltsame Gegenreformation ein. Evangelische Schulmeister und Gelehrte, wie der an der Grazer Stiftsschule wirkende Mathematiker und Astronom Johannes Kepler, wurden des Landes verwiesen, protestantische Kirchen gesperrt oder zerstört, und im Jahr 1600 kam es am Grazer Schloßberg zur Verbrennung von 10.000 protestantischen Büchern.

Ein Haiducke

Zu Beginn des 17. Jahrhunderts plünderten der Abwechslung halber die Haiducken, ungarische Rebellen, die Oststeiermark bis ins Raab- und Ilztal. Ein zusammenfassender Bericht spricht von 3513 erschlagenen oder gefangenen Menschen und 1551 abgebrannten Häusern; außerdem wurden 5017 Pferde, 12.408 Rinder und 2401 Schweine und Schafe geraubt. Und wer den Haiduken entkam, fiel den kaiserlichen Truppen in die Hände, die durch Plünderungen ihr kärgliches Salär aufzubessern versuchten.

HEXEN UND «KRUZITÜRKEN»

Das ausklingende 17. Jahrhundert war aber auch die Zeit der großen Hexenprozesse. Der schrecklichste fand 1673/74 in Feldbach statt, wo 68 Personen der Zauberei beschuldigt wurden. Der Schauprozeß endete mit der Hinrichtung von 16 Unglücklichen, darunter auch der Frau des Pflegers der Riegersburg, Katharina Paltauf.

Die «Blumenhexe» Katharina Paltauf

Anfang des 18. Jahrhunderts tauchte aus dem Osten eine neue Gefahr auf, an die noch die heftige Unmutsäußerung «Kruzitürken!» erinnert. Wer die Türken waren, ist klar, aber wer bitte sind die Kruzi?? Es handelte sich wieder um aufständische Ungarn, die sogenannten Kuruzzen, die unter der Bevölkerung Angst und Schrecken verbreiteten. Wie subjektiv Geschichtsbetrachtung ist, zeigt die Feststellung eines ungarischen Historikers: «Was ihr als Banditenkriege bezeichnet, das waren für uns sehr oft Freiheitskriege.»

Mit Kaiserin Maria Theresia zog der obrigkeitsstaatlich verordnete Fortschritt auch in der Steiermark ein. Die Flut der Hexenprozesse ging allmählich zu Ende, und eigentlich sollte der gesamte Aberglaube per Dekret abgeschafft werden: «Der Druck und Verkauf der Kalender mit abergläubischen Auslegungen der Finsternisse, des Aderlassens, Schröpfens, Einnehmens und Badens, der sogenannten verworfenen Tage und anderer alberner und ungereimter Dinge wird ver- und zuboten».

DAS 19. JAHRHUNDERT

Das 19. Jahrhundert war von Industrialisierung und Fortschrittsglauben geprägt. Gleichzeitig schritt die Götterdämmerung der feudalen Gesellschaft fort, doch die Bauernbefreiung des Jahres 1848 brachte den früheren Untertanen nicht nur Vorteile. Haus und Hof wurden zur Ware, und Tausende bankrotte Bauernbetriebe kamen unter den Hammer. Im Murtal und im weststeirischen Kohlerevier entstanden Fabriken und Bergwerke, die bald auch durch die Eisenbahn erschlossen wurden. Bedingt durch den Aufschwung der Industrie, nahm die Bevölkerung der Steiermark rasch zu: Zwischen 1849 und 1914 um fast 50 Prozent, in Graz sogar um 160 Prozent, von 56.220 auf 146.507 Einwohner.

DIE GETEILTE MARK

In den letzten Tagen des Ersten Weltkriegs brachte der slowenische Major Rudolf Majster Marburg und weite Teile der südlichen Steiermark in seine Gewalt. Durch den Friedensvertrag von St. Germain wurde dieser Handstreich teilweise legalisiert, und die Steiermark mußte große Gebiete an den neuen SHS-Staat, das spätere Jugoslawien, abtreten. Damit wurde ein jahrhundertealter Wirtschafts- und Kulturraum zerschlagen. Die südlichen Bezirke der Steiermark aber entwickelten sich zu den Sorgenkindern der Ersten Republik, eine Situation, die sich nach Ende des Zweiten Weltkriegs durch den Eisernen Vorhang noch verschlimmerte.

DAS DRITTE REICH

Die Zwischenkriegszeit bescherte der Steiermark dieselben Probleme wie dem restlichen Österreich: Arbeitslosigkeit, ideologische Kämpfe bis aufs Blut und einen steigenden Deutschnationalismus. Nach dem Anschluß Österreichs im März 1938 wurde Graz durch Führererlaß in den erlauchten Kreis jener Städte erhoben, denen eine «besondere Förderung» zuteil werden sollte. Ab 1939 waren Juden in der Steiermark mit Berufsverbot belegt, und im März 1940 machte man sich an die «Endlösung der Zigeuner-Frage». Insgesamt fielen mehr als 8000 Steirer der politischen Verfolgung zum Opfer.

Im April 1945 wurden noch in den letzten Kriegstagen weite Teile der Oststeiermark durch die erbitterten Abwehrkämpfe schwer in Mitleidenschaft gezogen.

DIE KRAINER-DYNASTIE

Die Nachkriegsgeschichte der Steiermark ist von einem Mann geprägt worden: Josef Krainer, der 1903 als unehelicher Sohn einer Bauernmagd in der Obersteiermark geboren wurde und seine Karriere als Knecht und Forstarbeiter begann. Bis zu seinem Tod am 28. November 1971 wurde Krainer rekordverdächtige sieben Mal zum Landeshauptmann gewählt. Unter der Dynastie Krainer – der «Junior» war von 1980 bis 1995 Landeshauptmann – hat die Steiermark den Anschluß an die Moderne gefunden, wenngleich viele feudale Strukturen nach wie vor lebendig sind.

Wirtschaft

Bei der Betrachtung der wirtschaftlichen Verhältnisse muß man drei Großräume unterscheiden: die Landeshauptstadt Graz mit dem Grazer Umland, die Oststeiermark und die Weststeiermark.

DER AKTIVPOSTEN GRAZ

Der Grazer Zentralraum zählt mit seinen 360.000 Einwohnern in Österreich zu den Regionen mit der höchsten Wirtschaftsleistung. Kaum eine andere Stadt, mit Ausnahme Wiens, weist außerdem ein so vielfältiges Angebot an universitären und außeruniversitären Forschungseinrichtungen auf.

Bestimmt wird die Wirtschaftsstruktur des Grazer Raumes von Industrie und Dienstleistung. Eine deutliche Industriekonzentration findet sich entlang der Mur: Kartonagen und Papier, Zement und Baustoffe, Textil- und Metallwaren sowie Lebensmittel. Der bedeutendste industrielle Wirtschaftszweig ist allerdings die Transportmittelindustrie. Die hohe Konzentration der Automobilzulieferindustrie im Raum Graz birgt jedoch auch Gefahren, da die Branche sehr stark von internationalen konjunkturellen Schwankungen abhängig ist. Die größten Arbeitgeber im Raum Graz sind die Steyr-Daimler-Puch Fahrzeugtechnik, Leykam Papier, Steirerbrau, Eurostar Chrysler und die AVL Verbrennungskraftmaschinen und Meßtechnik. 25 Prozent aller im Grazer Raum beschäftigten Personen sind übrigens Pendler.

Neben dem industriellen Schwerpunkt ist Graz aber auch eine Stadt mit stark ländlichem Umfeld, was durch etwa 2400 Vollerwerbslandwirte und über 4000 Nebenerwerbsbauern dokumentiert wird.

PROBLEMRAUM OSTSTEIERMARK

Die Oststeiermark ist eines der wirtschaftsschwächsten Gebiete Österreichs und hat einen hohen Agraranteil. Auch wenn die klimatisch begünstigte Region seit den fünfziger Jahren ein Zentrum der österreichischen Obstproduktion geworden ist, so bleibt die oststeirische Wirtschaft von ihrem hohen Anteil an Nebenerwerbslandwirten und Pendlern geprägt. Rund 40 Prozent der Beschäftigten haben ihren Arbeitsplatz außerhalb des jeweiligen Bezirks.

Ganz typisch ist die Lage im Bezirk Feldbach, einkommensmäßig ein «armer» Bezirk, und das trotz des fruchtbaren oststeirischen Hügellandes. Die Zersplitterung in Klein- und Kleinstbetriebe macht das Wirtschaften unrentabel, weshalb nur noch ein Drittel der Landwirte Vollerwerbsbauern sind. Ähnlich stellt sich die Situation auch im Bezirk Radkersburg dar, klimatisch ein überaus begünstigter Landstrich, der dennoch mit starker Abwanderung und hoher Arbeitslosigkeit zu kämpfen hat.

Industrie gibt es in der Oststeiermark nur wenig, so etwa die einzige Zigarrenfabrik Österreichs in Fürstenfeld, die Elin in Weiz oder die ADA Polstermöbel in Baiersdorf, mit 850 Beschäftigten die größte Möbelfabrik Österreichs. Generell dominieren Klein- und Mittelbetriebe mit niedrigen Qualifikationsanforderungen und dementsprechendem Lohnniveau, weshalb der Frauenanteil unter den Arbeitern hoch ist. In Hartberg etwa beschäftigt nur ein einziger von 1800 Betrieben mehr als 500 Mitarbeiter, 70 Prozent der Betriebe kommen mit maximal vier Arbeitskräften aus.

Zu einem bedeutenden Faktor entwickelte sich in letzter Zeit der Tourismus, vor allem entlang der Thermenlinie. Die Thermen Loipersdorf, Waltersdorf und Radkersburg zählen heute zu den größten regionalen Dienstleistungsbetrieben. Die Nächtigungsentwicklung verlief hier wesentlich günstiger als anderswo, da die Schwerpunkte Gesundheit und Fitneß die «altväterische» Sommerfrische sinnvoll ergänzen. Weitere Versuche, den Fremdenverkehr anzukurbeln, gipfeln in der Erschließung verschiedener Regionen durch sogenannte «Straßen», wie die diversen Weinstraßen oder die «Schlösser-», «Apfel-» und «Römerstraße» – kleine, leicht verdauliche und appetitlich aufbereitete Häppchen für orientierungslose Touristen.

WEST- UND SÜDSTEIERMARK: MAIS, KOHLE, GLAS

Auch in der West- und Südsteiermark liegt das Niveau der Wirtschaftsleistung unter dem österreichischen Durchschnitt. Die Arbeitslosenrate ist relativ hoch, die Bevölkerungszahl rückläufig. Land- und Forstwirtschaft stellen traditionellerweise eine wichtige Erwerbsbasis dar. Zu Rindermast, Milchviehhaltung und Forstwirtschaft gesellen sich Spezialkulturen wie Ölkürbisse oder Heilkräuter und natürlich der bereits traditionelle Wein- und Obstbau.

Im Bezirk Leibnitz geben die etwa 1500 Weinbauern den Ton an. Mit Stolz verweist man hier auch auf die größte Schweinedichte Europas, die allerdings durch die vermehrte Gülleaufbringung auf den Feldern und die mit der Schweinemast einhergehende Maismonokultur bereits zu ernsthaften Wasserproblemen im Leibnitzer Feld geführt hat – ganz abgesehen von der unvorteilhaften Vereinheitlichung des Landschaftsbildes.

Die Region Voitsberg-Köflach blickt auf eine lange Bergbautradition zurück. Heute sind hier gerade noch 500 Personen im Bergbau beschäftigt, und die Entwicklung ist weiter rückläufig. Aufgrund der zu Ende gehenden Reserven wird der Kohlebergbau bis spätestens 2020 vor die «Grubenhunte» gehen.

Große Bedeutung kommt auch der Glaserzeugung zu. Das nach der schweren Krise von 1987 sanierte Stölzle-Oberglas erwirtschaftet mit 570 Arbeitern und Angestellten heute einen Umsatz von über einer Milliarde Schilling und produziert Glas für Kunden aus der Pharma-, Kosmetik-, Nahrungsmittel- und Getränkeindustrie, wobei die Exportquote bei über 70 Prozent liegt. In Deutschlandsberg und Leibnitz wird die Industriestruktur von einigen beschäftigungsstarken Betrieben der Elektro-, der Maschinenbau-, der Nahrungs- und Genußmittelindustrie sowie der chemischen Industrie geprägt.

Der Tourismus spielt, im Gegensatz zum oft verbreiteten Geheimtip-Image, eine nur unbedeutende Rolle. Zwar werden hippe Adressen von Buschenschenken an der Börse intimster Vertraulichkeit gehandelt, doch harren die West- und Südweststeiermark noch ihrer Entdeckung. Unter Fachleuten gilt diese Region deshalb als eines der letzten Gebiete des Landes, in dem ein gezielter Ausbau des Fremdenverkehrs zweckmäßig erscheint. Ein rascher Besuch scheint deshalb geboten.

Steirerblut ist kein Himbeersaft

ZUR GESCHICHTE DES STEIRISCHEN WEINBAUS

Die Einführung des Weines in der Steiermark wird für gewöhnlich den Kelten zugeschrieben. Belegt ist, daß schon die romanisierten Gallier und auch die Römer selbst gerne vom heimischen Wein tranken. Die Wirren der Völkerwanderungszeit nach dem Zusammenbruch des Römischen Imperiums scheinen allerdings die Rebenanlagen derart gründlich vernichtet zu haben, daß von einer Kontinuität des Weinanbaus nicht die Rede sein kann.

Die wahren Väter des Weines waren die Mönche, die im Zuge der bayrischen Kolonisierung neben dem Christentum auch den Weinanbau propagierten. Erste urkundliche Erwähnungen stammen aus dem 10. Jahrhundert und betreffen das Gebiet um Ptuj im heutigen Slowenien. Im 12. Jahrhundert hatte die Weinrebe bereits im Sausal und in der Region um Deutschlandsberg Wurzeln geschlagen. Im 13. Jahrhundert dürfte sie die Gegend um Stainz erreicht haben.

Nachdem der Pro-Kopf-Verbrauch im Mittelalter ein wesentlich höherer war als heute und der Wein eine immer wichtigere Einnahmequelle darstellte, wurde sein Anbau von den Grundherren besonders gefördert. Im späten Mittelalter waren deshalb praktisch alle Ortschaften mit der heutigen Endung «berg» von Weinkulturen bedeckt. Seine größte Ausdehnung erreichte der Weinbau gegen Ende des 16. Jahrhunderts, als selbst in den nördlichen Regionen der Obersteiermark Wein gekeltert wurde.

Allerdings waren diese Weine nur von geringer Haltbarkeit und reichten bei weitem nicht an die Qualität der Weine aus Niederösterreich, Ungarn oder Südtirol heran. Weinsorten kannte man damals noch nicht, es ist aber anzunehmen, daß die Wildbacherrebe, aus der man den Schilcher gewinnt, den

Hauptbestand der steirischen Rebkulturen bildete. Und für den Schilcher galt das Bonmot: «Der Schilcher ist der Wein der Knechte und der Knecht der Weine», weshalb der Adel und die Geistlichkeit ausländische Weine bevorzugten.

Der Weinhandel war an sich den Bürgern bestimmter Städte vorbehalten. Adelige allerdings waren von diesen Restriktionen ausgenommen, was dazu führte, daß sie regelmäßig mehr einkauften, als sie «zur eigenen Notdurft» benötigten. Der überschüssige Wein wurde mit einheimischem gepanscht und in den herrschaftlichen Tavernen teuer verkauft.

Um den Absatz der einheimischen Weine zu fördern, erließ Kaiser Joseph II. im Jahr 1784 eine Zirkularverordnung, wonach die Bauern die von ihnen hergestellten Produkte – also auch den eigenen Wein – direkt am Hof verkaufen durften. So entstanden die Buschenschenken, in denen zum eigenen Wein bis heute auch «Unterlagen» serviert werden: Brettljausen mit Selchfleisch, Schweinsbraten, Wurst, Schinken, Speck und Kren, Verhackertes, manchmal auch selbstgebackenes Brot.

An der Entwicklung des Weinbaus war die von Erzherzog Johann gegründete Landwirtschaftsgesellschaft maßgeblich be-

«Von welcher Art mag dieser Vogel sein?»

teiligt. Durch systematische Untersuchungen konnten sowohl haltbarere als auch qualitativ hochwertigere Sortenweine geschaffen werden. Gegen Ende des 19. Jahrhunderts wurde diese Entwicklung jäh unterbrochen. Die aus Amerika eingeschleppte Reblaus vernichtete innerhalb weniger Jahre große Teile der europäischen Weinkulturen. Die Gefahr eines völligen Untergangs des Weinbaus konnte nur durch die Veredelung der Reben auf reblausresistenten amerikanischen Unterlagsreben gebannt werden. Die spätere Reifezeit der neuen Sorten brachte allerdings den Weinbau in den nördlichen Regionen endgültig zum Erliegen.

Durch die Abtrennung der Untersteiermark sank die steirische Weinanbaufläche von über 34.000 Hektar auf 8500. Der absolute Tiefstand war 1963 erreicht, als Wein nur noch auf einer Fläche von knapp 2000 Hektar kultiviert wurde. Mittlerweile sind es wieder mehr als 3500 Hektar, was etwa 6 Prozent der gesamtösterreichischen Weinanbaufläche entspricht. Gestiegen ist aber nicht nur die Quantität. Die österreichweite Entwicklung der letzten Jahre – zu mehr Qualität und zu einer stärkeren Spezialisierung auf bestimmte Sorten – findet auch in der Steiermark ihren erfreulichen Niederschlag.

STEIRISCHE WEINBAUREGIONEN

Die steirischen Weinbaugebiete sind gegen Westen und Norden durch Gebirgsketten geschützt. In der südlichen Steiermark treffen trockenes, pannonisches Klima und feuchtwarmes Mittelmeerklima aufeinander, die meisten Niederschläge fallen im Frühsommer und Sommer. Was die Bodenbeschaffenheit anbelangt, so reicht die Bandbreite von kräftigen Urgesteinsböden in der Weststeiermark über karge Schieferböden im Sausal bis hin zu schweren Vulkanböden im Südosten.

Für gewöhnlich unterscheidet man drei große Weinbauregionen: die Südsteiermark, die Südoststeiermark und die Weststeiermark.

DIE REGION SÜDSTEIERMARK: WELSCHRIESLING UND SAUVIGNON BLANC

Die Südsteiermark ist mit knapp 2000 Hektar die größte Weinbauregion des Bundeslandes. Sie teilt sich wiederum in zwei Großlagen: Zum einen das südsteirische Weinland von Ehrenhausen bis Schloßberg, das eine Fortsetzung der malerischen Hügellandschaft der Windischen Bühel bildet. Hier wachsen einige der besten Weißweine, zum Beispiel Welschriesling und Sauvignon blanc, aber auch Morillon und Muskateller. Etwas anders ist die Lage im Sausal, westlich von Leibnitz. Hier findet man die steilsten Hanglagen und mit Kitzeck auch die höchstgelegene Weinbaugemeinde des Landes. Die Weine des Sausal sind etwas härter, die kargen Schieferböden bringen aber einen sehr guten Rheinriesling hervor.

Hier wachsen keine sauren Trauben

Vermarktet werden neuerdings drei sogenannte «Weinstraßen»: 1. die Südsteirische Weinstraße von Ehrenhausen über Ratsch nach Leutschach, 2. die Sausaler Weinstraße und 3. die zwischen den beiden gelegene Rebenland-Weinstraße von Großklein nach Eichberg bzw. nach Leutschach.

DIE REGION SÜDOSTSTEIERMARK: TRAMINER, WELSCHRIESLING, ZWEIGELT

In der Südoststeiermark, wo sich auf etwa 1200 Hektar ungefähr 2400 Weinbauern drängen, sind ebenfalls zwei Großlagen zu unterscheiden: Zum einen das steirische Vulkanland, das die Weinbauflächen der Bezirke Radkersburg und Feldbach umfaßt und wo auf den Basaltverwitterungsböden im Raum Klöch herrliche Traminer gedeihen. Die übrigen Rebflächen östlich der Mur werden als oststeirisches Hügelland zusammengefaßt. Die höchstgelegenen Weingärten finden sich am Ringkogel bei Hartberg auf fast 600 Meter Höhe. In dieser Region dominiert der Welschriesling, etwas stärker als in der restlichen Steiermark vertreten sind die Rotweine, vor allem der Zweigelt.

Von den Tourismusfachleuten werden hier gleich vier «Weinstraßen» propagiert: 1. die Klöcher Weinstraße von Fehring über Klöch nach Bad Radkersburg, 2. die Südoststeirische Hügelland-Weinstraße, die in Frutten von der Klöcher Weinstraße abzweigt und über Straden nach St. Peter am Ottersbach führt, 3. die Thermenland-Weinstraße, die die Klöcher Weinstraße ab Fehring fortsetzt, und 4. die Oststeirische Römerweinstraße von Gleisdorf nach Hartberg und über St. Magdalena nach Bad Waltersdorf.

DIE REGION WESTSTEIERMARK: DAS «SCHILCHERLAND»

Die Weststeiermark, mit 480 Hektar die kleinste der drei Weinbauregionen, ist das sogenannte Schilcherland. Zwar wächst hier nicht nur der Schilcher, jedoch ist diese weststeirische Besonderheit eine eigene Betrachtung wert.

Grundlage für den Schilcher ist die Wildbachertraube, die wahrscheinlich schon sehr früh aus einer heimischen Wildrebe gezogen wurde. Die erste Nennung des Schilchers – die Bezeichnung kommt übrigens von «schillern» oder «schilchern», was sich auf seine Farbe bezieht – findet sich im Weinbuch des Johann Rasch von 1580. 1782 wird berichtet, daß man Papst Pius VI. auf seiner Durchreise in Maria Lankowitz «einen rosaroten Essig» vorgesetzt habe. Nun, beides, «rosarot» und «Essig», hat bis zu einem gewissen Grad seine Richtigkeit. Der

Blaue Wildbacher ist ein Rotwein, der aber als Rosé ausgebaut wird und dadurch seine Spritzigkeit erhält. Er soll jung getrunken werden, denn nach zwei bis drei Jahren verliert er seine prägnante Säure. Der Schilcher ist aber nicht immer rosafarben. Seine Tönung variiert von Zwiebelfarben bis zart Hellrot, ja sogar Rubinrot. Die sogenannte Schilcher-Weinstraße beginnt in Ligist, wo rubinrote Weine dominieren, verläuft über Greisdorf und Stainz, wo auf Gneisböden der hellrote Zwiebelschilcher wächst, und führt über Deutschlandsberg nach Eibiswald.

WICHTIGSTE WEINSORTEN

Welschriesling *(auch: Riesling)* 25% Flächenanteil, damit *die* steirische Hauptsorte; fruchtig, spritzig, fein würzig. Gut zu lagern.

Müller-Thurgau *(= Rheinriesling x Sylvaner)* 13% Flächenanteil, 1882 in Geisenheim von Professor Müller gezüchtet. Mild und rund, leicht muskiert. Als Jungwein zu trinken.

Weißer Burgunder *(auch: Pinot blanc, Klevner)* 12% Flächenanteil, stammt aus Frankreich. Hochwertiger Wein mit pikanter Säure und feiner Blume. Längere Lagerung empfohlen.

Morillon *(auch: Pinot Chardonnay)* 6% Flächenanteil. Spielart des Weißen Burgunders. Vollmundiger Wein mit fruchtiger, feiner Säure, ideal für lange Lagerung. In der Südsteiermark eine der wichtigsten Weißweinsorten.

Dem Wein seine Traube

Ruländer *(auch: Grauer Burgunder, Pinot gris)* 3% Flächenanteil. Feuriger Wein mit vollem Bukett und feiner Säure. Lagerfähig.

Rheinriesling *(auch: Weißer Riesling)* 3% Flächenanteil. Bukettreich, spritzig, rassig und bei Vollreife der «König unter den Weißweinen». Sehr gut lagerfähig.

Muskat-Sylvaner *(auch Sauvignon blanc)* 6% Flächenanteil, stammt aus Frankreich. Von leicht grasig bis würzig im Bukett, erreicht bei langer Lagerung höchste Qualität.

Muskateller 4% Flächenanteil, eine der ältesten Sorten. Spezialität der Südsteiermark. Elegantes Muskatbukett und feines Säurespiel.
Traminer 6% Flächenanteil, feines, intensives Bukett und Duftfülle. In der Spielart des Gewürztraminers kommt aromatische Würze hinzu. Die (südost-)steirischen Traminer sind Weltspitze.
Blauer Zweigelt *(auch: Rotburger = Blaufränkisch x St. Laurent)* Eine Züchtung der Bundeslehranstalt für Wein- und Obstbau in Klosterneuburg. Voller, kräftiger Rotwein mit schöner Farbe und zartherbem Geschmack.
Blauer Wildbacher *(Schilcher)* Leichter, trockener Wein, von Zwiebelfarben bis Rubinrot, spritzig, mit hohem Säuregehalt. Steirische Spezialität.
St. Laurent Tiefrot, samtig, mit feinem Bukett. Lagerfähig.
Blauburger *(= Blaufränkisch x Portugieser)* Tiefdunkel und extraktreich.

EINE AUSWAHL DER EDELSTEN TROPFEN

Welschriesling
Otmar Adam, Steinbach 53, Gamlitz
Weingut Bullmann, Ratsch 79, Ehrenhausen
E. u. M. Elsnegg, Eckberg 26, Gamlitz
Lackner-Tinnacher, Steinbach 12, Gamlitz
Weinhof Platzer, Pichla 25, Tieschen
Erich & Walter Polz, Graßnitzberg 54, Spielfeld
Otto & Theresia Riegelnegg, Steinbach 62, Gamlitz
Steirisches Landesweingut Silberberg, Leibnitz
Walter Skoff, Eckberg 16, Gamlitz
E & M Tement, Zieregg 13, Berghausen
Eduard Tscheppe, Pössnitz 168, Leutschach
Weißburgunder (Pinot blanc)
Alois Gross, Ratsch 10, Ehrenhausen
Weingut Neumeister, Straden 42
Weinhof Platzer, Pichla 25, Tieschen
Polz-Kiefer, Graßnitzberg 59, Spielfeld
Rudolf Schlögl, Mimsdorf 30, St. Nikolai o.D.

Peter Skoff, Kranachberg 50, Gamlitz
Josef Trabos, Kranach 30, Gamlitz
Weingut Tschermonegg, Glanz 50

Morillon (Pinot Chardonnay)

E. u. M. Elsnegg, Eckberg 26, Gamlitz
Ploder-Rosenberg, St. Peter a.O. 86
Erich & Walter Polz, Graßnitzberg 54, Ehrenhausen
Polz-Kiefer, Graßnitzberg 59, Spielfeld
Weingut Sattlerhof, Sernau 2, Gamlitz
Walter Skoff, Eckberg 16, Gamlitz
E & M Tement, Zieregg 13, Berghausen
Johann Tinnauer, Labitschberg 42, Gamlitz
Günther Wagner, Ehrenhausen

Rheinriesling

Josef Dreisiebner, Sulztal 35, Ehrenhausen
Schloß Seggau, Bischöfliches Weingut, Leibnitz

Muskat-Sylvaner (Sauvignon blanc)

E. u. M. Elsnegg, Eckberg 26, Gamlitz
Schloßkellerei Melcher, Gamlitz
Karl & Annemarie Riegelnegg, Sernau 21, Gamlitz
Otto & Theresia Riegelnegg, Steinbach 62, Gamlitz
Weingut Sattlerhof, Sernau 2, Gamlitz
Schloß Seggau, Bischöfliches Weingut, Leibnitz
Walter Skoff, Eckberg 16, Gamlitz
Weingut Tschermonegg, Glanz 50

Muskateller

Alois Gross, Ratsch 10, Ehrenhausen
Schloßkellerei Melcher, Gamlitz
Otto & Theresia Riegelnegg, Steinbach 62, Gamlitz
Walter und Evelyn Skoff, Eckberg 16, Gamlitz

Traminer

Walter Müller, Klöch
Johann Zweytick, Ratsch 58, Ehrenhausen

Zweigelt

Weinhof Platzer, Pichla 25, Tieschen
Günther Wagner, Ehrenhausen
Winkler-Hermaden, Schloß Kapfenstein

Schilcher

Weinbau Friedrich, St. Stefan ob Stainz
Jöbstl, Wernersdorf 41
St. u. A. Langmann, Langegg 23, St. Stefan ob Stainz
Müller vlg. Krasshoisl, Wies

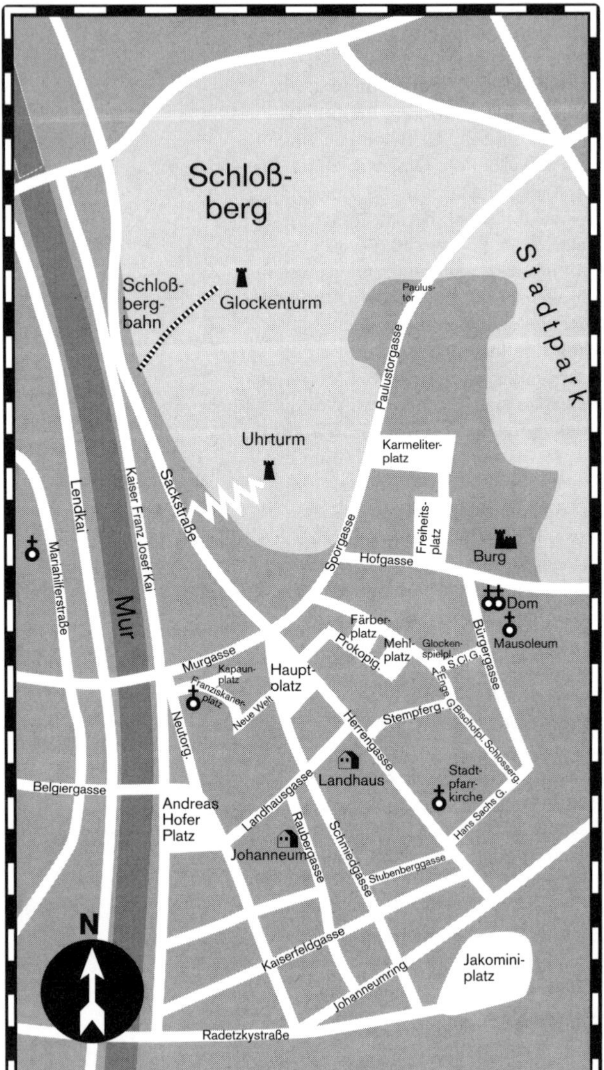
Schloß-
berg
Schloß-
berg-
bahn
Glockenturm
Uhrturm
Paulus-
tor
Paulustorgasse
Stadtpark
Karmeliter-
platz
Freiheits-
platz
Burg
Sporgasse
Hofgasse
Sackstraße
Kaiser Franz Josef Kai
Lendkai
Mur
Mariahilferstraße
Dom
Mausoleum
Färber-
platz
Mehl-
platz
Glocken-
spielpl.
Prokopig.
Bürgergasse
A.a S.Cl.G.
Murgasse
Kapaun-
platz
Haupt-
platz
Franziskaner-
platz
Neue Welt
Enge G.
Bischofpl.
Schlosserg.
Stempferg.
Herrengasse
Neutorg.
Landhaus
Stadt-
pfarr-
kirche
Belgiergasse
Andreas
Hofer
Platz
Landhausgasse
Raubergasse
Schmiedgasse
Hans Sachs G.
Johanneum
Stubenberggasse
Kaiserfeldgasse
Johanneumring
Jakomini-
platz
Radetzkystraße
N

Graz –
Der Besuch der alten Dame

Den Ruf als «Pensionopolis» hat Graz längst abgestreift. Strahlend schön und nahezu faltenfrei präsentiert sich die barocke Altstadt heute, gleich einer lebensfrohen alten Dame. In Graz mischt sich der unbeschwerte Schein des sonnigen Südens mit der sorgsamen Pflege der liebgewonnenen Altertümer. Hier kommen sie gut miteinander aus, die mittelalterlichen Bürgerhäuser mit ihren dunkelgrünen, mediterran anmutenden Fensterläden und die willkürlich herumstehenden Plastiksessel der Straßencafés, die den Besucher einladen, selbst ein Teil des Ambientes zu werden.

HAUPTSTADT A.D.

Das Kastell Gradec sorgte schon im 11. Jahrhundert für den Schutz des Murüberganges. Sein Name leitet sich vom slawischen Wort «grad» ab, was soviel wie Burg oder Festung bedeutet und sich in Städtenamen wie Beograd oder auch im Prager Hradschin wiederfindet. Der Aufstieg der Grazer Burg begann in der zweiten Hälfte des 13. Jahrhunderts, als der Böhmenkönig Ottokar II. sie zum Sitz seiner steirischen Statthalter erhob. Nach der Teilung der habsburgischen Länder im Jahr 1379 avancierte Graz zur Haupt- und Residenzstadt der innerösterreichischen Erblande, die außer der Steiermark noch Kärnten und Krain, die Stadt Triest, Inneristrien und später die Grafschaft Görz umfaßten. Unter Friedrich III. brachte es Graz vorübergehend sogar zur kaiserlichen Residenzstadt.

Der Grazer Uhrturm

Um der ständigen Bedrohung durch Ungarn und Türken zu begegnen, wurden Stadt und Burg im 16. Jahrhundert durch italienische Architekten zu einer mächtigen Renaissancefestung ausgebaut. Diesen Baumeistern verdankt die Stadt auch ihren südlichen Charme.

Regelrecht kastriert wurde die Stadt zu Beginn des 19. Jahrhunderts. Nachdem der Grazer Schloßberg im Jahr 1809 von französischen Truppen vergeblich belagert worden war, mußte – gemäß den Bestimmungen des Schönbrunner Friedens – die stolze Grazer Festung geschleift werden. Allerdings kauften die Bürger der Stadt den Uhrturm und den Glockenturm der Festung um den Betrag von 2987 Gulden und 11 Kreuzer frei und retteten somit das Wahrzeichen der Landeshauptstadt.

1811 stiftete Erzherzog Johann das nach ihm benannte Landesmuseum Joanneum, das älteste öffentlich zugängliche Museum Österreichs. 1825 wurde die erste Grazer Fabrik gegründet – eine Zuckerraffinerie. Mit ihr hielten auch die Dampfmaschinen Einzug in die Steiermark. Durch die Industrialisierung stieg die Bevölkerung der Stadt in der zweiten Hälfte des 19. Jahrhunderts auf über 100.000. Graz war zwar nur noch Provinz, aber in mancher Hinsicht innovativer als Wien. So wurde schon 1906 die Grazer Messe gegründet, die erste dieser Art in Österreich.

Die nationalsozialistischen Umtriebe in den dreißiger Jahren unseres Jahrhunderts brachten Graz den zweifelhaften Ehrentitel «Stadt der Volkserhebung» ein.

EIN SCHLOSSBERG OHNE SCHLOSS

Bis zur Mitte des 19. Jahrhunderts blieb der von Napoleon seiner Festung beraubte und damit bedeutungslos gewordene Schloßberg im Besitz des Landesfürsten. Wenn Peter Rosegger von der «Entdeckung des Grazer Schloßbergs im Jahre 1894 nach Christus» schrieb, hatte er damit nicht ganz unrecht, denn erst die Fertigstellung der Schloßbergbahn brachte den Grazern ihren Stadtberg wieder nahe. Heute ist der 123 Meter hohe Dolomitfels ein beliebtes Ausflugsziel, weshalb wir hier mit unserem Rundgang beginnen wollen.

Eine erste Seilbahn zum Schloßberg wurde schon vor über 460 Jahren errichtet, um Baumaterial und Wasser auf den Berg schaffen zu können. Nach Beendigung der Arbeiten bestand für diesen Aufzug jedoch kein Bedarf mehr. Die 1894 errichtete Standseilbahn wurde anfänglich mit Dampf betrieben, seit 1900 fährt die *Schloßbergbahn* elektrisch. Um einen Schloßbergbummel gemütlich und stimmungsvoll zu gestalten, empfiehlt sich der Aufstieg per Bahn.

Schloßbergbahn, Kaiser-Franz-Josef-Kai 38, Tel. 0316/88 74 13, Betriebszeiten: 8–23 Uhr im Sommer, 10–22 Uhr im Winter, alle 15 min.

Die Schloßbergbesichtigung beginnt vis-à-vis der «Bergstation», wo im *Glockenturm,* dem weniger bekannten Bruder des berühmten Grazer Uhrturms, das *Schloßbergmuseum* untergebracht ist. Gezeigt werden, neben dem 175 Jahre alten Festungsmodell eines Herrn Sigl auch noch Waffen, Reste der alten Thomaskapelle und ein etwa drei Meter langes Sprachrohr, das als Feuermelder diente. Die «Liesl» im Glockenturm ist übrigens die drittgrößte Glocke der Steiermark. Sie schlägt um 7, 12 und 19 Uhr, jeweils 101mal.

Die Kehrseite eines Wahrzeichens

Das unterhalb des Turmes gelegene *Burgverlies* wird wegen seiner Form liebevoll «Baßgeige» genannt. Nur mit Führung zu besichtigen sind die Stall- oder Kanonenbastei, eine große Kasematte aus dem 16. Jahrhundert, die im 18. Jahrhundert als Staatsgefängnis für bis zu 300 Personen diente, und das Innere des *Grazer Uhrturms*. Das Wahrzeichen der Stadt wurde im 13. Jahrhundert als Stadtturm errichtet, seine heutige Form erhielt es allerdings erst im 16. Jahrhundert. Das Uhrwerk stammt aus dem Jahr 1712 und ist bis heute funktionstüchtig. Kurios: Die Zeiger der Uhr sind vertauscht montiert, d.h., der lange zeigt die Stunden und der kurze die Minuten.

Der malerische Schloßbergsteig

Nach Abschluß der gegenwärtigen archäologischen Arbeiten werden im Rahmen einer Schloßbergführung auch die Reste der Thomaskapelle und weitere Kasematten zu besichtigen sein. Interessierte können auch noch das Garnisonsmuseum besuchen. Über den malerischen Schloßbergsteig kehren wir dann zum Schloßbergplatz zurück.

Garnisonsmuseum, Öffnungszeiten: Ostersonntag bis 2. Sonntag im Oktober, Di–So 10–17 Uhr.

Schloßbergführungen: Eine Woche vor Ostern bis Ende Oktober, tgl. 9–17 Uhr zu jeder vollen Stunde. Die Führung dauert etwa 50 Minuten. Tel. 0316/83 17 87.

ALTSTADTBUMMEL

Unser Stadtrundgang beginnt in der *Sackstraße*, die bereits im 14. Jahrhundert «Im Sack» genannt wurde, denn ursprünglich gab es hier keinen Ausgang. Im 15. und 16. Jahrhundert war die

Sackstraße durch drei Tore unterteilt, man sprach deshalb vom ersten, zweiten und dritten Sack. Heute findet man in der Sackstraße außer schönen alten Häusern auch mehrere Antiquitäten- und Altwarenhändler. Gleich neben dem Schloßbergplatz befindet sich, auf Nr. 22, die *Alte Münze,* die um 1690 als Postamt gegründet wurde und seit 1756 als Münzamt diente. Vis-à-vis steht die Dreifaltigkeitskirche, die zu Beginn des 18. Jahrhunderts im Stil des italienischen Spätbarock erbaut wurde. Auf dem Platz vor der Kirche wurde früher der Fischmarkt abgehalten. Das Haus mit der Nr. 20, der *Reinerhof,* gilt als das älteste Gebäude der Stadt: 1164 erhielt das Kloster Rein drei Hofstätten, die den Grundstock für die Stadtniederlassung des Ordens bildeten. Die Fassade des Hauses Nr. 17, des Palais Attems, entstand unter dem Einfluß oberitalienischer Palastbauten. Prächtig ist der Stiegenaufgang mit den Deckenfresken. Die im Obergeschoß gelegenen Zimmer besitzen Deckenstukkaturen mit Gold-, Silber- und Kupferauflagen. Heute hat das Audio-Visuelle Museum, das eine Auswahl aus der Sammlung des steiermärkischen Bild- und Tonarchivs präsentiert, im *Palais Attems* seinen Sitz, außerdem befinden sich hier die Festivalbüros der steirischen Sommerfestspiele für Musik «styriarte» und des 1968 gegründeten Avantgarde-Festivals «steirischer herbst», Österreichs wichtigster Veranstaltung für Gegenwartskunst.

Audio-Visuelles Museum, Öffnungszeiten: Mo, Di, Do 8–16 Uhr, Mi und Fr 8–13 Uhr, Tel. 0316/83 03 35.

Im Haus Nr. 18, dem ehemaligen *Palais Khuenburg,* wurde der spätere Thronfolger Franz Ferdinand geboren. Heute beherbergt es das Grazer Stadtmuseum.

Grazer Stadtmuseum, Öffnungszeiten: Di 10–21 Uhr, Mi–Sa 10–18 Uhr, So und Fei 10–13 Uhr, Tel. 0316/82 25 80. Nach Voranmeldung ist auch eine Museumsapotheke zu besichtigen.

Während das Haus Nr. 15, das Kleine Palais Attems oder «Witwenpalais» aus dem 16. Jahrhundert, mit einer sehenswerten Fassade geschmückt ist, verbirgt sich im Renaissancebau des ehemaligen *Palais Herberstein* eines der schönsten Treppenhäuser der Steiermark. Die hier ansässige Neue Galerie besitzt eine Sammlung bildender Kunst des 19. und 20. Jahrhunderts, darunter auch Werke von Gustav Klimt und Egon Schiele.

Neue Galerie, Öffnungszeiten: Di–Sa 10–18 Uhr, So und Fei 10–13 Uhr, Tel. 0316/82 91 55, 82 91 86.

Das Haus Sackstraße Nr. 12, das *Restaurant «Krebsenkeller»*, lädt nicht nur des Essens wegen in den schönen Innenhof ein, der, so wie die Loggia, aus dem 16. Jahrhundert stammt. Nach der Bäckerei Wolfbauer mit ihrer bemalten Fassade gelangt man auf den *Hauptplatz*. An der Stelle des *Hotels «Erzherzog Johann»* stand schon im 16. Jahrhundert ein Einkehrgasthof für Kaufleute «mit Stubn, Stibl, Kämmer, Speisekämmer, Kuchel und Stallerl». Das Hotel ist mit antikem Mobiliar ausgestattet, Minuspunkte verdienen die Ernst-Fuchs-Bar und die Busgruppenprogramme. Der Namengeber hat hier übrigens nie genächtigt, sondern dem Hotel lediglich die Verwendung seines Namens gestattet. Man revanchierte sich mit der Kreation einer Erzherzog-Johann-Torte, deren Ingredienzen außer dem berühmten großen Fragezeichen Kürbiskerne, Dörrfrüchte und Marzipan sind.

Und noch ein Denkmal erinnert an den Lieblingswahlsteirer: Der 1878 errichtete *Erzherzog-Johann-Brunnen.* Eigentlich sollte auf dem Hauptplatz ursprünglich ein Brunnen errichtet werden. Da man aber auch dem «Steirischen Prinzen» ein Denkmal setzen wollte, schlug man zwei Fliegen mit einer Klappe. Das Rathaus stammt aus dem Jahr 1894. Aus den prächtigen Fassaden rund um den Hauptplatz sticht an der Ecke zur Sporgasse das *Luegghaus* mit barocker Stuckfassade und Laubengängen hervor.

Das vis-à-vis gelegene Gebäude wurde schon im Mittelalter «Am Eck» genannt, seine Bewohner demzufolge «Ecker». Um 1700 betrieb hier ein gewisser Zacharias Casanova ein Kaffeehaus, und auch heute genießt man vom *Café «Nordstern»* die Aussicht auf den Hauptplatz und die Sporgasse. Der Name dieser Gasse stammt von den Sporenmachern und Waffenschmieden, die im späten Mittelalter hier ansässig waren. Selbstverständlich war die Sporgasse damals, so wie die meisten anderen Straßen auch, noch ungepflastert und voll Unrat. Laut einer Infektionsordnung von 1585 waren «Mittwoch und Samstag totes Vieh, Mist, Harn und Krautwasser wegzuführen».

Das Haus Sporgasse Nr. 13 war ein Brau- und Gasthaus, genannt «Zum römischen Kaiser», und auf Nr. 14 wurde am 18. August 1785 der Schreiber und Gefährte Andreas Hofers, Kajetan Sweth, geboren. Das nahe *Deutschordenshaus* lag oft mit dem Grazer Stadtgericht im Streit. Stein des Anstoßes war der in die Außenmauer eingelassene Asylstein. Er bewahrte jeden, der ihn berührte, vor der Gefangennahme – so auch die Fleischermeistersgattin Millmath, die sich 1711 ihres Gatten gewaltsam entledigt hatte und danach für immer hinter Klostermauern verschwand.

Hinter dem Haus Nr. 21 verbirgt sich die älteste Pfarrkirche der Stadt, die Stiegenkirche, die 1343 erstmals erwähnt wurde. Vorbei am Gasthaus «Zur Goldenen Pastete», gelangt man zum *Palais Saurau-Goess,* das der damalige Schloßhauptmann 1564 erbauen ließ. Neben dem schönen Innenhof sollte man

Das Grazer Rathaus: Früher stand hier der Narrenkotter

sich auf keinen Fall die Türkenfigur entgehen lassen, die aus der Dachluke des Palais in die Sporgasse späht. Ob es sich bei diesem Türken um eine Figur für Kampfspiele oder um ein altes Hauszeichen handelt, ist unklar.

Die Sporgasse mündet in den *Karmeliterplatz*, von dem links ein Weg zum Schloßberg hinaufführt. Die barocke Dreifaltigkeitssäule stammt aus dem Jahr 1685 und stand ursprünglich am Hauptplatz. Vorbei am Palais Galler, das um 1690 entstand und heute Sitz der steirischen ÖVP ist, geht es rechts zum *Freiheitsplatz* mit dem Denkmal von Kaiser Franz I. und dem Café «Fink», das für sein Frühstück gerühmt wird.

Rechts gelangt man in die Hofgasse. Auf Nr. 10 befindet sich der «Taubenkogel», ein ehemaliges Gymnasium mit Renaissancefassade, einige Schritte weiter die wuchtige Geschäftsfassade der *Hofbäckerei Edegger-Tax*, wo das Brot bereits seit 1569 sauer verdient wird – versüßt allerdings durch das Privileg, den Doppeladler führen zu dürfen. Die Hofgasse mündet bei der Stiegenkirche in die Sporgasse. Wir kehren deshalb um und gehen, vorbei am klassizistischen Bau des Grazer Schauspielhauses, zum Dom.

Café «Fink» am Freiheitsplatz, berühmt für sein Frühstück

DER DOM –
AUCH **E**R **I**ST **O**BSKUR **U**EBERSÄT

Um die Mitte des 15. Jahrhunderts ließ Kaiser Friedrich III. die dem hl. Ägidius geweihte Pfarrkirche von Grund auf neu errichten. Seine berühmte Devise «AEIOU», oft als «Alles Erdreich ist Österreich Untertan» gedeutet, wurde mehrfach am Dom angebracht. An der Südseite des Doms befindet sich unter einem kleinen Vordach das sogenannte «Landplagenbild» mit den drei Plagen des Schreckensjahres 1480: Türken, Pest und Heuschrecken. Es wurde von den Grazer Bürgern nach dem Ende dieser «Gottesplagen» gestiftet und zeigt die älteste erhaltene Ansicht der Stadt.

1577 erhielt der Jesuitenorden die Ägidiuskirche, die nach der Gründung der Universität wenige Jahre später zur Universitätskirche und nach Aufhebung des Jesuitenordens im Jahr 1773 schließlich zur Kathedralkirche des Bistums Graz-Seckau wurde.

Trotz der barocken Anbauten und der prunkvollen Ausstattung des 17. und 18. Jahrhunderts konnte die Kirche ihren spätgotischen Raumeindruck bewahren. Besonders erwähnenswert sind die *Pest- und Mater-Dolorosa-Kapelle* (1617), die *Franz-Xaver-Kapelle* (1659) und die *Kreuzkapelle* (1666/67) mit spätgotischem Kruzifix. Der *Hochaltar* ist ein Hauptwerk der spätbarocken Altarbaukunst in der Steiermark. Bemerkenswert ist auch das intarsierte Kirchen- und Beichtgestühl (um 1705/10), das zur selben Zeit entstand wie die Kanzel und die Orgel.

Vom mittelalterlichen Bau blieben das Netzrippengewölbe in den Kirchenschiffen und im Chor, das reich geschmückte Westportal und zwei monumentale Freskodarstellungen des hl. Christophorus (um 1460/70) erhalten, von denen die eine, der Herr mit dem Herzogshut, Kaiser Friedrich III. ähnlich sehen soll. Von hoher Qualität sind die Epitaphe des Caspar von Herberstein (um 1576), des Sigismund Friedrich von Trauttmansdorff (um 1631) und des Johann Caspar von Cobenzl (1741, von

Georg Raphael Donner). Künstlerisch bedeutend ist auch das monumentale Votivbild der Erzherzogin Maria von Bayern (1591) im Chor.

DAS GRAZER MAUSOLEUM

Hinter dem Dom befindet sich das Mausoleum Kaiser Ferdinands II., das dieser beim innerösterreichischen Hofmaler und Architekten Giovanni Pietro de Pomis (1569–1633), der für seine spätmanieristischen Gestaltungsformen berühmt war, 1614 in Auftrag gegeben hatte. Nach der Verlegung der kaiserlichen Residenz von Graz nach Wien ruhten die Arbeiten am Mausoleum der steirischen Herzöge, sodaß die Innenausstattung erst unter Kaiser Leopold I. vollendet werden konnte. Die Entwürfe für die hochbarocken Stuckdekorationen im Kirchenraum und in der Gruft lieferte der in Graz geborene kaiserliche Hofkünstler Johann Bernhard Fischer von Erlach (1578–1637). Hervorzuheben sind die «lebensgroßen» Engel mit diversen Attributen. Zur gleichen Zeit entstanden auch die Langhausfresken mit der Apotheose des Hauses Habsburg. Das Hauptbild zeigt die 1683 von den Türken belagerte Stadt Wien, die geschlagenen und fliehenden feindlichen Heere und eine glorifizierende Darstellung Kaiser Leopolds. In der Kuppel der Katharinenkapelle findet sich die Ahnenreihe des Hauses Habsburg.

Aufgang zum spätmanieristischen Mausoleum

Die Grabstätten Kaiser Ferdinands II. (†1637) und seiner ersten Gattin, der Erzherzogin Maria Anna von Bayern (†1616), sind durch Inschriftentafeln gekennzeichnet. Im sogenannten «Herzgrüftl» ruhen die Herzen des Kaisers, seiner Mutter Maria von Bayern, seiner zweiten Gemahlin Eleonore von Gonzaga und anderer Familienmitglieder.

Der Rotmarmorsarkophag im Gruftraum stammt aus dem ehemaligen Klarissinnenkloster und dürfte um 1608 von Sebastian Carlone, einem Mitglied einer bekannten italienisch-schweizerischen Künstlerfamilie, gefertigt worden sein. Er zeigt die vollplastischen Liegefiguren der Eltern Ferdinands II. Die Fresken in der Grabkapelle stellen die Tugenden und katholischen Taten des Kaisers dar, die Nischenfiguren aus Stuck sind Personifikationen von Glaube, Liebe, Hoffnung und Gerechtigkeit und stammen von Marx Schokotnigg (1661–1731), einem aus der Untersteiermark zugewanderten und in Italien ausgebildeten Vertreter des «italoalpenländischen Stils». Das «Heilige Grab» ist eine Arbeit des Südtiroler Bildhauers Veit Königer (1729–1792).

WEIB UND WERKSTATT

In den Kirchen der Steiermark begegnet man ihnen auf Schritt und Tritt, den Namen Schokotnigg, Königer, Hackhofer oder Straub – Künstler, die sowohl Kollegen und Konkurrenten als auch miteinander verwandt oder verschwägert waren. Denn das Handwerk wurde nicht nur vom Vater auf den Sohn weitergegeben: Auch bei der Wahl der Schwiegersöhne dachte man in erster Linie an das Wohl der Werkstatt. Gelegentlich betätigten sich sogar die Professoren der Akademien als Ehestifter, indem sie ihren fähigsten Schülern entsprechende Empfehlungen ausstellten.

Im Jahr 1697 stellte der aus der Untersteiermark stammende Marx Schokotnigg ein Aufnahmegesuch an die Konfraternität. Und zwar aus folgenden «Motivis: Wie das derselbe ein Lands- von Oberburg gebirtiges Khindt, alda in Landt Steyer die Bildhauer Khunst erlehrnet, sodan in Exerzierung deroselben gegen 9 Jahr lang in Rom und anderen vornemben Örthern zuegebracht und also sich perfectioniert (…) nunmehr in Graz schon

6 Jahre beim Adel und im Mausoleo führend gearbeitet und sich wohl getraue, einen Bildhauermeister abzugeben». Daß dieses Gesuch abgelehnt wurde, sollte seiner weiteren Karriere keinen Abbruch tun. Seinem Sohn Josef (1700–1755) ermöglichte er bereits in jungen Jahren einen standesgemäßen Studienaufenthalt in Italien. Im Jahr 1731 ehelichte Josef Schokotnigg die Tochter des Vorauer Stiftsmalers Johann Cyriak Hackhofer, Anna Barbara. Unter seinen Kollegen genoß Josef Schokotnigg hohes Ansehen und wurde 1750 zum Vorstand der Maler- und Bildhauerkonfraternität gewählt. Nach Schokotniggs Tod im Jahr 1755 heiratete der 1729 im Südtiroler Sexten geborene und in Wien ausgebildete Veit Königer in die verwaiste Werkstatt ein.

Auf ähnliche Weise war auch der um 23 Jahre ältere Philipp Jakob Straub zu seiner Werkstatt gekommen: 1733 hatte er Witwe und Werkstatt des Bildhauers Johann Jakob Schoy übernommen. Um 1760 arbeiteten Veit Königer und Philipp Jakob Straub gemeinsam auf Schloß Eggenberg. «Kündl», wie die Putten in den Rechnungen genannt wurden, schufen sie nicht nur dort. 1756 hob Straub den Sohn Königers, Joseph Philipp, aus der Taufe. Veit Königer «revanchierte» sich 1769 mit der Patenschaft für Straubs Töchterchen Elisabeth Cajetana.

Nach drei «Ehewirtinnen» und sechs Kindern starb Veit Königer am 2. Dezember 1792 am «Schlagfluß» und «ohne Hinterlassung einer letzten Willensmeynung». Unter seinen Vermögenswerten zählten die Kommissäre eine große und zwei kleine Medaillen aus Gold und an Silbergeschmeid Löffel, Hemdenknöpfe, Petschierstöckl, Dose und Sackuhr auf. «Mannskleidung und Wäsch» entlarvten den Bauernsohn als Rokoko-Kavalier: 15 Halsbinden, fünf Paar Seidenstrümpfe, drei Perücken, ein blaues Sommerkleid, eine rote Weste mit Goldborten, ein Hirschfänger und ein Fuchspelz …

DIE GRAZER BURG

Schräg vis-à-vis dem Dom liegt die ehemalige Burg, die man durch ein mächtiges Renaissancetor betritt. 1438, gleichzeitig mit dem Neubau der Ägidiuskirche, begann Friedrich III. mit dem Bau der Burg, die durch einen Gang mit der Festung auf dem Schloßberg verbunden war. Über das Leben in der Burg berichtet Friedrichs Sekretär, Silvio Piccolomini, der spätere Papst Pius II.: «Nur der Unkundige meint, daß man hier in Freude lebe. Die Mahlzeiten sind ebenso schlecht wie der Wein, der in Holzkannen gereicht wird, die nur einmal im Jahr gereinigt werden.»

Unter Friedrichs Sohn, Kaiser Maximilian I., und dessen Enkel, Kaiser Ferdinand I., aber auch noch unter den Erzherzögen Karl II. und Ferdinand II. wurde die Grazer Burg prunkvoll ausgebaut. Danach übersiedelte die kaiserliche Familie nach Wien. In den Jahren 1853/54 wurden große Teile der ehemaligen Residenz abgetragen. Heute befindet sich hier der Sitz der Steirischen Landesregierung. Wirklich sehenswert ist die von Kaiser Maximilian 1499 errichtete spätgotische Doppelwendeltreppe.

Durch das Burgtor gelangt man über die Erzherzog-Johann-Allee in den Stadtpark, die grüne Lunge von Graz. Der im Stil eines englischen Gartens gehaltene Park wurde Ende des 19. Jahrhunderts auf dem früheren Exerzierplatz angelegt.

DAS FORUM STADTPARK

1959 bildeten die Malervereinigung «Junge Gruppe», der «Künstler-Club Graz» und der «Steirische Schriftsteller-Bund» ein Aktionskomitee zur Rettung des vom Abbruch bedrohten Café «Stadtpark», das als Heimstätte für junge Künstler erhalten bleiben sollte. 1960 wurde das «Forum Stadtpark» eröffnet – und durch den besonderen Bekanntheitsgrad der Literaturgruppe um Alfred Kolleritsch sehr bald zum Synonym für junge Literatur. Zu den wichtigsten Vertretern der «Grazer Gruppe» zählten der Kärntner Peter Handke, die Ausseerin Barbara Frischmuth, die Grazer Klaus Hoffer und Wolfgang Bauer sowie der früh verstorbene Gunter Falk.

Ein gemeinsames «Programm» oder eine einheitliche «Stilrichtung» gab es von Anfang an nicht – bestensfalls einen gemeinsamen Willen, in «diesem reaktionären Nest», wie Alfred Kolleritsch rückblickend meint, «etwas Neues aufzubauen». Zur Gruppe, die vor allem durch den freundschaftlichen Umgang ihrer Mitglieder im Forum Stadtpark und durch ihre Veröffentlichungen in den von Kolleritsch herausgegebenen «manuskripten» verbunden war, gesellten sich später auch die Schriftsteller Gerhard Roth, Gert Jonke, Michael Scharang, Helmut Eisendle, Elfriede Jelinek und Franz Buchrieser dazu. Tschechiens Präsident Václav Havel verdankt den «manuskripten» seine erste Auslandsveröffentlichung.

1973 erfuhr die lose Vereinigung durch die Gründung der «Grazer Autorenversammlung», die aus Protest gegen die avantgardefeindliche Haltung des Österreichischen PEN-Clubs erfolgte, weitere Verstärkung durch prominente Schriftsteller der Wiener Szene, wie H. C. Artmann, Ernst Jandl und Friederike Mayröcker. Die Grazer Autorenversammlung wurde damit zur bedeutendsten Literaturgruppe Österreichs, und Graz erwarb sich im deutschen Feuilleton den schmückenden Beinamen der «heimlichen Hauptstadt der deutschen Literatur».

Der «Motor» und langjährige Präsident des Forum Stadtpark, der 1931 in Brunnsee geborene Alfred Kolleritsch, trat selbst erst relativ spät als Autor an die Öffentlichkeit. Trotz zahlreicher Literaturpreise erwiesen sich seine Werke als «schwierig», sperrig und allzu philosophisch, und fanden deshalb nur ein begrenztes Publikum. 1995 verließ Kolleritsch das Forum Stadtpark, nicht ohne seine Kollegen vor dem in Graz ausgebrochenen «autoaggressiven Kulturrheumatismus» gewarnt zu haben. Seine frühere Stellvertreterin Christine Frisinghelli fungiert mittlerweile als Leiterin des «steirischen herbstes».

Heute finden im Forum Stadtpark regelmäßige Ausstellungen und Veranstaltungen in den Bereichen bildende Kunst, Architektur, Musik, Literatur und neue Medien statt. Das aktuelle Programm kann der Zeitschrift «Forum Stadtpark» entnommen werden.
Forum Stadtpark, Stadtpark 1, Tel. 0316/82 77 34, 82 53 69.

DER STADTRUNDGANG GEHT WEITER …

Neben dem Dom beginnt die Bürgergasse mit der *Alten Universität* (1586, heute Landesarchiv) und dem *Jesuitenkolleg* (heute Priesterseminar). In der Bürgergasse Nr. 1 empfiehlt sich ein Blick in den *Domherrnhof*, ein adeliges Jesuitenkonvikt aus dem 16. Jahrhundert. Der Heraklesbrunnen stammt von Veit Königer.

Rechts zweigt die Abraham-a-Santa(sic!)-Clara-Gasse ab, die in den *Glockenspielplatz* einmündet. Das Gebäude des Café «Glockenspiel» stammt ursprünglich aus dem Mittelalter, das namengebende Glockenspiel, ein tanzendes Steirerpaar, ist seit 1903 in Betrieb – täglich um 11, 15 und 18 Uhr.

Am *Mehlplatz* befand sich im Haus Nr. 1, dem früheren Tabakamt, bis 1919 das Musik-Bildungsinstitut des Dirigenten Jakob und der Konzertpianistin Ida Stolz, der «stolzen» Eltern Roberts. Heute beherbergt es ein kleines Museum zu Ehren des 1880 in Graz geborenen Operettenkomponisten.

Robert-Stolz-Museum, Mehlplatz 1, Tel. 0316/81 59 51, Öffnungszeiten: 1.4.–30.9., Di–Fr 14–17 Uhr, Sa, So 10–13 Uhr.

Das Grazer Bermudadreieck bei Tag

Grazer Nachtschwärmer bezeichnen die Gegend mit ihren zahlreichen Gasthäusern, Cafés und Bars als «Bermudadreieck». Besonders bunt geht es hier im Sommer zu, wenn die Schanis die Gärten hinaustragen. In der nahen Prokopigasse befindet sich einer der schicken Treffpunkte von Graz, die Bar «Limarutti», geplant von Norbert Müller in Glas, Metall, Holz und Beton, die bei Schönwetter mit ausfahrbarem Tresenblock zum Stehimbiß im Freien einlädt. Von hier gibt es gleich mehrere Durchgänge zur Herrengasse, zum Beispiel die kleine Pomeranzengasse oder die Passagen bei der Prokopigasse Nr. 10 und Nr. 6, dem ehemaligen Herzogshof mit bunt bemalter Fassade.

DAS LANDHAUS – DIE BURG DER STÄNDE

In der Herrengasse, der Hauptgeschäftsstraße der Altstadt, befindet sich ein weiterer Höhepunkt der Graz-Besichtigung: das Landhaus. Der Haupttrakt wurde um die Mitte des 16. Jahrhunderts vom italienischen Festungsbaumeister Domenico dell'Allio im Auftrag der steirischen Landstände errichtet und sollte die Burg des Landesfürsten in den Schatten stellen. Der Innenhof des Landhauses gilt als ein Meisterwerk der italienischen Hochrenaissance.

Unmittelbar neben dem Landhaus liegt das 1643 bis 1645 von Anton Solar ausgeführte *Landeszeughaus*, das mit insgesamt 185.000 Waffen die wichtigste Rüstkammer Innerösterreichs bildete. Das Landeszeughaus, dessen Auflösung durch Maria Theresia von den steirischen Ständen aus Gründen der Denkmalpflege verhindert werden konnte, wurde 1892 dem Landesmuseum Joanneum angeschlossen. Heute werden hier immerhin noch an die 30.000 Waffen verwahrt, was die Eigendefinition «größte historische Rüstkammer der Welt» durchaus rechtfertigt. Ein Streifzug durch die düsteren Gänge, in denen ledig-

Der Innenhof des Landhauses: ein Meisterwerk der Renaissance

lich die polierten Kriegsgerätschaften – vom Spätmittelalter bis ins 19. Jahrhundert – schimmernd glänzen, hat seinen eigenen Reiz. Auf vier Stockwerken finden sich allerhand schwere Feuerwaffen aus dem 16. Jahrhundert, Steinschloßgewehre und -pistolen, Luntenschloßgewehre, Sturmhauben, einfache schwarze Harnische für die Infanterie genauso wie die aufwendigen Luxusausführungen für adelige Truppenführer, eine umfangreiche Sammlung reichverzierter Reiterpistolen, Turnierrüstungen, ein kompletter Pferdepanzer, 2400 Blankwaffen (Schwerter, Säbel, Haudegen und Panzerstecher), 5400 Stangenwaffen (Helmbarten, Spieße, Partisanen und Morgensterne) und Panzerzeug: 68 Paar Ärmel, 26 Kettenhemden und 2 Krägen.

Ritterrüstung

Landeszeughaus, Herrengasse 16, Tel. 0316/80 17-4810, Öffnungszeiten: 1.4.–31.10., Mo–Fr 9–17 Uhr, Sa, So, Fei 9–13 Uhr.

Von der Herrengasse biegen wir links in die Stempfergasse, wo sich das *Alte Posthaus* befindet, ein Spätrenaissancebau, der ab dem 17. Jahrhundert die Post beherbergte. Links kommt man durch die Enge Gasse zurück zum Glockenspiel; wir halten uns rechts, wo am *Bischofsplatz* das ehemalige Palais des Grafen Inzaghi (1775) steht und einige Schritte weiter das Bischöfliche Ordinariat Graz-Seckau. Am Beginn der Schlossergasse führt rechts ein Durchgang zur Propstei-, Haupt- und *Stadtpfarrkirche zum Heiligen Blut.*

Die Plastiken an der Kirchenfassade werden Josef Schokotnigg zugeschrieben und stellen die Heiligen Paulus, Petrus, Johannes Nepomuk und Ivo dar. Als Keimzelle der heutigen Kirche ist die kleine Fronleichnamskapelle anzusehen, die um die Mitte des 15. Jahrhunderts errichtet und im 18. Jahrhundert zur *Johannes-Nepomuk-Kapelle* umgebaut wurde; heute dient sie als Abendkirche. Das Altarbild mit der «Himmelfahrt Mariae» stammt nach neuesten Erkenntnissen nicht, wie früher angenommen, von dem berühmten Venezianer Jacopo Tintoretto, sondern von seinem Sohn Domenico.

1466 übernahm der Dominikanerorden die Kapelle mit dem Auftrag, ein neues Kloster zu errichten. Ende des 15. Jahrhunderts wurde mit dem Bau des Kirchenhauptschiffes begonnen. Nachdem die alte Pfarrkirche St. Ägid – der heutige Dom – den Jesuiten übergeben worden war, wurde die Dominikanerkirche 1585 zur neuen Stadtpfarrkirche erhoben. Leider blieben weder die gotische noch die barocke Einrichtung erhalten: Ende des 19. Jahrhunderts wurde das Inventar durch neugotische Gegenstände ersetzt. Barock ist die Kopie der Gnadenstatue von Mariazell am linken Seitenaltar. In der Kirche findet sich eine Reihe bedeutender Grabdenkmäler hoher Beamter und Geistlicher. Die Glasfenster der Kirche wurden im Zweiten Weltkrieg zerstört. Mit der Neugestaltung beauftragte man den schwäbischen Künstler Albert Birkle, der unter anderem auch Hitler und Mussolini als hämische Beobachter der Geißelung Christi darstellte. Eine Kuriosität ersten Ranges!

Am Ende der Herrengasse, in der Nähe des Verkehrsknotenpunktes Jakominiplatz, gelangen wir über die Stubenberggasse in die *Schmiedgasse*, die durch ihre hübschen Häuser bezaubert. Im Mittelalter hatten hier die Schmiede, Wagner und Spengler ihre Werkstätten. Haus Nr. 25 besitzt einen mittelalterlichen Wohnerker, Nr. 21, das ehemalige Palais Kollonitsch, einen auf Säulen ruhenden Erker und einen schönen Renaissancearkadenhof. Gegenüber stand das Geburtshaus von Robert Stolz.

Am Ende der Schmiedgasse liegt das *Grazer Kongreßzentrum*, das neben 13 weiteren Sälen über den prunkvoll ausgestatteten Stefaniensaal verfügt, der 1885 als Konzertsaal eröffnet und nach Erzherzogin Stefanie benannt wurde. Im Gebäude des «Grazer Congress» befindet sich auch das Casino.

DAS LANDESMUSEUM JOANNEUM

Parallel zur Schmiedgasse führt die Raubergasse – die nach dem ehrlichen Ritter Andre Eberhardt Rauber benannt ist, dessen 215 Zentimeter langer Bart auf einem Gemälde im burgenländischen Schloß Schlaining bestaunt werden kann – zur Sammlung des Steiermärkischen Landesmuseums Joanneum. In den Statuten des Joanneums aus dem Jahr 1811 heißt es: «Sammlungen sollten die Lehre versinnlichen, dadurch das Lernen erleichtern, die Wißbegierde reizen, jenes dem Selbstdenken und hiermit der Selbständigkeit so nachteilige bloße Memorieren, jene schädliche Kluft zwischen Begriff und der Anschauung, der Theorie und der Praxis, mehr und mehr ausfüllen helfen.»

Tierische Wahrzeichen: das Elefantenhaus

Im Hauptgebäude des Joanneums wird eine Fülle an Informationen geboten. Die Abteilung für Geologie und Paläontologie verfügt zum Beispiel über eine Studiensammlung von rund 60.000 Fossilien, Gesteinen und mineralischen Rohstoffen. Ebenso viele Objekte umfaßt die Mineraliensammlung, die als Keimzelle des Joanneums gilt, hütet sie doch die Privatsammlung Erzherzog Johanns. Die Abteilung für Zoologie zeigt anhand von 500.000 Objekten steirische Tierarten in ihren Lebensräumen, aber auch Exotisches und eine Vogelstimmenvitrine. Das Herbarium in der Abteilung für Botanik (Mo–Fr 9–12 Uhr) enthält rund 400.000 Pflanzenbelege, vorwiegend aus dem Ostalpenraum, und die knapp 300 Bände umfassende Xylothek des Stifters.

Landesmuseum Joanneum, Raubergasse 10, Tel. 0316/80 17-4700, Öffnungszeiten: Mo–Fr 9–16 Uhr, Sa, So und Fei 9–12 Uhr.

Am Ende der Schmiedgasse öffnet sich der *Hauptplatz* mit dem Rathaus. Wir nehmen die Gasse mit dem schönen Namen Neue Welt, und gehen, vorbei am «Elefantenhaus», zum *Fran-*

ziskanerplatz, der zu den malerischsten Plätzen der Stadt gehört. Nicht zu versäumen sind die Stuckfassade und die Madonnenstatue in der Nische des Hauses am Kapaunplatz Nr. 2.

Die *mittelalterlichen Verkaufsbuden*, die noch heute an der Franziskanerkirche kleben, gehörten einst Handwerkern und Fleischhauern, weshalb dieser Stadtteil, der bis 1620 außerhalb der Stadtmauern lag, auch «Das Kälberne Viertel» hieß. Die Fleischhauer schütteten ihre Abfälle von den Schlachtbrücken direkt in die Mur, was nicht nur zu einer enormen Geruchsbelästigung geführt, sondern die Strafe des «Bäckerschupfens», die hier am Flußufer vollzogen wurde, erheblich verschärft haben dürfte.

Die Franziskanerkirche

Das *Franziskanerkloster* mit der *Kirche Mariae Himmelfahrt* ist die älteste Klosterniederlassung in Graz. Es wurde im 13. Jahrhundert von den Minoriten, einem vom hl. Franziskus von Assisi begründeten Bettelorden, direkt an der mittelalterlichen Stadtmauer errichtet. Als Kaiser Maximilian I. die Konvente der Minoriten und der seit 1463 in Graz ansässigen Franziskaner vereinen wollte und die Minoriten sich weigerten, den strengen Regeln der Observanz zu folgen, wurde ihr Kloster 1515 den Franziskanern übergeben – sie selbst übersiedelten in die Murvorstadt.

Auffallend sind im Kircheninneren die schlanken Pfeiler, auf denen das Gewölbe des Mittelschiffes ruht. Die Korbkapitelle in den Seitenschiffen zeigen unter anderem den Porträtkopf eines Franziskaners, die Halbfigur eines Baumeisters mit dem sogenannten Franziskanerwappen, die Halbfigur eines Werkmeisters in Werkstracht und einen Totenschädel. Die reiche Barockausstattung ging durch die Regotisierung – mit Ausnahme der Antoniuskapelle, die 1723 von Josef Carlone neu erbaut wurde – fast zur Gänze verloren. Das Altarblatt «Mariae Himmelfahrt» zum Beispiel übersiedelte in die Wallfahrtskirche Maria Trost. Die Gnadenbilder der beiden neugotischen Seitenaltäre sind barock. Über dem Südportal prangt ein Marmorrelief mit der Darstellung der zwölf Apostel (um 1600).

Einige barocke Grabdenkmäler befinden sich unter der Empore und an den Langhauswänden. Besonders bemerkenswert ist das Marmorgrabmal des Ignaz Maria Graf von Attems (†1732) und seiner Frau Christina Creszentia. In der Jakobikapelle, die vermutlich im 13. Jahrhundert neu gebaut wurde, fand man bei Restaurierungsarbeiten einen Schädel, der dem aus Voitsberg stammenden Rebellenführer Andreas Greisenecker gehören soll, der 1471 gemeinsam mit Andreas Baumkircher beim Murtor enthauptet und hier begraben wurde.

JENSEITS DER MUR

Über die kleine Nürnberggasse gelangt man zur Murgasse. Jenseits der Mur stoßen wir auf die *Klosterkirche der Barmherzigen Brüder.* Der Orden verehrt als seinen Stifter den hl. Johannes mit dem Beinamen «von Gott», der im 16. Jahrhundert in Granada ein Haus für Kranke und Obdachlose einrichtete. Heute unterhält der Orden weltweit mehr als 200 Krankenhäuser und Pflegeanstalten, davon zehn in Österreich. Das Grazer Konventspital wurde von Erzherzog Maximilian Ernst und seinem Bruder Ferdinand II., dem späteren Kaiser, gestiftet – zum Dank dafür, daß Frater Gabriel Ferrara, der 1614 das Spital der Barmherzigen Brüder in Wien-Leopoldstadt errichtet hatte, den Herzog vor einer Armamputation bewahren konnte. Die Innenausstattung ist einheitlich spätbarock: Die Altarfiguren des Herz-Jesu-Altars stammen von Veit Königer, die Skulpturen des Hochaltars sind eines der Hauptwerke seines Schwiegervaters Josef Schokotnigg. Zu den bedeutendsten Kunstwerken der Kirche zählt außerdem das überlebensgroße Kruzifix, das sich seit 1657 am Kreuzaltar befindet.

Über die Mariahilferstraße gelangen wir nun zur Wallfahrts- und Klosterkirche Mariahilf. Nachdem die Minoriten ihr Stadtkloster verloren hatten, errichteten sie mit Unterstützung der Familie Eggenberg diese Kirche, deren Bauplan ebenso von Giovanni Pietro de Pomis stammt wie das Gnadenbild, eine Art «Stadtmutter von Graz». Das Grab des 1633 verstorbenen Künstlers befindet sich bei der Kanzel. Die Silberreliefs am Tabernakel stammen von Veit Königer. Sehenswert sind auch der Klosterhof und der Minoritensaal im ehemaligen Refektorium.

STADT DER MUSEEN

Graz hat neben den auf unserem Rundgang erwähnten Sehenswürdigkeiten auch eine Fülle interessanter Museen zu bieten.

Das Tramway-Museum: Endstation Mariatrost der Linie 1, Tel. 0316/90 70, Öffnungszeiten: 30.6.–8.9., jeden Fr 15–18.30 Uhr, Oldtimer-Straßenbahnfahrten von Mariatrost zum Hauptbahnhof und zurück.

Hanns-Schell-Collection, Österreichisches Museum für Schloß-, Schlüssel-, Kästchen-, Kassetten- und Eisenkunstguß: Wiener Straße 10, Tel. 0316/91 56 56-38, Öffnungszeiten: Di 10–16 Uhr sowie gegen Voranmeldung.

Österreichisches Schloß- und Schlüsselmuseum: Griesgasse 14/Belgiergasse 3, Tel. 0316/91 16 20, Öffnungszeiten: Do 15–18 Uhr und gegen Voranmeldung. 3000 Objekte, Schlüssel aus der Römerzeit, aus der Gotik und Renaissance; Schlösser aus Rußland, Persien, Indien und China, vom ägyptischen Fallschloß bis zum deutschen Schnappschloß.

Steiermärkisches Landesmuseum Joanneum:
Abteilung Alte Galerie: Neutorgasse 45, Tel. 0316/80 17-4770, Öffnungszeiten: Di–Fr 10–17 Uhr, Sa, So und Fei 10–13 Uhr. Gemälde und Skulpturen von der Romanik bis zum Barock; mittelalterliche Glasmalereien; Schwerpunkt: steirische Kunstwerke des Spätmittelalters, wie die «Admonter Madonna» (um 1320) und das «Reichenecker Epitaphbild» (1410).
Abteilung Kunstgewerbe: Neutorgasse 45, Tel. 0316/80 17-4780, Öffnungszeiten: Mo, Mi–Fr 10–17 Uhr, Sa, So und Fei 10–13 Uhr. Objekte zur steirischen Landes- und Kulturgeschichte, z.B. der steirische Herzogshut oder der gotische Prunkwagen der Gemahlin Friedrichs III., Eleonora von Portugal.
Abteilung für Volkskunde: Paulustorgasse 11-13a, Tel. 0316/83 04 16, 80 17-4880, Öffnungszeiten: Mo–Fr 10–17 Uhr, Sa, So und Fei 14–17 Uhr. Sammlung steirischer Volkskultur.

Diözesanmuseum Graz des Bischöflichen Ordinariats Graz-Seckau: Mariahilferplatz 3, Tel. 0316/91 39 94, Öffnungszeiten: Mo–Fr 10–16 Uhr, So und Fei 10–13 Uhr. Sonderausstellungen und ständige Sammlung «Kostbarkeiten aus steirischen Kirchen».

Kulturhaus der Stadt Graz: Elisabethstraße 30, Tel. 0316/32 30 35, Öffnungszeiten: Di–Sa 10–18 Uhr, Do 10–21 Uhr, So und Fei 10–13 Uhr. Retrospektiven zur klassischen Moderne, Werkübersichten österreichischer Künstler nach 1945.

Österreichisches Luftfahrtmuseum: Flughafen Graz-Thalerhof, Tel. 0316/32 95 32. Von 1.5. bis 26.10. kann man sich hier jeden So und Fei ab 11 Uhr in die Geschichte der österreichischen Luftfahrt vertiefen. Ausgestellt sind Jets, Segelflugzeuge, Motorflugzeuge u.v.m.

GRAZ

AUSKUNFT Grazer Tourismus Gesellschaft, Kaiserfeldgasse 15 und Herrengasse 16, Tel. 0316/80 75-0. **ESSEN UND TRINKEN** Gerlindes Gasthaus, Abraham-a-Santa-Clara-Gasse 2, Tel. 0316/81 38 30. Hofkeller, Hofgasse 8, Tel. 0316/83 24 39, feine italienische Küche. Stainzerbauer, Bürgergasse 4, Tel. 0316/82 11 06, feine bodenständige Küche. Glockenspielkeller, Mehlplatz 6, Tel. 0316/82 87 01, steirische Küche. Keplerkeller, Stempfergasse 6, Tel. 0316/82 24 49. Krebsenkeller, Sackgasse 12, Tel. 0316/82 93 77. Landhauskeller, Schmiedgasse 9, Tel. 0316/83 02 76, rustikal. **ÜBERNACHTEN** Grandhotel Wiesler, Grieskai 4, Tel. 0316/90 66. Schloßberghotel, Kaiser-Franz-Josef-Kai 30, Tel. 0316/807 00. Gasthof Häuserl im Wald, Roseggerweg 105, Tel. 0316/39 11 65. Pension Teuschler, Mariatroster Straße 12, Tel. 0316/32 14 48. Frühstückspension Ing. Johannes, Münzgrabenstraße 48, Tel. 0316/83 77 66. **BUCHUNGEN UND ZIMMERRESERVIERUNGEN** Tel. 0316/80 75-59 bis -62. **BARS UND KAFFEEHÄUSER** Café Fink, Freiheitsplatz 2, Tel. 0316/83 35 11, mit Musik. Limarutti Bar, Prokopigasse 4, Tel. 0316/82 90 06. Altstadt Beisl, Mehlplatz 1, Tel. 0316/82 87 02. Café Glockenspiel, Glockenspielplatz 4, Tel. 0316/83 02 91. **MUSIKSZENE** Café Stockwerk, Jakominiplatz, Tel. 0316/82 14 33. WIST, Wiener Straße 58a, Tel. 0316/91 37 82, das umtriebigste auf diesem Gebiet. Das von Klaus Kada errichtete Studentenheim zählt zu den Prachtstücken der modernen Architektur in Graz. Jazzbrunch im Grandhotel Wiesler, jeden So 11–14 Uhr, Tel. 0316/90 66, Reservierung erbeten. Jukebox, Mondscheingasse 9, Tel. 0316/83 23 16. Skarabäus, Keesgasse 3, Tel. 0316/82 45 88. Babenbergerhof, Babenbergerstraße 39, Tel. 0316/31 13 18. Royal Garden Jazz Club, Bürgergasse 4. **VERANSTALTUNGEN** steirischer herbst, Palais Attems, Sackstraße 17/1, Tel. 0316/877 38 35. styriarte, klassisches Musikfestival mit Nikolaus Harnoncourt, Juni/Juli, Information: Tel. 0316/82 50 00. Vereinigte Bühnen (Oper, Schauspielhaus, Next Liberty), Kartenbüro: Tel. 0316/80 00. Eggenberger Schloßkonzerte, Juni–September, Information: Tel. 0316/83 02 55. Stiegenkirche, Konzerte klassischer Musik, Information: Tel. 0316/82 93 18. Theatro, im Sommer Freilichttheater, Information: Tel. 0316/91 60 27. Freiluftbühne auf den Kasematten, Juni/Juli, Information: Tel. 0316/80 00. Arena – Freie Bühne Graz, Information: Tel. 0316/91 24 69. Grazer Berg- und Abenteuerfilmfestival (November), Information: Tel. 0316/81 42 23. Kino im Augarten (Alternativfilme), Friedrichgasse 24, Tel. 0316/82 11 86. Rechbauer Kino (Programmkino), Rechbauerstraße 6, Tel. 0316/83 05 08. **SPORT** Freizeitzentrum Schwarzl-See, Thalerhofstraße 85, 8141 Unterpremstätten, Tel. 03135/535 77. Baden, Bootfahren, Angeln, Wasserschilift, Camping, Surfen, Tauchschule, Indoor-Go-Kart, Beachvolleyball, im Winter Eislaufen, 7 km von Graz, in der Nähe des Flughafens, Autobahnabfahrt Unterpremstätten. **FALLSCHIRM-SPRINGEN** Fallschirmspringerclub Graz, Graz-Thalerhof, Tel. 0316/29 30 01, 571 11 32, Tandem oder Solo aus 3000 m Höhe. **BALLONFAHREN** 1. Österreichischer Mongolfieren- und Aerostatic-Club, Schießstattgasse 53, Tel. 03571/23 04. Ballonsportclub Graz, Heinrichstraße 7, Tel. 0316/37 33 04. **GOLF** Golfpark Graz, Grazer Messe, Tel. 0316/81 08 93, 16 Abschlagplätze, Chip- und Pitchbereich, Puttinggreen. Golfzentrum Andritz-Graz, 9-Loch-Anlage, Andritzer Reichsstraße 157, Tel. 0316/67 68 20. **ÖFFENTLICHE VERKEHRSMITTEL** Graz-Card, drei Tage Benützung öffentlicher Verkehrsmittel (inkl. Schloßbergbahn, St. Radegund/ Schöckelseilbahn), 20% Ermäßigung auf viele Eintrittspreise sowie bei Stadt- und Schloßbergführungen. **STADTTOUREN** Gratisspaziergänge mit dem Fremdenführer-Club, Th.-Stammel-Straße 64, Tel. 0316/58 67 20. **WANDERN** Am Schöcklsattel zum Gipfel: 3 ½ Stunden von Andritz-Ursprung auf Weg 730 über rund 1000 Höhenmeter zum Schöcklgipfel, retour mit der Gondel nach St. Radegund, Auskunft: Touristik-Information Graz, Tel. 0316/83 52 41-11. **RADFAHREN** Graz verfügt über ein 75 km langes Radwegnetz, 300 Radabstellplätze, 20 Servicestellen, 3 Radverleihstellen. In den Fußgängerzonen dürfen Räder nur geschoben werden! Radverleihstellen: Graz-Hauptbahnhof, 6–19 Uhr, Tel. 0316/984 85 08. Bicycle, Kaiser-Franz-Josef-Kai 56 und 66 sowie Rechbauerstraße 57, Tel. 0316/82 13 57. **RADTOUREN** Mur-Radweg: 52 km von Graz nach Spielfeld, immer flach oder leicht fallend, fast immer abseits der Verkehrswege, ideale Familientour, durchlaufend grüne Tafeln «R2». Start am Andreas-Hofer-Platz in Graz, retour mit der ÖBB ab Spielfeld. Karten: Mur-Radwanderweg, erhältlich bei der Tourismusinformation, ÖAMTC-Stützpunkten und bei den gekennzeichneten Rad-Gasthöfen an der Strecke.

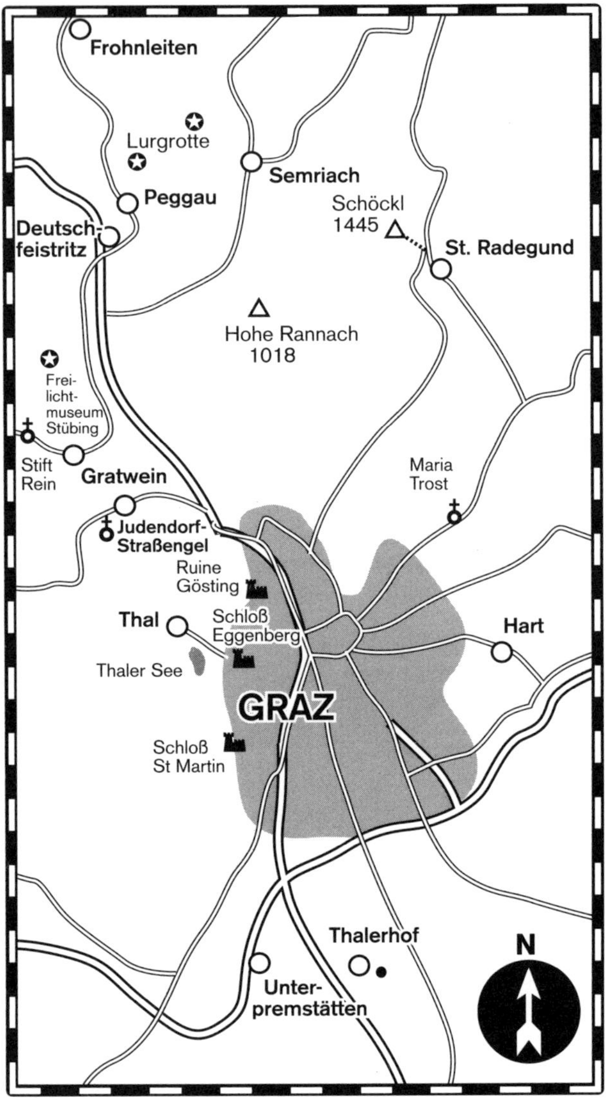
Frohnleiten
Lurgrotte
Semriach
Peggau
Schöckl
1445
Deutsch-
feistritz
St. Radegund
Hohe Rannach
1018
Frei-
licht-
museum
Stübing
Stift
Rein
Gratwein
Maria
Trost
Judendorf-
Straßengel
Ruine
Gösting
Thal
Schloß
Eggenberg
Hart
Thaler See
GRAZ
Schloß
St Martin
Thalerhof
N
Unter-
premstätten

Rund um Graz

AUFSTIEG UND FALL DERER VON EGGENBERG

Die Eggenberg waren eine mit Handel und Geldgeschäften reich gewordene bürgerliche Kaufmannsfamilie, die innerhalb eines Jahrhunderts in den Fürstenstand erhoben und wurde zumindest für drei Generationen unter den ersten Familien des Reiches zu finden war. Das Geschlecht der Eggenberger ist um die Mitte des 15. Jahrhunderts mit dem Ratsbürger und Stadtrichter Ulrich (†1448) nachweisbar. Seit 1460 besaß Ulrichs Sohn Balthasar (†1493) an der Stelle des heutigen Schlosses Eggenberg einen kleinen Ansitz. Er führte auch als erster das Familienwappen mit den drei Raben, die eine Krone in ihren Schnäbeln tragen.

Schloß Eggenberg

Maßgeblich am Aufstieg der Familie beteiligt war Ruprecht von Eggenberg (1545–1611): Sein spektakulärer Sieg über die Türken bei Sissek (1593) und die Rückeroberung der Festung Petrinia (1595) bewirkten 1598 die Erhebung der Familie in den erblichen Freiherrenstand. Ruprechts Karriere wurde aber bald von der seines jüngeren Vetters Hans Ulrich (1568–1634) in den Schatten gestellt. Nachdem dieser vom protestantischen zum katholischen Glauben über- und in weiterer Folge in den Hofdienst eingetreten war, verlief sein Aufstieg an der Seite Erzherzog Ferdinands kometenhaft: 1602 wurde er Obersthofmeister von Ferdinands Gemahlin Maria Anna von Bayern und Landeshauptmann von Krain, 1603 Mitglied des Geheimen Rates und schließlich Präsident der Hofkammer, also Finanzminister. Als Erzherzog Ferdinand 1619 zum römischen Kaiser gewählt wurde, blieb Hans Ulrich einer seiner engsten und loyalsten Berater. 1621 in den Reichsfürstenstand erhoben, folgte 1625 die Ernennung zum Gubernator der innerösterreichischen Länder.

Noch im selben Jahr begann Hans Ulrich mit dem großzügigen Ausbau des alten Familiensitzes zu einem fürstlichen Anwesen nach dem Vorbild italospanischer Residenzen. Die Fertigstellung des Schlosses erlebte er nicht mehr. Sein Sohn Johann Anton führte den Bau weiter. Ihm wurde 1638 die Ehre zuteil, anläßlich der Thronbesteigung Kaiser Ferdinands III. die mit besonderer Prachtentfaltung verbundene Obedienzgesandtschaft an den päpstlichen Hof durchführen zu dürfen. Johann Anton blieb den Römern wegen seines aufsehenerregenden Einzugs in die Stadt noch lange in Erinnerung. Sein goldener Botschafterwagen befindet sich heute im böhmischen Schloß Krumau.

An politischer Bedeutung mit seinem Vater nicht zu vergleichen, gelang Johann Anton das, was Hans Ulrich versagt geblieben war: Mit dem Erwerb der gefürsteten Grafschaft Gradiska und Aquilea erlangte er Sitz und Stimme auf der Fürstenbank des Reichstages. Nach seinem Tod im Jahr 1649 wurde sein Vermögen unter seinen Söhnen Johann Christian und Johann Seyfried aufgeteilt. Johann Seyfried übernahm die steirischen Besitzungen mit den Residenzen in Eggenberg und Graz, sein Bruder das böhmische Hab und Gut. Nach dem Tod der beiden Brüder gelangte das wiedervereinte Erbe für wenige Jahre in die Hände von Johann Seyfrieds Sohn Johann Anton. Als 1717 der letzte Prinz Johann Christian im Alter von nur 13 Jahren einer Blinddarmentzündung erlag, starb mit ihm die männliche Familienlinie der Eggenberg aus.

Die böhmischen Ländereien gingen nun an Franz Adam Fürst Schwarzenberg, in der Steiermark folgten durch die Eheschließungen der Eggenbergschen Töchter die Grafen Leslie und Herberstein. Letztere nahmen an Schloß Eggenberg umfangreiche Veränderungen im Geist des Rokoko vor. 1939 wurde das Schloß schließlich vom Land Steiermark erworben und 1947 dem Landesmuseum Joanneum eingegliedert.

EIN SCHLOSS, DAS NICHT SEINESGLEICHEN HAT

Den Auftrag zum Ausbau des kleinen mittelalterlichen Familiensitzes am Westrand des Grazer Feldes erhielt der prominente italienische Hofarchitekt Giovanni Pietro de Pomis, der für den Fürsten schon die Grazer Minoritenkirche als neue Grablege der Familie errichtet hatte und auch für den Entwurf des Mausoleums Ruprechts von Eggenberg in Ehrenhausen verantwortlich zeichnete.

Eggenbergs Besonderheit ist die Unterordnung des gesamten Gebäudes unter ein umfassendes allegorisches Konzept. Da man die Harmonie einer architektonischen Konstruktion als Abbild der göttlichen Schöpfung ansah, wurde das Schloß in allen Einzelheiten zu einem «Spiegelbild» des Universums ausgestaltet, zu einem Mikrokosmos, dessen Teile einer strengen Zahlensymbolik unterworfen wurden: Seine vier Ecken sind nach den vier Windrichtungen ausgerichtet, sodaß die Sonne im Lauf eines Tages das ganze Haus wie eine riesige Sonnenuhr umwandert. Die Anzahl der Außenfenster des Ge-

Das größte Barockschloß der Steiermark: Eggenberg

bäudes entspricht den 365 Tagen des Jahres. Jedes Stockwerk hat 31 Räume, die mit den Tagen der langen Monate korrespondieren. Die 24 Stunden des Tages finden ihre Entsprechung in den 24 Prunkzimmern, 12 auf jeder Seite der Symmetrieachse. Diese 24 Zimmer besitzen zusammen 52 Fenster für die Wochen des Jahres. Auch die Anzahl der Türen des Prunkgeschosses beträgt 52.

Besonders deutlich wird die magisch-religiöse Symbolik in der kleinen gotischen Kapelle des fünften Turmes, die vom mittelalterlichen Vorgängerbau übernommen wurde und in der sich sämtliche Achsen des Gebäudes schneiden.

In nur zehn Jahren war der Rohbau fertig. Die schlichte Dekoration des Gebäudes verzichtet bewußt auf Ornamentik und Schmuck und beschränkt sich auf «den noblen Zweiklang» von weißer Wandfarbe und dem Ockerton der gliedernden Elemente. Die klare Formensprache, die für den oberitalienischen Villen- und Schloßbau charakteristisch ist, macht de Pomis' Herkunft aus dem Schülerkreis Andrea Palladios deutlich, wenn auch in der Gesamtkonzeption der Escorial Philipps II. als Vorbild für Eggenberg gedient haben mag.

Erst eine Generation später ließ Hans Ulrichs Enkel, Fürst Johann Seyfried, die Ausstattung des Schlosses im Sinne barocker Prachtentfaltung bereichern. Diente bis dahin der erste Stock als Hauptgeschoß mit Audienzsaal und Amtsräumen, so wurde nun das zweite Obergeschoß zur Beletage bestimmt. Der Stukkateur Alessandro Serenio gestaltete von 1666 bis 1670 die Decken und Wandzonen der 24 Prunkräume, die vom Eggenbergschen Hofmaler Johann Melchior Otto mit Seccomalereien ausgeschmückt wurden. Einzig den großen Festsaal konnte Otto nicht mehr selbst in Angriff nehmen. Der Fürst engagierte daraufhin den jungen Salzburger Maler Hans Adam Weissenkircher (1646–1695), der in erstaunlich kurzer Zeit die große Gemäldefolge des Planetensaals fertigstellte. Mit seiner Endsignatur 1684/85 waren Schloßbau und Dekorationsprogramm abgeschlossen. Die fürstliche Familie konnte sich jedoch nicht lange daran erfreuen, denn sie starb nur 30 Jahre später aus. Damit wurden die Kunstsammlungen zerstreut, die bedeutendsten Stücke – wohl aus Geldmangel – verkauft. Um die Mitte des 18. Jahrhunderts waren die Prunkräume leer und vernachlässigt. Johann Leopold Herberstein gab deshalb eine Erneuerung des Schlosses im Stil des Rokoko in Auftrag. Deckenzyklus und Planetensaal blieben davon glücklicherweise unberührt, allerdings wurde das Eggenbergsche Theater dem Einbau einer Schloßkirche geopfert.

Heute ist Schloß Eggenberg die meistbesuchte Abteilung des Joanneums. Die Prunkräume, die nur mit Führung besichtigt werden können, sind ein absolutes Muß – besonders der Planetensaal, der in verwirrender Fülle Tierkreiszeichen, Sternbilder und die vier Elemente mit den sieben damals bekannten Planeten, den sieben Wochentagen und sieben Metallen mit der Sonne im Zentrum sowie den Wappen der Eggenberger zu einer Apotheose des fürstlichen Hauses vereint. Der Fürst wird mit Saturn gleichgesetzt, dem Idealbild des hohen Alters und der Weisheit, seine Gemalin, die «Mutter des Geschlechts», steht für den Mond. Als Diana hat sie soeben einen Eber, das Symbol der Unzucht, erlegt und repräsentiert das Ideal der Keuschheit und der Mutterschaft.

Sehenswert sind auch die weiteren Zimmer: das Tellerzimmer, ein Porzellankabinett, in dessen grüne Wandbespannung ein chinesisches Service eingelassen wurde, und das Theaterzimmer, von J. B. Raunacher um 1763 mit Szenen aus der Commedia dell'arte bemalt. Der Verwendungszweck des Spielzimmers, ebenfalls von Raunacher, ist leicht zu erkennen – zwei Herren sind ins Schachspiel vertieft, und die Tarockierer lassen sich sogar in die Karten blicken. Der China-Mode des 18. Jahrhunderts entsprechend, wurden die Prunkräume um drei «indianische», d.h. ostasiatische Kabinette bereichert. Bemerkenswert sind die dargestellten Musikinstrumente, von der Drehleier bis zum «hölzernen G'lachter», einer frühen Form des Xylophons, im sogenannten Schäferzimmer. Im Gartenzimmer bekommt man eine Vorstellung davon, wie der barocke Garten des Eggenberger Schloßparks im 18. Jahrhundert ausgesehen haben mag. Besonders kostbar war die Frucht des Orangenbaums, und natürlich besaß auch Eggenberg eine Orangerie mit 50 «Lemoni und Pämäräntschenbäumb».

In dem bis zur völligen Unkenntlichkeit veränderten Park befindet sich heute ein großes Lapidarium, die sogenannte Römersteinsammlung, die zu den größten ihrer Art in Österreich zählt und mehrere hundert Objekte, hauptsächlich aus dem Verwaltungsgebiet der römischen Stadt Flavia Solva, enthält.

Schloß Eggenberg, Eggenberger Allee 90, Tel. 0316/58 32 64-33 und -55, Besichtigung der Prunkräume: 1.4.–31.10., nur mit Führung, tgl. 10, 11, 12, 14, 15, 16 Uhr, Dauer etwa 45 min. Eine telefonische Anfrage schadet nie, denn in den Monaten Mai, Juni, September und Oktober können die Prunkräume wegen der Empfänge der Landesregierung oft nicht oder nur teilweise besichtigt werden.

Ständige Ausstellungen des Steiermärkischen Landesmuseums Joanneum auf Schloß Eggenberg:
Abteilung für Vor- und Frühgeschichte, Tel. 0316/58 32 64-21, Öffnungszeiten: 1.2.–30.11., tgl. 9–13 und 14–17 Uhr. Archäologische Funde aus der Steiermark. Der bronzene Kultwagen von Strettweg (Gemeinde Judenburg) aus dem 7. Jh. v.u.Z. ist das berühmteste Stück der Sammlung und einer der wichtigsten hallstattzeitlichen Funde überhaupt. Weiters sind Brustpanzer, Masken und Abwehrhände aus Kleinklein im Sulmtal und Funde aus der Römerstadt Flavia Solva zu sehen. Hier erhält man auch den Schlüssel zum Lapidarium.

Abteilung Münzensammlung, Tel. 0316/58 32 64-22, Öffnungszeiten: 1.2.–30.11., tgl. 9–12 und 13–17 Uhr. Entstand aus der Privatsammlung Erzherzog Johanns.

Abteilung Jagdmuseum, Tel. 0316/58 32 64-16 und -40, Öffnungszeiten: 1.3.–30.11., tgl. 9–12 und 13–17 Uhr. Erstes und größtes Jagdmuseum Österreichs. Dem Museum ist auch ein Wildpark mit freilebendem Muffelwild, Wasser- und Ziervögeln, Pfauen und Fasanen angeschlossen.

Im Sommer finden im Planetensaal regelmäßige Schloßkonzerte im Rahmen der styriarte statt. Information: Zentralkartenbüro, Herrengasse 7, Tel. 0316/83 02 55.

DIE «GROTTENBAHN» VON THAL

Thal ist die westliche Nachbargemeinde von Graz, eine Streusiedlung ohne Ortskern und seit einigen Jahrzehnten ein beliebtes Zuzugsgebiet für Grazer Stadtflüchtige. Das zwischen Thal und Thal-Egg gelegene Schloß ist nicht zu besichtigen. Unser Besuch gilt der 1739 errichteten Pfarrkirche zum hl. Jakob, ursprünglich, wie das alte Friedhofskreuz am Kirchturm zeigt, in erster Linie eine Friedhofskirche, die für die ständig wachsende Gemeinde bald zu klein war.

Im Jahr 1987 erfolgte endlich die Zusage für einen Kirchenneubau. Bei der Planung entschloß man sich, die alte Kirche zu erhalten und mit dem Neubau zu verbinden. Ein löbliches Unterfangen, dem bedauerlicherweise der Entschluß folgte, die künstlerische Gestaltung dem Wiener Maler Ernst Fuchs, bekannt als Vertreter des Phantastischen Realismus, zu übertragen. Über Geschmack läßt sich streiten. Manch einen Besucher mag aber das Resultat der Bemühungen eher an eine Prater-Grottenbahn oder, vor allem wegen der Bestuhlung, an die Versammlungshalle eines Fred-Feuerstein-Fanklubs erinnern.

Der Fuchs-Bau St. Jakob: Künstler gestaltet Kirche

Wirklich bemerkenswert ist jedoch, daß die Geschmacklosigkeit und der Kitsch bis ins allerkleinste Detail hineinreichen.

In der Kirche ist eine ausführliche Informationsbroschüre zu erhalten, die die tieferen Zusammenhänge des Gesehenen erklärt. Führungen gibt es nach Voranmeldung und am Sonntag nach der Messe.

Am nahe gelegenen Thaler See läßt es sich Boot fahren, fischen oder auch wandern. Die Gegend ist reizend: Mischwälder, saftige Wiesen und sanfte Hügel. Oberhalb des Sees liegt die Ruine Unterthal, die zum Teil renoviert und bewohnt ist. Das einige Kilometer entfernte Schloß Hart beherbergt eine land- und forstwirtschaftliche Fachschule.

ESSEN UND TRINKEN Restaurant Thalersee, Thal 167, Tel. 0316/58 23 90, mit Übernachtungsmöglichkeit. **GOLF** Grazer Golf Club, 9-Loch-Anlage, Windhof 137, Tel. 0316/57 28 67.

DIE BURGRUINE GÖSTING

Ausgangspunkt für den Aufstieg zur Burgruine Gösting ist das barocke Schloß Neu-Gösting, das von Ignaz Maria Graf von Attems im Jahr 1723 nach dem Brand der Hochburg errichtet wurde. Der wegen des herrlichen Rundblicks lohnende Aufstieg dauert etwa 30 Minuten. Die lauschig gelegene Burgtaverne ist, außer montags, das ganze Jahr über geöffnet und besonders im Frühjahr und Herbst gut besucht.

Die Burg Gösting wurde 1042 zum ersten Mal erwähnt und ist somit älter als Graz. Anfang des 15. Jahrhunderts wurde die Hauptburg durch eine fünfeckige Wehrturmanlage mit hohen Wehrgängen erweitert. Seit 1707 gehört die Burg mit der Herrschaft den Grafen Attems.

Ältestes Relikt der Burg ist die frühromanische Doppelkapelle. Die Burgruine wird heute von einem Verein erhalten, dem auch die Renovierung eines Turmes zu verdanken ist, von dessen Spitze man an klaren Tagen bis zur Riegersburg und zum Gleichenberger Kogel sehen kann. Ein aufregender

Der Aufstieg zur Burgruine Gösting lohnt sich!

Ausblick ergibt sich auch vom sogenannten Jungfernsprung, allerdings rauscht unten im Tal nicht mehr die Mur, sondern die Autobahn. Von der Burgruine führen markierte Wanderwege nach Thal, Judendorf-Straßengel und Steinberg.

Im Norden von Graz befindet sich auch der zum Steiermärkischen Landesmuseum Joanneum gehörende Alpengarten Rannach, ein 23.000 Quadratmeter großes Freigelände mit Schaugarten, Nistkasten- und Gehölzlehrpfad und einem Murmeltiergehege.

Alpengarten Rannach, Rannach 15, Tel. 0316/69 30 31, Öffnungszeiten: 1.4.–30.9., tgl. 8–18 Uhr; 1.10.–31.3., Mo, Di, Do–So 8–16 Uhr, Mi 8–15 Uhr.

WUNDERWERK DER GOTIK – DIE WALLFAHRTSKIRCHE VON JUDENDORF-STRASSENGEL

Die am Frauenkogel, zwischen den Ortsteilen Judendorf und Straßengel gelegene Wallfahrtskirche gehört zu den bedeutendsten Sakralbauten der Hochgotik in Österreich. Die Anfänge des Wallfahrtsortes gehen wahrscheinlich auf das 12. Jahrhundert zurück. Der Legende nach schenkte Markgraf Otakar III. dem Kloster Rein 1157 eine Kopie des berühmten Marienbildes des Evangelisten Lukas, die er von einer «heiligen Wallfahrt aus Palästina» heimgebracht hatte. Vermutlich ist dieses Marienbild verlorengegangen, denn das berühmte Straßengler Gnadenbild «Maria im Ährenkleid» stammte aus der ersten Hälfte des 15. Jahrhunderts und wurde 1976 gestohlen. Das heutige Bild ist eine Kopie.

Sagenumwittert ist auch der zweite Kultgegenstand der Kirche, das berühmte Wurzelkreuz, ein 18 Zentimeter hohes Kruzifix mit einer sehr realistischen Darstellung des Gekreuzigten, das 1255 «aufgefunden» wurde und angeblich keinerlei Einwirkungen eines Schnitzmessers aufweist. Einer Legende zufolge sollte das Kreuz nach Wien gebracht werden, kehrte aber auf wundersame Weise immer wieder an seinen Platz zurück. 1976 wurde es ebenfalls entwendet, im Gegensatz zum Gnadenbild aber bald danach am Grazer Zentralfriedhof hinterlegt.

Der kleine Bruder des Stephansdomes

Die erste mittelalterliche Kapelle am Frauenkogel wurde im 14. Jahrhundert durch einen gotischen Neubau ersetzt. Etwa einhundert Jahre später folgten der Glockenturm und die Sakristei, bald darauf auch die wehrhafte Ummauerung der Anlage. In der Barockzeit von größeren Umbauten verschont, entging die Kirche in der Ära Josephs II. nur knapp ihrer Demolierung.

Der achteckige Turm mißt 48 Meter. Im ersten Geschoß befinden sich drei Konsolenköpfe: eine alte Frau, möglicherweise Sinnbild der Synagoge, eine junge Frau als Verkörperung der Ecclesia und ein Männerkopf, vielleicht einen der Baumeister darstellend. Die Konsolenköpfe im zweiten Geschoß werden – auch aufgrund des steirischen Panthers und des Bindenschildes – als die Bauherren und Stifter Markgraf Otakar III. mit Gemahlin und Erzherzog Rudolf IV. mit Katharina von Böhmen interpretiert. Weiters sind Äbte des Stiftes Rein und Vertreter der Stände und Bürger dargestellt, die sich um die Kirche verdient gemacht haben. Die acht lebensgroßen Steinfiguren über den hohen Spitzbogenfenstern im dritten Turmgeschoß zeigen Maria und die sieben Engel aus der Apokalypse des Johannes. Die vierte Turmzone wird vom durchbrochenen Turmhelm mit acht tiergestaltigen Wasserspeiern gebildet, die apotropäische, also unheilabwendende Funktion besitzen sollen. Vorbild für den Straßengler Turm waren mit Sicherheit Turmbauten der Wiener Bauhütte, zum Beispiel der Südturm des Stephansdoms oder der Hauptturm des Freiburger Münsters.

Zwei Spitzbogenportale führen in das Kircheninnere. Ihre Tympanareliefs zählen zu den bedeutendsten Kunstwerken des 14. Jahrhunderts in Österreich. Das Relief am Westportal zeigt eine Darstellung der «Verkündigung an Maria». Die Reinheit Mariens wird durch eine Lilie symbolisiert, die Bibelstelle «Und das Wort ward Fleisch» (Joh 1,14) durch ein von Gott herabgesandtes Kind. Das Südportal zeigt eine «Beweinung Christi»: Maria hält den todesstarren Leib ihres Sohnes. Unter einem Lebensbaum stehen Johannes, Maria Salome und Maria Magdalena.

Der Innenraum wird durch vier Pfeilerpaare, auf denen ein Kreuzrippengewölbe ruht, in einen dreischiffigen Hallenraum gegliedert. Die Kapitelle zeigen Wein-, Efeu- und Feigenlaub. Bemerkenswert sind auch die reliefverzierten Schlußsteine und Konsolen.

Von der ursprünglichen Einrichtung haben sich leider nur die gotischen Glasfenster erhalten – immerhin 147 Scheiben und damit der größte Bestand mittelalterlicher Glasmalereien in der Steiermark. Zu sehen sind Szenen aus dem Alten und Neuen Testament, Erzengel und Evangelisten, Apostel, Propheten und Heilige. Einige Felder wurden 1885 ergänzt. Der Rest der Kirchenausstattung ist von spätbarocken Einrichtungsgegenständen – Kanzel und Altarbilder der hll. Sebastian und Johannes von Nepomuk, beide von Martin Johann Schmidt, besser bekannt als «Kremser Schmidt» (1718–1801) – und neugotischen Altaraufbauten geprägt.

Gegenüber dem Seiteneingang befindet sich die spätbarocke Annenkapelle mit einem reich gestalteten Säulenaltar und einem Gewölbefresko, das dem in Rein tätigen Joseph Amonte zugeschrieben wird. Es zeigt die «Heilige Sippe» im Großfamilienbild, unter anderem mit den drei Gatten von Jesus' Großmutter Anna. Bemerkenswert sind weiters ein verglaster Schrein mit Reliquien des Eisheiligen Bonifatius und zahlreiche Votivbilder.

Darstellung der Verkündigung am Westportal

Im Westen der Kirche befindet sich das im Kern spätgotische, leider ziemlich verfallene Neugebäude mit dreigeschossigen Säulenarkaden. Von hier und vom Pfarrhof führen Fußwege in den Ort zurück.

STIFT REIN – DAS ÄLTESTE ZISTERZIENSERKLOSTER DER WELT

Vor der Fahrt nach Rein empfiehlt sich ein kurzer Zwischenstopp im nahen *Gratwein,* dessen Name nichts mit dem Lieblingsgetränk der Mönche zu tun hat, sondern sich vom slawischen Wort «gradovína» ableitet, das die Umgebung einer Burg bezeichnet. 1479 wurde der Ort, dessen jährlich stattfindender Rupertimarkt ein Anziehungspunkt für die gesamte mittlere Steiermark war und den Bewohnern zu einigem Wohlstand verhalf, zum Markt erhoben. Mittelpunkt des bunten Treibens war der Kirchhof der im 9. Jahrhundert von Salzburg aus gegründeten Ruprechtskirche. Die Ende des 15. Jahrhunderts auf den Resten dieses romanischen Gotteshauses erbaute dreischiffige Hallenkirche besitzt ein schönes gotisches Portal (datiert 1511) und einen älteren, kreuzrippengewölbten Chor (um 1400) mit barockem Hochaltar. Das Altarblatt von Philipp Carl Laubmann (1703–1792) wurde 1873 durch eine neugotische Statue des Heiligen ersetzt und befindet sich jetzt an der Nordwand des Presbyteriums. Im Chor sind zwei ganzfigurige Rotmarmorgrabsteine von Geistlichen zu bewundern.

Im ehemaligen Friedhof befindet sich eine dem Pestheiligen Sebastian geweihte Kapelle aus dem 17. Jahrhundert, ursprünglich ein rundes Beinhaus.

ESSEN UND TRINKEN Fischerwirt, Bahnhofstraße 40, Tel. 03124/512 76 (auch Zimmer).

Wenige Kilometer von Gratwein entfernt liegt das *Zisterzienserstift Rein.* Sein Name ist ebenfalls slawischen Ursprungs (rauna) und bedeutet soviel wie Talebene. Der Zisterzienserorden wurde im

Jahr 1098 vom Benediktinerabt Robert von Molesme in Citeaux (Cistercium/Frankreich) gegründet – als bewußter Rückgriff auf die Einfachheit und Strenge der Ordensregeln des hl. Benedikt von Nursia (480–547). Um die Mitte des 13. Jahrhunderts zählte der neue Orden bereits 1800 Abteien in ganz Europa. Rein nimmt dabei eine besondere Stellung ein: 1129 als 38. Zisterze gegründet, ist es heute, nach den Wirren der Französischen Revolution und der Welle von Säkularisierungen im späten 18. Jahrhundert, das älteste noch bestehende Zisterzienserkloster der Welt.

Zisterzienserklöster wurden grundsätzlich in wald- und wasserreichen Tälern angelegt. Nach den Bauvorschriften des Ordens hatte die Kirche nach Norden, das Klausurgebäude nach Süden ausgerichtet zu sein. Um den Klosterbau herum gruppierten sich, gemäß dem Grundsatz «ora et labora», die Wirtschaftsgebäude.

Ende des 15. Jahrhunderts wurde das Stift zu einer gut befestigten Wehranlage ausgebaut. Die Zeit der Reformation überlebte Rein mehr schlecht als recht – und nach dem Triumph der katholischen Gegenreformation war Rein das letzte steirische Stift, das sich zu einem barocken Umbau entschloß. 1737 wurde die romanische Basilika abgetragen und durch einen Neubau ersetzt.

Rein hatte auch im 20. Jahrhundert eine Reihe von Katastrophen zu überstehen. 1941 wurde das Kloster vom nationalsozialistischen Regime beschlagnahmt. Im Juli 1975 suchte ein Jahrtausendhochwasser das Stift heim. Wertvolle Statuen wurden umgeworfen, Altäre unterspült, alte Meßgewänder und Ölbilder, aber auch fast 4000 Bücher vernichtet. Und in den achtziger Jahren hätte der ins Kriminal geratene Abt Paulus Rappold, dessen Namen man hier gar nicht gerne hört, Rein beinahe in den finanziellen Ruin getrieben. Heute zählt das Stift noch 15 Mönche und bildet damit die kleinste Gemeinschaft innerhalb der aus 6 Abteien bestehenden österreichischen Zisterzienserkongregation.

Stift Rein, 8103 Rein 1, Tel. 03124/516 21. Die Führung durch das Stift dauert etwa eine Stunde. Besichtigt werden: Stiftskirche und Kreuzgang, die Herzog-Ernst-Grabkapelle, die sogenannte Winterkirche, der Schauraum der 90.000 Bände umfassenden Bibliothek, der Huldigungs- oder Thronsaal und die gotische Kreuzkapelle. Ohne Führung zu besichtigen sind die Stiftskirche mit der angeschlossenen Winterkirche und der Kreuzgang.

Die barocke Stiftskirche wurde vom Grazer Hofbaumeister Johann Georg Stengg (1689–1753) errichtet, einem wichtigen Vertreter der spätbarocken Architektur in der Steiermark, der für seine «bewegten Kirchenfassaden» berühmt war. Über dem Hauptportal sehen wir die Statue des Ordensheiligen Bernhard von Clairvaux. Oberhalb ist ein Hornwerk angebracht, das nach dem Glockengeläute spielte – heute nur noch eine Attrappe.

Stumme Orgelpfeifen in Stift Rein

Staunend steht der Besucher in der nach Mariazell zweitgrößten Kirche der Steiermark. Der reiche Freskenschmuck stammt vom Meister der perspektivischen Illusionsmalerei, Joseph Adam von Mölk (1714–1794), der diese Arbeit zusammen mit drei Gehilfen in der rekordverdächtigen Zeit von nur einem halben Jahr ausführte. Das erste Feld zeigt die zerfallene Welt der Heiden und den hl. Benedikt, der allen Versuchungen widersteht. Im zweiten Feld ist die Kreuzesvision des hl. Bernhard, seine Unio mystica mit Christus, illustriert. Das dritte Feld zeigt, wie die dreijährige Maria in den Tempel gebracht wird. Das vierte Feld ist dem hl. Josef als Nährvater Christi, aber auch dem ägyptischen Josef mit seinen Brüdern gewidmet.

Im Presbyterium stehen der barocke Hochaltar mit der von Martin Johann Schmidt gemalten «Anbetung des Jesuskindes» und das Chorgestühl der Mönche. Links der Bernhardsaltar, rechts der Benediktsaltar, beide mit Gemälden von Joseph Amonte. Bereits im Stil des Rokoko ausgeführt sind die Kanzel mit der allegorischen Darstellung der vier damals bekannten Erdteile und die Orgel.

In der Stiftskirche befindet sich auch eine Reihe bedeutender Grabdenkmäler. In der Grabkapelle hinter dem Benediktsaltar jenes für Herzog Ernst den Eisernen (†1424), den Vater des späteren Kaisers Friedrich III. Sein Haupt trägt den Herzogshut und ruht auf einem Polster. Sein Mantel wird von zwei Engeln zur Seite gezogen und gibt den Blick auf die Rüstung frei – eine ungemein dokumentarische Darstellung der ritterlichen Kleidung jener Zeit. In der Grabkapelle findet sich außerdem die im 17. Jahrhundert angefertigte Grabplatte des Markgrafen Otakar III.: der Markgraf als schlafender Jäger, in seinem Arm ein verfolgter Hase, sowohl altchristliches Symboltier als auch Synonym für die vom Grafen gegründete Kartause Seitz (slowenisch «zajec» = Hase). Unter der Orgelempore befinden sich weitere Grabmäler, darunter jene des Abtes Lindenlaub (†1529) und der Ritterfamilie von Graben, sowie ein römischer Löwe.

Von der Kirche gelangt man in den Kreuzgang, wo 53 lebensgroße Bilder der Äbte von Rein zu sehen sind. Begonnen wurde die «Porträtierung» vermutlich zu Beginn des 17. Jahrhunderts. Beim Ausgang der Galerie stößt man auf die Alte Sakristei, die heutige Winterkirche, einen langestreckten Raum mit reichem figuralem Stuckdekor, darunter 12 auf dem Gesims sitzende «lebensgroße» Putti.

ESSEN UND TRINKEN Gasthof Zur Linde, Hörgas 1, Tel. 03124/510 69. Gasthof Schaupp, Tallack 53, Tel. 03124/517 32, bodenständige Küche bester Qualität.

DAS FREILICHTMUSEUM STÜBING – GANZ ÖSTERREICH AUF 50 HEKTAR

Soweit nachvollziehbar, hat der Schweizer Karl Viktor von Bonstetten 1799 erstmals die Aufstellung von traditionellen Wohnhäusern im Sinne eines Freilichtmuseums angeregt. Zum Durchbruch gelangte dieser Gedanke in der zweiten Hälfte des vorigen Jahrhunderts in Skandinavien: Auf das Freilichtmuseum des Artur Hazelius in Stockholm folgten ähnliche Museen in Kopenhagen (1901), Oslo (1902) und Lillehammer (1904). In Deutschland wurde das erste große Freilichtmuseum 1936 in Niedersachsen eröffnet. Weitere Museen folgten in den fünfziger und sechziger Jahren. In dieser Zeit wurden auch unsere übrigen Nachbarn aktiv: 1964 in Martin (Slowakei), 1967 in Brünn (Tschechien) und in Szombathely (Ungarn).

In Österreich reichen die Planungen für ein volkskundliches Freilichtmuseum bis in die zwanziger Jahre zurück. Ein allererstes regionales Freilichtmuseum entstand schließlich 1952 am Kreuzbergl bei Klagenfurt, 1960 eines im oberösterreichischen Mondsee, 1963 das Urgeschichtliche Freilichtmuseum Aspern a.d. Zaya und 1965 eines in Bad Tatzmannsdorf im Burgenland.

Nur herein ins gute Stübing: Museum an der frischen Luft

Das Museum in Stübing, das von Anfang an eine gesamtösterreichische Ausrichtung besaß, wurde 1962 auf einem 50 Hektar großen Grundstück gegründet und acht Jahre später mit 32 Bauten eröffnet. Bis 1985 wuchs sie auf 72 historische Objekte an und tendiert mittlerweile gegen 100.

Treibende Kraft hinter der in jeder Hinsicht einzigartigen Sammlung ist der Volkskundler und Germanist Viktor Pöttler, der das Museum seit seiner Gründung leitet und auch als Professor für Volkskunde an der Universität Graz wirkt. Wohl wissend, daß Freilichtmuseen dem Verfall der traditionellen bäuerlichen Kultur weder Einhalt gebieten noch ihn rückgängig machen können, sieht er ihre Aufgabe vor allem darin, besonders wertvolle Exponate als Denkmäler einer versunkenen Kultur zu bewahren – und über das materielle Objekt hinaus ein möglichst authentisches Bild von der Gesamtheit einer verschwundenen Kulturform zu vermitteln.

Faszinierend ist hier nicht nur die Authentizität, sondern auch die direkte Vergleichsmöglichkeit zwischen den von Klima, Umwelt und Geschichte geprägten Haus- und Siedlungsformen, die in freier Landschaft heute gar nicht mehr gegeben ist. Das weitläufige Gelände bietet mit seinen Wald- und Wiesenflächen, den kleinen Seitentälern und dem Bach einen idealen Platz für die unterschiedlichsten Standortgestaltungen.

Die Fahrt nach Stübing sollte für alle, die an Architektur und echter, unverfälschter Volkskultur interessiert sind, zum Pflichtbesuch werden. Der Besucher beginnt seine Besichtigung im Burgenland und gelangt über die Steiermark und Kärnten in den donauländischen Raum. Von hier wandert er weiter in die alpinen Regionen Tirols und Salzburgs, und landet schließlich in Vorarlberg. Vorsicht allerdings: Da nahezu alle Objekte aus Streusiedlungen stammen, mußten sie in dem weitläufigen Areal auch möglichst isoliert voneinander aufgestellt werden. Nur Objekte aus gleichen Hauslandschaften, wie etwa dem Burgenland, der Nordoststeiermark und Tirol, wurden zu Gruppen zusammengefaßt. Überdies sind alle Bauten eingerichtet und können auch von innen besichtigt werden. Ein Besuch erfordert also entweder sehr viel Zeit oder eine sorgfältige Auswahl nach regionalen oder sonstigen Interessenschwerpunkten, wobei der vorbildlich gestaltete Ausstellungskatalog (mit kurzen und ausführlicheren Informationen, Fotos, Skizzen und Grundrißzeichnungen) eine echte Hilfe ist.

Die Übertragung alter, bäuerlicher Bauten ist wesentlich schwieriger, als die wiederaufgestellten Objekte auf den ersten Blick erkennen lassen. Holzverbindungen, Bruchsteinmauerwerk, heutzutage unbekannte Putze, Stroh- und Holzdächer machen jeden Ab- und Wiederaufbau zu einem einzigartigen Abenteuer. Darüber hinaus müssen sinnstörende Zubauten und Veränderungen entfernt und baufällige Teile erneuert und ergänzt werden.

Eine Anmerkung: Im Gegensatz zu der musealen Erhaltung in situ, also dem (Bauern-)Hausmuseum, entsteht ein Freilichtmuseum durch die Translozierung der Objekte mitsamt ihrem Inventar. Dabei soll der ursächliche Platz und Zusammenhang der Gegenstände erhalten bleiben – auch wenn diese natürlich nur malerisch drapiert werden und in der Regel nicht mehr im Gebrauch erlebt werden können.

Freilichtmuseum Stübing: nostalgischer Kaufmannsladen

In Stübing gibt es ein klares Bekenntnis zur «naiven Sachlichkeit» und eine wohltuende Absage an trachtliche Kostümierungen und Folklorismen. Auch in der Auswahl der Objekte wird nichts geschönt oder idealisiert. Der Besucher, meint Herr Pöttler, soll den Eindruck gewinnen, die Hausbewohner seien «eben noch bei der Feldarbeit und werden jeden Augenblick zurückkommen». Bäuerlich verkleidetes Personal lehnt er entschieden ab. Dann und wann wird Brot gebacken, fallweise kann auch die Arbeit an einer Töpferscheibe, am Spinnrad, können Weben oder Korbflechten beobachtet werden.

Leider hat das Verhalten vieler Besucher dazu geführt, daß die meisten Räume nur noch von einer Schranke aus, also aus der Guckkastenperspektive, besichtigt werden können.

Neben Wohnhäusern, deren Geschichte teilweise bis ins späte Mittelalter zurückreicht, wartet Stübing mit einem Glockenturm aus Schallendorf (Bgld.), einem Kitting (Speicher) aus Unterschützen (Bgld.), einem Taubenschlag aus Blumau (Stmk.), verschiedenen Mühlen, einem Sägewerk aus dem Mürztal, Getreidekästen, einer Schmiede aus Feistritz (Stmk.), einer Hammerschiede aus der Gegend von Murau (Stmk.), weiters mit Schweineställen, Kellerstöckln, Preßhäusern, Stadeln, Bildstöcken, Kapellen, Viehtränken, einer Schule aus Prätis bei Pöllau, einem besonders schönen Vierkanthof aus der Gegend von Steyr (OÖ.), Backöfen, Badstuben, Almhütten, einem Wetterturm, Maisharpfen, Kohlenmeilern und einer Greißlerei auf.

Freilichtmuseum Stübing, Tel. 03124/537 00,
Öffnungszeiten: 1.4.–31.10., tgl. außer Mo 9–17 Uhr.

Unweit des Freilichtmuseums liegt das im 19. Jahrhundert im sogenannten Windsorstil erbaute Schloß Stübing, dessen Geschichte bis ins 12. Jahrhundert zurückreicht. 1960 erwarb die SOS-Kinderdorf-Organisation das Schloß. Das Kinderdorf – übrigens das einzige der Steiermark – umfaßt heute 15 Familien mit je sechs Kindern. Freundliche neugierige Menschen sind jederzeit willkommen.

SOS-Kinderdorf Steiermark, 8114 Stübing, Tel. 03127/412 50.

Vorhergehende Seite:
1894 errichtet:
die Grazer Schloßbergbahn

Der Grazer Uhrturm:
das Wahrzeichen der Stadt,
dessen Uhrwerk von 1712 heute
noch funktioniert (links)
Die Sporgasse verdankt ihren
Namen den Sporenmachern und
Waffenschmieden (re. oben)
Blick vom Schloßberg
zur Sackstraße (unten)

Das Landeszeughaus: die größte historische Rüstkammer der Welt (li. oben)
Im Grazer Stadtpark (li. unten und re. oben)
Die von Kaiser Maximilian anno 1499 errichtete Doppelwendeltreppe in der Grazer Burg (re. unten)

Sarkophag mit der Darstellung der
Eltern Ferdinands II. im Mausoleum (li. oben)
Über den Dächern von Graz (li. unten)
Schloß Eggenberg am Stadtrand von Graz (re. oben)
Die von Ernst Fuchs gestaltete Pfarrkirche
von Thal (re. unten)

Folgende Seite: Brunnen im Grazer Stadtpark

DEUTSCHFEISTRITZ

In der 20 Kilometer nördlich von Graz gelegenen Marktgemeinde Deutschfeistritz steht das *Museum Sensenhammer*, ein 1849 erbautes Werk mit sechs Wasserrädern, das bis zum Jahr 1984 in Betrieb war.

Museum Sensenhammer, Tel. 03127/422 77, 413 55, Öffnungszeiten: 1.4.–30.10., Mo–Fr 14–17, Sa, So und Fei 10–17 Uhr. Führungen nach telefonischer Voranmeldung.

Hoch über dem Ort liegt die *Pfarrkirche St. Martin* aus dem 13. Jahrhundert mit frühgotischem Chor. Das breite Kirchenschiff stammt von 1515. Interessant ist der 1778 angefertigte Hochaltar im Rokokostil mit reichen Silberapplikationen, dessen Bild den hl. Martin in ungarischer Nationaltracht darstellt.

AUSKUNFT Fremdenverkehrsverein Deutschfeistritz, Tel. 03127/355.

JETZT IST SENSE

Eine Sense ist ein langes, schwach gebogenes Messer, welches an einem Holzstiel, dem sogenannten Sensenbaum, befestigt ist. Als Erntegerät ist die Sense zwar jünger als die Sichel, aber ebenfalls bereits seit der Antike bekannt. Im Mittelalter wurden die Sensen von Klingen- und Waffenschmieden erzeugt. Nach dem Aufkommen der Feuerwaffen verlor die Klingenerzeugung an Bedeutung, und die Sensenschmieden entwickelten sich zu einem eigenständigen Bereich innerhalb der Eisenverarbeitung.

Neben dem Rohstoff Eisen benötigten die Schmieden vor allem Holzkohle und Wasser zum Betreiben der Hämmer. Die wichtigsten Standorte im heutigen Österreich befanden sich deshalb im oberösterreichischen Krems- und Steyrtal, zwischen Ybbs und Erlauf in Niederösterreich, im steirischen Enns- und Liesingtal sowie in der Mur- und Mürztalfurche und den Seitentälern des Murtales. Insgesamt gab es im heutigen Österreich 226 Sensenhämmer – 49 davon in Kirchdorf im oberösterreichischen Kremstal.

In der Steiermark wurden 1768 ganze 34 Sensenhämmer verzeichnet, Mitte des 19. Jahrhunderts sogar 42 Betriebe, die zusammen etwa 1,5

Millionen Sensen und fast 400.000 Sicheln jährlich produzierten. Durch den industriellen Fortschritt kam es gegen Ende des 19. Jahrhunderts zu einer stärkeren Konzentration bei gleichzeitiger Produktionssteigerung. Seit den frühen dreißiger Jahren verdrängte die Mähmaschine die Sense als wichtigstes Erntegerät. 1975 arbeiteten nur noch 6 Werke in ganz Österreich, zwei davon in der Steiermark.

Die Herstellung einer Sense war eine überaus langwierige und auch heikle Arbeit. Zunächst wurde der in Stangenform vom Stahlwerk gelieferte Sensenstahl mit der wasserbetriebenen «Bröcklschere» in kurze Stücke – eben Bröckl – geschnitten, die anschließend ins «Zainfeuer» kamen. Das glühende Bröckl wurde mit dem Zainhammer zu einem Stahlstück auf Sensenlänge – dem Zain – ausgeschmiedet. Danach kam der Zain ins «Breitenfeuer» und wurde in mehreren «Hitzen» mit dem Breithammer in Sensenform gebracht, wobei auch Blattstärke und Krümmung festgelegt wurden. Die Sense hatte nun zwar ihre definitive Stärke, das Blatt war allerdings noch gewellt und uneben. Am rasch schlagenden Kleinhammer wurde die Sense nun «grau-», d.h. glattgehämmert, danach die Schneide mit einer Maschine beschnitten und geschliffen. Nach einem neuerlichen Erhitzen folgte das Härteölbad. Der gehärteten Sense mußte nun nur noch die richtige Spannung verliehen werden; dies geschah durch «Blaufärben» über einem Holzkohlefeuer. Abschließende kleine Korrekturen, Polieren und Dengeln beendeten das Werk.

FROHNLEITEN

Einen Besuch lohnt auch die malerische Marktgemeinde Frohnleiten, die auf einer Terrasse über dem Murtal liegt und von den Grafen von Pfannberg zum Schutz des Murübergangs um 1276 gegründet wurde.

Der langgestreckte straßenartige Hauptplatz des Ortes steigt leicht zur Kirche an. Die zumeist zweigeschossigen Häuser stammen zum Teil noch aus dem 16. und 17. Jahrhundert, ihre Fassaden sind allerdings jünger. Sehenswert ist der Sgraffitodekor auf Nr. 21 und auf Nr. 42, dem mit 1579 datierten Bäckerhaus.

Die *Pfarrkirche Mariä Himmelfahrt* bildet den monumentalen westlichen Abschluß des Hauptplatzes. Die Kirche ist hufeisenförmig von den Klosterbauten des *ehemaligen Servitenklosters* umgeben, das Ende des 17. Jahrhunderts durch Jakob Schmerlaib erbaut wurde und sich seit 1967 im Besitz des Franziskanerordens befindet. Das Innere der 1701 geweihten Kirche besticht durch die einheitliche Rokokoausstattung. Wände und Decke wurden 1764 von J. A. von Mölk bemalt, von dem auch das Hochaltarbild stammt. Kanzel und Beichtstühle wurden zur gleichen Zeit geschaffen. Die weiß gefaßten Statuen werden der Werkstatt Veit Königers zugeschrieben.

Im Kloster sind der Grabstein des Balthasar Tillipaul (1686) mit Porträt und Skelett und eine Reihe barocker Bilder hervorzuheben. Die vor der Pfarrkirche aufgestellte Mariensäule stammt aus dem Jahr 1732.

Südlich der Pfarrkirche befindet sich die ehemalige *Katharinenkirche,* die bereits um 1300 – also zeitgleich mit der Ortschaft – gegründet, 1788 jedoch profaniert und zu Wohnzwecken adaptiert wurde. An die Katharinenkirche schließt der ehemalige Tabor mit gotischem Torbau als Schutz des alten Brückenkopfes an. In der angrenzenden *Brückenkopfgasse* befindet sich ein schönes Ensemble mit dem ehemaligen Mauthaus auf Nr. 8 und dem Gerberhaus auf Nr. 9. Bemerkenswert ist das Gerberdach mit den hölzernen Lüftungsfenstern zum Trocknen der gegerbten Häute.

Am entgegengesetzten Ende des Ortes sind ebenfalls noch Teile der alten Befestigung erhalten; hier stößt man auch auf das barocke Leobner Tor.

AUSKUNFT Tourismusverband, Brückenkopf 1, 8130 Frohnleiten, Tel. 03126/23 74. **ESSEN UND TRINKEN** Weissenbacher, Mayr Melnhof-Straße 2, Tel. 03126/23 34. **ÜBERNACHTEN** Hotel Frohnleitnerhof, Hauptplatz 14a, Tel. 03126/41 50. Golfhotel Murhof, Adriach 53, Tel. 03126/30 00.

LURGROTTE, 8120 PEGGAU

Der Name Peggau leitet sich vom slawischen «peku» ab, was soviel wie Höhle bedeutet. Tatsächlich finden sich in der Umgebung des Ortes zahlreiche bereits in urgeschichtlicher Zeit besiedelte Höhlen. Diese sind heute zum Großteil unzugänglich, weil die Stege verfallen oder gesperrt und nur noch für Forschungszwecke zu begehen sind.

1545 erhielt Peggau das Marktrecht, aber erst mit der Zunahme des Überlandverkehrs im 17. Jahrhundert entwickelte sich die erste Poststation nach Graz zu einem wichtigen Einkehrort. Später profitierte Peggau vom Bergbau und der Schmiedeindustrie der Umgebung. Im Zuge des Südbahnbaus wurde im Jahr 1843 die 400 Meter lange Badlwandgalerie errichtet, eines der bedeutendsten Verkehrsbaudenkmäler der Steiermark.

Die Hauptattraktion von Peggau ist zweifellos die Lurgrotte, die von mehr als 20.000 Menschen jährlich besucht wird. Angeboten werden einstündige Führungen bis zum «Prinzen», einem frei hängenden, etwa 3 Tonnen schweren und 3,7 Meter langen Tropfstein, und zweistündige Führungen bis zum 116 Stufen hohen «Blocksberg». Die längere Tour ist zum Teil nur mit Karbidlampen zu begehen. Von Dezember bis März werden auch vierstündige (bis zur «Hexenkluft») bzw. sechsstündige (bis zum 3. Siphon) Abenteuerführungen angeboten. Weil man dabei klettern und robben muß, ist dafür eine gute Kondition erforderlich.

Führungsbetrieb: 1.4.–30.10., tgl. 9–16 Uhr (April und Oktober ist montags geschlossen!), außerhalb dieser Zeiten nach Vereinbarung, Tel. 03127/25 80.

Einen Besuch lohnt auch die von einem Friedhof umgebene *Kirche St. Margaretha,* besonders wegen des gotischen Chors, der von Margarete von Pfannberg, die in zweiter Ehe mit dem Grafen Hugo von Montfort verheiratet war, noch vor 1389 errichtet wurde. Das ebenfalls gotische Langhaus wurde im 15.

Jahrhundert von den Montforts neu erbaut. Der Schlußstein im Netzrippengewölbe zeigt noch ihr Wappen. Im 18. Jahrhundert wurden vom Stift Vorau zwei Seitenkapellen errichtet und mit Fresken des Stiftsmalers Johann Cyriak Hackhofer ausgeschmückt. Das Altarbild der hl. Margaretha und das große Barbarabild an der rechten Seitenwand stammen von J. A. von Mölk.

Die im Ortsteil Hinterberg gelegene *Burgruine Peggau* entstand vermutlich zu Beginn des 12. Jahrhunderts zur Sicherung des Murtals, und befand sich vom 14. bis zum 16. Jahrhundert im Besitz der Grafen von Montfort. 1652 gelangte die Burg in den Besitz des Chorherrenstifts Vorau und diente dem Vorauer Verwalter als Amtssitz. Seit dem Beginn des 19. Jahrhunderts dem Verfall preisgegeben, gehört die Anlage immer noch dem Stift.

AUSKUNFT Gemeindeamt Peggau, Tel. 03127/22 22.

LURGROTTE, 8102 SEMRIACH

Lurgrottenmäßig sind Peggau und Semriach erbitterte Konkurrenten. Während Peggau einfacher zu erreichen ist, ist Semriach zweifellos der nettere Ort. Die Grotte wäre es jedenfalls wert, von beiden Seiten besucht zu werden. Eine Durchquerung ist seit dem verheerenden Hochwasser von 1975 leider nicht mehr möglich.

Bei der einstündigen Führung in Semriach gelangt man durch den 1894 angelegten Rettungsstollen in die «Halle der Eingeschlossenen» (siehe Exkurs). Bis hierher wird der Besucher noch vom Lurbach begleitet, der nun verschwindet, um in der Hammerbachquelle bei Peggau wieder aufzutauchen. Über die «Bärengrotte» kommt man zum 40 Meter hohen «Großen Dom» und zum sogenannten «Riesen», einem Monsterlackel von einem Tropfstein. Die große Tour dauert etwa zweieinhalb Stunden und führt bis zur Bismarcksäule.

Führungen: Ganzjährig, tgl. 10–16 Uhr, auf Wunsch auch Sonderführungen. Information und Anmeldung: Gasthof zur Lurgrotte, 8102 Semriach, Tel. 03127/83 19.

Die nette Marktgemeinde Semriach mit ihrem langgezogenen Straßenplatz besitzt mit der *Kirche zum hl. Ägidius* auch noch eine architektonische Attraktion. Die dreischiffige Halle wurde zu Beginn des 16. Jahrhunderts errichtet und 1543 durch einen spätgotischen Langchor erweitert. Die in der ersten Hälfte des 18. Jahrhunderts erfolgten Zu- und Umbauten führten glücklicherweise zu keiner umfassenden Barockisierung der Kirche.

Man betritt das Gotteshaus durch ein schönes gotisches Portal, über dem ein römischer Grabstein eingelassen wurde. Besonders eindrucksvoll sind die verschiedenen gotischen Gewölbetypen, das Sternrippengewölbe im Mittelschiff, die einfacheren Kreuzrippen in den Seitenschiffen und das raffinierte Netzrippengewölbe im Chor. Die Schlußsteine im Chorgewölbe zeigen Bürger- und Handwerkerwappen, die der Seitenschiffe und des Langchors Wappenschilder, unter anderem den österreichischen Bindenschild und den steirischen Panther.

Seit mehr als 100 Jahren führt die Familie Schinnerl durch die Lurgrotte

Hochaltar und Kanzel sind neugotisch, die Seitenaltäre stammen noch aus der Mitte des 17. Jahrhunderts. An der Nordwand des Presbyteriums befindet sich das Altarbild des früheren Hochaltars; es zeigt, wie der verwundete Heilige und die an seiner Seite Schutz suchende Hirschkuh von den Jägern aufgefunden werden.

Die frühere Kapelle des hl. Michael neben der Kirche, die heute der Schmerzhaften Mutter geweiht ist, war ursprünglich ein Karner.

AUSKUNFT Tourismusverein Semriach, Tel. 03127/82 02.
ÜBERNACHTEN Bürgerhof, Semriach 51, Tel. 03127/82 35. Zehenthof, Schönegg 117, Tel. 03127/83 80. Islandpferdehof Piet Hoyos, Windhof 70, Tel. 03127/883 50.

Die Kirche zum hl. Ägidius in Semriach

In der Umgebung Semriachs läßt es sich auch herrlich wandern, zum Beispiel zum *Römergrab am Krienzer Kogl* oder zum *Kesselfall.* Letzterer ist auch mit dem Auto auf der Straße nach Graz zu erreichen. Der beim Gasthof Sandwirt beginnende Rundweg dauert etwa eineinhalb Stunden. Nach wenigen Minuten erreicht man den Steig und das untere Ende der Fälle. Ab hier gibt es dreißig Brücken und Leitern. Die Gehzeit bis zum oberen Teil des beeindruckenden Wasserfalls beträgt etwa 40 Minuten.

ESSEN UND TRINKEN Gasthof Sandwirt, Präbichl 43, Tel. 03127/82 20.

Ebenfalls an der Straße nach Graz liegt der Betrieb des Franz Parz – eines von insgesamt fünf Harmonikamachern in der Steiermark. Das auch Raundl oder Maurerklavier genannte

Volksmusikinstrument ist trotz seiner Beliebtheit kein besonders altes oder traditionelles. Die ersten Harmonikas wurden zu Beginn des 19. Jahrhunderts von einem Wiener Orgelbauer konstruiert. Bei einer kleinen Führung durch den Betrieb erfährt man alles, was man schon immer über die steirische Knopfharmonika wissen wollte. Zum Beispiel, daß die Herstellung eines solchen Instruments 60 bis 180 Arbeitsstunden verschlingt, daß eine Harmonika aus etwa 2500 Teilen besteht und daß zu ihrem Bau vier verschiedene Holzsorten verwendet werden, als da wären: Nuß für den Griffstock und das Furnier, Erle für den Innenbau, Ahorn für die Tasten und Fichte für das Gehäuse. Weshalb die Preise sich von 18.000 bis 70.000 Schilling für schnitzverzierte und bis zu 100.000 Schilling für elektronische Instrumente bewegen.

Harmonikamacher Franz Parz, Thoneben 76, Tel. 03127/23 59.

DIE HALLE DER EINGESCHLOSSENEN

Im mittelsteirischen Grünkarst sind etwa 650 Höhlen registriert. Die mit Abstand größte ist die Lurgrotte: Sie ist 5 Kilometer lang, das gesamte Höhlensystem einschließlich der unzähligen Seitenhöhlen mißt etwa 12 Kilometer. Zugleich ist die vor etwa 10 Millionen Jahren entstandene Lurgrotte Österreichs schönste wasserführende Tropfsteinhöhle.

Obwohl die Erforschung der Höhle erst im späten 19. Jahrhundert erfolgte, war schon wesentlich früher bekannt, daß der Lurbach im Eingangsbereich der Höhle bei Semriach verschwindet, um bei Peggau wieder aufzutauchen. Daher auch der Name Lurloch – bedeutet «lur» doch nichts anderes als «mit Geräusch hineinfließen». Es blieb allerdings neueren Forschungen vorbehalten, zu erkennen, daß es sich bei dem in Peggau austretenden Schmelzbach nicht um den Lurbach handelt, sondern um eine Karstquelle, die im Höhleninneren entspringt. Der Lurbach selbst tritt 36 Stunden nach seinem Verschwinden etwa 600 Meter südlich der Peggauer Grotte als Hammerbach zutage. Nur bei höherem Wasserstand ergießt sich das Wasser durch die Höhle und vereinigt sich mit dem Schmelzbach. Bis zum Jahr 1893 waren nur die Vorhöhlen der Lurgrotte bekannt. Schließlich machten sich gleich zwei Gruppen an ihre systematische Erforschung: die «Gesellschaft für Höhlenforschung» und der Verein «Die Schöckelfreunde». Zwischen den beiden Gruppen entwickelte sich ein Wettstreit, und so kam es, daß am 28. April 1894 eine siebenköpfige Gruppe der Gesellschaft für Höhlenforschung trotz ungünstiger Wetterlage in das Lurloch einstieg und durch das rasch ansteigende Hochwasser in der Höhle eingeschlossen wurde.

Die Wagemutigen konnten erst nach 9 Tagen und nach einer ebenso aufwendigen wie aufsehenerregenden Rettungsaktion über einen eigens angelegten Rettungsstollen befreit werden. Trotz dieses Rückschlags ging die Erforschung der Höhle weiter, und bereits im August 1895 wurden Teile der Lurgrotte erstmals der Öffentlichkeit zugänglich gemacht.

1906 stießen Forscher von Semriach aus bis zum «Blocksberg» (3 km) vor, 1908 bis zur «Siegeshalle» (4,5 km). Gleichzeitig begann die Erforschung von Peggau aus, mit dem Ziel, die Verbindung zu den bereits bekannten Teilen herzustellen, was sich durch den Schmelzbach als besonders schwierig erwies. Die erste vollständige Durchquerung der Höhle erfolgte schließlich im Februar 1935 und dauerte 17 Stunden!

Nach dem Zweiten Weltkrieg wurden umfangreiche Bauarbeiten in der Höhle durchgeführt, sodaß ab dem Jahr 1962 eine Durchquerung in nur noch 3 Stunden möglich war. Ein Besucherstrom war die Folge – bis ein verheerendes Hochwasser im Juli 1975 die Steig- und Lichtanlagen vernichtete. Seither marschiert man getrennt, von Semriach und von Peggau aus. Eine Durchquerung im Rahmen einer Sonderführung ist zwar theoretisch möglich, angeblich besteht jedoch kein Bedarf – und die Herstellung neuer, bequemer Wege käme zu teuer.

Da in der Grotte eine konstante Temperatur von etwa 9 Grad herrscht, empfiehlt sich ein Besuch auch im Winter.

ST. RADEGUND – KUREN AM FUSSE DES SCHÖCKLS

Das 2000 Einwohner zählende St. Radegund ist mehr als nur ein Luftkurort, nämlich ein «heilklimatischer Kurort» – wobei die Kurgeschichte vor mehr als 150 Jahren ihren Lauf nahm. 1830 ließ sich der Wundarzt August Demelius, der so nebenbei auch Homöopath und mit Kaltwasserkuren vertraut war, in St. Radegund nieder. Nach längerem behördlichem Hin und Her wurde sein Kurhaus 1841 als Heilanstalt anerkannt. 1864 übernahm der in Gräfenberg tätige Gustav Novy, einer der erfolgreichsten Wasserheiler seiner Zeit, die Leitung der Anstalt und brachte seine Kunden gleich mit. Waren es «vor Novy» nur 10 bis 20 Kurgäste, so stieg ihre Zahl im Jahr 1880 auf 560 und 1886 sogar auf 1000. Im noblen Kursaal konnten bis zu 300 Personen bequem speisen, und in der Umgebung entstanden zahlreiche Villen im «Laubsägestil».

Mit der Seilbahn auf den Schöckl

Novys Kur war eine veritable Roßkur: früh aufstehen, Kaltwasserbehandlungen und Frottieren. Offenbar waren die Kuren so erfolgreich, daß die Gäste immer wieder kamen. Nach Novys Tod im Jahr 1896 übernahm Gustav Ruprich die Anstalt. Ruprich führte neue Heilmethoden wie die Massage ein und ordinierte in fünf Sprachen. Mit dem Zerfall der Monarchie blieben die betuchten ungarischen Gäste aus, und an die Stelle der Kurgäste aus dem Bürgertum traten die Patienten der Pensionsversicherungsanstalt der Arbeiter. Nach wechselvollem Schicksal mußte schließlich auch das alte Kurzentrum einem neuen weichen.

Kurhaus, Schöcklstraße 1, 8061 St. Radegund, Tel. 03132/31 01. Indikationen: Herz- und Kreislauferkrankungen, Atembeschwerden, Durchblutungsstörungen.

In der Umgebung des Kurortes gibt es zahlreiche Quellen, die zum Teil nach Damen der früheren Kurgesellschaft benannt wurden. Ein eigener *Quellenweg* verbindet Dorothea, Alexandra, Melanie und andere. Weitere empfehlenswerte Spazierwege sind: die «Ungarische Runde» (2 km), der Hubertusweg (4 km) und der Dr.-Novy-Weg (5,5 km). Ein schöner Rad- und Wanderweg führt über die Ehrenfelsstraße, vorbei an der Ruine Ehrenfels, hinauf zum Novystein, der zu Ehren des Arztes errichtet wurde.

Eine der Hauptattraktionen St. Radegunds ist natürlich der 1445 Meter hohe *Schöckl*, ein langestrecktes schmales Karstplateau, das dank der Schöckelseilbahn von jedermann bequem bezwungen werden kann. Die 1951 errichtete Einseilumlaufbahn wurde 1995 komplett erneuert. Die insgesamt 44 sechssitzigen Gondeln schaffen die 1933 Meter lange Strecke in etwa 7 Minuten.

Schöckelseilbahn: Ganzjährig in Betrieb, 9–17 Uhr, im Sommer bei Schönwetter auch länger; im November und April jeweils zweiwöchige Wartungspause. Tel. 03132/23 32 (Talstation), 03132/23 87 (Bergstation), Schöckl-Wettertelefon 0316/88 77 00. **ESSEN UND TRINKEN** Bergstation, Tel. 03132/44 23. Alpengasthof, Tel. 03132/237 23.

Sportliche Naturen werden dem Schöckl natürlich zu Fuß zu Leibe rücken. Ideal für einen Aufstieg ist der Fußweg Nr. 21 von der Talstation über Höf und Schöneben zur Bergstation, ein relativ bequemer Weg von etwa 90 Minuten. Der etwas längere Weg Nr. 22 führt von St. Radegund zum Schöcklbartl (etwa 90 min) und von hier, allerdings merklich steiler, in weiteren 75 Minuten zum Gipfel. Extremisten werden den Weg rund um den Schöckl, Nr. 757, wählen, der auch mehrere Aufstiegsmöglichkeiten enthält und ohne Aufstieg etwa 8 bis 9 Stunden dauert. Natürlich gibt es mittlerweile auch eine 8 Kilometer lange Mountainbikestrecke von der Talstation auf den Schöckl («Schöckl-Trail») und, ganz neu, den über Gemeinde- und Landesstraßen führenden 35 Kilometer langen Schöckl-Panoramaradweg. Es empfiehlt sich, «gegen den Uhrzeigersinn» zu fahren.

Der Rundblick vom Schöckl ist, bei klarem Wetter, atemberaubend und reicht etwa 150 Kilometer weit, von den nördlichen Kalkalpen, wie Rax und Schneeberg, bis zum Triglav (2860 m) an der Grenze Sloweniens mit Italien. Zu sehen gibt es unter anderem: die Riegersburg, Kapfensteiner (471 m), Gleichenberger (596 m) und Stradner Kogel (607 m), den Wildoner Berg (551 m), Kitzeck und den Demmer Kogel (670 m), Graz, den Buchkogel (657 m), den Plabutsch (763 m), die Kanzel (613 m) und den Frauen-Kogel (679 m), die Koralpe, den Triglav, die Hohe Rannach (1018 m), Rein, die Stub- und Gleinalpe, den Hochschwab, den Wechsel, den Ringkogel bei Hartberg (571 m), die Günser Berge mit dem Geschriebenstein (883 m) und den Kulm (976 m).

Nicht entgehen lassen sollte man sich bei aller Naturbegeisterung die beiden Kultursehenswürdigkeiten St. Radegunds, die *Pfarrkirche* und den berühmten *Kalvarienberg*.

Die heilige Radegundis, die 1295 erstmals als Pfarrpatronin der Kirche genannt wird, war die Tochter des Thüringerkönigs Berthar und Gattin des Frankenkönigs Chlothar I. Im Jahr 587 starb sie als Nonne in einem Kloster in Poitiers. Bemerkenswert an der Kirche, die an der Wende vom 15. zum

St. Radegund: der szenisch reichste Kalvarienberg der Steiermark

16. Jahrhundert errichtet wurde, sind das gotische Netzrippengewölbe und das spätmittelalterliche Fresko mit der «Beweinung Christi» in der Turmkapelle. Die Fresken an den Seitenaltären stammen vom Ende des vorigen Jahrhunderts. An der nördlichen Außenwand befindet sich ein römisches Grabsteinfragment.

Christlicher Antisemitismus

Kunsthistorisch bedeutender ist der terrassenförmig angelegte *Kalvarienberg*, der als der szenisch reichste der Steiermark gilt. Die 1768–1773 errichtete Anlage besteht aus zahlreichen Stationskapellen unterschiedlicher Größe, deren figurale Ausstattung zum Teil auf Philipp Jakob Straub zurückgeht. Die erhaltenen Holzplastiken und fragmentarischen Malereien stammen vom Radegunder Mesner Johann Pregenzer.

Nach der ersten Station, dem Letzten Abendmahl, gelangt man, vorbei an fünf Szenen des schmerzhaften Rosenkranzes, die von einer Ecce-Homo-Darstellung unterbrochen werden, zur neunten Kapelle, wo der eigentliche Kreuzweg beginnt. Man beachte die antisemitische Darstellung des Juden, aber auch die überaus drastische Zeichnung der Häscher. Die neunte und die zehnte Station des Kreuzweges sind in die Heilige Stiege eingegliedert. Diese Scala Santa wurde nachträglich nach Grazer Vorbild geschaffen. In jede der vierzehn Stufen sollen Reliquien eingelassen sein. Hinter der Kirche befindet sich die elfte Station, die Kreuzigung, davor der Berg Golgatha mit den drei Kreuzen und den weinenden Frauen.

Die Kalvarienbergkirche, die eigentlich oberhalb der Heiligen Stiege geplant war, wurde im 18. Jahrhundert errichtet und zu Beginn des 19. Jahrhunderts beträchtlich erweitert. Hinunter zur Straße führt nun ein anderer Weg, vorbei an den letzten beiden Stationen (Abnahme und Grablegung), zur Gruppe der drei Salbölträgerinnen.

AUSKUNFT Gästeservice der Kurkommission, Hauptstraße 10, 8061 St. Radegund, Tel. 03132/23 34, 23 01. **ÜBERNACHTEN** Gasthof Budapest, Kurweg 1, Tel. 03132/23 16. Gasthof Schöcklbartl (auf 1050 m Höhe), Tel. 03131/24 39.

Zwischen Graz und Weiz, am südöstlichen Abhang des Schöckl, liegt die reizvolle Marktgemeinde *Kumberg*. Das hügelige Gelände eröffnet geradezu ideale Wandermöglichkeiten. An der Außenmauer der barocken Pfarrkirche zum hl. Stefan (um 1700) befindet sich ein römischer Inschriftenstein, im Inneren eine sehenswerte Kanzel. Einige Kilometer nördlich des Ortes erhebt sich auf einem abfallenden Bergrücken das Renaissanceschloß Kainberg, das nicht besichtigt werden kann.

AUSKUNFT Gemeindeamt Kumberg, Tel. 03132/22 03. **SPORT** Freizeitzentrum Kumberg, 8 ha großes Areal, Badesee, Tennis, Squash, Tretboote, Asphaltbahnen für Stockschützen, Sauna, Solarium und Restaurant, Tel. 03132/24 75.

ENDSTATION MARIA TROST

Im Nordosten von Graz gelegen, gilt die *Wallfahrtskirche Maria Trost* als das wichtigste Marienheiligtum der Steiermark nach Mariazell. 1676 erhielt der damalige Besitzer des Purbergschlößls, Freiherr Hans Maximilian von Wilferstorff, vom Abt des Stiftes Rein eine Marienstatue für seine Privatkapelle. Als seine Tochter von einer schweren Krankheit geheilt wurde, erhielt die Statue den Namen «Trostmutter der Betrübten». 1693 ließ der neue Besitzer des Schlosses, Franz Caspar Conduzi, die Kapelle vergrößern und verschönern. Schon damals schmückten an die 200 Votivtafeln und silberne Opfergaben («Hend und Fueß und Augen») die Wände des Kirchleins. Als 1709 die Pauliner-Eremiten den Besitz Conduzis übernahmen, ließen sie das Purbergschlößl abtragen und begannen mit dem Bau der heutigen Wallfahrtskirche, der 1746 vollendet wurde.

Nach der Aufhebung des Klosters durch Joseph II. im Jahr 1786 gingen die Wallfahrten zurück. Eine neue Blüte erlebte Maria Trost unter den Franziskanern, die den Wallfahrtsort 1846 übernahmen. 200.000 Pilger und mehr strömten in manchen Jahren nach Maria Trost, das bis heute Ziel zahlreicher Prozessionen geblieben ist.

Die spätgotische Gnadenstatue von Maria Trost, die 1695 barockisiert wurde, bildet den Mittelpunkt des prunkvollen *Hochaltars* aus blaugrauem Marmor. Bemerkenswert ist der Reliquienschrein des Märtyrerpriesters Bonus unter dem Mariä-Geburt-Seitenaltar. Als Glanzstück der Kirche gilt jedoch die *Kanzel* von Veit Königer. Der Korb zeigt drei wichtige Ereignisse aus dem Leben Marias: die Vermählung, die Heimsuchung und die Himmelfahrt. Die drei großen allegorischen Gestalten symbolisieren die göttlichen Tugenden Glaube (Kreuz), Hoffnung (Anker) und Liebe (brennendes Herz).

Maria Trost: zweitwichtigstes Marienheiligtum nach Mariazell

Maria steht auch im Mittelpunkt des Kuppelgemäldes von Lukas von Schram. Die übrigen Deckenfresken sind prosaischeren Themen gewidmet, nämlich dem Kampf der katholischen Kirche, konkret dargestellt in den Siegen der Habsburger über die Türken bei Wien und vor Lepanto oder im Triumph Kaiser Konstantins über das Heidentum.

Von der übrigen Einrichtung ist die barocke Orgel mit ihren zahlreichen musizierenden Engeln zu beachten.

ZIMMERTHEATER AUF SCHLOSS REINTHAL

Schloß Reinthal liegt auf einem Hügel östlich von Graz, in der Gemeinde Hart. Im Mittelalter befand sich hier ein Wirtschaftshof des Stiftes Rein, der im 16. Jahrhundert zu einem Edelsitz umgebaut wurde. Sein heutiges Aussehen erhielt das Schloß allerdings erst im 19. Jahrhundert. Seit 1967 gehört es der Stadt Graz und beherbergt Wohnungen sowie eine Projektschule. Außerdem hat die Spielgruppe Hohenrain hier seit 25 Jahren ihr Domizil. In den Monaten Juni und Juli wird, soweit die Witterung es zuläßt, im Hof gespielt, die wirkliche Attraktion aber ist das sogenannte «Zimmertheater» im Winter.

AUSKUNFT Schloßspiele, Paul-Anton-Keller-Weg 40, Tel. 0316/47 42 60.

ST. MARTIN – «STILLES WALTEN» FÜR DIE FAMILIE

Im Westen von Graz, im Bezirk Straßgang, liegt auf einem Hügel *Schloß St. Martin,* das sich über Jahrhunderte hindurch im Besitz des Benediktinerstiftes Admont befand und in seiner heutigen Gestalt auf das Jahr 1638 zurückgeht. Die sehenswerte Anlage mit den schönen Arkaden beherbergt die Zentrale des Volksbildungswerkes St. Martin, das 25 Hauswirtschaftsschulen im ganzen Land betreibt. Sein Gründer war der Priester Josef Steinberger (1874–1961), der bereits 1914 einen «Verein für bäuerliche Jugendbildung» ins Leben rief, welcher zum Vorbild für zahlreiche ähnliche Einrichtungen in ganz Österreich wurde.

Volksbildungsheim und Schulwerk St. Martin, 8054 Graz, Kehlbergstraße 35, Tel. 0316/28 36 55.

«Roßanna in der Höh'»

Die neben dem Schloß gelegene *Kirche St. Martin* wurde 1557 erbaut. Überaus bemerkenswert ist der 1738 vom Admonter Stiftsbildhauer Joseph Thaddäus Stammel (1695–1765) errichtete Hochaltar mit drei lebensgroßen Pferden, ein Unikum in der barocken Altarbaukunst. Auf dem Tabernakelsockel ist der hl. Martin hoch zu Roß dargestellt, unter ihm ein am Boden liegender Bettler. Darüber thront der hl. Urban, der zweite Patron der Kirche. Auf dem rechten Postament wirkt der hl. Eligius als wundertätiger Hufschmied, links stürzt der Christenverfolger Saulus vom Pferd. Die einzigartige Darstellung von lebensgroßen Gäulen auf einem Altar ist wohl damit zu erklären, daß diese Kirche ein beliebtes Wallfahrtsziel für die von Viehkrankheiten betroffene ländliche Bevölkerung war.

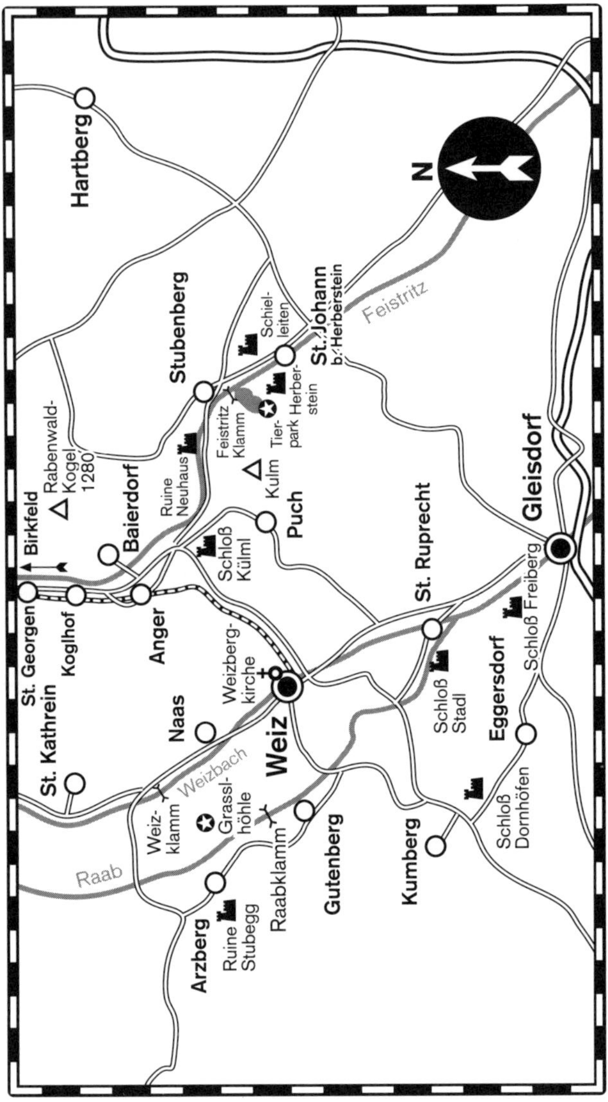
Hartberg
N
Stubenberg
Schiel-
leiten
St. Johann
b. Herberstein
Feistritz
Feistritz
Klamm
Tier-
park Herber-
stein
Rabenwald-
Kogel
1280
Birkfeld
Baierdorf
Ruine
Neuhaus
Kulm
Puch
Gleisdorf
St. Ruprecht
Schloß
Külml
St. Georgen
Koglhof
Anger
Weizberg-
kirche
Schloß Freiberg
St. Kathrein
Naas
Weiz
Weizbach
Schloß
Stadl
Eggersdorf
Weiz-
klamm
Grassl-
höhle
Gutenberg
Kumberg
Schloß
Dornhöfen
Raab
Raabklamm
Arzberg
Ruine
Stubegg

Weiz –
Das Apfel- und Schlösserland

VENI, VIDI, VIDES

Die zwischen dem steirischen Randgebirge und dem oststeirischen Hügelland, etwa 27 Kilometer nordöstlich von Graz gelegene Stadt Weiz wurde im 12. Jahrhundert urkundlich «Vides» genannt, und noch vor 1147 ließ Liutold von Dionysen-Waldstein Castrum Vides, die Burg Weiz, errichten. 1288 erwarben die Stubenberger die Herrschaft Gutenberg und damit auch den Markt Weiz und blieben bis 1848 deren Grundherren. Noch im 15. und 16. Jahrhundert siedelten sich zahlreiche Schmiedehandwerker am Weizbach an. Nach dem Anschluß an das Staatseisenbahnnetz 1889 und der Gründung des späteren Elin-Werkes durch Franz Pichler 1892 beschleunigte sich das Wachstum des Marktes, der 1932 schließlich zur Stadt erhoben wurde.

KIRCHE – SCHLOSS – FABRIK

Zahlreiche Bürgerhäuser im Renaissance- und Barockstil prägen noch heute das Ortszentrum von Weiz. Logischer Ausgangspunkt für eine Besichtigung ist der *Hauptplatz* mit der 1692 errichteten Mariensäule.

Am oberen Ende des großen, leicht ansteigenden Platzes befindet sich, halb versteckt hinter dem Taborhaus, welches 1689 errichtet wurde und bis 1870 die bürgerliche Marktschule beherbergte, das älteste Bauwerk der Stadt, die *St. Thomas-* oder *Taborkirche.* Erbaut wurde sie 1188 im romanischen Stil, wovon das erhaltene Langhaus zeugt. Die gotische Apsis geht auf einen Zubau aus der ersten Hälfte des 15. Jahrhunderts zurück. An der nördlichen Kirchenwand finden sich bedeutende Freskenreste aus dem 13. bis 15. Jahrhundert. Offenbar handelt es sich dabei um eine sogenannte Bilderbibel, eine Kurzfassung der Bibel also, mit einer Darstellung des Sündenfalls und der Vertreibung aus dem Paradies, der Arche Noah, der Verkündigung, der Geißelung und des Jüngsten Gerichts. Am rechten Bildrand ist außerdem die hl. Margaretha zu erkennen, die gerade unversehrt dem Drachen entsteigt. Weiters die grausame «Marter der Zehntausend», die auf dem Berg Ararat in eine mit spitzen Pfählen gespickte Schlucht gestürzt werden. Wiederentdeckt wurden die Fresken vom Maler Fritz Silberbauer, der sich 1935 bedauerlicherweise berufen fühlte, den Zyklus mittels eigener Ergänzungen zu «restaurieren».

Der barocke Hochaltar der Kirche stammt vermutlich aus der Werkstatt Veit Königers, das Altarbild mit einer Ansicht des Marktes von Joseph Adam von Mölk (1771). Beide Künstler waren zu dieser Zeit mit der Innengestaltung der Wallfahrtskirche auf dem Weizberg betraut. Auf dem Gemälde begegnen wir auch dem Namenspatron der Kirche, dem hl. Thomas von Canterbury. Rätselhaft bleibt, wie Thomas Becket, Lordkanzler und Märtyrer unter Heinrich II., ausgerechnet nach Weiz gelangte. Der gotische Altarflügel im Chor wurde erst 1964 aufgefunden und stellt die hll. Rupert und Barbara dar.

Im 16. Jahrhundert wurde das Gotteshaus mit einem schützenden Tabor umgeben, dessen Reste noch zu erkennen sind. An der Südseite der Kirche befinden sich drei römische Grabsteine.

Wenn man den Hauptplatz überquert, erblickt man zur Linken das 1909 errichtete *neue Rathaus.* Das *alte Rathaus* ist am unteren Ende des Platzes zu finden. Es wurde 1550 als Sitz der Marktverwaltung errichtet. Durch die K&K-Einkaufspassage gelangt man auf den Südtiroler Platz, ein gemütliches Ensemble mit Gastgärten und dem 1990 eröffneten *Kulturzentrum Weberhaus,* in dem wechselnde Ausstellungen und Konzerte stattfinden.

Kulturzentrum Weberhaus, Südtiroler Platz 1, Tel. 03172/66 90.

Jenseits des Weizbaches liegen die Reste des 1565 errichteten *Renaissanceschlosses Ratmannsdorf,* das nach wechselvollem Schicksal heute verschiedene Behörden beherbergt. Einige der alten Fenster und die frühere Ausstattung des Rittersaales sind im Landesmuseum Joanneum in Graz zu besichtigen. Ganz in der Nähe befindet sich das Kapfensteinerhaus, ein altes Müller- und Bäckerhaus, zugleich der Geburtsort von Franz Pichler. Und dahinter sein Lebenswerk: *die Elin.*

Das größte Starkstrommaschinenwerk Österreichs, ein Arbeitgeber von eminenter regionaler Bedeutung, wurde 1892 als «F. Pichler Werke» gegründet und 1922 in «Elin Aktiengesellschaft für elektrische Energie» umbenannt. Pionierarbeit leistete die Elin vor allem bei Kraftwerksprojekten, etwa bei der Errichtung des Kraftwerks Glockner-Kaprun.

AUSKUNFT Rathaus, Hauptplatz 7, Tel. 03172/23 19. Tourismusverein, Hauptplatz 18, Tel. 03172/47 74. **ESSEN UND TRINKEN UND ÜBERNACHTEN** Gasthof Ederer, Weizberg 2, gegenüber der Weizbergkirche, Tel. 03172/23 49. Romantikhotel Modersnhof (Haubenlokal), Büchl 32, Tel. 03172/37 47. Gasthof Allmer, Wegscheide 7, Tel. 03172/22 58. **NASCHEN** Eissalon Claudia, Birkfelder Straße, Tel. 03172/57 55. **EINKAUFEN** Mi und Sa vormittags Bauernmarkt. **MUSEUM** Hammerwerkmuseum Mosdorfer; zwei Schauräume geben Einblick in die 400jährige Geschichte der Firma. Führungen nach Voranmeldung, Tel. 03172/47 74. **REITEN** Reit- und Fahrverein Leska, Mortantsch, Tel. 03172/675 28.

KLEINBAHN – GANZ GROSS

Ein österreichisches Schicksal: Die schmalspurige Feistritztalbahn, das «zierliche Dampfrößlein, dem niemand seine enormen Kräfte ansieht», wie es anläßlich ihrer Eröffnung im Jahr 1911 in einem Zeitungsbericht hieß, war eigentlich als Normalspurbahn konzipiert und mußte schließlich als Billigvariante gebaut werden. Als erster Abschnitt wurde die Teilstrecke von Weiz nach Birkfeld errichtet; der zweite Abschnitt von Birkfeld bis Ratten, der heute als Radweg dient, wurde erst in den dreißiger Jahren fertiggestellt. Noch heute tragen die Kilometersteine im ersten Abschnitt die Buchstaben «WB», also Weiz–Birkfeld, ab Birkfeld beginnen die mit «BR», Birkfeld–Ratten, gekennzeichneten Steine wieder bei Kilometer 0,00.

Insgesamt hat die neue Eisenbahn 3.150.000 Kronen gekostet. Dafür waren 24,5 Streckenkilometer mit Anschlußgleisen, drei Tunnels und 79

Viadukten, Brücken und Durchlässen angelegt und außerdem Stationsanlagen, Haltestellen, Heizhäuser und Wasserstationen errichtet worden. In den ersten Betriebsjahren durfte die Bahn nur maximal 25 Kilometer pro Stunde, bei den 77 unbeschrankten Straßen- und Wegübergängen sogar nur die halbe Geschwindigkeit fahren, da die k.k. Eisenbahn-Generalinspektion «Scherereien» befürchtete.

Heute verkehren reguläre Züge auf der Feistritztalbahnstrecke nur noch zwischen Weiz und Anger. Die speziell für Touristen und Nostalgiefahrer geführten Dampfbummelzüge bis Birkfeld bieten jedoch noch Reisevergnügen wie zu Kaisers Zeiten. An die schnaubende Dampflokomotive sind alte, aus der Gründerzeit der Bahn stammende Personenwagen mit Holzbänken angehängt. Außerdem fährt eine eigene «Bummelzugschenke» mit, und Fahrräder können ebenfalls befördert werden.

Nachdem der Zug den Bahnhof Weiz verlassen hat, bietet sich den Fahrgästen ein schöner Rundblick über die Stadt und die barocke Weizbergkirche. Nach wenigen Minuten erreicht man die erste Haltestelle, Büchl – eine der sogenannten «Hus», eine «unbesetzte Haltestelle», bei der die Züge nur bei Bedarf anhalten. Hier führt das schmale Gleis direkt in den dunklen Tannenwald. In endloser Schlangenlinie und ständig ansteigend umfährt der Zug Hügel für Hügel und übersetzt Gräben und Talsenken auf elegant ge-

Der Zug ist abgefahren: romantische Feistritztalbahn

bauten Viadukten. Besonders auffällig ist der Bachl-Viadukt bei Kilometer 6,6, der einzige gemauerte Viadukt – die übrigen sind Eisen-Beton-Konstruktionen. Der spektakulärste ist der Grubviadukt mit 31 Metern Höhe.

Nach dem 222 Meter langen Hart-Puch-Tunnel senkt sich die Bahn in starkem Gefälle hinunter in das Feistritztal. Der Fluß wird 22 Meter über der Talsohle in einem kühnen Bogen überquert, wobei rechts Schloß Külml zu sehen ist. Nach einer kurzen Wegstrecke erreicht die Bahn Oberfeistritz. Hier und im benachbarten Anger hat die Hauptkundschaft der Bahn ihren Sitz, die Talkverwertung. Auf der Höhe des nahen Rabenwaldes wird seit über hundert Jahren Talk abgebaut. Talk ist ein sehr weiches Mineral, weiß bis dunkelgrau, wasserabweisend, hitze- und säurebeständig, und wird in den verschiedensten Industriezweigen eingesetzt, so etwa in der Gummi- und Kabelindustrie, in der Kunststoff- und Papierindustrie, bei der Herstellung von Keramik und Glas.

Nach dem Verlassen der Station von Anger fährt der Zug an der Nothelferkirche vorbei, wenig später erblickt man auf der linken Seite die Ruine des Schlosses Waxenegg. An der engsten Stelle des Feistritztales ist selbst für die schmale Bahntrasse kein Platz mehr, weshalb die Bahn ihren Weg durch den Frondsberg-Tunnel nehmen muß. Vor der Tunneleinfahrt sieht man links oben das mittelalterliche Schloß Frondsberg. Der Zug rattert weiter durch den Kirchleiten-Tunnel und über zwei Viadukte, den Hollersbach- und den Birkfeld-Viadukt und nähert sich schließlich Birkfeld, dem Hauptort des Feistritztales, wo es zuletzt noch das kleine Schmalspurbahnmuseum zu besichtigen gibt.

AUSKUNFT Bahnhofsleitung Weiz, Tel. 03172/22 30. Direktion Steirische Landesbahnen, Tel. 0316/81 25 81-26. **MUSEUM** Schmalspurbahnmuseum im ehemaligen Heizhaus am Birkfelder Bahnhof, Auskunft: Tel. 03174/45 07. **RADFAHREN** Bummelbahn-Radweg, 35 km auf der Trasse der ehemaligen Schmalspurbahn von Birkfeld nach Ratten und zurück. Verkehrsfrei, ebene Strecke, ideale Familientour, durchgehend beschildert, vorbei an zwei Stauseen, zahlreiche Rast- und Jausenstationen.

DIE WEIZBERGKIRCHE

Der Überlieferung nach stand auf dem weithin sichtbaren «Himmelberg» – wie der Weizberg früher genannt wurde – schon um die Mitte des 11. Jahrhunderts ein Gotteshaus, das im 14. Jahrhundert vergrößert und mit einem gotischen Gewölbe versehen wurde. Nach einer Reihe von Umbauten entschloß man sich 1757 zum völligen Neubau der Kirche. Mit der Durchführung beauftragt wurde Josef Hueber (1715–1787), einer der erfolgreichsten und meistbeschäftigten steirischen Barockarchitekten. Der Innenausbau mußte aus finanziellen Gründen bis 1769 warten – nicht zum Schaden der Kirche, konnten doch so hervorragende Künstler wie Veit Königer und Joseph Adam von Mölk verpflichtet werden.

Die Figurengruppe der himmelfahrenden Gottesmutter am Hauptportal stammt von Philipp Jakob Straub, die Statue der Himmelskönigin in der Nische zwischen den beiden 44 Meter hohen Türmen befand sich ursprünglich im nahen Schloß Münichhofen.

Beim Eingang ist das schöne Epitaph des Konrad von Thannhausen (1601) zu sehen, in der Nähe weitere Grabdenkmäler, darunter jenes des Otto von Ratmannsdorf (um 1430) aus rotbraunem Marmor. Der mächtige Bau beeindruckt durch seine reiche malerische und plastische Ausgestaltung. Der Freskenschmuck wurde in nur 221 Tagen von Mölk und seinen

Die Weizbergkirche: Barockjuwel an der Feistritztalbahn

Mitarbeitern fertiggestellt. Die fünf Deckengemälde behandeln die großen Marienfeste des Kirchenjahres: Über dem Musikchor Mariä Verkündigung (25. März), anschließend Mariä Geburt (8. September), im Mitteljoch Mariä Reinigung (2. Februar) mit großartiger Scheinarchitektur, die Unbefleckte Empfängnis (8. Dezember) und schließlich, über dem Chorraum, Mariä Himmelfahrt (15. August).

Von Veit Königer stammt der Hochaltar, das Gnadenbild ist ein Werk eines namentlich nicht bekannten Künstlers aus dem 15. Jahrhundert, vielleicht desselben, der auch die einzigartige Schutzmantelmadonna in der Wallfahrtskirche von Ptujska Gora (Neustift bei Pettau) geschaffen hat.

Bemerkenswert ist die Kanzel mit der Darstellung der vier damals bekannten Weltteile von Jakob Peyer, der auch die Seitenaltäre schuf. Gegenüber der Kanzel befindet sich ein schöner Rosenkranzaltar mit den 15 gemalten Rosenkranzgeheimnissen in Rocaillerahmen. Von der Originaleinrichtung sind das Kirchengestühl und die Beichtstühle erhalten, die immer noch die kuriose und politisch gar nicht korrekte Bezeichnung «Männer-» bzw. «Weiberseite» aufweisen.

Ganz in der Nähe liegt Schloß Thannhausen, eines der bedeutendsten Bauwerke der steirischen Renaissance, errichtet 1585 von dem in der Weizbergkirche bestatteten Konrad von Thannhausen, nunmehr im Besitz der Familie Gudenus und deshalb auch nicht zu besichtigen.

ANGER

Die Besiedlung der Region von Anger begann im 12. Jahrhundert. In diese Zeit fällt auch der Bau einer ersten Wehrkirche. 1217 wurde die Burg Waxenegg erstmals erwähnt, 1364 der Ort Anger, der wenig später das Marktrecht erhielt. Anger war stets ein Zentrum von Handel und Gewerbe und entwickelte sich schon gegen Ende des 19. Jahrhunderts zu einer der ersten Sommerfrischen der Steiermark.

Die im 18. Jahrhundert im barocken Stil umgestaltete *Pfarrkirche* zum hl. Andreas verrät noch deutlich ihren ursprünglich wehrhaften Charakter. Der prächtige Hochaltar wird Marx Schokotnigg zugeschrieben, das Altarbild stammt von Mölk (1770). Langhaus und Chor werden durch neun große Pfeilerfiguren aus dem 18. Jahrhundert geschmückt. Die Hauptattraktion der Kirche findet sich allerdings im Turmraum: die Barbarakapelle mit spätgotischen Fresken aus dem 15. Jahrhundert.

An der Nordwand ist der thronende Gott Vater zu sehen, darunter die Repräsentanten der weltlichen Stände und des Priestertums. An der Südwand eine Kreuzigungsszene, an der

«Hie Ligt Larentz Gigler mit sambt Seinen Hausfrawen»

Ostwand Christus in der Mandorla, flankiert von Engeln und den Fürbittern Maria und Johannes. An der Westwand schließlich eine Dreifaltigkeitsdarstellung und eine Verkündigungsszene. Im Gewölbe sind die vier Evangelisten dargestellt.

Eine weitere Kuriosität ist das gemalte Epitaph des Lorenz Gigler, seines Zeichens Schuhmachermeister und Marktrichter. Das Gemälde aus dem Jahr 1553 zeigt eine Auferstehungsszene, im Hintergrund Anger, das Schloß Waxenegg und die Silhouette der Stadt Graz. Im unteren Teil ist die Familie Gigler festgehalten: der Vater mit 11 Söhnen, gegenüber seine drei Ehefrauen nebst 13 Töchtern. Macht insgesamt 24 Schusterkinder.

Mit der Kirche baulich verbunden ist das *Steinpeißhaus,* benannt nach den Stubenbergischen Dienstmannen, die hier ihren Verwaltungssitz hatten. Das Haus mit bemerkenswertem Sgraffitoschmuck wurde an der Wende vom 16. zum 17. Jahrhundert neu errichtet und beherbergt heute mehrere Ferienappartements.

Freihaus Anger, 8184 Anger 35, Tel. 03177/22 12.

Wir verlassen den Ort über den Marktplatz mit der Mariensäule von 1675. Das *Rauchstubenhaus in Edelschachen* ist sowohl zu Fuß (Gehzeit etwa eine Stunde) als auch mit dem Fahrzeug leicht zu erreichen. Ein markierter Weg zweigt von der Straße zum Florianiwasserfall ab, in dessen Nähe sich die Ruine der Burg Waxenegg befindet. Die Festung wurde im späten 12. Jahrhundert von Salzburg aus zur Besiedlung der Gebiete westlich der Feistritz erbaut. Der Name bedeutet soviel wie «scharfes Eck» – «wachs» im Sinn von «scharf» ist in der Umgangssprache auch heute noch in Verwendung. Um die Dachsteuer zu umgehen, wurden im 19. Jahrhundert die Dächer der unbewohnten Burg abgetragen, weshalb die Anlage heute stark verfallen ist.

Das Rauchstubenhaus hoch über dem Markt Anger war bis zum Jahr 1967 bewohnt – dann wurde es von der Gemeinde Anger erworben und instand gesetzt. Die im Trambaum der Stube eingekerbte Jahreszahl 1727 bezieht sich auf das Datum eines Um- oder Zubaues, das Haus selbst ist noch um einiges älter. Die Rauchstube ist eine steirische Besonderheit. In dem relativ großen Raum befinden sich eine Feuerstätte mit offenem Herd, der Eßtisch, Koch- und Arbeitsgeräte, die Hühnersteige und meist auch ein Bett. In der Rauchstube wurde gekocht, gebacken, gegessen, gewohnt, geschlafen und bisweilen auch gebadet – im Unterschied zur Rauchküche.

Heute sind im Vorhaus, der «Labn», in der Stube und im Dachgeschoß etwa 300 Objekte aus der bäuerlichen Kultur ausgestellt, darunter ein Tafelbett, eine «Brotrehm» (zum Aufbewahren der Brotlaibe) und ein Rollnursch – eine gebogene Holzwanne mit einem Mahlstein für die Herstellung von Obstmaische.

Rauchstubenhaus, 8184 Edelschachen 13, Tel. 03175/24 60, Öffnungszeiten: ganzjährig, 1.6.–30.9. Di, 1.10–31.5. Mo und Di geschlossen; Führungen: 10, 11, 15 und 16 Uhr oder gegen Voranmeldung. **AUSKUNFT** Gemeindeamt Anger, Tel. 03175/22 11. Tourismusverein Anger, Tel. 03175/33 30. **ESSEN UND TRINKEN UND ÜBERNACHTEN** Gasthof Weißenbacher, Anger 75, Tel. 03175/22 63. Gasthof zur Post, Anger 10, Tel. 03175/22 06. **REITEN** Reitstall Holzer, Fölz 157, Tel. 03861/22 90.

In *Baierdorf bei Anger* wollen wir der inmitten des Friedhofs gelegenen *Vierzehn-Nothelfer-Kirche* einen Besuch abstatten. Vom spätgotischen Bau sind drei Portale erhalten, eines davon, das schöne Westportal, ist mit 1517 datiert. Das Inventar der Kirche stammt zum Großteil aus dem 17. und 18. Jahrhundert. Der heutige Hochaltar mit den Patronatsheiligen wurde 1783 angeschafft, der schöne Kreuzaltar stammt von Marx Schokotnigg. Auf der Kanzel zeigen Engel diverse Marterwerkzeuge. In einem Schrein werden Reliquienpartikel der vierzehn Nothelfer aufbewahrt.

DIE VIERZEHN NOTHELFER

Der Nothelferkult geht auf das frühe 14. Jahrhundert zurück und steht mit der Pest und anderen Landplagen in Zusammenhang. Die älteste Darstellung der vierzehn heiligen Fürsprecher befindet sich auf einem Domfenster in Regensburg. Und das sind sie:

ACHATIUS *(22. Juni) war ein Heerführer im Dienste Kaiser Hadrians, der sich und seine Truppe zum Christentum bekehrte und dafür gekreuzigt* *wurde. Achatius soll vor schweren Krankheiten und allem Übel bewahren.*

ÄGIDIUS *(1. September) lebte zu Beginn des 8. Jahrhunderts an der Rhonemündung als Einsiedler. Bei einer Jagd soll der Westgotenkönig Wamba ihn irrtümlich verletzt und ihm anschließend ein Kloster errichtet haben. Ägidius ist der einzige Nichtmärtyrer der Gruppe. Er gilt als Patron der Bettler und Hirten, vor allem aber als Vieh- und Wetterpatron.*

BARBARA *(4. Dezember) soll aus Nikomedien stammen und wurde von ihrem eigenen Vater enthauptet. Mit Katharina und Margareta bildet sie die Gruppe der «drei Madln». Sie hilft in der Sterbestunde und gilt als Patronin der Architekten, der Bergarbeiter, der Köche und Totengräber sowie der Feuerwehr.*

BLASIUS *(3. Februar) war Bischof von Sebaste in Anatolien und wurde unter Kaiser Diokletian enthauptet. Er hilft deshalb bei Halsleiden und Zahnschmerzen, ist Wetterheiliger und Patron der Tiere, Ärzte, Schuster und Hutmacher.*

CHRISTOPHORUS *(24. Juli) bedeutet Christusträger. Er stammte aus Lykien und erlitt um 250 den Märtyrertod. Christophorus ist einer der volkstümlichsten Heiligen, Patron gegen den plötzlichen Tod und deshalb auch für alle gefährlichen Berufe zuständig. Er beschützt die Schiffer und Flößer, die Reisenden und Fuhrwerker, die Kinder und schwangeren Frauen.*

CYRIACUS *(8. August) wurde unter Kaiser Diokletian zum Märtyrer. Er gilt als Patron der Zwangsarbeiter und der schweren Arbeiten.*

DIONYSIUS *(9. Oktober) wird meist mit abgeschlagenem Kopf dargestellt. Er ist Patron der Schützen, Schutzpatron Frankreichs und der Stadt Paris und hilft bezeichnenderweise auch bei Kopfschmerzen.*

ERASMUS *(2. Juni) war Bischof von Antiochia und wird meist mit Schiffswinde und Ankertau, oft auch mit einem Raben dargestellt. Er ist der Patron der Weber, der Schiffe und Seeleute und hilft bei Unterleibsschmerzen und Viehseuchen.*

EUSTACHIUS *(20. September). Der Ofen weist auf sein Martyrium hin. Er ist der Patron der Jäger und wird oft mit Hubertus verwechselt.*

GEORG *(23. April), «der Bauer». Stammte vermutlich aus Kappadokien und erlitt unter Kaiser Diokletian den Märtyrertod. Im Gegensatz zum weißen Reittier des hl. Martin, dessen Fest in den Winter fällt, ist Georgs Pferd braun. Er wird oft zusammen mit dem hl. Michael als Kämpfer gegen das Böse dargestellt. Er ist der Patron der Bauern, aber auch zahlreicher*

Handwerker (Schmiede, Sattler etc.), des Viehs (speziell der Pferde) und galt lange Zeit auch als der Heilige der Oberschicht.

KATHARINA *(25. November) wird meist mit zerbrochenem Rad und Buch dargestellt und von den drei Nothelferinnen am meisten verehrt. Sie ist die Patronin der Gelehrsamkeit, der Bibliotheken und Schulen, der Jungfrauen und vieler Berufe, bei denen Räder verwendet werden. Ihr Festtag war zudem die letzte Gelegenheit, vor dem Advent zu tanzen («Kathrein stellt's Tanzen ein»).*

MARGARETA *(20. Juli), «die Perle». Sie wird mit einem Drachen, aber auch mit Fackel und Kamm als Marterwerkzeugen dargestellt. Margareta ist die Beschützerin der Bauern, der Gebärenden und der Äcker.*

PANTALEON *(27. Juli) war der Leibarzt Kaiser Maximians und starb 305 in Nikomedien als Märtyrer. Er wird oft mit am Kopf festgenagelten Händen dargestellt und gilt als Patron der Ärzte.*

VITUS/VEIT *(15. Juni) erlitt sein Martyrium schon als Kind. Er wird mit einem Kessel dargestellt und gilt als Patron von Sizilien und Böhmen, als Beschützer der Kupferschmiede und Bierbrauer, der Schauspieler und Apotheker, vor allem aber der Kranken – der berühmte «Veitstanz» ist eine Infektionskrankheit des vegetativen Nervensystems und trat häufig bei Jugendlichen auf. Unter den Slawen trat Vitus an die Stelle des Lichtgottes Swantevit.*

Warum wurden gerade diese Heiligen so intensiv und als eigene Gruppe verehrt? Vielleicht, weil sie sich, mit Ausnahme des hl. Ägidius, durch ihr schreckliches Martyrium und durch gelebte Nächstenliebe auszeichneten und nicht so sehr durch historische Leistungen. Die vierzehn Nothelfer sind «Heilige zum Angreifen», vom Volk selbst ausgesucht. Oft wurden auch einzelne Heilige besonders herausgehoben: Wo es große Flüsse gab, verehrte man Christophorus, in waldreichen Gegenden Eustachius, Bauern beteten zu Vitus oder zu Georg und die Bergleute zu Barbara. Die «Aufgabengebiete» der Nothelfer waren genau definiert, und ihre Attribute standen sowohl mit ihrem Martyrium als auch mit ihrem Patronat in Zusammenhang. So ist das Rad der hl. Katharina zugleich das Folterwerkzeug, auf welches sie geflochten wurde, und das Symbol der ihr unterstellten Gerber, Müller und Wagner.

Nicht überschätzt werden sollte die mystische Bedeutung der Zahl 14 als Verdoppelung der heiligen 7. Nicht selten wurde nämlich Sebastian, Rochus, Nikolaus oder Leonhard als 15. Nothelfer verehrt.

DIE ROSS-KUR AM TÖCHTERLEHOF

Einige Kilometer südlich von Anger, beim Ort Oberfeistritz, stößt man auf die Hinweistafel «Stutenmilchgestüt Töchterlehof». Das vorbildlich geführte Gestüt existiert seit 1980 und beherbergt mehr als 50 «glückliche» Tiere, vorwiegend Stuten und Fohlen.

In ihrem Buch «Die heilende Kraft der Stutenmilch» schreibt Maike Höffken: «Die Stutenmilch gehört zu den nahrhaftesten, aufbauendsten und gesündesten Getränken, die uns die Natur geschenkt hat. Der hohe Gehalt an Immunglobulinen, speziellen Eiweißen, Vitaminen und ungesättigten Fettsäuren macht die Stutenmilch zu einem hochwirksamen Mittel (...). Die besonderen Eiweiße der Milch, Albumin und Globulin, sind zugleich die wichtigsten Proteine des Menschen und für die Bildung von Antikörpern, den Transport von Enzymen und Hormonen sowie weitere lebenserhaltende Vorgänge zuständig.»

Chemische Analysen zeigen, daß die Stutenmilch der menschlichen Muttermilch sehr ähnlich ist. Eiweiß- und Milchzuckergehalt, aber auch der Anteil an Spurenelementen und

Die Stuten und das Dampfroß: der Töchterlehof bei Oberfeistritz

Mineralstoffen sind nahezu ident. Dafür enthält Stutenmilch nur etwa ein Prozent Fett.

Die Milch von Pferden galt schon im alten China als Heilmittel. Historisch belegt ist, daß die herrschende Klasse zur Verbesserung und Regeneration ihrer geistigen und körperlichen Leistungsfähigkeit Pferdemilch trank. Auch Homer erwähnt in seiner «Ilias» die Hippomologen, die «Pferdemelker», und Herodot berichtet im 5. Jh. v.u.Z., daß die Skythen ihre Sklaven blendeten, damit sie das Geheimnis der Stutenmilchverarbeitung nicht weitergeben konnten. Auch Kleopatra bevorzugte Stutenmilch, weil sie ihre Haut schön und geschmeidig machte. Der Verzehr von Stutenmilch gehört bei den Mongolen zur alltäglichen Nahrungsaufnahme. Marco Polo beschreibt im 13. Jahrhundert die fettigen Lederreithosen der tatarischen Reiter und deren eigentümlich sauren Geruch, der von ihrem Lieblingsgetränk herrührte, dem Kumyß, einer sauren, leicht alkoholischen Milchflüssigkeit, die im Unterschied zur rasch verderblichen Stutenmilch gut haltbar war.

In Mitteleuropa wurde man erst zu Beginn des 20. Jahrhunderts auf die heilende Wirkung der Stutenmilch aufmerksam, die bei Verdauungsstörungen und bei der Behandlung von Ekzemen, Allergien und Akne gute Erfolge erzielt.

Die Stutenmilchgewinnung ist allerdings nicht ganz einfach. Im Gegensatz zu Kühen, Ziegen oder Schafen lassen sich Stuten nur von ihren Vertrauenspersonen melken. Das Stuteneuter ist überdies kein Vorratseuter, wie jenes der Kuh, sein Fassungsvermögen beträgt höchstens zwei Liter. Insgesamt geben Stuten bis zu 20 Liter Milch am Tag. Gemolken wird ab dem dritten Monat, und das vier Mal täglich, wobei ein großer Teil der Milch den Fohlen bleibt. Die verschiedenen Stutenmilchprodukte sind dementsprechend kostbar.

Stutenmilchgestüt Töchterlehof, Oberfeistritz 190, Tel. 03175/22 14. Besichtigungen des Stutenmilchgestüts mit Führungen und Kostproben tgl. 10, 11, 14, 15 und 16 Uhr. Verkauf von Naturprodukten aus dem Hofladen.

Ganz in der Nähe führt eine kleine Straße zum *Schloß Külml*. Errichtet im 14. Jahrhundert, kam es 1650 an die Pöllauer Chorherren, die es zu ihrer persönlichen Erholungsstätte ausbauen ließen. Nach der Aufhebung des Klosters gelangte das Schloß in den Besitz der Familie Gudenus. Obwohl die Anlage privat genutzt wird, kann der sehenswerte Arkadenhof bei Interesse besichtigt werden.

BIRKFELD – DAS TOR ZUR WALDHEIMAT

Der 1700 Einwohner zählende Markt Birkfeld bildet das traditionelle Wirtschafts- und Kulturzentrum des oberen Feistritztales. Die Region wurde erst relativ spät von der bayrischen Siedlungsbewegung erfaßt, die sich von Weiz langsam nach Norden vortastete. Im 13. Jahrhundert entstanden der Gutshof und die Kirche von St. Georgen, und etwa zur gleichen Zeit wurde auch Birkfeld erstmals erwähnt. Der Ort nahm durch seine günstige Lage am Handelsweg ins Mürztal eine rasche Entwicklung und erhielt bereits 1330 ein Marktprivileg. Im 16. und 17. Jahrhundert waren in Birkfeld zahlreiche Lederer und Weißgerber, Weber und Tuchmacher ansässig, wovon erhaltene Zunfturkunden und Handwerksordnungen Zeugnis ablegen. Verkehrstechnisch wurde das Feistritztal allerdings erst relativ spät erschlossen, nämlich durch die Errichtung der Schmalspurbahn im Jahr 1911.

Birkfeld zählt zu den landschaftlich schönsten Orten der Region. Die Ortschaft wird von Bergen umrahmt, die eine Höhe von 1000 bis 1400 Metern erreichen. Die Gegend ist außerordentlich waldreich und eignet sich deshalb hervorragend für Wanderungen. Beliebte Ausflugsziele in den Fischbacher Alpen, wie etwa Roseggers Geburtshaus in der Waldheimat, sind von Birkfeld aus ebenfalls leicht zu erreichen.

Sehenswert ist allerdings auch der Ort selbst, zum Beispiel die *Pfarrkirche St. Peter und Paul*, die im frühen 18. Jahrhundert errichtet wurde. Baumeister war der in Pöllau ansässige Remigius

Horner (1670–1750). Sein Markenzeichen waren «Kleeblattlösungen» beim Grundriß, aber auch ganzheitliche Ausführungen – das heißt, bei Horner, der auch Kunsttischler war, konnte man Pfarrkirchen vom Grundstein bis zu den Altären und Kirchenbänken bestellen.

Der schlichte Kirchenbau steht in starkem Kontrast zum expressiven spätbarocken Stil der Einrichtung, wie der prächtigen Orgel (1765) mit Figurenschmuck von P. J. Straub, der reichverzierten Kanzel (1737) mit Statuen von Josef Schokotnigg, dem Rosenkranzaltar in der Südkonche (1768) und dem mächtigen Hochaltar, zu dem ebenfalls Schokotnigg den plastischen Schmuck lieferte. Das Altarblatt zeigt die Kirchenpatrone in Anbetung der Muttergottes.

Am anderen Ende des Hauptplatzes gelangt man zum Eingang von *Schloß Birkenstein,* das Mitte des 16. Jahrhunderts errichtet wurde. Der frisch renovierte Bau mit dem sehenswerten Arkadenhof beherbergt Wohnungen und die Amtsräume des Bezirksgerichts.

AUSKUNFT Gemeindeamt, Hauptplatz 13, Tel. 03174/45 07. Tourismusverein Birkfeld, Hammerherrengasse 11, Tel. 03174/44 04. **ESSEN UND TRINKEN** Gasthaus zur Linde (mit schönem Schankraum und Biergarten), Birkfeld 1, Tel. 03174/44 71. Gasthof Kirchenwirt, Kirchengasse 3, Tel. 03174/45 21. Besonders empfehlenswert ist der Forellengasthof Kulmer, Haslau 63, Tel. 03174/44 63.

Durch das Feistritztal gelangt man nach wenigen Kilometern zur Kirche von *St. Georgen am Gasenbach.* Die malerische Feistritz – ihr ursprünglich slawischer Name bedeutet soviel wie «wilder Bach» – entspringt im Wechselgebiet und wird an Windungen nur von der Lafnitz übertroffen, in welche sie übrigens bei Fürstenfeld einmündet.

Die *Georgskirche* ist die älteste Pfarrkirche des oberen Feistritztales – auch wenn sie seit 1788 nur noch im Rang einer Filialkirche steht. Die ursprünglich romanische Anlage wurde 1347 gotisch umgestaltet. 1725/26 folgte ein Neubau durch Remigius Horner, der die Länge der alten Kirche zur Breite nahm. Der gotische Chor blieb als Seitenkapelle erhalten. Von Horner stammt auch die Ausstattung der Kirche, so etwa der Hochaltar mit Figuren von Josef Schokotnigg. Das Altarbild des Pöllauer Stiftsmalers Matthias von Görz zeigt den hl. Georg, der auf dem getöteten Drachen zum Himmel fährt. An der Außenmauer des alten Chors findet sich eine naive Kreuzigungsgruppe (um 1800). Den Schlüssel zur Kirche erhält man im benachbarten Gasthaus Grünbichler.

Malerisches St. Georgen am Gasenbach

Einige Kilometer südlich führt eine Abzweigung zum hoch über dem Feistritztal gelegenen Dorf *Koglhof* mit der interessanten *Pfarrkirche Mariä Heimsuchung,* die Ende des 15. Jahrhunderts als gotischer Bau errichtet und im späten 17. Jahrhundert barockisiert wurde. Vom gotischen Bau sind der Chor mit dem Sternrippengewölbe und die Strebepfeiler erhalten. Das älteste Ausstattungsstück der Kirche ist die Statue der Maria mit dem Jesukind am neugotischen Hochaltar. Die barocke Orgel befindet sich etwas deplaziert im Durchgang zur barocken Rundkapelle mit dem wunderbar naiven Patritzialtar, einer Darstellung Koglhofs von 1859 mit einer Gruppe hilfesuchender Menschen und den wichtigsten Haustieren.

Ganz in der Nähe, auf einem steilen Felskegel über der Feistritz, thront eine der besterhaltenen steirischen Burganlagen, *Schloß Frondsberg,* das im 16. Jahrhundert im Stil der Renaissance umgestaltet wurde und leider nicht besichtigt werden kann.

AUSKUNFT Gemeindeamt Koglhof, 8191 Aschau 45, Tel. 03174/45 14.

AM KULM UND UM DEN KULM HERUM

Der 976 Meter hohe Kulm, von dessen Gipfel man bis ins pannonische Tiefland blicken kann, ist seit nahezu sechstausend Jahren besiedelt. Der Kulm war nicht nur Siedlungs- und Fluchtberg, sondern auch ein «heiliger Berg» mit keltischer Kultstätte. Eine sakrale Tradition, die in der christlichen Ära in pervertierter Form fortlebte, denn der Gipfel des Kulm galt als ein bevorzugter Versammlungsort der Hexen. Heute wird am Kulmgipfel nicht gelandet, sondern abgehoben: Bei der Fliegerhütte befindet sich der Abflugplatz für die Paragleiter und Drachenflieger.

Im 18. Jahrhundert wurde an der Stelle einer älteren, hölzernen Kapelle die kleine *Kirche Maria am Kulmbrunnen* errichtet, die wegen der heilenden Wirkung des Brunnenwassers bis ins späte 19. Jahrhundert eine bedeutende Wallfahrtsstätte für Augenleidende war. Oberhalb der Kirche befindet sich eine Kalvarienberganlage mit acht Stationskapellen. Interessant sind die hölzernen Figurengruppen mit den berüchtigten Kulmjuden, deren Darstellung von der langen Tradition des christlichen Antisemitismus zeugt.

Seit mehr als 10 Jahren existiert am Kulm ein urgeschichtliches Freilichtmuseum, das von der Gesellschaft für Vor- und Frühgeschichte unterhalten wird und – gemäß den wissenschaftlichen Erkenntnissen über die vorgeschichtliche Hausbauweise – die Nachbildungen mehrerer frühgeschichtlicher Häuser mitsamt Inventar, die Rekonstruktion eines hallstattzeitlichen Lehmofens und eines keltischen Kultplatzes umfaßt.

Urgeschichtliches Freilichtmuseum, Öffnungszeiten: 1.5.–26.10, Mo–Sa 9–17 Uhr, So 10–18 Uhr.

AUSKUNFT Gemeindeamt Kulm, 8212 Rohrbach am Kulm 80, Tel. 03113/27 30.

Am Fuße des Kulm liegt die kleine Gemeinde *Puch,* ein Zentrum der österreichischen Obstproduktion. Das Wahrzeichen von Puch ist unübersehbar – das Hagelnetz. Denn die Bauern sind vorsichtiger geworden und vertrauen in dieser häufig von

Unwettern und Hagelkatastrophen betroffenen Region nicht mehr auf die alten Wetterbräuche wie das Läuten der Glocken, das Abschießen von Böllern oder das Rösten von Hagelkörnern. Diese Sicherheit hat natürlich ihren Preis. Die Landschaft trägt Trauerflor – selbst wenn die Bäumchen im Frühling Millionen zartrosa Blüten tragen.

In Puch hat der Obstbau Tradition – angeblich wurden hier schon in römischer Zeit Äpfel angebaut. Im Mittelalter waren es die Mönche, die den Obstbau nach Kräften förderten, der ganz große Aufschwung kam allerdings erst unter Erzherzog Johann. Heute propagiert man die «Steirische Apfelstraße», die von Kalch über Puch nach Floing führt, und erfindet Werbeaktionen wie den «längsten Apfelstrudel der Welt» oder ein Bogenschießen zum «Wilhelm-Tell-Turnier». Informationen rund um den Apfel erhält man im «Haus des Apfels» im Ortsteil Harl, wo der Besucher überdies ein Preßhaus, eine Mostschank, einen alten Obstgarten und einen Wetterturm zu sehen bekommt.

Haus des Apfels, Harl 25, Tel. 03177/31 17.

Besuchen sollte man auch die *Pfarrkirche St. Oswald*, einen spätgotischen Bau des 15. Jahrhunderts, der einen umfassenden barocken Umbau erlebt hat. Im Kircheninneren ist die Kanzel mit der Darstellung der vier Kontinente hervorzuheben.

AUSKUNFT Tourismusverein Puch, Tel. 03177/22 22. **ESSEN UND TRINKEN UND ÜBERNACHTEN** Landgasthof Eitljörg, Bäckerei, Café-Restaurant, Apfelkuren, Tel. 03177/22 04. Kirchenwirt, Tel. 03177/22 47 44. **BALLONFAHREN** Gasthof Kirchenwirt.

HERBERSTEIN – DAS HAPPYLAND UNTER DEN SCHLÖSSERN

Wo die Feistritz durch eine enge Klamm aus dem Bergland heraustritt, verbirgt sich tief im Tal eines der romantischsten Schlösser der Steiermark, das – vermutlich gerade deshalb – niemals erobert wurde. Eine weitere Besonderheit Herbersteins ist, daß Gotik, Renaissance und Barock hier harmonisch vereint sind, daß die älteren Bauteile nicht den späteren weichen mußten, sondern geschickt in die ständig wachsende Anlage integriert wurden.

Gegründet wurde die Burg von Herwig von Krottendorf, einem Stubenberger Dienstmann, um die Mitte des 13. Jahrhunderts. 1290 erwarb Otto von Hartberg, ein naher Verwandter, die kleine Festung und machte sich an ihren Ausbau. Seine Nachkommen, in deren Besitz sich Schloß Herberstein bis heute befindet, nennen sich seit 1320 nach dem Familiensitz. In der zweiten Hälfte des 16. Jahrhunderts trieb Georg III., genannt «der Breite», den Ausbau des Schlosses energisch voran. Krönender Abschluß war die Errichtung des Florentinerhofes durch Johann Maximilian I. im 17. Jahrhundert.

An die 400 männliche Herbersteins sind namentlich bekannt. Viele wirkten in leitenden Funktionen der Verwaltung, Kriegsführung und Diplomatie – fünf Landeshauptleute, unzählige Beamte und Offiziere, aber auch Gelehrte und Geistliche, darunter sechs Bischöfe. Berühmtester Herberstein war wohl der 1486 geborene Sigismund, der als Diplomat unter anderem auch Rußland bereiste und dieses damals noch unbe-

Trotzte allen Feinden: Schloß Herberstein

kannte Land dem Westen erschloß. So sind auch die beiden Götterfiguren Mars und Minerva, der Gott des Krieges und die Göttin des Handwerks, der Weisheit und der Künste, am Schloßeingang programmatisch zu sehen – als «Marte» und «Arte».

Über das *Zugbrückenportal* gelangt man in den *Florentinerhof*, einen prächtigen, italienisch inspirierten Renaissancehof – für Johann Maximilian I. der angemessene Ausdruck seiner neuerworbenen Würde als Reichsgraf und seiner Stellung als Vizestatthalter von Innerösterreich. Im Arkadengang sind zwei Grabplatten eingelassen: die des Malteserritters Georg I. und die der Barbara Schintl von Tramsdorf, der Ehefrau Georgs III., mit einer ihrer Töchter.

An den Hof schließt der frühbarocke *Rittersaaltrakt* an, über dem sich ein achteckiger *Uhrturm* erhebt, auf dessen Zwiebelhaube eine Mondsichelmadonna thront. Durch die Haifischdurchfahrt – benannt nach einer barocken Trophäe an der Decke – dringt der Besucher nun in die Geschichte des Schlosses vor und gelangt – vorbei an der *Schloßkapelle* zum hl. Georg mit schönem Barockaltar und reich stuckiertem Gewölbe – zunächst in den *gotischen Burghof*.

Hier kann man auch der gutsortierten *Vinothek* des Schlosses einen Besuch abstatten. Eingefügt in die kasemattenartigen Unterbauten ist auch die freskengeschmückte *Katharinenkapelle* aus dem 14. Jahrhundert. Vom inneren Burghof gelangt man in den Bereich der jährlich wechselnden Sonderausstellungen. Die museal eingerichteten Wohn- und Schauräume im «Mitterstock», dem sogenannten *alten Rittersaal* aus dem 15. Jahrhundert mit schönen Renaissanceportalen, können hingegen nur mit Führung besichtigt werden. Die Bilder an den Wänden zeigen all jene Schlösser, die sich einst im Besitz der Familie befunden haben.

Vom «Mitterstock» gelangt man ins *Steinhaus*, den ältesten Teil des Schlosses, der ebenfalls museal ausgestaltet wurde und neben dem Jagdzimmer auch eine Waffen- und Rüstkammer umfaßt. Sehenswert: zwei Kinderturnierlanzen mit (Puppen-) Köpfen.

Über eine gotische Wendeltreppe kommt man nun ins *Familienmuseum,* das um 1900 von Johann Herbert Herberstein eingerichtet wurde. Neben einem Barockschrank, einem Geschenk des Prinzen Eugen, sind zahlreiche weitere Einrichtungsgegenstände und persönliche Erinnerungsstücke an Mitglieder der Familie Herberstein zu sehen, zumal an jene, die für das österreichische Herrscherhaus ihr Leben ließen – und als ferner Nachklang früherer Verdienste ein Schutzbrief aus der russischen Besatzungszeit.

Wir verlassen den ältesten Teil der Burg und gelangen über das «Höflein», einen Durchgang, in dem sich unter Georg III. eine lutherische Schule befand, in den früheren *Gefängnisturm.* Das fensterlose Verlies unter dem Kettenzimmer war nur über eine Falltür erreichbar. Weiter geht es durch den *Sattelgang* mit einer beeindruckenden Sammlung von Sätteln aus drei Jahrhunderten. Hier beginnt auch die Ahnengalerie der Herberstein, die im *neuen Rittersaal* ihren prächtigen Abschluß findet. Der Saal öffnet auf den Florentinerhof und wird gelegentlich für Konzerte genutzt. Hervorzuheben ist die aufwendige Stuckdecke, die Alessandro Serenio zugeschrieben wird. Imposant auch der Steinkamin (1615), ein Geschenk von Papst Paul V. an Alexander von Herberstein. Links und rechts befinden sich die privaten Wohntrakte.

Im ersten Stockwerk besichtigen wir noch das *Porzellanmuseum* mit wertvollen ostasiatischen Porzellanen und Fayencen aus dem 17. und 18. Jahrhundert, böhmischem Glas sowie dem Tauf- und Familiengeschirr der Herberstein.

Vor oder nach, wahlweise auch statt der Schloßbesichtigung, kann sich der Besucher im weitläufigen Areal ins Vergnügen stürzen. Herberstein wurde in den letzten Jahren hemmungslos kommerzialisiert und bietet für jeden Geschmack etwas. Keinesfalls versäumen sollte man jedenfalls den grundlegend modernisierten und nach den Grundsätzen artgerechter Tierhaltung konzipierten *Tiergarten,* der in seinen Anfängen zumindest auf das 17. Jahrhundert zurückgeht, als Johann Maximilian I. Damwild aus Italien kommen ließ. Auf dem rund 40 Hektar großen Gelände tummeln sich heute über 600 Tiere in möglichst naturnahen Gehegen. Recht beeindruckend ist das moderne Wolfsgehege mit einer «Wolfshöhle» für Besucher – und ungestörten Tieren. Einige Tiere müssen überhaupt erst «entdeckt» werden, zum Beispiel die Pumas, deren simulierter Lebensraum hoch über der malerischen Feistritzklamm liegt. Die Mitnahme eines Fernglases ist durchaus ratsam. Nachdem jedoch der Reiz, nach versteckten Tieren zu suchen, für das große Publikum nur ein vorübergehender ist, bietet der Tierpark auch spektakuläre Fütterungen mit Beutesimulatoren. Die Fütterungszeiten für Pumas, Geparden und Wölfe können telefonisch erfragt werden.

Im Wolfsgehege

Gutsverwaltung Herberstein, 8222 St. Johann/Herberstein, Tel. 03176/88 25. Öffnungszeiten und Führungen durch das Schloß: Mitte März bis Ende Oktober, tgl. 10–16 Uhr. Die Führung dauert 45–60 Minuten. Tierpark, Öffnungszeiten: tgl. 9–18 Uhr, in der Wintersaison nur an Wochenenden. Auskunft: Tierpark Herberstein, Tel. 03176/22 50.
ESSEN UND TRINKEN Buschenschank Marienhof, Tel. 03176/88 78. Mostschenke Jägerhaus, Tel. 03176/83 81.

In der Nähe des Schlosses liegt der nette Ort *St. Johann* bei *Herberstein* mit der weithin sichtbaren *Pfarrkirche zum hl. Johannes dem Täufer* – ursprünglich ein romanischer Bau des 12. Jahrhunderts, der um die Mitte des 17. Jahrhunderts von Johann Maximilian von Herberstein erworben wurde. Johann Maximilian stiftete auch das angrenzende Augustinerkloster und ließ die Kirche neu errichten. Die Eröffnungspredigt zur Kirchweihe hielt übrigens Abraham a Sancta Clara (1644–1709), der vor seiner Berufung nach Wien mehrere Jahre lang hier lebte. Nachdem das Kloster 1820 aufgehoben worden war, fungierte das Gebäude eine Zeitlang als Pfarrhof. Seit 1982 beherbergt es das «Haus der Frauen», eine Stätte der Bildung und Erholung, die von der Katholischen Frauenbewegung der Diözese Graz-Seckau getragen wird.

Haus der Frauen, 8222 St. Johann b.H., Tel. 03113/22 07. Einzelerholung in Krisensituationen, Erholung für Mütter (mit/ohne Kinder), Familienerholungswochen. Kein religiöser Zwang!

An den wortgewaltigen Abraham a Sancta Clara erinnert nicht nur eine Gedenktafel am Klosterbau, sondern auch eine nette kleine Geschichte. Eines Tages, die Mönche saßen gerade beim Mittagstisch, kam ein Esel ungebetenerweise ins Refektorium. Als seine Mitbrüder versuchten, das Tier wieder hinauszutreiben, brach Abraham in solches Lachen aus, daß der Prior ihn nach der Ursache seiner Heiterkeit fragte. Abraham a Sancta Clara antwortete, er hätte soeben an eine Stelle aus dem Johannes-Evangelium denken müssen, die da lautet: «Er kam zu den Seinigen und die Seinigen nahmen ihn nicht auf.»

Zwei Höhepunkte der benachbarten Kirche kann man normalerweise nur vom früheren Kloster aus und in Begleitung be-

Die Pfarrkirche zum hl. Johannes dem Täufer in St. Johann bei Herberstein

suchen: Oratorium und Sakristei. In der *Sakristei* dominieren zarter Stuck und reich intarsierte Möbel. Von den Fresken fällt vor allem der Zyklus über die «Vier letzten Dinge» auf: der Tod mit gespanntem Bogen, ein Sterbender, der Teufel und schließlich eine Höllenszene, die nicht zufällig an die großartige Darstellung in der Sakristei von Vorau erinnert. Der Künstler war in beiden Fällen J. C. Hackhofer. Ähnlich das *Oratorium* im ersten Stock: zarter Stuckdekor, Fresken von Hackhofer und ein reich intarsiertes Chorgestühl.

Das Äußere der Kirche ist ein wahres Römerstein-Freilichtmuseum. Über dem Kirchenportal befinden sich ein Inschriften- und ein Porträtstein. Weitere Römersteine – insgesamt sind es 17 – entdeckt man beim Rundgang um die Kirche: kämpfende Kentauren, eine musizierende Muse, einen tanzenden Satyr, Löwen und Porträtsteine.

Im Inneren entfaltet die Kirche ihre spätbarocke Pracht: der monumentale Hochaltar (um 1720) von Marx Schokotnigg, das Altarblatt, das die Taufe Jesu durch Johannes darstellt, mit Schloß Herberstein in Hintergrund und der Feistritz anstelle des Jordan, der prächtige Boulle-Tabernakel, gefertigt in einer französischen Intarsientechnik, oder die mit Putten und allegorischen Figuren geschmückte Rokokokanzel mit dem hl. Augustinus am Schalldach (um 1775).

In der ehemaligen Augustinergruft befindet sich seit 1928 die Grabstätte der Herberstein.

AUSKUNFT Gemeindeamt, St. Johann b.H. 100, Tel. 03113/23 14. **ESSEN UND TRINKEN** Weinhof und Buschenschank Lang, Hoferberg 27, Tel. 03113/85 60 (auch Zimmer).

STUBENBERG

Die Familie Stubenberg gehört zu den ältesten und bedeutendsten Adelsfamilien der Steiermark. Von ihrem Stammsitz hat sie sich allerdings schon vor Jahrhunderten verabschiedet. Nichtsdestotrotz trägt der Ort noch ihren Namen.

Die *alte Burg* wurde 1160 erstmals erwähnt. Wenig später nannte sich ihr Besitzer Otto nach seinem Stammsitz – eben Stubenberg. Bereits 1269 wurde die am Schusterpatritzkögerl gelegene Burg auf Befehl des Böhmenkönigs Ottokar, der einen Aufstand des steirischen Adels unterdrückt hatte, komplett zerstört. Die Herren von Stubenberg errichteten daraufhin die Burg Neuhaus hoch über der Feistritzklamm. Im Jahr 1800 geriet Neuhaus durch einen Blitzschlag in Brand und verfiel zur Ruine. Seit einigen Jahren wird die Anlage restauriert. Besichtigungen sind zwar nicht vorgesehen, allerdings vermietet der neue Besitzer eine Ferienwohnung.

Das prächtige Herberstein-Epitaph

Das mitten im Ort gelegene *Schloß Stubenberg* wurde im 16. Jahrhundert von der Familie Drachsler zum Renaissanceschloß mit schönem Arkadenhof ausgebaut. Von 1925 bis 1979 war hier das St.-Josefs-Kloster der Franziskanerinnen untergebracht. Die jetzigen Besitzer setzen auf sanfte Nutzung: gelegentliche Kulturveranstaltungen, eine Galerie und Ferienappartements, demnächst vielleicht sogar eine Taverne.

Schloß Stubenberg, Fam. Schleicher, 8223 Stubenberg/See 1, Tel. 03176/88 64.

Die dem hl. Nikolaus geweihte *Pfarrkirche* des Ortes wurde Mitte des 18. Jahrhunderts anstelle eines romanisch-gotischen Vorgängerbaus neu errichtet. Weit bemerkenswerter als das Kircheninnere ist das Herberstein-Epitaph an der Südfassade. Unter einem großen Kreuz knien Georg der Breite von Herberstein (†1584) mit sieben seiner Söhne, gegenüber seine Frau Barbara mit sieben ihrer Töchter. Es handelt sich nicht nur um das größte Epitaph der Oststeiermark, sondern auch um das eindrucksvollste – ganz abgesehen vom dokumentarischen Wert, den die detailgetreue und dreidimensionale Wiedergabe der Kleidung besitzt. Das Grabmahl wurde beim Neubau der Kirche abgetragen und erst 1856 wiederaufgestellt. Dabei scheinen auch zwei der 16 belegten Kinder Georgs in Verlust geraten zu sein.

Der idyllische *Stubenbergsee* wurde in den Jahren 1965–1971 durch Aufstauung der Feistritz angelegt. Am Seeufer gibt es ein großes Freibad, Pensionen, Restaurants und natürlich jede Menge Sportmöglichkeiten.

In der näheren Umgebung von Stubenberg gibt es auch unzählige Wandermöglichkeiten, z.B. um den See (2 Std.), zum Tierpark Herberstein (2 Std.) oder zu den Schielleitner Teichen (3 Std.). Übermütige können auch zum Rabenwald (6 Std.) oder zum Kulm und nach St. Johann (7 Std.) wandern. Alle Zeitangaben verstehen sich als Rundweg.

Wochenend' und Sonnenschein am idyllischen Stubenbergsee

AUSKUNFT Gemeindeamt, Stubenberg 5, Tel. 03176/88 22. **ESSEN UND TRINKEN** Seerestaurant Gruber, Buchberg 76, Tel. 03176/86 10. Buschenschank Ungerkarl, Vockenberg 47, Tel. 03176/83 51. **ÜBERNACHTEN** Michlhof, mit Reitstall, Tel. 03176/88 97. Seepension Erla, Buchberg 70, Tel. 03176/88 89. Haus Kerngast (DAS Privatquartier!), Zeil 175, Tel. 03176/81 75. Camping (und Pension) Steinmann, Buchberg 85, Tel. 03176/390. Bergpension Kulm, Freienberg 74, Tel. 03176/83 73. **EINKAUFEN** Bauernmarkt am See, während der Badesaison tgl. 11–13 und 15–17 Uhr; im Ortszentrum jeden Fr 14–17 Uhr. Nostalgiebrennerei Hödl-Hof, Stubenberg 21, Tel. 03176/85 02. **RADFAHREN** Auskünfte über den letzten Stand der zahlreichen markierten Radrouten beim Gemeindeamt. **WASSERSPORT** Surfschule, Freienberg 77, Tel. 03176/89 45. **REITEN** Michlhof, Tel. 03176/88 97. **BALLONFAHREN UND FLIEGEN** 1986 und 1996 Europameisterschaften, 1987 auch Weltmeisterschaft im Ballonfahren, alljährliche Wettkämpfe und Heißluftballonwochen im Herbst. Der Peterhof, Stubenberg 11, Tel. 03176/88 01, bietet Ballonfahrten an. Flugschule Fun2Fly, Freienberg 40, Tel. 03176/80 30 (Paragleiten und Drachenfliegen).

Einige Kilometer östlich von Stubenberg befindet sich *Schielleiten* mit der Burgruine Alt-Schielleiten und dem Schloß Neu-Schielleiten. 1328 wird ein Herrant von Schielleiten als Dienstmann der Stubenberger erwähnt. Die bauliche Ausgestaltung der Burg erfolgte allerdings erst, nachdem die Schielleitner bereits ausgestorben waren. Unter Max Rudolf von Wurmbrand-Stuppach wurde in der ersten Hälfte des 18. Jahrhunderts mit dem Bau eines neuen, bequemeren und zeitgemäßeren Schlosses im Tal begonnen. Das stark vom Wiener Hochbarock beeinflußte Schloß konnte zwar aus finanziellen Gründen niemals ganz fertiggestellt werden, dennoch gilt es als der wichtigste steirische Schloßbau des Spätbarock. Die alte Burg hingegen fiel der Dachsteuer zum Opfer und war bereits zu Beginn des 19. Jahrhunderts eine Ruine. In den dreißiger Jahren wurde das Schloß mit den umliegenden Grundstücken von der Österreichischen Turn- und Sportfront erworben. Die ersten österreichischen Sportler, die in Schielleiten trainieren durften, waren die Teilnehmer an den Olympischen Spielen 1936 in Berlin. In der NS-Zeit wurden in der Schielleitner «Gauschule für

Leibesübungen» zunächst die «Schikanonen der Ostmark», später nur noch junge SA-Führer getrimmt. Seit 1947 wird das Schloß wieder als Bundessportschule geführt. Führungen gibt es keine, der Barocksaal wird gelegentlich für Konzerte und Bälle genutzt.

Auskünfte zum Oststeirischen Musiksommer und den Schielleitner Barockabenden beim Kulturverein Schielleiten, Tel. 03176/88 11.

GLEISDORF – DAS DORF, DAS KEINES IST

Die mehr als 5000 Einwohner zählende Stadt trägt schwer an der Hypothek des «Dorfes» in ihrem Namen – und an der Konkurrenz zum benachbarten Industriezentrum Weiz. An der Stelle einer römischen Siedlung entwickelte sich im 13. Jahrhundert eine Ortschaft namens Glitstorf, die bereits 1284 als Markt urkundlich belegt ist. Der Name leitet sich wahrscheinlich vom Gleisbach ab, dem «glitzernden». Ursprünglich gehörte Gleisdorf zur Herrschaft Riegersburg, dann zu Freiberg und kam so in den Besitz der Grafen Kollonitsch. Im Jahr 1920 wurde Gleisdorf endlich zur Stadt erhoben.

Der Grabstein der Buetschaherin

Das alte Zentrum ist rasch besichtigt. Die *Türkensäule* mit der Marienstatue und den vier Heiligen wurde 1665 zum Gedenken an die Schlacht bei Mogersdorf gestiftet. Die *Stadtpfarrkirche zum hl. Laurentius* wurde 1670–1672 im Stil der Renaissance an der Stelle einer älteren gotischen Kirche errichtet,

Ende des 19. Jahrhunderts allerdings empfindlich umgebaut. Das Bild am Hochaltar zeigt den hl. Laurentius mit dem Eisenrost, auf dem er zu Tode gemartert wurde. Die größte Sehenswürdigkeit der Pfarrkirche will allerdings erst entdeckt werden: Am Pfeiler unter der Orgelempore versteckt sich der überaus sehenswerte Grabstein der Jungfrau Catharina Regina Buetschaherin, verstorben im 18. Lebensjahr. «Gleich als ein Pluemen in den Feldt / Pin noch nit recht auff gangen / Weich ab von diser schneden Weldt / Weil Gott mich Tueth verlangen / Welck ab gleich einer Rosen Rott / Geduldig will ichs Leiden / Sagt mir Verstorbnen Gnadt dir Gott / Verschults Khom ich in Freydten 1677».

Hinter dem Rathaus am benachbarten Florianiplatz ist im ehemaligen Feuerwehrrüsthaus das *Heimatmuseum* mit römerzeitlichen Funden und einer kleinen volkskundlichen Sammlung unterbracht (Anmeldung: Tel. 03112/20 60). Die Florianisäule wurde 1633 im Gedenken an einen verheerenden Großbrand errichtet. Das nahe Dominikanerinnenkloster beherbergt heute eine Haushaltungsschule.

Am anderen Ende der Bürgergasse befindet sich die *Filialkirche Mariä Reinigung,* die Mitte des 18. Jahrhunderts von Kardinal Siegmund Kollonitsch anstelle einer älteren Spitalskirche erbaut wurde. Ihre Einrichtung ist im wesentlichen spätbarock; bemerkenswert ist die zierliche Kanzel, die spätgotische Marienstatue im Zentrum des Hochaltars stammt noch von der alten Kirche. Das angrenzende Piaristenkloster wurde 1824 aufgelassen.

AUSKUNFT Rathaus, Florianiplatz 13, Tel. 03112/26 01. **ESSEN UND TRINKEN** Restaurant Kirchtavern, Hauptplatz 3, Tel. 03112/64 38. Ludersdorferhof, Ludersdorf 19, Tel. 03112/24 50. Gasthof Maurer (auch Zimmer), Ludersdorf 3, Tel. 03112/23 36. Messner-Melchart, Weizer Straße 5, bodenständiges Lokal mit exzellenter Küche, Tel. 03112/2379. **ÜBERNACHTEN** Hotel Pannonia Hof, Fürstenfelder Straße 7, Tel. 03112/24 01. **KULTUR** Theatertage Gleisdorf im Juni, Auskunft: Tel. 03112/39 02. **SPORT** Freizeitbad Gleisdorf mit Tennishalle, Badminton, Volleyball, Tel. 03112/23 12.

Das nahe *Schloß Freiberg* wurde im 12. Jahrhundert gegründet und gehörte den Vreinperger Dienstmannen. Ihre Nachfolger waren die Stadler, die die verfallene Burg im Stil der Renaissance umbauen ließen. Unter dem kroatischen Geschlecht der Kollonitsch entwickelte sich die Herrschaft Freiberg im 17. Jahrhundert zu einer der größten in der Oststeiermark. Das Schloß präsentiert sich heute als barocker Vierflügelbau mit rechteckigem Innenhof, vier Ecktürmen und zwei weiteren schlanken Türmen in der Mitte der Nord- und Südseite. In der Schloßkapelle verbirgt sich ein überaus bemerkenswertes romanisches Marmorrelief: Es zeigt Christus in der Mandorla, umgeben von den vier Evangelistensymbolen. Bei Renovierungsarbeiten wurden auch Teile des alten Arkadenhofes freigelegt. Heute gehört das Schloß je zur Hälfte einem hier ansässigen Buchbinder und dem Besitzer der netten Schloßtaverne (Tel. 03112/35 80).

GOLF Golfclub Gut Freiberg, 9-Loch-Anlage, Freiberg 32, Tel. 03112/62 70.

ST. RUPRECHT A.D. RAAB

Die am Zusammenfluß von Weizbach und Raab gelegene, etwas verschlafen wirkende Marktgemeinde St. Ruprecht ist einer der ältesten besiedelten Flecken der Steiermark. Bereits 860 wird in einer Schenkungsurkunde ein Gutshof «ad Rapam» erwähnt. Das Kirchenpatrozinium des hl. Rupert weist ebenfalls auf eine besonders alte und vom Erzbistum Salzburg aus erfolgte Gründung hin. Rupert (†716) entstammte dem fränkischen Hochadel und war zunächst Bischof von Worms am Rhein. Vom Bayernherzog Theoto erhielt er die Reste der Römerstadt Iuvavum, das heutige Salzburg, um hier einen neuen Bischofssitz zu gründen, von dem aus die Missionierung der Alpenslawen in Angriff genommen wurde.

Der ursprünglich romanische Kirchenbau von St. Ruprecht wurde im 15. Jahrhundert gotisch umgestaltet. In der ersten

Hälfte des 18. Jahrhunderts erfolgte ein nahezu kompletter Kirchenneubau. 1863 wurde ein Teil des Kirchenhügels abgetragen; es entstand der heutige Marktplatz mit der barocken Frauensäule (1680).

Die Innenausstattung der Kirche ist zum überwiegenden Teil spätbarock, einiges allerdings, wie etwa der Hochaltar, auch neobarock. Von Philipp Jakob Straub wurde die Kanzel besonders üppig mit figuralem Schmuck ausgestattet: Vier Engel symbolisieren die vier Evangelisten, drei Frauen die christlichen Tugenden. Obenauf der zwölfjährige Jesus und – ihm zu Füßen – vier baß erstaunte Schriftgelehrte. Bemerkenswert sind auch die barocken Beichtstühle unter der Orgelempore mit feinen Intarsien und Aufsatzfiguren und der mit Totenköpfen verzierte Gruftstein des Bernhard Stadler (1524).

Der in den mittelalterlichen Quellen genannte Gutshof an der Raab soll sich übrigens an der Stelle des heutigen Pfarrhofs befunden haben.

Beinahe nostalgisch wirkt das seit dem vorigen Jahrhundert bestehende *Flußbad an der Raab.* St. Ruprecht war mit seiner Kaltwasseranstalt einer der ersten Sommerfrischeorte überhaupt. 1865 entstanden kleine Badehütten am Fluß, wenig später auch der Kurpark mit dem Musikpavillon. Durch die relativ bequeme Bahnverbindung nach Budapest kamen zahlreiche betuchte ungarische Gäste an die Raab, wobei St. Ruprecht oft als Ausweichquartier für das noblere Radegund herhalten mußte.

AUSKUNFT Gemeindeamt, 8181 St. Ruprecht, Tel. 03178/22 18. **ESSEN UND TRINKEN UND ÜBERNACHTEN** Gasthof und Pension Locker, Tel. 03178/23 10. Gasthof Hotel Ochensberger, Tel. 03178/27 20.

Auf einem Höhenzug im Norden St. Ruprechts erstreckt sich der *Kalvarienberg* mit der aus der Mitte des 19. Jahrhunderts stammenden neoromanischen Kirche zum Gegeißelten Heiland von Breitegg. Auf halbem Weg in die Nachbargemeinde Mitterdorf findet sich das schöne *Renaissanceschloß Stadl.* Die Stadler zählten im 16. und 17. Jahrhundert zu den mächtigsten

Familien der Steiermark und besaßen vorübergehend sogar die Riegersburg und Kornberg. Seit 1966 gehört das Schloß der Familie Hans Kinsky. Obwohl es keine ständige touristische Nutzung gibt, ist eine Besichtigung nach Voranmeldung (Tel. 03178/22 01) möglich. Interessant sind das statuengeschmückte Portal und der besonders schöne zweistöckige Arkadenhof aus dem 16. Jahrhundert.

Über *Eggersdorf*, wo an der im 19. Jahrhundert errichteten Pfarrkirche einige römische Inschriftensteine zu sehen sind, gelangt man zu dem kleinen *Schloß Dornhöfen.* 1624 fertiggestellt, kam das Schloß im 18. Jahrhundert in den Besitz von Erzbischof Kollonitsch. Die heutigen Eigentümer planen eine Buschenschank mit Selbstvermarktung. Nett ist die Schloßkapelle mit Michael und Luzifer.

AUSKUNFT Fremdenverkehrsverein Eggersdorf, Tel. 03117/397.

DIE WILDROMANTISCHE RAABKLAMM

Bevor man die Raabklamm durchwandert, sollte man der Gemeinde *Gutenberg* noch einen Besuch abstatten. Weniger wegen des Schlosses, das sich seit 1288 nahezu ununterbrochen im Besitz der Familie Stubenberg befindet und nicht zu besichtigen ist, und auch nicht wegen der vor dem Schloß gelegenen Pfarrkirche, einem schlichten, 1788 errichteten Saalraum. Der eigentliche Grund für unseren Besuch ist die im Ortsteil Kapellenfeld oberhalb des Friedhofs gelegene *Loreto-Kirche.* Die pittoreske Anlage mit einer wehrhafen Mauer und vier Initienkapellen an den Ecken wurde 1691 von Sigmund von Stubenberg errichtet. Im Inneren befindet sich ein imposanter Altar mit Rocailleverzierung, einer schönen Loretomadonna und bemerkenswerter Chorschranke.

Eilige Besucher werden von Gutenberg direkt nach *Arzberg* weiterfahren, für Naturfreunde ist eine Wanderung durch die etwa 10 Kilometer lange Raabklamm jedoch Pflicht. Ein idealer Ausgangspunkt ist der *Gasthof «Jägerwirt»* an der Straße von Gutenberg nach Weiz, zugleich das südliche Ende der Raabklamm. Sämtliche Wege in der Klamm sind markiert, die Wanderung nach Arzberg dauert etwa drei Stunden. Der bequeme Weg führt teils über Stege, manchmal direkt neben, dann wieder hoch über der Raab, quert mehrmals den Fluß und ist sicherlich einer der schönsten denkbaren Wanderwege!

Kurz vor Arzberg gelangt man zu den Resten früherer Stollen und zur Ruine eines Sensenhammerwerkes. Aufmerksame Wanderer werden auch einen Kirschbaum bemerkt haben – der letzte noch lebende Zeuge der intensiven Besiedlung der Klamm, die erst nach mehreren verheerenden Hochwässern vor etwa 100 Jahren aufgegeben wurde. Achtung: Alle Ruinen sind einsturzgefährdet!

Die *ehemalige Bergwerksiedlung* am oberen Ende der Klamm wurde 1242 als «Aerzeperch» erstmals genannt, trug also schon damals den Bergbau im Namen. Anfangs wurden hier silberhältige Bleierze abgebaut, später auch Zink. Während der Blüte Arzbergs im 18. Jahrhundert waren bis zu 130 Knappen beschäftigt. 1927 wurde der Betrieb eingestellt.

Ein Teil des früheren Stollensystems ist seit kurzem der Öffentlichkeit zugänglich. Man beginnt beim Mundloch des 1911 errichteten Raabstollens, begegnet im Inneren des Berges silberhältigem Bleiglanz, tiefen, mit Wasser gefüllten und verfallenen Schächten und Stollen und beginnender Tropfsteinbildung. Über den Erbstollen verläßt man das System von Gängen und Schächten. In der Nähe des Ausgangs stößt man auf die Larven von Feuersalamandern.

Schaustollen Arzberg, Tel. 03179/233 10, Führungen: 1.5.–26.10., Sa, So und Fei 11–17 Uhr und nach Voranmeldung.

Die kleine *Kirche von Arzberg* ist dem hl. Jakobus dem Älteren geweiht. Errichtet wurde sie 1789, nachdem die alte Kirche wegen Baufälligkeit abgerissen werden mußte. Die Einrichtung geht zum Großteil noch auf das 18. Jahrhundert zurück, die Malereien stammen aus dem Jahr 1906. Gemeinsam mit dem

Pfarrhof und der von Veit Königer gefertigten Nepomukstatue bildet sie ein reizvolles Ensemble.

AUSKUNFT Gemeindeamt, 8162 Arzberg 2, Tel. 03178/274 50. **ESSEN UND TRINKEN** Forellenhof Schweinegger, Arzberg 26, Tel. 03179/233 10.

Etwas außerhalb der Ortschaft schlummert die *Ruine Stubegg*, der ursprüngliche Verwaltungssitz der Stubenberger im Passailer Raum. Nach der Zusammenlegung des Besitzes mit Gutenberg im 19. Jahrhundert wurde Stubegg dem Verfall preisgegeben. Im Juli finden hier Burgtheaterspiele statt. Im ehemaligen Meiereihof neben der Ruine ist ein kleines Heimatmuseum untergebracht.

Heimatmuseum Arzberg, Voranmeldung bei Fam. Neurath, Tel. 03178/232 77.

DURCH DIE WEIZKLAMM NACH ST. KATHREIN

Man verläßt Weiz auf der B 64 in Richtung Norden. In der Gemeinde Naas ist die *Ruine Sturmberg* mit gut erhaltenem Bergfried zu besichtigen. Kurz nach der Burg führt eine Abzweigung in steilen Serpentinen aufwärts nach Gschaid und weiter Richtung Dürntal. Ziel unseres Ausflugs ist die *Grasslhöhle*, benannt nach einem ihrer ehemaligen Besitzer. Angeblich wurde die Grotte im 18. Jahrhundert durch einen Hirtenjungen entdeckt, der auf der Suche nach verirrten Schafen in eine enge Spalte fiel. Die Erforschung der Grasslhöhle begann früh. Bereits 1816 wurden die Gänge mit Leitern und Stiegen ausgebaut – das berichtet jedenfalls der Topograph Carl Schmutz im «Aufmerksamen», einer Grazer Zeitung. Die Grasslhöhle ist somit die älteste Schauhöhle Österreichs.

Die Höhle befindet sich im sogenannten Schöcklkalk und verdankt ihre Entstehung tektonischen Vorgängen und dem Einsickern von Wasser. Zu sehen gibt es einige schöne Tropfsteinformationen, deren Alter auf 70.000 bis 100.000 Jahre geschätzt wird – dauert das Wachstum von nur einem einzigen Millimeter doch mehrere Jahre.

Die Höhle ist von zahlreichen interessanten Lebewesen bewohnt, allen voran sechs verschiedenen Fledermausarten, Strudelwürmern, Muschelkrebsen, Landasseln, Spinnen, Weberknechten, Tausenfüßlern und Milben.

Wanderung durch die Weizklamm

Grasslhöhle, 8160 Dürntal 4, Tel. 03172/673 28, Öffnungszeiten: April bis Oktober, 9–17 Uhr, Führungen (Dauer: 30–45 Minuten) zu jeder vollen Stunde und nach Vereinbarung.

Eine zweite, zumindest ebenso interessante Höhle, liegt ganz in der Nähe: das *Katerloch.* Regelmäßige Besichtigungen gibt es leider keine, Sonderführungen sind möglich, erfordern aber eine schriftliche (!) Anmeldung beim Besitzer der Höhle: Hermann Hofer, Berghaus Katerloch, 8160 Weiz.

Zurück an der Hauptstraße, gelangt man kurz nach Naas in die 2,5 Kilometer lange *Weizklamm.* Für Wanderer führt oberhalb der Straße, die an einigen Stellen wegen überhängender Felsen extrem schmal ist, der sogenannte Jägersteig durch die Klamm.

Am Ende der Klamm verlassen wir die nach Passail und zur Teichalpe führende Straße, um nach *St. Kathrein am Offenegg* zu gelangen. Grund für unseren Besuch ist weniger das «Blumendorf» selbst als vielmehr die von einem malerischen Friedhof mit schmiedeeisernen Kreuzen umgebene *Pfarrkirche.* Noch heute kann man an der Westseite der Kirche das frühgotische Portal aus dem 14. Jahrhundert erkennen, das im Zuge des barocken Umbaus zugemauert wurde. Die beiden Achteckpfeiler und das Rippengewölbe stammen von der Erweiterung der Kirche im 15. Jahrhundert. 1742 schließlich wurde die geostete Anlage durch den Einbau eines barocken Chors nach Norden gedreht.

Das Hochaltarbild zeigt die Heilige Familie mit der Kirchenpatronin, der hl. Katharina von Alexandrien, die gemeinsam mit den hll. Margareta und Barbara die weibliche Belegschaft der vierzehn Nothelfer bildet. Ihre Attribute sind leicht zu merken: «Barbara mit dem Turm, Margaret mit dem Wurm und Katharina mit dem Radl, das sind die drei heiligen Madln.» Im ehemaligen Chorraum, nunmehr Seitenkapelle, befindet sich ein Altar mit Geißelchristus und interessanter illusionistischer Malerei.

Sehr zu empfehlen ist der romantische und gut begehbare Mühlenwanderweg entlang des Lambachtals, der zu einigen historischen Mühlen führt, die zum Teil bis in die dreißiger Jahre in Betrieb waren.

AUSKUNFT Fremdenverkehrsverein, 8171 St. Kathrein/Offenegg, Tel. 03179/82 31. **ESSEN UND TRINKEN UND ÜBERNACHTEN** Gasthof-Pension Eder, Tel. 03179/82 35.

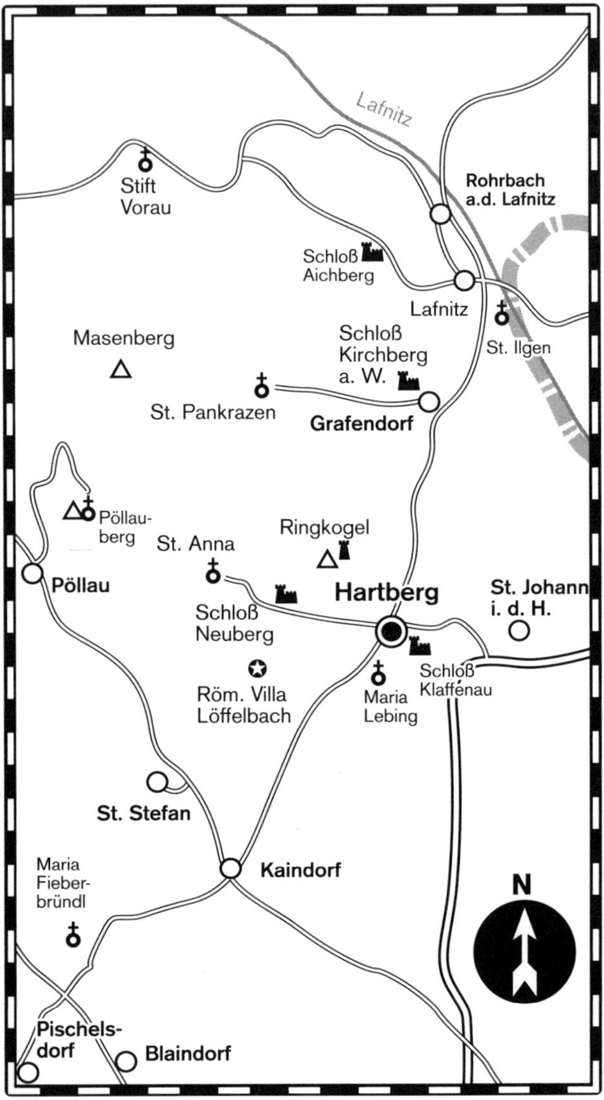
Lafnitz
Stift Vorau
Rohrbach a.d. Lafnitz
Schloß Aichberg
Lafnitz
St. Ilgen
Masenberg
Schloß Kirchberg a. W.
St. Pankrazen
Grafendorf
Pöllauberg
St. Anna
Ringkogel
Pöllau
Hartberg
St. Johann i. d. H.
Schloß Neuberg
Röm. Villa Löffelbach
Maria Lebing
Schloß Klaffenau
St. Stefan
Kaindorf
N
Maria Fieberbründl
Pischelsdorf
Blaindorf

Hartberg – Die Steiermark im kleinen

DIE PFALZ DER TRAUNGAUER

Schon in der Römerzeit zweigte bei der heutigen Stadt Hartberg die Wechselstraße von der Verbindungsstrecke zwischen Flavia Solva und Savaria, dem westungarischen Szombathely, ab. Nachdem die im frühen Mittelalter verödete Region im 12. Jahrhundert neu besiedelt worden war, gründete Markgraf Leopold der Starke von Steyr am Fuße des Masenberg-Gebirgstockes die erste Pfalz der Traungauer auf steirischem Boden. Zwischen der Burg und der Durchzugsstraße entwickelte sich der Ort, der bald zum wichtigsten Marktplatz der Oststeiermark avancierte. Es folgten schwere Zeiten: Um 1254 und 1418 verwüsteten die Ungarn die Umgebung, 1469 wurde Hartberg von Andreas Baumkircher eingenommen, und im 16. Jahrhundert standen die Türken zweimal vor den Toren der Stadt.

BEIN- UND BETHAUS

Der Karner von Hartberg

Das berühmteste Bauwerk von Hartberg ist der *romanische Karner,* ein zweigeschossiger Rundbau, der wahrscheinlich in der zweiten Hälfte des 12. Jahrhunderts entstand, im Laufe seiner Geschichte jedoch mehrfach verunstaltet wurde. Zwischenzeitlich fungierte das dem hl. Michael geweihte Beinhaus als Taufkapelle, und in der Barockzeit brach man aus der Apsis zwei Öffnungen heraus, die bei der Restaurierung des Karners am Ende des 19. Jahrhunderts zu allem Unglück «romanisiert» wurden. 1893 erhielt der akademische Maler und Restaurator Theophil Melichar den Auftrag, die übertünchten romanischen Fresken freizulegen und, wenn notwendig, zu ergänzen. Melichar erwies sich leider als inkompetent, was dazu führte, daß die originalen Farben und Motive teilweise verlorengingen. In der oberen Zone etwa, wo Christus und die zwölf Apostel dargestellt sind, befand sich wahrscheinlich ein Bild des hl. Michael. Gegenstand vieler Deutungen sind auch die «Reiter» im unteren Teil des Hauptraumes, die meist als Darstellung der sieben Hauptsünden angesehen werden: Der Jüngling auf dem Löwen symbolisiert die Hoffart, das geflügelte Kamel den Zorn, der Esel mit dem Greis die Trägheit, der Drache den Neid und das Schwein die Unkeuschheit. Da die Unmäßigkeit als «plebejisches Laster» angesehen wurde, ist sie ohne herrschaftliche Insignien auf einem Ochsen sitzend dargestellt. Das Tier, das dem Geiz zugeordnet wurde, konnte nicht mehr rekonstruiert werden; der Walfisch ist wohl nur eine Verlegenheitslösung des Restaurators. Die vier Evangelisten in der Kuppel sowie Cherubim und Seraphim stammen von Melichar höchstpersönlich.

«Die Hoffart»

Die benachbarte *Stadtpfarrkirche St. Martin* wurde um 1140 als eine der «Urpfarren» der Steiermark auf den Grundmauern einer römischen Villenanlage aus dem 2. Jahrhundert errichtet. Einer ihrer ersten Pfarrer, jener Ulrich nämlich, der den sterbenden Herzog Leopold V. in Graz vom päpstlichen Bann erlöste, zeichnete für den Ausbau der Kirche zu einer dreischiffigen Pfeilerbasilika verantwortlich. Im frühen 16. Jahrhundert wurde das Gotteshaus gotisiert, wovon sich im Mittelschiff das Sternrippengewölbe erhalten hat. Um die Mitte des 18. Jahrhunderts kam es aus Geldmangel zu einem Um-, nicht aber zu einem umfassenden Neubau der Kirche: Die romanischen Seitenschiffe wurden erneuert und mit barocken Emporen versehen. 1960 schließlich entdeckte man Fresken von Joseph Adam von Mölk im Chor, in den Seitenschiffen und unter der Musikempore.

Bei der Innenausstattung dominiert das späte Barock, mit Ausnahme der gotischen Pieta (um 1420) in der Marienkapelle und des gotischen Kreuzes im Triumphbogen. Das Hochaltarblatt (um 1717) stammt vom Vorauer Stiftsmaler Johann Cyriak Hackhofer. Im Kirchenraum ist neben weiteren barocken Epitaphen vor allem jenes des Pfarrers Andreas Caesar (1650) zu beachten. An der Außenmauer befinden sich noch zwei barocke und mehrere figurale römische Grabsteine.

Das Portal des Pfarrhofes, der um 1700 erbaut wurde, ist mit einer Stuckumrahmung und dem Wappen der Webersberg geschmückt. Bei Voranmeldung kann man den Freskensaal mit Szenen aus dem Alten Testament besichtigen. Die Fresken stammen ebenfalls von Mölk und stellen folgende Szenen dar: König Salomon mit den zwei Müttern, die Reue des König Saul und David in der Löwengrube.

STADTRUNDGANG

Relativ geschlossen präsentiert sich der *Hauptplatz* von Hartberg mit schönen Häuserfronten. Die vergoldete *Mariensäule* trägt das Wappen der Grafen Paar (1675). Aus dem 17. Jahrhundert stammt auch das dahinter liegende *Haus Nr. 7 mit der Eule,* dem offenen Buch und dem Äskulapstab. Die Verschmelzung beider Zunftzeichen erklären Einheimische damit, daß sich im vorderen Teil des Hauses eine Buchbinderei und im hinteren eine Apotheke befand. Das gründerzeitliche *Rathaus* (1898) mit seinen Zwiebeltürmchen ist vom altdeutschen Stil geprägt.

Gegenüber dem Rathaus, Ecke Kirchengasse, steht das prächtige *Apothekenhaus* (1668), dessen neubarocke Fassade erst um 1900 entstand. Die Bauinschrift mit dem Wappen und die ins Giebelfeld eingestellte Marienstatue wurden vom Vorgängerbau übernommen. Die Kirchengasse mündet in die Herrengasse, die vom Schloß zur Grazer Straße hinunterführt und deshalb auch die älteste Verkehrsachse der Stadt bildet.

In der Herrengasse Nr. 6 steht das sogenannte *Steinpeißhaus,* ein Renaissancebau aus dem 16. Jahrhundert mit seitlichen Erkern, ursprünglich im Besitz der Herren von Steinpeiß. Einige Zeit gehörte es dem Stift Pöllau, und ab 1834 beherbergte es das Rathaus. Im ersten Stock ist heute das Stadtmuseum untergebracht, mit Ausstellungsstücken aus der Frühgeschichte des Bezirks und religiöser Volkskunst.

Stadtmuseum, Tel. 3332/635 13, Öffnungszeiten: Mi und Sa 9–11 Uhr, sonst nach Voranmeldung.

Am unteren Ende der Herrengasse erinnert eine Gedenktafel an den Besuch Franz Schuberts in Hartberg im Jahr 1827. Gleich um die Ecke, in der Michaeligasse, befindet sich der Eingang zum *Stadtpark,* der von einem römischen Löwen bewacht wird, welcher 1845 im nahen Löffelbach gefunden wurde.

Links davon liegt das *Kapuzinerkloster,* zu dessen turmloser Kirche ein überdachter Stiegenaufgang führt. Die schlichte Hallenkirche wurde von Wolf Graf Saurau 1654 errichtet. Die neubarocke Einrichtung stammt vom Beginn unseres Jahrhunderts. Skurril sind die Beichtstühle, deren Design an die gute alte DDR erinnert. In der Nähe des Klosters, in einer kleinen Nischenkapelle an der Grazer Straße, gibt es eine holzgeschnitzte spätgotische Kreuzigungsgruppe zu entdecken.

Im Stadtpark, der in mehreren Terrassen zum Schloß hin ansteigt, sind die letzten Reste der *Stadtbefestigung* zu sehen, die wahrscheinlich im 13. Jahrhundert angelegt und im Jahr 1794 aufgelassen wurde. Der ebenfalls aus der zweiten Hälfte des 13. Jahrhunderts stammende Reckturm diente lange Zeit als Gefängnis, dennoch machen die dahinter liegenden Häuser mit ihren schmucken Gärten einen sehr idyllischen Eindruck. Etwas weiter stößt man auf die alte Wäscheschwemme, einen

Holzbau mit der Aufschrift: «Hier ist nur das Schwämmen der Wäsche gestattet. Alles übrige Waschen und Verunreinigen ist bei Strafe verboten.»

Rechts führt ein kleiner Weg zum *Schloß*. Die am höchsten Punkt der Stadt gelegene mittelalterliche Burg wurde 1572 vom späteren Fürsten Johann Baptist von Paar im Renaissancestil umgebaut und im 17. Jahrhundert um einen Arkadentrakt ergänzt, der mit barocken Wappenmalereien geschmückt ist. 1981 von der Stadt erworben, wurde das Schloß 1994 renoviert. Besichtigen kann man es nur zu den Bürozeiten, da sich das WIFI der Wirtschaftskammer Steiermark hier eingemietet hat.

WIFI, Mo–Do 16–19 Uhr, Fr 14–20 Uhr, Sa 8–10 Uhr, Tel. 03332/669 13–10.

Über die Rinnengasse gelangen wir nun zum kleinen Welsplatz und über die Preßgasse zurück zum Hauptplatz. Neben dem «Hotel zur Sonne», dessen Kern aus dem 16. Jahrhundert stammt, beginnt die Wiener Straße, heute «Fuzo», Fußgeherzone und Einkaufsstraße der Hartberger. Stolpern Sie nicht über die kunstvolle Brunnenanlage «Der Steinerne Fluß» von Ulrike Truger, die sich in Quellen, Wellen und Felsen über die Straße zieht.

Beim Café «Käfer» stößt man neuerlich auf die Michaeligasse und den zweiten erhaltenen *Stadtturm*, benannt nach der Gemeinde Schölbing, die für seine Erhaltung aufzukommen hatte. Alle übrigen Stadttürme wurden in der ersten Hälfte des 19. Jahrhunderts abgetragen. Am Rochusplatz, wo in der Gründerzeit ein Teich mit Springbrunnen angelegt wurde, steht die nach der großen Pestepidemie von 1678 gestiftete Rochussäule.

Schön ist die Aussicht über die Stadt von der *Kalvarienbergkirche* am Fuße des Ringkogels. Zu erreichen ist die 1846 errichtete Kirche über die Brühlgasse oder die Kalvarienbergstraße. Ein moderner Kreuzweg führt zur alten Treppenanlage mit dem einzigen erhaltenen Stück des ursprünglichen Kreuzweges, einer hl. Veronika aus der Mitte des 18. Jahrhunderts.

AUSKUNFT Tourismusverein Hartberg, Tel. 03332/626 18 36. Urlaubsinformation Hartbergerland, Ressavarstraße 23, Tel. 03332/642 13. **ESSEN UND TRINKEN** Empfehlenswert ist das Restaurant Großschedl, Wiener Straße 1, Tel. 03332/622 10, mit gutbürgerlicher Küche. **ÜBERNACHTEN** Hotel Sonne, Hauptplatz 9, Tel. 03332/623 42. Gasthof Zum Brauhaus, Tel. 03332/622 10. Hotel Zum alten Gericht, Herrengasse 4, Tel. 03332/63 35 60. **KUREN** Gesundheitszentrum Ring-Hotel, Moorpackungen, Kneippkuren, Dampfbad, Massagen, Schönheitsfarm, Tel. 03332/608. **VERANSTALTUNGEN** Oststeirischer Musiksommer, Konzerte von Mai bis September an verschiedenen Orten des Bezirks, Auskunft: Tel. 03332/642 13. Sommerkonzerte im Stadtpark und in verschiedenen Ortsteilen; Schloßhofserenade (im Juni). **EINKAUFEN** Bauernmarkt Di und Fr nachmittags am Kernstockplatz beim Stadtpark. **FREIZEIT** HERZ – Hartberger Erholungszentrum, Wiesengasse 16, Tel. 03332/633 50, Frei- und Hallenbad, Tennis, Kegeln, Fußball und Volleyball, Massage und Solarium. **GOLF** Golf-Übungsplatz Hartberg, 9-Loch-Anlage, Am Ring, Tel. 03332/626 15.

ST. JOHANN I.D. HAIDE

Östlich von Hartberg liegt *Schloß Klaffenau,* das um 1560 von Hans Goldschan erbaut wurde und aus zwei größeren Wohntrakten besteht, die durch eine Mauer miteinander verbunden sind. In einem Teil des Schlosses ist eine Verkaufsausstellung von bäuerlichem Kunst- und Kleinhandwerk untergebracht.

Schloß Klaffenau, Tel. 03331/616 60, Öffnungszeiten: Fr–So 10–18 Uhr.

Wenige Kilometer weiter, auf der Straße Richtung Oberwart, gelangt man nach *St. Johann.* Der Zusatz «in der Haide» kommt vom Wort «Hart», dem Wald. Die *Pfarrkirche* des Ortes wurde 1775 errichtet und ist, sieht man vom klassizistischen Hochaltar und der Rokokokanzel einmal ab, nicht weiter von Bedeutung. Wirklich bemerkenswert hingegen ist der in die Außenmauer der Kirche eingelassene *römische Grabstein* aus dem 3. Jahrhundert mit den Reliefbüsten eines Mannes und zweier Frauen.

In den Wäldern der Umgebung wurden zahlreiche *römische Hügelgräber* entdeckt. Ein besonders gut erhaltenes befindet sich, von den meisten unbeachtet, bei einem nahe gelegenen Autobahnparkplatz. Im Zuge des Straßenbaus wurde es 1983 wissenschaftlich untersucht und anschließend hierher versetzt. Das Grab besteht aus einem sehr sorgfältig gearbeiteten Eingang und einer Grabkammer mit Aschenwanne.

AUSKUNFT und überdimensionale Verhackertbrote bekommt man beim Kaufhaus Pußwald, dessen Besitzer eine nette Mostschank betreibt und Eigenbaubrände verkauft. Gemeindeamt St. Johann in der Haide, Tel. 03332/628 82. **ESSEN UND TRINKEN UND ÜBERNACHTEN** Waldhotel Konrad, St. Johann 57, Tel. 03332/625 07.

DIE WALLFAHRTSKIRCHE VON MARIA LEBING

Am Südrand der Stadt Hartberg, an der Straße nach Fürstenfeld, führt eine markierte Abzweigung nach Maria Lebing. Den Schlüssel zur großen Wallfahrtskirche erhält man im Haus Parkweg 16. 1309 wurde auf dem «Lebern», einem römischen Gräberfeld, eine Kapelle errichtet, die mit dem heutigen Hauptschiff weitgehend ident ist. 1472 kam das spätgotische Presbyterium hinzu. 1770 erfolgte die Umwandlung und Erweiterung des gotischen Innenraumes in ein spätbarockes Gotteshaus. In der josephinischen Zeit vom Abriß bedroht, war Maria Lebing bis ins 19. Jahrhundert ein beliebter Wallfahrtsort. Heute dient sie wegen ihrer Nähe zum Friedhof mehr den Leichenbegängnissen. Am 13. jedes Monats findet außerdem eine abendliche Wallfahrt mit Lichterprozession statt.

Der Hochaltar von Maria Lebing ist dem der Stiftskirche von Vorau nachempfunden. Nachdem die Gewölberippen abgeschlagen worden waren, boten die großen barocken Decken- und Wandflächen ausreichend Platz für ein Hauptwerk des Joseph Adam von Mölk, der 1772 seinen Marienzyklus schuf. Am Chorgewölbe sieht man Maria als Fürbitterin für Hartberg mit einer Ansicht der Stadt, über die gerade ein reiches Füllhorn ausgeschüttet wird. Am Langhausgewölbe sind die Vermählung und die Himmelfahrt Mariens dargestellt. Bemerkenswert ist eine sehr seltene Szene in der Südkapelle: Maria besänftigt den zürnenden Christus, der die Welt vernichten will! Das Herz erfreuen die zahreichen Votivbilder aus dem 19. Jahrhundert: «Durch ein Pfert den Kopp getreten, einen Knabe ein Jahr alt durch Verlobung zu der Großheiligen Mutter Gottes Maria Lebing wieder gesund worden.» Oder: «Durch Hielfe der seeligsten Jungfrau Maria wurde ich durch den unglüklichen Schuß gründlich geheilt. 1874 Valentin Götschl.» Das Dachgesims der Pestkapelle ist mit interessanten fratzenartigen Masken verziert.

An der Nordseite der Kirche steht im Schatten der alten Bäume eine spätgotische Friedhofsleuchte, die der Aufbewahrung des Armen-Seelen-Lichtes diente.

ÜBERNACHTEN Gasthof Pack, Maria Lebing, Tel. 03332/624 70.

DIE RÖMISCHE VILLA VON LÖFFELBACH

Löffelbach liegt rund drei Kilometer westlich von Hartberg. Vom Ortszentrum führt ein kurzer Fußweg an einigen schönen alten Höfen vorbei zum römerzeitlichen Gutshof, der Villa Rustica inmitten von Kukuruzfeldern. Schon 1770 wurde in der Nähe ein großer Grabhügel abgetragen. Auch beim Pflügen kamen immer wieder römerzeitliche Steine zum Vorschein, von denen viele im Lapidarium des Schlosses Eggenberg ausgestellt sind. Um 1900 fanden die ersten systematischen Grabungen statt, eine seriöse wissenschaftliche Untersuchung ließ allerdings noch bis 1961 auf sich warten. Dem damaligen Grabungsleiter Walter Modrijan gelang es zwar, den Grundriß des Gebäudes zu ergraben, die verschiedenen Bauphasen blieben ihm allerdings verborgen. Nachdem auch die Restaurierung nicht mehr den heutigen Standards entspricht und einer gründlichen Erneuerung bedarf, werden die Grundmauern der Villa derzeit wieder instand gesetzt.

Die Villa Rustica ist eher unspektakulär, ihr heutiger Umfang stammt vom Beginn des 4. Jahrhunderts. Die insgesamt 31

Zimmer gruppieren sich um einen großen quadratischen Hof mit überdachtem Umgang. Östlich des großen Repräsentationsraumes liegt ein kleiner Hof mit Triklinium (Speisezimmer), südlich davon befanden sich die Wohnräume. Die gesamte Südseite wird von einer langen Halle eingenommen, möglicherweise den Wirtschaftsgebäuden mit den Räumen der Dienerschaft. Im Nordwesten befindet sich ein großer Badetrakt mit zentralem Achteckraum.

Von Löffelbach gibt es einen netten Wanderweg zur Burg Neuberg und weiter bis nach St. Anna. Zahlreiche Wandermöglichkeiten bestehen auch rund um den etwas weiter nördlich gelegenen Ringkogel. Dieser erhielt seinen Namen von einem urgeschichtlichen Ringwall, den man heute noch sehen kann. Von der 30 Meter hohen Ringwarte, die 1906 errichtet wurde, hat man eine traumhafte Aussicht. Außer montags und bei Schlechtwetter ist sie täglich von 10 bis 18 Uhr geöffnet.

AUSKUNFT Gemeindeamt Hartberg Umgebung, 8230 Schildbach 39, Tel. 03332/628 49.

ST. ANNA UND NEUBERG

Die entzückende gotische *Kirche von St. Anna* liegt am Südhang des Masenbergs, auf dem alten Wallfahrtsweg nach Pöllauberg. Bei klarem Wetter hat man von hier aus einen wunderbaren Panoramablick bis zur Riegersburg und zum Gleichenberger Kogel. Den Schlüssel zur 1499 aus Bruchsteinmauerwerk errichteten Kirche erhält man bei der nahe gelegenen Buschenschank «Moser». Aus der Entstehungszeit stammt nicht nur der schöne spätgotische Flügelaltar im Langhaus, der eine echte Seltenheit darstellt, da praktisch alle gotischen Kircheneinrichtungen der Barockisierungswut des 17. und 18. Jahrhunderts zum Opfer gefallen sind. In guter gotischer Steinmetzarbeit ausgeführt sind auch der Wandtabernakel, eine Sessionsnische, die Spitzbogenportale und die Maßwerkfenster mit Butzenscheiben.

Die Orgelempore, das kleine Orgelpositiv und der Turm stammen aus dem 17. Jahrhundert, die Anna-Selbdritt-Gruppe am barocken Hochaltar von 1520, eine weitere am spätgotischen Schreinaltar im Langhaus mit einer Darstellung der Heiligen Drei Könige von 1480. Bemerkenswert sind auch das schöne Rautensterngewölbe mit den bemalten Schlußsteinen im Chor und die drei Steinköpfe am Eingang zum Chor.

Im Westen Hartbergs, oberhalb von Löffelbach, liegt *Burg Neuberg* aus dem 12. Jahrhundert, die leider nicht besichtigt werden kann. In einem freistehenden Wehrturm der Burg befindet sich allerdings die sehenswerte Kapelle der vierzehn Nothelfer, ein beinahe quadratischer Innenraum mit hölzerner Orgelempore samt Orgelpositiv und zwei großen Barockaltären. Von den vierzehn Nothelfern sind nur noch elf vorhanden, und auch das «Heilige Grab» wurde von der letzten Besitzerin ausgeräumt. «Sogar den Herrgott hat's verkauft», empören sich die Einheimischen noch heute. Den Schlüssel zur Kapelle verwahrt Frau Peschel, die ganz in der Nähe wohnt.

Idealer Aussichtspunkt: die gotische Kirche von St. Anna

PÖLLAU …

Die Umgebung von Pöllau ist das nördlichste Weinbaugebiet der Steiermark. Gleichzeitig blüht am Masenberg bereits der Enzian. Der Ort wurde 1163 erstmals genannt und entwickelte sich rasch zu einem wichtigen Vieh- und Getreidemarkt. Besonders malerisch ist der Hauptplatz der kleinen Marktgemeinde mit seinen Häusern aus dem 16. bis 19. Jahrhundert und der barocken Mariensäule (1681). An der Mauer des Rathauses steht ein arbeitslos gewordener Pranger von 1600. Eine steinerne Chroniktafel erzählt von längst vergangenen Katastrophen:

1585 Pestis Nam in der Pfarr Pöllan achtzechundert Weib und Mann.

1587 Ain Wolckhenbruch fiel in die Pfarr, Hat Hauß, Holtz, Gründ, vil ertrenckht gar.

1589 19. July. Groß Feir im Marckht Pöllan war, Hat viertzig Heüßer abprent gar.

1599 Dis Jar Pestis kham in die Pfarr, zwölfhundert es bracht in die Parr.

1599 Wie man zölt gleich Neintzig und Nein, Fünff Haüß im Marckt abrüne sein.

Im Zentrum des Marktes befindet sich auch das heutige Schloß und ehemalige Augustiner-Chorherrenstift, das auf eine Wasserburg aus dem 12. Jahrhundert zurückgeht. Nachdem Hans von Neuberg Pöllau als Sitz eines Chorherrenstifts bestimmt hatte, zog der Vorauer Chorherr Ulrich von Trauttmansdorff 1504 als erster Propst in die mittelalterliche Burg ein. Im späten 17. Jahrhundert wurde der barocke Neubau in Angriff genommen. Die Pläne stammten von Domenico Sciassia (1599–1679), dem Stiftsbaumeister von St. Lambrecht, der auch für den Umbau Mariazells verantwortlich zeichnete. Nach dessen Tod setzte Carlo Antonio Carlone (†1708) die Arbeiten fort. Besonders lange konnten sich die Chorherren an ihrer neuen Bleibe allerdings nicht erfreuen. Das Stift wurde 1785 von Kaiser Joseph II. aufgehoben. Seit 1938 gehört es der Gemeinde.

Wer nun allzu zielstrebig zur Besichtigung schreitet, könnte leicht etwas versäumen. An der Innenseite der Vorgebäude, einer ebenerdigen Anlage, die mit dem Hauptplatz durch zwei Tore verbunden ist, werden insgesamt 39 gemalte Säulen von seltsamen menschlichen Fratzen als Kapitelle bekrönt. Jede reflektiert einen anderen Gemütszustand: ausgelassene Freude, tiefe Trauer oder blöde Trunkenheit …

«Alles auf der Welt hat ein zweites Gesicht»

Die *Stifts- und Pfarrkirche St. Veit* wurde 1701–1712 nach dem Vorbild der Peterskirche in Rom von Joachim Carlone und Remigius Horner neu errichtet. Horners Markenzeichen waren das tonnengewölbte Langhaus und der Dreikonchenbau mit Kuppel. Die Vereinigung von Zentral- und Langhaus sowie die illusionistische Großmalerei sind ebenfalls Übernahmen römischer Bauideen. Von Pöllau leiten sich übrigens alle weiteren oststeirischen Kirchenbauten Horners ab.

Im Inneren begegnet uns prunkvollstes Barock und seltene Farbigkeit. Die Freskenausstattung stammt vom Pöllauer Stiftsmaler Matthias von Görz, der hier das erste über das gesamte Tonnengewölbe reichende Deckenfresko der Steiermark ohne Stuckdekoration schuf. Dargestellt werden die Verehrung des apokalyptischen Lammes, Heilige des Alten und des Neuen Testaments, der Engelssturz und in der Kuppel die neun Chöre der Engel.

Den klassizistischen Hochaltar, in dessen Nähe sich auch das Epitaph des Stifters Hans von Neuberg (†1483) befindet, schmückt ein Bild von Mölk aus dem Jahr 1779. Der hl. Veit wird in einen Kessel mit siedendem Wasser geworfen, etwas abseits beobachtet Kaiser Diokletian die Szene. Der Hochaltar ist im Vergleich zu den Altären in den Konchen eher bescheiden: rechts der Altar des Augustinus, ebenfalls mit einem Bild von Mölk (1778), links der Rosenkranzaltar, dessen Altarblatt von Johann Cyriak Hackhofer stammt und eine seiner schönsten Arbeiten darstellt.

Den Kreuzaltar neben der Kanzel ziert ein Gemälde von Martino Altomonte (1725), die Altarblätter in der Dreikönigs- und der Johanneskapelle stammen von Matthias von Görz, die des Johannes-Nepomuk-Altars und des Sippe-Christi-Altars malte Joseph Adam von Mölk noch kurz vor der Klosteraufhebung. In der Nepomuk-Kapelle befindet sich das Epitaph von Propst Maister (†1696), in der Kapelle Sippe Christi jenes von Propst Praithofer (†1641), beide stehend und bemalt. Die Kanzel (1775) gleicht einer riesigen Zuckerdose und zeigt die Allegorien von Glaube, Hoffnung, Liebe und Standhaftigkeit. Am Schalldach ist der Sturz des Saulus dargestellt. Die weitgehend original erhaltene Orgel ist das Hauptwerk des Grazer Orgelbauers J. G. Mitterreither (1739).

Im *ehemaligen Stift* («Schloß») gibt es nicht mehr allzuviel zu besichtigen. Die frühere Stiftsbibliothek, der heutige «große Festsaal», ist mit einem Deckenfresko der Allegorien geistlicher und weltlicher Wissenschaften von Antonio Maderni (1699) geschmückt. Die prachtvoll intarsierten Holzportale stammen von Remigius Horner (um 1720). Das ehemalige Refektorium, das für kleinere Konzertaufführungen genutzt wird, besitzt eine Stuckdecke, vorhandene Fresken wurden überputzt. Die Räume im ersten Stockwerk werden für wechselnde Ausstellungen genutzt.

In einem Ecksaal des Schlosses hat Matthias von Görz die Apotheose der Malerei als Deckenfresko dargestellt. Heute ist hier die Musikschule von Pöllau untergebracht, deren Eingang von einem römischen Löwen bewacht wird.

Sehenswert sind auch das *alte Feuerwehrhaus* und ein bemalter Bildstock aus dem 18. Jahrhundert mit einer Darstellung der

Klosteranlage hinter dem Stift. Pöllau beherbergt außerdem das *1. Österreichische Ferrari-Museum,* wo neben anderen Luxusschlitten auch der Maserati von Sir Peter Ustinov ausgestellt ist.

1. Österreichisches Ferrari-Museum, Hauptplatz 5, Öffnungszeiten: Sa, So und Fei 10–18 Uhr, wochentags gegen Voranmeldung, Tel. 03335/22 04.

Die Umgebung von Pöllau ist ein geradezu ideales Wandergebiet. Der Naturpark Pöllauer Tal umschließt mit einer Fläche von 120 Quadratkilometern die Gemeinden Pöllau, Pöllauberg, Sonnhofen, Saifenboden, Schönegg und Rabenwald. Ausführliche Informationen über Wanderwege, Freizeiteinrichtungen, Lehrpfade, Fitneß-Parcours, Wildgehege etc. sind beim Tourismusbüro erhältlich. Markierte Wallfahrerwege führen zur Kirche am Pöllauberg (4,5 km, 330 m Höhenunterschied), nach St. Anna (6 km) oder nach St. Stefan (8 km). Ein schöner Rundwanderweg führt zu den Winzenberger Teichen und über den Winzenberg nach Pöllau zurück. Etwas mehr Kondition verlangt der Waldlehrpfad Masenberg vom Waldhof Muhr zur Zisser Tavern, weiter am Kammweg zum Lüßwaldsattel, hinauf zur Kernstockhütte am Masenberg und wieder zurück (etwa 10 km, 3 Std.).

AUSKUNFT Gemeindeamt Pöllau, Tel. 03335/20 38. Tourismusbüro Naturpark Pöllauer Tal, Tel. 03335/42 10. **ESSEN UND TRINKEN UND ÜBERNACHTEN** Gasthof Stalzer, Görzgasse 142, die Nummer eins im Bezirk Hartberg, Tel. 03335/22 76. **EINKAUFEN** Ölmühle Fandler, Prätis 1, Tel. 03335/22 63, 13 verschiedene Öle, darunter Nuß-, Mohn-, Haselnuß-, Distel-, Hanf-, Mandel- und Sesamöl. Lebzelterei Ebner, Lamberggasse 31, Tel. 03335/23 50. Sa 8–12 Uhr Bauernmarkt. **RADFAHREN** Fahrradverleih Kleindienst, Märzgasse 120, Tel. 03335/22 40. **ANGELN** Winzendorfer Teiche, Veronika Oswald, Winzendorf 36, Tel. 03335/29 42.

Von der Straße nach Vorau und Wenigzell führt eine ausgeschilderte Abzweigung zum *Museum Sonnhofen,* das sich im Ort Prätis befindet. Neben einer Sammlung von alten landwirtschaftlichen Geräten stapeln sich hier, gleich einer gutsortierten Altwarenhandlung, unverkäufliche Erinnerungsstücke aller Art.

Der Besitzer erklärt und erzählt auch gerne. «I hob ollas g'sammelt.» Unter anderem 3000 Beicht- und Andenkenzettel, nach eigenen Angaben die größte Sammlung dieser Art in der Steiermark. Ferner allerhand religiösen Kitsch, Militaria (auffallend viel aus der NS-Zeit), Werkzeug, sinnvolle Gebrauchsgegenstände, wie etwa einen Bohrer für viereckige Löcher oder eine handbetriebene Haarschneidemaschine.

Volkskundliches Museum Sonnhofen, Prätis 117, Tel. 03335/35 67.

... UND DIE WALLFAHRTSKIRCHE VON PÖLLAUBERG

Von Pöllau führt die Straße in Serpentinen zum Wallfahrtsort Pöllauberg, von wo man einen herrlichen Panoramablick auf die Riegersburg, nach Straden, Gleichenberg, Kapfenstein, ja sogar bis nach Slowenien genießen kann. Empfangen wird der Besucher zunächst jedoch von einem mannsgroßen Hasen an der Ortseinfahrt und einer Eule am Hauptplatz, beide aus roten und weißen Blumen. Schließlich weiß man, was man den Fremden als «Blumendorf» schuldig ist.

Möglicherweise befand sich schon in keltisch-römischer Zeit ein Heiligtum am Pöllauberg, der im Mittelalter Sabbatberg oder Samstagsberg, später auch «Unser Frauenberg bei Pöllau» genannt wurde. An der Stelle der heutigen Annakapelle gab es im 12. Jahrhundert eine kleine romanische Wallfahrtsstätte mit einer in Stein gefaßten wundertätigen Quelle.

Die eigenwillige hochgotische Wallfahrtskirche zur hl. Maria wurde von 1339 bis 1374, also etwa zeitgleich mit dem Stephansdom in Wien, der Wallfahrtskirche von Mariazell und der Kirche von Maria Neustift bei Pettau, dem heutigen Ptujska gora, auf Initiative der Gräfin Katharina von Stubenberg errichtet. Ungewöhnlich ist zunächst die Raumteilung in eine dreischiffige Vorhalle, ein durch eine Pfeilerreihe geteiltes zweischiffiges Langhaus und einen dreischiffigen Priesterraum. Die Symbolsprache ist deutlich: sieben Säulen für die sieben Sakramente, wobei die drei Säulen in der Mitte für Glaube, Liebe und Hoffnung stehen und die vier baldachinartig angeordneten Säulen für die Kardinaltugenden Klugheit, Gerechtigkeit, Maßhalten und Tapferkeit. Hervorzuheben sind auch die schönen Steinmetzarbeiten an den Schlußsteinen und Figurenkonsolen.

Nachdem ein Brand im Jahr 1674 die Inneneinrichtung der Kirche zerstört hatte, wurde diese im barocken Stil neu geschaffen. Ein Prunkstück ist der wuchtige Hochaltar, der von Remigius Horner entworfen und von Marx und seinem Sohn Josef Schokotnigg vollendet wurde – und eigentlich fast nicht zu beschreiben ist: Maria mit dem Jesusknaben, von Engeln getragen und umgeben, flankiert von den vier überlebensgroßen Heiligen Anna, Josef, Johann und Joachim. Darüber schwebt der Heilige Geist und noch eine Etage höher der Herr höchstselbst. Das Gnadenbild am Hochaltar ist gotisch (um 1470). Lohnend ist ein Blick hinter den Altar, wo zahlreiche Votivtafeln hängen. Gegenüber, im gotischen Maßwerk, prangen sieben fratzenhafte Gesichter, vielleicht eine Darstellung der sieben Todsünden.

Von J. Schokotnigg und R. Horner, der auch für die Beichtstühle verantwortlich zeichnete, stammt die Kanzel. Die stuckierte Orgelbrüstung von 1691 mit sechs rundplastischen Figuren von Josef Serenio zeigt die vier Evangelisten und zwei Propheten. Die Orgel selbst mit ihrem reich geschnitzten Kasten und gedrehten Prospektpfeifen ist ein Prunkstück vom Ende des 17. Jahrhunderts.

Kirchenführungen: Pfarramt, Tel. 03335/23 81.

Die nahe gelegene Annakapelle besitzt einen sehenswerten Renaissancealtar. An der Außenmauer steht der besonders schöne Grabstein der Virginea Styrckhen.

AUSKUNFT Gemeindeamt Pöllauberg, 8225 Oberneuberg 180, Tel. 03335/24 08. **ESSEN UND TRINKEN UND ÜBERNACHTEN** Berggasthof König, Pöllauberg 5, Tel. 03335/23 11. Hotel Restaurant Retter, Pöllauberg 88, Tel. 03335/26 90. Gasthof Goger (Jagawirt), Pöllauberg 150, Tel. 03335/23 88.

Vorhergehende Seite: eine Wanderung durch die wildromantische Raabklamm

Die Kirchen von Pöllau und Pöllauberg (li. oben)
Die 1911 eröffnete Feistritztalbahn ist heute eine Touristenattraktion (li. unten)
Buschenschank bei Gleisdorf (re. oben)
Brunnen in Schloß Birkenstein in Birkfeld (re. unten)

Bauernhof bei Weiz (li. oben)
Die Apfelstraße bei Puch (li. unten)
Alljährliche Heißluftballonwochen
am Stubenbergsee (re. oben)
St. Johann bei Herberstein (re. unten)

Bezirk Weiz: Kutschenfahrten als bäuerliches Zubrot (li. oben)
Puma im Tier- und Naturpark Herberstein (li. unten)
Freilichtmuseum Vorau (re. oben)
Sonnenblumenfeld im Bezirk Weiz (re. unten)

Folgende Seite: Speichergiebel mit typisch oststeirischem Ziegeldekor

STIFT VORAU

Zwischen dem Wechselmassiv im Norden und dem Masenberg im Süden befindet sich das einzige noch bestehende Augustiner-Chorherrenstift der Steiermark: Vorau. Der Orden der Augustiner-Chorherren beruft sich auf den hl. Augustinus (354–430), der mit seinen Anhängern ein mönchsähnliches Leben führte. Nach der Lateransynode von 1059 trennten sich die weltpriesterlichen von den regulierten Chorherren, die die Regel des hl. Augustinus zur Grundlage ihrer Lebensweise erhoben. Im Gefolge der Französischen Revolution und des Josephinismus gingen die meisten Chorherrenstifte zugrunde. Die österreichische Chorherrenkongregation umfaßt die Stifte St. Florian, Herzogenburg, Klosterneuburg, Reichersberg und eben Vorau.

Die Geschichte Voraus beginnt im 12. Jahrhundert. 1163 übergab der steirische Markgraf Otakar III. dem Salzburger Erzbischof Besitzungen um Vorau zur Errichtung eines Klosters. Im 15. Jahrhundert wurde das Stift infolge der Türkengefahr zu einer wahren Klosterburg ausgebaut. Die Reformationszeit führte zu einem dramatischen Niedergang. Im Jahr 1542 fiel der Personalstand in Vorau auf 1! Im 17. Jahrhundert erlebte das Kloster einen neuerlichen Aufschwung: 1660 wurde die Stiftskirche errichtet, wenig später der Prälaturtrakt. Der drohenden Aufhebung durch Joseph II. entging das Stift durch die Errichtung einer Hauptschule mit Lehrerbildungsanstalt und durch das persönliche Wirken von Aquilinius Julius Caesar, dem «Vater der steirischen Geschichtsschreibung». 1940 wurde das Stift beschlagnahmt und enteignet – die «Burg Vorau» fungierte fortan als Parteischule (NAPOLA). Im letzten Kriegsjahr schwer beschädigt, wurde Vorau erst in den siebziger Jahren saniert.

Vor dem Stiftseingang wacht eine von sechs lebensgroßen Heiligen umgebene *Mariensäule* von 1720. Im Vorgebäude, das im 17. Jahrhundert als Festungswerk errichtet wurde, sind heute eine Stiftstaverne, Wohnungen und eine landwirtschaftliche

Hauswirtschaftsschule für Mädchen untergebracht. Die 20 verbliebenen Chorherren leben im 1625–1635 errichteten *Klausurgebäude* auf der rechten Seite der Kirche, welches verständlicherweise nicht besichtigt werden kann. Im *Prälaturgebäude* auf der linken Seite, das als Entsprechung zur Klausur im späten 17. Jahrhundert gebaut wurde, ist seit 1977 ein Bildungshaus untergebracht.

Die dem hl. Thomas geweihte *Stiftskirche* geht auf die Mitte des 11. Jahrhunderts zurück. Nachdem die romanische Basilika 1237 einem Großbrand zum Opfer gefallen war, wurde Ende des 13. Jahrhunderts ein gotischer Neubau errichtet. Ein weiterer, vollständiger Neubau fand 1660–1662 unter Beibehaltung der beiden Türme statt. Die weiträumige einschiffige Wandpfeilerkirche mit je vier Seitenkapellen gehört zu den bedeutendsten Barockkirchen des Landes. Erstmals in der Geschichte des steirischen Barock verzichtete man bei der künstlerischen Ausgestaltung der Decken und Wände auf jeden Felderstuck. Das Freskenprogramm der Kirche stammt von Karl Ritsch und Josef Grafenstein und stellt die Verheißung des Gottesreiches durch die Patriarchen und Propheten, das Kommen des Gottesreiches durch Christus und seine Vollendung durch die Kirchenheiligen dar. Während die Figuren aus dem Alten Testament in den Bogenfeldern über den Seitenkapellen ganz bewußt blaß und farblos dargestellt sind, beeindrucken die neutestamentarischen Szenen durch ihre Farbenfülle.

Das Prunkstück der Einrichtung ist der *Hochaltar* von 1704, der nach einem Entwurf des kaiserlichen Kammerkünstlers Matthias Steinl (1644–1727) geschaffen wurde und die Himmelfahrt Mariens thematisiert. Staunend stehen die Apostel vor dem leeren Sarkophag, darüber schwebt das Ovalbild der himmelfahrenden Maria und über allem die Dreifaltigkeit mit einer hundertköpfigen Engelsschar. Flankiert wird der Altar von zwei Päpsten, zwei Kardinälen und zwei Bischöfen, wobei die Tiaren und Kardinalshüte von Engeln getragen werden. Ebenfalls von Steinl stammt der Entwurf zur prächtigen *Kanzel* (1706). Das

Christusbild von J. C. Hackhofer wird von den Personifikationen des Alten (Gesetzestafeln) und des Neuen Testaments (Evangelienbuch) flankiert. Das Alte Testament verweist auf das Neue, dieses wiederum zeigt auf den Altar. Die Seitenaltäre gehören verschiedenen Epochen an, die schönen Kirchenbänke aus Nußholz mit Zinneinlagen stammen von 1724.

Den künstlerischen Höhepunkt der Stiftsbesichtigung bildet die *Sakristei,* deren malerische Ausgestaltung von Johann Cyriak Hackhofer stammt und als dessen Meisterwerk gilt. An den Wänden sind Szenen aus der Leidensgeschichte Christi dargestellt, an der Decke das Jüngste Gericht. Christus thront auf einem Regenbogen, rund um ihn die Schar der Heiligen. Je weiter das Auge sich von diesem strahlenden Mittelpunkt entfernt, desto mehr verliert das Gemälde an Helligkeit; aus finsteren Gewitterwolken zucken grelle Blitze, und an der Stirnseite der Sakristei findet das Jüngste Gericht im Höllensturz seinen dramatischen Abschluß. Zwischen teuflischen Gestalten und höllischen Ungeheuern tummeln sich die personifizierten Hauptsünden der Menschheit: Habgier und Geiz, Unzucht und Ehebruch, Mord und Totschlag, Trunksucht, Häresie, Spielsucht (Karten und Würfel), Eitelkeit (mit Pfauenfedern und Perlen im Haar), Tratschsucht (Maulspange) und Heuchelei (abgefallene Masken).

Stift Vorau: Detail des «Höllensturzes»

Über den Prälaturhof gelangt man zur Bibliothek. «Claustrum sine armario quasi castrum sine armentario»: Ein Kloster ohne Bücherei ist wie eine Festung ohne Rüstkammer. Das Portal zur Bibliothek ist von zwei Frauenfiguren flankiert, die darüber liegende Inschrift enthält zugleich ein Zahlenchronogramm: «IngreDere absqVe MorIs pLaCItIs LaetaberIs horIs Vt sapIens fIas, saepIVs Ito VIas». – Komm ohne Zögern herein und freu dich der friedlichen Stunden: Weisheit wird dir zuteil, komm also fleißig hierher. Addiert sollten die römischen Ziffern das Baujahr 1731 ergeben.

Die *Bibliothek* von Vorau zählt sicherlich zu den schönsten in Österreich. Hier lagern etwa 17.500 Bücher, noch einmal so viele sollen in den übrigen Räumen des Klosters untergebracht sein. Über den Inhalt dieser Bücher geben die drei Deckengemälde der Bibliothek Auskunft. Sie symbolisieren die Wissenszweige Philosophie («Die Königin von Saba besucht Salomo»), Jurisprudenz («Das salomonische Urteil») und Theologie. Achtzehn reichverzierte Bücherschränke aus dem 18. Jahrhundert, ein Himmels- und ein Erdglobus von 1688 – noch ohne Australien – und zwei parabolische Schallmuscheln, welche selbst leises Flüstern bis ans andere Ende des 24 Meter langen Saales tragen, gehören zu den weiteren Kostbarkeiten.

Das Stift besitzt auch 415 wertvolle Handschriften aus dem Zeitraum vom 11. bis zum 18. Jahrhundert, darunter das Vorauer Evangeliar aus dem 12. Jahrhundert mit prächtigen ganzseitigen Evangelistendarstellungen und die berühmte Volksbibel, 1467 im bayrischen Dialekt verfaßt, mit über 500 Miniaturen, deren Kopien käuflich erworben werden können. Die Benützung der Bibliothek zu Forschungszwecken ist möglich.

Chorherrenstift Vorau, Tel. 03337/23 51. Die Führung durch das Stift dauert etwa eine Stunde. Führungen: tgl. 8–12 und 13–17 Uhr, So und Fei ab 10.30 Uhr. Ohne Führung besichtigt werden können nur die Kirche und die Höfe.

In der Nähe des Stifts, inmitten des mit schmiedeeisernen Kreuzen bestückten Friedhofs, steht die *Johanneskirche «unter den Linden»*, die bereits Ende des 12. Jahrhunderts errichtet wurde.

Chorschluß, Gewölbe und Turm stammen von 1616. Zu beachten ist das Epitaph von Propst Kerschbaumer.

Gleich nebenan befindet sich das liebevoll gestaltete *Freilichtmuseum Vorau.* Die Auswahl der Ausstellungsstücke ist informativ, ihre Präsentation recht stimmungsvoll. Besonders nett ist die Schulklasse von 1930. An weiteren Schaustücken sind ein Rauchstubenhaus von 1706 mit kompletter Einrichtung, die sogenannte Tomez-Mühle, Erntegeräte, ein Preßhaus, eine Ölstampf, eine Hausschmiede, Wetterböller, eine Krautgrube, ein Feldkasten, ein Dörrofen, Brunnen und eine umfassende Sammlung bäuerlicher Gerätschaften zu erwähnen.

Freilichtmuseum Vorau, Tel. 03337/23 42, Öffnungszeiten: Ostern bis Ende Oktober, tgl. 10–17 Uhr. Führungen bei Voranmeldung.

Vorau selbst ist ein durchaus sehenswerter kleiner Ort. In dominierender Position über dem Marktplatz steht das *Rathaus* aus dem 16. Jahrhundert, davor eine Mariensäule. Die *Marktkirche* zum hl. Ägidius wurde bereits 1202 geweiht und Mitte des 14. Jahrhunderts um einen gotischen Chor erweitert. Aus der Bauzeit des Chors sind Freskenfragmente und dekorative Gewölbemalereien erhalten. Weitere Baumaßnahmen führten im 17. und 18. Jahrhundert zu der etwas seltsam anmutenden Konstruktion eines zweiten Chorraums und eines nahezu quadratischen Kirchenschiffes mit flacher Decke. Bemerkenswert sind ferner der Hochaltar zwischen den Chorbögen und die prächtige Kanzel im Knorpelwerkstil (um 1665). An der Südseite der Kirche fand der aus Wilten in Tirol stammende Vorauer Stiftsmaler Johann Cyriak Hackhofer (1675–1731), einer der bedeutendsten Vertreter der barocken Monumentalmalerei in Österreich, seine letzte Ruhestätte.

AUSKUNFT Marktgemeinde Vorau, Tel. 03337/22 28. Tourismusverein Erholungsgebiet Vorau, Tel. 03337/35 04. **ÜBERNACHTEN** Gasthof Zum Goldenen Kreuz, Vorau 26, Tel. 03337/23 68. Gasthof Kutscherwirt, Vorau 6, Tel. 03337/22 11. **KULTUR** Musikwochen, Juli/August. Literarische Sommerwoche, Ende August. Auskunft: Bildungshaus Vorau, Tel. 03337/28 15 42.

IM JOGLLAND

Vorau bildet das Zentrum des sogenannten «Jogllandes», das sich vom Wechsel bis nach Eichberg und Wenigzell erstreckt. Der Name rührt angeblich daher, daß im 18. Jahrhundert nahezu alle Männer der Gegend nach dem hl. Jakob getauft und umgangssprachlich «Jogl» genannt wurden. Ein Umstand, der Kaiserin Maria Theresia anläßlich einer Fahrt durch die Region in höchstes Erstaunen versetzt und zu dem Ausspruch «Das ist ja das reinste Joglland» verleitet haben soll. Das Land rundum ist wellig, zum Teil dicht bewaldet und auf lange Strecken durch das Fehlen geschlossener Ortschaften gekennzeichnet. Weit verstreut liegen die Gehöfte, die teils recht kuriose Namen tragen, wie Hansl am Weg, Seppl in der Gruben oder Fuchs in Gstanach.

Wir verlassen Vorau und folgen dem Voraubach in Richtung Rohrbach an der Lafnitz. Auf einem Höhenrücken oberhalb von Rohrbach liegt *Schloß Aichberg*. Die einstige Burg soll gegen Ende des 12. Jahrhunderts als Bestandteil des steirischen «Ostwalls» und auf den Resten älterer Bauteile von den Eichbergern errichtet worden sein. Vom 15. Jahrhundert an befand sich Schloß Aichberg im Besitz der Familie Steinpeiß, die es Mitte des 17. Jahrhunderts zu einem repräsentativen Schloß ausbauen ließ. Die Schwarzfärbelung der Fassade stammt ebenso aus dieser Zeit wie die Mariensäule an der Schloßauffahrt. Seit nunmehr zehn Jahren gehört das Schloß dem Wiener Kunsthändler Cajetan Gril, der in den renovierten Räumlichkeiten recht eigenwillige Ausstellungen zu kulturgeschichtlichen Themen aus, wie er selbst meint, «frischem Blickwinkel» gestaltet.
Schloß Aichberg, 8234 Rohrbach, Tel. 03338/34 25, Öffnungszeiten: April bis Oktober, tgl. 10–18 Uhr.

In der Ortschaft *Lafnitz* nehmen wir die Abzweigung zur kleinen *Filialkirche von St. Ilgen,* die dem hl. Ägidius geweiht ist. Der barocke Bau von 1714 steht mitten auf der grünen Wiese und geht auf einen mittelalterlichen Vorgängerbau zurück. Für die Ausschmückung zeichnete J. C. Hackhofer verantwortlich. Besonders schön ist die auf einer Säule thronende Maria mit Kind vom Ende des 17. Jahrhunderts.

Verwaltungsmäßig gehört St. Ilgen bereits zu *Grafendorf,* unserem nächsten Ziel. Gegründet wurde es um 1130 vom Grafen Ekbert II. von Formbach-Pitten. Das Aussehen der *Pfarrkirche zum hl. Michael* wird im wesentlichen vom barocken Umbau im ersten Viertel des 18. Jahrhunderts bestimmt. Die Sonnenuhr an der Fassade zeigt eine alte Ansicht des Ortes. Im Inneren der Kirche befinden sich mehrere barocke Grabsteine von Mitgliedern der Familie Trauttmansdorff und der Grafen Wurmbrand.

Der barocke *Pfarrhof* wird von einer Statue des hl. Florian und zwei Engeln mit Löschzubehör behütet. Auf keinen Fall sollte man sich die Fresken von Hackhofer (1724) in der benachbarten Kreuzkapelle entgehen lassen, die den Sensenmann bei der Arbeit zeigen – wie er gerade einen Geizkragen holt: «Aber auch gelt und gueth / Bey mir nichts helfen Thueth» oder ein Kindlein wiegt: «Auch die Wiegn / Ist schon zum Todt eine Stiegen».

AUSKUNFT Gemeindeamt, 8232 Grafendorf 47, Tel. 03338/22 62.

Etwas nördlich von Grafendorf liegt das *Schloß von Kirchberg am Walde,* der frühere Ansitz des Grafen Ekbert von Formbach-Pitten, später im Besitz der Trauttmansdorffer und der Auersperg. 1923 wurde das Schloß vom Land Steiermark erworben und beherbergt seither eine vierjährige land- und forstwirtschaftliche Fachschule. Da, wo ihre Vorfahren noch roboten mußten, können die jungen Bauern nun Wissen erwerben. Zu sehen gibt es den erhaltenen Wassergraben, den entzückenden, jetzt überdachten Arkadenhof, der heute als Speisesaal dient, und die Kapelle.

Land- und Fortswirtschaftliche Fachschule Kirchberg a.W., Tel. 03338/ 22 89.

Ebenfalls bei Grafendorf verbirgt sich *Schloß Reitenau,* das im 14. Jahrhundert erbaut wurde und nicht zu besichtigen ist. Vorbei am Schloß gelangt man zur hoch gelegenen *Filialkirche von St. Pankrazen* (um 1800) mit herrlicher Fernsicht.

ÜBERNACHTEN Waldhof Mara, Seibersdorf 84, Tel. 03338/25 65.

ST. STEPHAN – KAINDORF – MARIA FIEBERBRÜNDL

Einige Kilometer südwestlich von Hartberg liegt die wunderschöne *Kirche von St. Stephan,* die noch im 18. Jahrhundert ein vielbesuchter Wallfahrtsort war – heute verirrt sich nur noch selten jemand hierher. Besonders bemerkenswert ist der unveränderte gotische Bauzustand der Kirche: Das Bruchsteinmauerwerk ist unverputzt, und das Kirchenpflaster besteht aus einzeln zusammengepaßten großen Steinplatten.

Kirche von St. Stephan mit Gerüstlöchern

Der Kirchenchor mit den schönen Kreuzrippen stammt aus der ersten Hälfte des 15. Jahrhunderts, das etwas breitere Langhaus ist mit 1501 datiert. Am Nordportal sind noch mehrere alte Steinmetzzeichen zu erkennen. Bei der Renovierung der Kirche im Jahr 1958 kamen sowohl im Chorbereich als auch hinter den Seitenaltären unter dem Verputz gotische Fresken aus der Zeit um 1530 zum Vorschein. Besonders gut erhalten ist das Weltgericht im Chor. Es zeigt Christus, im Mittelteil Maria und Johannes den Täufer, darunter die 12 Apostel und im untersten Teil eine Prozession des Kirchenvolks.

Die Kirche von St. Stephan ist nicht nur wegen ihrer gotischen Architektur, sondern auch wegen der ungewöhnlich einfühlsamen und sanften Barockisierung des Inneren bemerkenswert. Besonders sticht dabei der Hochaltar hervor, ein Werk aus der Mitte des 17. Jahrhunderts, das sich in Aufbau und Proportion wunderbar in den gotischen Altarraum einordnet und dessen Heiligenfiguren und architektonischer Schmuck eine ganz besondere, sympathische Naivität ausstrahlen. Im Hauptaltarbild wird übrigens die Steinigung des Kirchenpatrons dargestellt.

Falls die Kirche versperrt ist, erhält man bei der Familie Buchberger vis-à-vis den Schlüssel. Außerdem kann man hier auch nähere Informationen über die nahe gelegene *Frauenhöhle* bekommen, deren begehbare Kammern und Gänge im Mittelalter wahrscheinlich als Zufluchtsstätte dienten.

AUSKUNFT Gemeindeamt, 8225 Schönau 54, Tel. 03335/22 09. **ÜBERNACHTEN UND FREIZEIT** Ballon Hotel Thaller, 8224 Hofkirchen 51, Tel. 03334/22 62, Ballonfahren, Schwimmbad, diverse Freizeitaktivitäten und Kinderbetreuung. Ferienwohnung Pöltl, Schönau 45, Tel. 03335/20 45.

Etwas südlich, im Safenbachtal, liegt *Kaindorf*, dessen *Pfarrkirche* dem hl. Jakobus geweiht ist und in ihrer heutigen Form aus dem 18. Jahrhundert stammt. Errichtet wurde sie von Remigius Horner, der wahrscheinlich auch die Kanzel mit den musizierenden Engeln und Christus als Weltenrichter entworfen hat. Sonst wirkt die Kirche eher kalt und abweisend. Etwas verloren scheint die schöne barocke Orgel (1759) auf der überdimensionierten Empore. Bemerkenswert ist das Epitaph des Friedrich Ritter von Teuffenbach (†1621) mit Frau und Kindern an der Außenwand.

AUSKUNFT Gemeindeamt, 8224 Kaindorf, Tel. 03334/22 08. Fremdenverkehrsbüro, Tel. 03334/24 04. **ÜBERNACHTEN** Hotel Steirer Rast, Tel. 03334/22 84. **EINKAUFEN** Bauernmarkt bei der Baumschule Loidl, Sa 9–12 Uhr. Bauernmarkt im Teichhof, Juni bis September, Do 17–19 Uhr. **GESUNDHEIT** Stutenmilchhof Loidl, Kaindorf 48, Tel. 03334/26 97, täglich ab 9 Uhr geöffnet, Führungen nach Voranmeldung. **REITEN** Reitstall Rath, Kaindorf 278, Tel. 03334/29 36. **ANGELN** Fischteich Saifenbach, Gasthaus Gartlgruber, Tel. 03334/22 84.

Während man zu den meisten Wallfahrtskirchen emporsteigen muß, verbirgt sich *Maria Fieberbründl* in einer von Wald umschlossenen Mulde. Auf das Heiligtum, das sich so erfolgreich den Blicken der Eiligen entzieht, weist nur ein moderner Bildstock an der Bundesstraße nach Gleisdorf hin. Der relativ junge Wallfahrtsort ist nichtsdestotrotz einer der beliebtesten. Angeblich soll sich hier in früherer Zeit eine Einsiedlerklause befunden haben, deren einsamer Bewohner bei der Bevölkerung im Rufe stand, «gut trösten zu können». Nach dem Tod des frommen Mannes pilgerten die Menschen auch weiterhin hierher und tranken vom Wasser einer nahen Quelle. Es war nur eine Frage der Zeit, bis die erste einfache Holzkapelle errichtet wurde.

Im Jahr 1879 entstanden an ihrer Stelle gleich zwei neue Kapellen. Der Andrang zum Fieberbründl war enorm. In einem Bericht aus dem Jahr 1883 heißt es, daß etwa 60.000 Wallfahrer jährlich hierher strömten. Eine Erweiterung war bald unvermeidlich. 1894 wurde die neue Bethalle fertiggestellt, jedoch erst in den fünfziger Jahres unseres Jahrhunderts mit der Kapelle zu einem ungewöhnlich langen Gotteshaus verbunden.

Die Geschichte des Wallfahrtsortes berichtet von vielen wundersamen Gebetserhörungen – wovon auch zahlreiche zum Teil sehr sehenswerte Votivgeschenke zeugen.

AUSKUNFT Tourismusverein Maria Fieberbründl, Tel. 03334/23 48. **ÜBERNACHTEN** Gasthof Rosmann, Tel. 03334/29 00. Gasthof Durlacher, Tel. 03334/23 43.

Die nahe Marktgemeinde *Pischelsdorf* war einst ein wichtiges Handels- und Gewerbezentrum der Herrschaft Herberstein und gehört bereits zum Bezirk Weiz. Die heutige Dekanatspfarrkirche St. Peter und Paul wurde in den Jahren 1898–1902 im Stil der Neorenaissance neu errichtet, wobei man vom Vorgängerbau nur das Turmuntergeschoß übernahm. Der spätbarocke Figurenschmuck des Hauptaltars wird Veit Königer zugeschrieben. Das monumentale Gotteshaus steht in einem deutlichen Mißverhältnis zum übrigen Ort mit dem leicht abfallenden Hauptplatz, der goldenen Mariensäule und den schmucken Häusern aus dem 17. bis 19. Jahrhundert.

Im Heimatmuseum Pischelsdorf, das im sogenannten Färberturm untergebracht ist, sind neben prähistorischen Funden aus der Kulm-Gegend auch Fruchtbarkeitsmasken, eine Rauchstube, diverse bäuerliche Gerätschaften, Relikte aus der Zeit der Türkenkriege und Uniformen ausgestellt.

Heimatmuseum Pischelsdorf, Besichtigung: So 9–11 Uhr bzw. nach Voranmeldung bei Hr. Lantos, Tel. 03113/23 52.

Ein Kuriosum ist die im Friedhof gelegene Filialkirche zum hl. Johannes Nepomuk. Die 1744 aufgrund einer bedeutenden Erbschaft begonnene und wegen späteren Geldmangels unvollendet gebliebene Kirche ist in Wahrheit nur ein riesiger Seitenschiffarm. Baumeister war Johann Georg Stengg. Der überdimensionierte Barockaltar enthält ein Gemälde mit der Verklärung des hl. Johannes Nepomuk (1749).

AUSKUNFT Gemeindeamt, 8212 Pischelsdorf, Tel. 03113/212. **ÜBERNACHTEN** Gasthof Zur neuen Post, Tel. 03113/22 16. Baby-Gasthof Schöne Aussicht, Gersdorfberg 19, Tel. 03113/24 60, speziell für Babys und Kleinkinder eingerichtet.

In *Blaindorf*, östlich von Pischelsdorf, steht die spätgotische Kirche der hll. Rochus und Sebastian, deren Innenraum in der Barockzeit stark verändert wurde. Die drei Portale sind gotisch, eines ist mit 1508 bezeichnet. Bemerkenswert ist ein Votivbild aus der Kuruzzenzeit (1704).

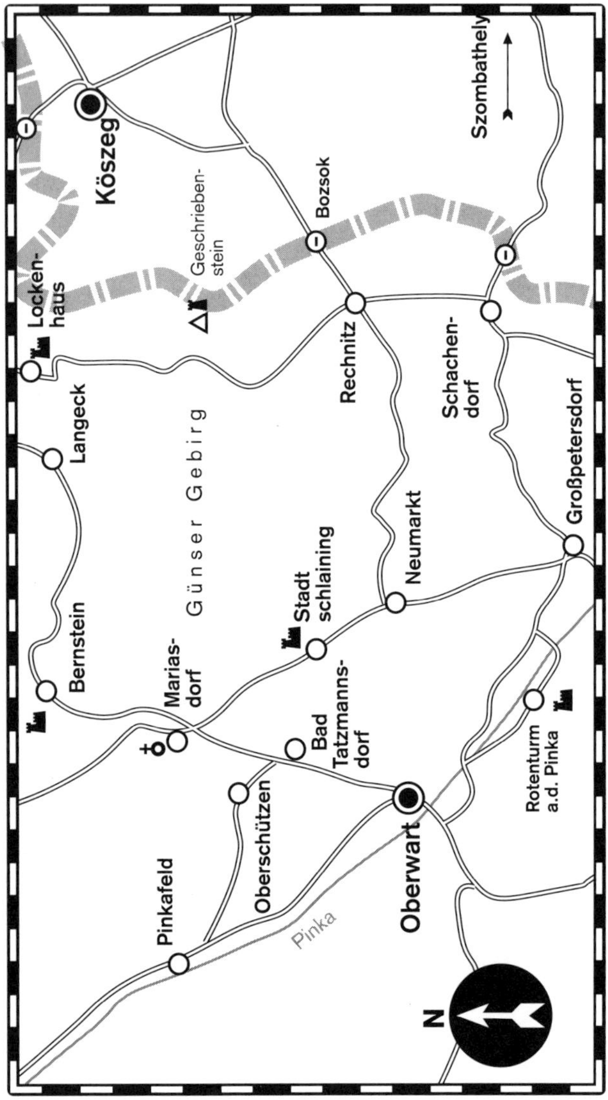

Köszeg
Szombathely
Bozsok
Geschrieben-
stein
Locken-
haus
Langeck
Rechnitz
Schachen-
dorf
Günser Gebirg
Großpetersdorf
Neumarkt
Stadt
schlaining
Bernstein
Marias-
dorf
Bad
Tatzmanns-
dorf
Rotenturm
a.d. Pinka
Oberschützen
Oberwart
Pinkafeld
Pinka
N

Erster Ausflug nach Pannonien

OBERWART

Was soll man nach dem Februar 1995 über Oberwart noch sagen? Die auf den ersten Blick reizlose Messestadt mit dem überdimensioniert wirkenden modernen Schwerpunktkrankenhaus hat ihre Unschuld verloren, und ob man will oder nicht: Die erbärmliche Roma-Siedlung am Stadtrand zieht die Blicke des Besuchers wie magisch an. Voyeuristisches Sightseeing ist hier allerdings nicht angebracht. Nur die einfache Gedenkstätte in der Nähe der Straßenunterführung lädt zum stillen Gedenken an das schlimmste «weltanschaulich» motivierte Verbrechen der Zweiten Republik ein, bei dem im Winter 1995 vier Roma durch eine Sprengfalle getötet wurden.

Das Burgenland ist Österreichs jüngstes Bundesland und gehörte bis 1921 zu Ungarn, ohne jemals eine eigene admini-

Zwei Kirchen in Oberwart

strative Einheit gewesen zu sein. Die Bezirke des heutigen Burgenlandes bildeten vielmehr den jeweils westlichen Teil von vier verschiedenen Komitaten. Eisenbahn und Straßen verbanden nur die Städte St. Gotthard, Körmend, Steinamanger, Güns, Ödenburg und Preßburg, die bei der Teilung allesamt nicht an Österreich fielen. Innerhalb des Burgenlandes war eine durchgehende Nord-Süd-Verbindung lange Zeit nicht vorhanden, weshalb für viele Südburgenländer die Steiermark und Graz näher lagen als Eisenstadt.

Knapp 7000 Einwohner leben heute in der «Metropole des Südburgenlandes», «deutsch-, ungarisch- und kroatischsprechende Bürger», wie man in der offiziellen Ortsbroschüre stolz betont. Die Sehenswürdigkeiten der zweitgrößten Stadt des Burgenlandes sind rasch aufgezählt: Da gibt es die kleine katholische Pfarrkirche im Schatten der parkhausartigen Osterkirche, deren lichtdurchfluteter Innenraum als ein gelungener Versuch angesehen werden kann, «Kommunion» als Gemeinschaft zu interpretieren. Am Hang oberhalb der beiden Kirchen befindet sich der katholische Friedhof und daneben, etwas versteckt, eine interessante dreiteilige Anlage mit einem kleinen Gemeindefriedhof, den Resten des jüdischen Friedhofs und dem Gräberfeld der evangelischen Gemeinde A.B. Neben den Lutheranern gibt es in Oberwart auch eine bedeutende Gemeinde von – zumeist ungarischsprachigen – Reformierten (H.B.), die hier bereits 1772 ihr eigenes Gotteshaus erbauen durften und die auch ihren eigenen Friedhof in der Nähe des neuen Krankenhauses besitzen.

Das alte Krankenhausgelände im Ortszentrum wurde einer interessanten Nutzung zugeführt. In trauter «aussätziger» Gemeinschaft finden sich Roma, die hier immer noch Zigeuner genannt werden, Drogenberatung, Psychosozialer Dienst und Frauenberatung …

Wer sich in den älteren Wohnvierteln Oberwarts umsieht, wird noch eine Reihe schöner burgenländischer Arkadenhäuser entdecken können.

AUSKUNFT Rathaus, Hauptplatz 9, 7400 Oberwart, Tel. 03352/80 55. **EINKAUFEN** Mi Wochenmarkt am Hauptplatz. **MESSEN** Ende August findet hier die größte Publikumsmesse des Burgenlandes (INFORM) statt. **VEREINE** Burgenländisch-Ungarischer Kulturverein, Schulgasse 3/1, 7400 Oberwart. ROMA – Verein zur Förderung von Zigeunern, Semmelweisgasse 8, 7400 Oberwart.

Zwischen Oberwart und Großpetersdorf liegt die kleine Gemeinde *Rotenturm an der Pinka,* deren *Schloß* eines der bedeutendsten Beispiele des Historismus in Österreich darstellt. Das seltsame Gebäude, das ein bißchen wie der kleine, verspielte Bruder der Wiener Roßauer-Kaserne wirkt, wurde 1862 vom Budapester Architekten Anton Weber im Auftrag des k.k. Oberstallmeisters Stephan Erdödy im byzantinisch-maurisch-romanisch-gotischen Stil errichtet.

Die Herrschaft der Familie Erdödy ging in den zwanziger Jahren zugrunde. Unter dem NS-Regime sollte das Schloß in eine «Schulungsburg» umgewandelt werden, beherbergte die HJ, später auch ein Gefangenenlager und diente in der russischen Besatzungszeit als Lazarett. Über verblichenen Freskenresten sind heute noch Spuren zyrillischer Lettern, rote Sterne,

Achtung, einsturzgefährdet! Schloß in Rotenturm an der Pinka

Hammer und Sichel zu sehen. Das alles erklärt den traurigen Erhaltungszustand dieses Bauwerks, das nunmehr zwar dem Land gehört, aber nur sehr halbherzig instand gesetzt wird.

AUSKUNFT Gemeindeamt, 7501 Rotenturm 2, Tel. 03352/341 55.

Über *Großpetersdorf*, einen Verkehrsknotenpunkt ohne weiteres Interesse, gelangt man zum Grenzübergang *Schachendorf*. Wer Lust hat, besucht die nur wenige Kilometer entfernt gelegene Colonia Claudia Savaria, das spätere Steinamanger und heutige *Szombathely*, mit den Resten des spätantiken Kaiserpalastes und dem Isistempel, der Synagoge im maurischen Stil, der barockklassizistischen Kathedrale und der Spitalskirche zur hl. Elisabeth. Einen Ausflug nach Szombathely rechtfertigt alleine schon das liebevoll gestaltete Freilichtmuseum (Muzeumfalu, geöffnet 1.5.–31.10.) mit schönen Bauernhöfen aus dem Komitat Vas. Mit etwas Glück erlebt man hier einen echten Mulatschak.

ÜBERNACHTEN Hotel Claudius, Tel. 0036/94/31 37 60. Hotel Savaria, Tel. 0036/94/31 14 40.

ROM HEISST MENSCH

Die Geschichte der Roma in Europa ist eine Geschichte der Verfolgung – trotz der romantisch verkitschten Darstellungen in der Musik und Literatur des 19. Jahrhunderts. Die Eigenbezeichnung «Roma» bedeutet ganz einfach Menschen und wird heute als Synonym für das als diskriminierend empfundene Wort «Zigeuner» verwendet. Nicht für alle jedoch, denn die Eigenbezeichnung der vor allem in Westeuropa lebenden «Zigeuner» lautet «Sinti». Und nicht wenige Roma und Sinti bezeichnen sich selbst auch weiterhin mit bewußtem Stolz als «Zigeiner» – wobei sich in diesem Zusammenhang ja die prinzipielle Frage stellt, ob sich das Verhältnis der Mehrheitsbevölkerung zu ihren Minderheiten in der Attitüde einer sprachlichen «political correctness» erschöpfen kann.

Das Wort «Zigeuner» stammt vom griechischen «atsinganos» ab, wovon sich wiederum die bekannten Bezeichnungen «cigano», «gitan» oder «cingene» ableiten. Der eigentliche Ursprung des Wortes ist möglicherweise im

Persischen «asinkar» zu finden, was soviel wie Eisenbearbeiter bedeutet und sicherlich ein Hinweis auf eine der vielen beruflichen Spezialisierungen der «Zigeuner» ist. Volksetymologische Deutungen, wie etwa «Zieh, Gauner», sind hingegen ganz einfach falsch, dumm und rassistisch. Andere Fremdbezeichnungen beziehen sich auf die angenommene Heimat der Fremden, so etwa «bohemiens» – also aus Böhmen stammend – oder «gypsies» – aus Ägypten.

Sprachwissenschaftliche Untersuchungen haben zweifelsfrei bewiesen, daß die Roma aus Indien stammen und im Verlauf des frühen Mittelalters über den Iran, Kleinasien und den Balkan westwärts gewandert sind. Erste Berichte über größere Roma-Gruppen in Westeuropa datieren aus dem 15. Jahrhundert. Im österreichisch-ungarischen Grenzgebiet tauchen sie im frühen 17. Jahrhundert auf: 1612 werden sie aus der Steiermark vertrieben. Andere Roma-Gruppen erhielten jedoch auch spezielle Schutzbriefe, weil sie wichtige Metallarbeiten verrichteten, so zum Beispiel Martin Sárközi und seine Sippe 1674 von Christoff Batthyány. Meist dominierte aber die Diskriminierung, wovon erhaltene «Verbotstafeln gegen Zigeuner» im Besitz des Grazer Joanneums ein beredtes Zeugnis ablegen.

Die Reformpolitik des ausgehenden 18. Jahrhunderts versuchte die Roma mehr zu assimilieren als zu integrieren und beraubte sie dadurch ihrer traditionellen Lebensgrundlage. Die seßhaft gemachten Roma wandten sich oft Handwerken zu, deren Rohstoffe kostenlos oder zumindest billig zu erwerben waren, so etwa dem Recycling von Alteisen, aber auch Dienstleistungen, wie dem Rastelbindergewerbe, d.h. der Siebmacherei, oder der Kesselflickerei.

Nach dem Ende der Monarchie waren die österreichischen Roma vielfach «gutgemeinten» paternalistischen Zwangsmaßnahmen ausgesetzt, und nach dem Anschluß Österreichs an Nazideutschland begann die finsterste Zeit in ihrer Geschichte – der versuchte Genozid, persönlich geleitet vom damaligen Landeshauptmann Tobias Portschy: Berufsverbot, Zwangsarbeit, Deportation, Sterilisation und schließlich Massenmord. Berüchtigt wurde das Anhaltelager Lackenbach im burgenländischen Bezirk Oberpullendorf, das als Durchgangsstation zu den polnischen Vernichtungslagern fungierte. Von den 11.000 österreichischen Roma und Sinti hat mehr als die Hälfte nicht überlebt.

Nach Kriegsende setzte sich die Politik der Ersten Republik in der Zweiten nahtlos fort: Gettoisierung, Abdrängung, Verschweigen und Vergessen. Die meisten Gemeinden verweigerten den zurückgekehrten Überlebenden die Wiederansiedlung. Von Wiedergutmachung gar keine Rede. Erst 1993 wurden die Roma als österreichische Volksgruppe offiziell anerkannt.

Weitere Informationen: Kulturverein Österreichischer Roma, 1190 Wien, Devrientgasse 1, Tel. 0222/310 64 21.

RUND UMS GÜNSER GEBIRG

Fährt man von Schachendorf Richtung Norden, so erblickt man kurz vor den ersten Häusern der 3500 Einwohner zählenden Gemeinde Rechnitz rechter Hand den *Kreuzstadl*, wo am 24. März 1945 etwa 200 jüdische Zwangsarbeiter ermordet wurden. Ihr Grab wurde nie entdeckt, der ehemalige Stadl ist seit 1993 eine Gedenkstätte der Israelitischen Kultusgemeinde.

In der Mitte des Hauptplatzes von *Rechnitz* erhebt sich die katholische Pfarrkirche zur hl. Katharina aus dem 17. Jahrhundert. Im nahen Gemeindeamt ist das interessante Stiefelmachermuseum untergebracht. Rechnitz war früher ein be-

Der jüdische Friedhof von Rechnitz

deutendes Zentrum der Csizmen-Erzeugung. Das stiefelähnliche, aus zwei Lederteilen zusammengenähte Beinkleid wurde auf allen Wochenmärkten Westungarns zum Verkauf angeboten. Im Jahr 1925 gab es in Rechnitz noch 36 Stiefelmacher. Einer der letzten seiner Gilde, Johann Koch, betreut das kleine Museum.

Stiefelmachermuseum, Öffnungszeiten: Mo–Do 7.30–12 und 13–16 Uhr, Fr 7.30–12 Uhr, weitere Informationen: Johann Koch, Nußgrabengasse 5, Tel. 03363/515.

An der östlichen Seite des Platzes stand einst das mächtige Schloß der Batthyány. 1945 schwer beschädigt, wurde das Gebäude nach Kriegsende abgetragen. Heute läßt nur noch die Anordnung der häßlichen Neubauten den früheren Innenhof und das Schloßtor erahnen.

Hinter dem Hauptplatz, in der *Badergasse,* erinnert eine Tafel an die frühere Synagoge von Rechnitz, wo im 19. Jahrhundert etwa 1000 Juden lebten. Westlich des Platzes verläuft die alte Judengasse, und an der Straße nach Neuhodis liegt rechter Hand der *jüdische Friedhof,* dessen durchwegs zweisprachige Grabsteine vom Assimilierungswillen der burgenländischen Juden zur Zeit der Jahrhundertwende zeugen.

Der etwas außerhalb des Ortes gelegene idyllische Stau- und Badesee ist nach dem ungarischen Dichter Faludi benannt, der Rechnitz zu seinem Domizil erwählt hatte.

AUSKUNFT Gemeindeamt, Hauptplatz 10, 7471 Rechnitz, Tel. 03363/792 02. **WEINE** Vinothek Reichermühle, Faludigasse 5, Tel. 03363/797 50, geöffnet: 1.5.–31.10., Mo–Sa 16–19 Uhr, So, Fei 15–19 Uhr.

Wenige Kilometer östlich von Rechnitz, wo an den Südhängen des Günser Gebirgs Wein und Sonnenblumen bestens gedeihen, gibt es den kleinen, wenig bekannten *Grenzübergang Bozsok* (6–22 Uhr). Im Ort lädt das nette *Sibrik-Schloßhotel* (Tel. 0036/94/609 60) zum Bleiben ein. Von Bozsok ist es nur noch ein Katzensprung bis Köszeg, dem alten Güns, das durch die wochenlange Abwehrschlacht gegen ein übermächtiges osmanisches Heer im Sommer 1532 zur Rettung Wiens beitrug. In

Erinnerung an das unerwartete Ende der Belagerung läuten die Mittagsglocken von Köszeg immer noch um 11 Uhr.

Köszeg ist ein entzückender, verträumter Ort abseits der ganz großen Routen, der wochentags vor allem durch einige österreichische Einkaufstouristen belebt wird – kein Wunder, kostet der Friseur hier umgerechnet etwa 13 Schilling, mit Waschen und Fönen noch einmal soviel.

Sehenswert sind die buntbemalte neugotische Herz-Jesu-Kirche am Varkör knapp außerhalb des alten Zentrums, der malerische Hauptplatz mit dem Heldenturm, dem Jurisics-Miklós-Museum, dem bemalten Rathaus, der St.-Emmerich-Kirche aus dem 17. Jahrhundert (man beachte den schönen eisernen Opferstock aus Tirol), das alte Schloß (mit wechselnden Ausstellungen), die sgrafittoverzierten Renaissancehäuser, vor allem aber das Apothekenmuseum «Zum Goldenen Einhorn», eine völlig intakte Barockapotheke.

AUSKUNFT Savaria Tourist am Varkör. **ESSEN UND TRINKEN** Irottkö Hofbräu und Kulacs, beide am Fö Ter. Hexenküche, am Hauptplatz, nur Imbisse. **ÜBERNACHTEN** Hotel Irottkö, Fö Ter 4, Tel. 0036/94/603 73. Strucc, früher Gasthaus zum Goldenen Strauss, am Varkör, mit Kaffeehaus.

Das Zentrum von Köszeg

Bei Köszeg gibt es noch einen zweiten, größeren Grenzübergang, der uns direkt nach *Lockenhaus* und zur gleichnamigen Burg führt. Das Herzstück dieser aus dem 13. Jahrhundert stammenden Festung der Güssinger ist der schlichte Tempelritter-Kultraum, in dem eine aus dem Felsen geschlagenen Schale und das «Lichtauge» an der Decke Rätsel aufgeben. Eine kleine Ausstellung informiert den Besucher über die Geschichte des geheimnisvollen Templerordens. Nicht fehlen dürfen in der aufwendig restaurierten Burganlage Folter- und Waffenkammer, Kapelle und Rittersaal. Weitere Ausstellungsräume sind dem früheren Besitzer, dem steirischen Dichter Paul Anton Keller und der Familie Esterházy gewidmet, der ja bekanntlich ein nicht unbedeutender Teil des heutigen Burgenlandes gehörte.

Burg Lockenhaus: Festung der Güssinger

Burg Lockenhaus, 7442 Lockenhaus, Tel. 02616/27 66, Öffnungszeiten: tgl. 8–17 Uhr. Besichtigung ohne Führung möglich, Sonderausstellungen, Kammermusikfest und Konzerte, Hotelbetrieb und Taverne. Im Rittersaal kann man hochzeiten und speisen wie die Raubritter! Information zum Kammermusikfest: Tel. 02616/22 24. Auskünfte zum Templerorden: Alter Souveräner Templer Orden, 1150 Wien, Storchengasse 1/4.

Das Zentrum der Marktgemeinde Lockenhaus präsentiert sich heute ganz im Stil der Raiffeisen-Ästhetik. Dennoch sollte man zumindest der *Pfarrkirche St. Nikolaus* ein wenig Zeit widmen. Die Einrichtung der Kirche stammt weitgehend aus der Barockzeit. Sehenswert ist die Kanzel, die 1750 aus der aufgelassenen Augustinerkirche von Baden erworben wurde. Am interessantesten ist jedoch die Unterkirche mit den zum Teil recht aufwendig gestalteten Grabstätten der Nádasdy, der Draskovich und der Augustinerpatres des benachbarten Klosters. Hier ruht auch der Stifter der Kirche, der damalige Besitzer der Herrschaft Franz Nádasdy, der 1671 wegen der Teilnahme an einer Veschwörung gegen Kaiser Leopold I. in Wien hingerichtet wurde. Die schwarze Muttergottes am Altar der Krypta ist von zwei Tafeln flankiert, die die Geschichte der Schändung des Bildnisses durch die Haiducken erzählen; daneben stehen zwei kunstvolle Holzskelette.

Das heutige *Schloß Esterházy* – neben der Kirche – geht auf ein 1661 ebenfalls vom Grafen Nádasdy errichtetes Augustinerkloster zurück, das nach seiner Aufhebung im Jahr 1820 zur Sommerresidenz der Esterházy ausgebaut wurde.

AUSKUNFT Gemeindeamt, 7442 Lockenhaus, Tel. 02616/22 02. **ÜBERNACHTEN** Burg Lockenhaus, Tel. 02616/27 66. Gasthof Schlögl, Hauptplatz 11, Tel. 02616/22 25.

Im Ortsteil *Langeck* ist in einem alten Volksschulgebäude das *Burgenländische Schulmuseum* untergebracht. Zu sehen gibt es ein Klassenzimmer aus der Jahrhundertwende, eine alte Lehrerwohnung sowie eine Schausammlung zur Geschichte des Schulwesens.

Burgenländisches Schulmuseum, Öffnungszeiten und Anmeldung: Tel. 02616/20 51.

Rund um Lockenhaus eröffnen sich im *Naturpark Geschriebenstein* zahlreiche Wandermöglichkeiten. Der Geschriebenstein ist mit 883 Metern der höchste Berg des Burgenlandes und die höchste Erhebung des Günser Gebirgs, das zu den Ausläufern der Zentralalpen gehört. Eine schöne Aussicht hat man bereits von der südlich von Lockenhaus gelegenen *Margarethenwarte.* Vom Ehrenmal des Österreichischen Kameradschaftsbundes in Gipfelnähe führt ein Weg zur 1913 errichteten und unmittelbar an der Grenze gelegenen Aussichtswarte Geschriebenstein (2 km, etwa 30 min), ein anderer zum Hirschenstein (3 km, etwa 45 min).

SERPENTIN IN BERNSTEIN

Warum Bernstein Bernstein heißt, ist nicht wirklich klar. Zwar wurde in der Gegend schon im 12. Jahrhundert Bergbau betrieben, allerdings grub man nach Eisen, Kupfer, Silber und nach Gold. Das Ende des Bergbaus kam im 19. Jahrhundert – bis der Drechslermeister Adolf Höfer im Jahr 1860 den Edelserpentin entdeckte, der in Farbe und Aussehen der chinesischen Jade ähnelt. Der seltene Halbedelstein wird heute an mehreren Fundstellen im Tagbau abgebaut – 1000 Kubikmeter taubes Gestein fallen für einen Kubikmeter Edelserpentin an.

Im Ort gibt es mehrere Verarbeitungsbetriebe und ein kleines Privatmuseum mit informativen Schaukästen, Modellen und Originalstücken, einer Sonderschau über den Antimonbergbau von Schlaining und einer Ausstellung der Kunstwerke des Bildhauers Otto Potsch, der mit der Enkelin von Adolf Höfer verheiratet ist.

Felsenmuseum, Hauptplatz 5, Tel. 03354/66 20, Öffnungszeiten: März bis Dezember.

Burg Bernstein: Hotel mit Stil

Bernstein besitzt eine katholische Kirche von 1733 mit barockem Hochaltar und gotischer Sakramentsnische und eine sehr schlichte evangelische Kirche vom Ende des 18. Jahrhunderts. Sehenswert ist die *Burg,* die älteste Wehranlage des Burgenlandes, die von den Türken zweimal belagert, aber niemals eingenommen werden konnte. 1617 wurde sie allerdings durch eine verheerende Explosion des Pulvermagazins in Schutt und Asche gelegt und im Barockstil wiederaufgebaut. Seit 1953 wird die Burg als Hotel geführt. Zu besichtigen gibt es deshalb nur den «Rittersaal» im Stil der Spätrenaissance mit prächtiger Stuckdecke von Bartolomäo Bianco. Die individuell gestalteten Schloßräumlichkeiten, die liebevoll mit Antiquitäten ausgestattet und auch teilweise nach früheren Familienmitgliedern benannt sind, bleiben den p.t. Gästen vorbehalten. Die schönste Aussicht hat man übrigens im «Gottgetröst». Im weitgehend unveränderten Zimmer «Nußbaum» hatte übrigens ein geheimnisvoller Onkel der heutigen Burgherrin seine Wohnung – jener Ladislaus Eduard Almásy aus dem oscargekrönten Film «Der englische Patient» von Anthony Minghella nach dem gleichnamigen Roman von Michael Ondaatje, der 1895 hier geboren wurde und dessen Leben nicht nur etwas anders, sondern auch um vieles aufregender und abenteuerlicher verlaufen sein muß, als es im Film dargestellt wird. Der echte Graf Almásy starb übrigens im Jahr 1951 in Salzburg.

Hotel Burg Bernstein, 7434 Bernstein, Tel. 03354/63 82, Mai bis Mitte Oktober.

AUSKUNFT Gemeindeamt, 7434 Bernstein, Tel. 03354/65 02.

Einige Kilometer südlich von Bernstein stößt man, etwas abseits der Bundesstraße, auf den kleinen Ort *Mariasdorf.* Schon von weitem sticht die Kirche ins Auge, deren Chor um 1400 als Andachtsstätte für die Bergleute der Region errichtet wurde. Das Kirchenschiff stammt aus dem späten 15. Jahrhundert. Im 17. Jahrhundert barockisiert, wurde die Kirche Ende des 19. Jahrhunderts vom Erbauer des Budapester Parlaments Imre Steindl im Sinne der Neugotik regotisiert. Der heutige Bau hinterläßt deshalb einen durchaus zwiespältigen Eindruck.

STADTSCHLAINING – DER STÜTZPUNKT DES SÖLDNERFÜHRERS

Die nette Stadt lädt zum Verweilen ein. In Stadtschlaining – aber das ist bereits Geschichte – befand sich der letzte Bergbau des Burgenlandes, das 1990 stillgelegte Antimonwerk, wo bereits seit dem Ende des 18. Jahrhunderts Antimonerz abgebaut wurde, das zum Härten von Metall diente.

Stadtschlainings größte Attraktion ist die *mittelalterliche Burg,* deren heutige Bausubstanz im wesentlichen aus der Zeit des 15.–17. Jahrhunderts stammt. 1446 wurde die Wehranlage an den Söldnerführer Andreas Baumkircher verpfändet, der 1458 das Recht erhielt, ein Kloster und 1462 auch eine Stadt zu gründen. Zu diesem Zeitpunkt war Baumkircher noch eines der verläßlichsten Werkzeuge Kaiser Friedrichs III., dem er mehrmals zu Hilfe geeilt war. Der Höhenflug des Andreas Baumkircher dauerte jedoch nur kurz. Motiviert von ausständigen Soldforderungen, rebellierte er gegen den Kaiser, der ihn deshalb 1471 in Graz gefangennehmen ließ. Am 24. April, als «der tag gleich scheiden wolt», wurden Baumkircher und sein Voitsber-

Stadtschlaining: die Burg des Rebellen ...

ger Kampfgefährte Andreas Greisenecker beim Grazer Murtor hingerichtet – auf Anordnung Friedrichs III., der Baumkircher zuvor freies Geleit zugesichert hatte.

Wenig später kam die Herrschaft in den Besitz der Batthyány, die Schlaining ausbauten, Künstler und Gelehrte sowie zahlreiche Juden an ihren Hof zogen. Nach 1848 verlor Schlaining seine Rolle als regionales Zentrum und nach dem Ersten Weltkrieg auch seine traditionellen Absatzgebiete in Westungarn.

1957 kaufte der frühere Handelsminister Udo Illig die Burg, die lange Zeit als Kriegsgefangenenlager gedient hatte und heute eine Außenstelle des Landesmuseums Eisenstadt beherbergt. Neben der gut erhaltenen Schloßarchitektur – deutlich zu unterscheiden sind die Bauphasen des 15. Jahrhunderts aus Naturstein und des 17. Jahrhunderts aus Ziegel – werden im Rahmen der etwa 45 Minuten dauernden Führung eine Reihe von Schloßräumlichkeiten gezeigt, zum Beispiel der Große Engelssaal mit schöner Stuckdecke, ferner die größte Eisenkunstgußsammlung Österreichs, das Bild des über zwei Meter großen Andre Eberhardt Rauber Ritter, eines ehrlichen steirischen Ritters mit einem 215 Zentimeter langen geflochtenen Bart, weiters Hostien- und Waffeleisen, die Burgkapelle, das Jagdzimmer und der Rittersaal mit Resten früherer Bemalung. Ohne Führung zu besichtigen sind die Sonder- und Wechselausstellungen.

Burg Schlaining, Rochusplatz 1, 7461 Stadtschlaining, Tel. 03355/23 06, Öffnungszeiten: Palmsonntag bis 31.10., tgl. außer Mo 9–12 und 13–17 Uhr.

Im ehemaligen Granarium der Burg sind heute die Seminarräume des 1982 gegründeten *Österreichischen Instituts für Friedensforschung* untergebracht, das 1993 in den Rang einer Friedensuniversität erhoben wurde.

Österreichisches Studienzentrum für Frieden und Konfliktlösung (ÖSFK) und Europäisches Universitätszentrum für Friedensstudien (EPU), 7461 Stadtschlaining, Tel. 03355/24 98.

Am Rochusplatz vor der Burg gibt es den ehemaligen Pranger zu sehen, die heutige Rochussäule. Gut erhalten ist das städtische Ensemble des angrenzenden *Hauptplatzes.* Links, beim Brunnen, befindet sich der Eingang zur 1715 errichteten *früheren Synagoge* der Stadt. 1848 zählte die jüdische Gemeinde von Schlaining 650 Mitglieder, immerhin 40 Prozent der Bevölkerung! Viele Juden wanderten später in andere Regionen Ungarns aus, und 1934 zählte die jüdische Gemeinde der Stadt nur noch 19 Personen. Das unter den Nazis devastierte Gebäude wurde 1989 von der Friedensuniversiät erworben und beherbergt heute die Friedensbibliothek.

Friedensbibliothek, Hauptplatz 3, 7461 Stadtschlaining, Tel. 03355/24 98-512.

Am oberen Ende der Langegasse mit schönen alten Bürgerhäusern steht die *evangelische Pfarrkirche* (1782). Der dreischiffige klassizistische Bau ist eine der ältesten «Toleranzkirchen» Österreichs. Ganz in der Nähe befinden sich die Reste des *jüdischen Friedhofs,* etwa 25 Grabsteine auf grüner Wiese, die älteren verwittert und schmucklos, die jüngeren mit zweisprachigen Inschriften.

Über die bergabwärts führende Basteigasse und die Vorstadtgasse gelangt man zur *katholischen Pfarrkirche,* der ehemaligen Klosterkirche des Paulinerordens aus dem 15. Jahrhundert. Bemerkenswert sind die gotischen Gewölbe, die Barockaltäre mit Bildern des steirischen Malers J. C. Hackhofer und Reste von Seccomalereien aus dem 16. Jahrhundert. Besonders schön sind die reich verzierten Terrakottaplatten auf der Brüstung der Orgelempore.

AUSKUNFT Stadtgemeindeamt, 7461 Stadtschlaining, Tel. 03355/22 01. **ESSEN UND TRINKEN** Gasthaus Zur Burg, Hauptplatz 1, Tel. 03355/22 38. **ÜBERNACHTEN** Hotel Burg Schlaining (frühere Burgstallungen), Klingergasse 2–4, Tel. 03355/26 00. Studentenheim, Kirchenplatz 8, Tel. 03355/26 67. **FREIZEIT** Zahlreiche Rad- und Wanderwege in der Umgebung; bekannter Christkindlmarkt am 1. Dezembersonntag.

Wer von Stadtschlaining nach *Neumarkt im Tauchental* weiterfährt, hat erstens einen schönen Blick auf die Burg und kann zweitens in der Pfarrkirche von Neumarkt zwei hervorragende Römersteine sehen, ein Familienporträt und ein Relief mit einer Szene aus der Perseussage.

BAD TATZMANNSDORF

Bäder und Kurorte muß man mögen – oder aber nicht hinfahren. In Bad Tatzmannsdorf, das knapp 400.000 Nächtigungen jährlich aufweist, propagiert man neuerdings «Kur und Kultur», dennoch herrscht hier eine gewisse Gesichtslosigkeit vor. Kaum zu glauben, daß die Quellen des Sauerbrunnens schon im späten Mittelalter genutzt wurden und daß im 19. Jahrhundert vor allem ungarische Adelige zur Trinkkur nach Tatzmannsdorf kamen. 1953 wurde das Bad vom Land erworben und seither modern ausgebaut.

Freilichtmuseum

Die Bäckerei Gradwohl am Joseph-Haydn-Platz lockt mit Hostienformen, Lebzeltermodellen und viel Information ins kleine *Brotmuseum,* außerdem gibt es im Ort ein *Freilichtmuseum,* in dem die vom «Aussterben» bedrohten Haustypen des südlichen Burgenlandes exemplarisch erhalten werden. Sehenswert ein Getreidespeicher, ein sogenannter Kitting (1795), aus Unterschützen.
Südburgenländisches Freilichtmuseum, Öffnungszeiten: ganzjährig und tgl. 9–17 Uhr, Führungen: Mi 16 Uhr.

AUSKUNFT Kurverwaltung, 7431 Bad Tatzmannsdorf, Tel. 03353/82 84. Burgenland Therme, Tel. 03353/89 90-10. **ESSEN UND TRINKEN** Restaurant Wintergarten, Tel. 03353/85 81. Pannonia, Tel. 03353/82 48. Batthyány Keller, Jormannsdorf 25, Tel. 03353/85 55. **ÜBERNACHTEN** Hotel Steigenberger, Tel. 03353/88 41. Kur- und Thermenhotel, Tel. 03353/89 40-7160. Steigenberger Avance, Tel. 03353/88 55. Parkhotel, Tel. 03353/82 87. **GOLF** Golf & Country Club Bad Tatzmannsdorf, 18- und 9-Loch-Anlage, Golfplatz 2, Tel. 03353/82 82-700.

Einen Ausflug in die jüngere Vergangenheit kann man in *Oberschützen* unternehmen. Kurz vor der Ortseinfahrt steht es immer noch, das sogenannte «Anschlußdenkmal», ein klotziger quadratischer Bau. Fünfzig Jahre nach Ende des Zweiten Weltkriegs sollte hier eine Tafel mit folgendem Wortlaut angebracht werden: «Möge uns diese Stätte heute und in Zukunft ein Mahnmal sein: gegen Diktatur, gegen Gewalt, gegen Rassismus – für Demokratie, für Frieden und für die Wahrung der Menschenrechte». 52 Jahre nach Kriegsende existierte diese Tafel immer noch nicht.
AUSKUNFT Gemeindeamt, 7432 Oberschützen, Tel. 03353/224.

Bevor wir unsere Erkundungstour im Bezirk Oberwart abschließen, wollen wir der Stadt *Pinkafeld* noch einen kurzen Besuch abstatten. Benannt wurde die Ortschaft nach der Pinka, dem «Schaumbach» (slawisch: «pènicá»). Die meisten Sehenswürdigkeiten stammen aus dem 18. Jahrhundert, so etwa die katholische und die evangelische Pfarrkirche oder die auf einer Anhöhe außerhalb des Ortes gelegene Kalvarienbergkirche; etwas älter ist das Schloß Batthyány (um 1659), heute eine Landesberufsschule. Das älteste Bauwerk der Stadt ist zugleich das interessanteste: das Alte Rathaus aus dem 16. Jahrhundert mit eindrucksvollem Pranger, das heute ein Stadt-, Feuerwehr- und Garnisonsmuseum beherbergt.
Stadtmuseum, Besichtigung nur nach vorheriger Anmeldung im Rathaus, Tel. 03357/423 51-21.
AUSKUNFT Tourismusbüro, 7423 Pinkafeld, Tel. 03357/423 51.

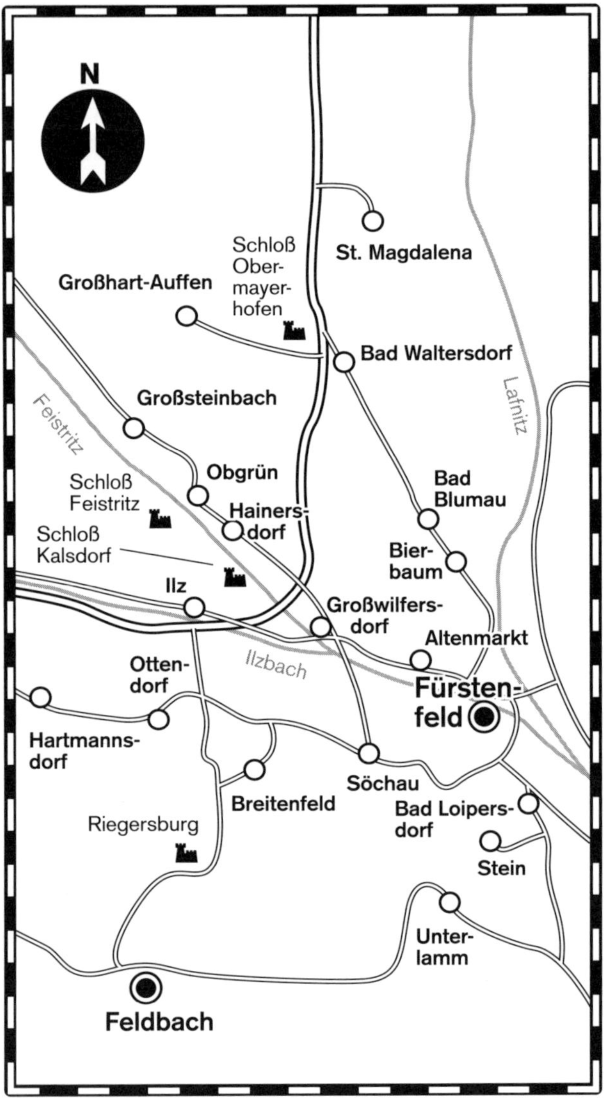
N
Schloß Ober-mayer-hofen
St. Magdalena
Großhart-Auffen
Bad Waltersdorf
Lafnitz
Großsteinbach
Feistritz
Obgrün
Schloß Feistritz
Hainers-dorf
Bad Blumau
Schloß Kalsdorf
Bier-baum
Ilz
Großwilfers-dorf
Altenmarkt
Otten-dorf
Ilzbach
Fürsten-feld
Hartmanns-dorf
Söchau
Breitenfeld
Bad Loipers-dorf
Riegersburg
Stein
Unter-lamm
Feldbach

Grenzland Fürstenfeld

«I WÜL HAM NACH FÜRSTENFELD»

Hört man den Namen Fürstenfeld, ist die erste Assoziation wohl STS, die mit ihrem gleichnamigen Hit der Stadt nicht nur eine ordentliche Dosis Selbstbewußtsein einimpften, sondern auch kräftig mithalfen, den Fremdenverkehr anzukurbeln. Eigentlich sind die beiden «S» der Gruppe, Gert Steinbäcker und Schiffkowitz, mit bürgerlichem Namen Helmut Röhrling, Grazer. Nur das «T», Günter Timischl, ist ein waschechter Fürstenfelder, der bis heute auf einem nahe gelegenen Bauernhof lebt.

Nachdem STS mehrere Jahre lang als Geheimtip in Wirtshäusern und Turnsälen aufgetreten waren, wollten sie 1984 eigentlich aufgeben. Quasi als Abschiedsgeschenk widmete Schiffkowitz seinem von Heimweh geplagten Kollegen Timischl das Lied «Fürstenfeld», das wie eine Bombe einschlug und sich als Single fast 75.000 Mal, auf dem dazugehörigen Album nahezu 100.000 Mal verkaufen sollte.

Die oststeirische Hymne

Heute sind die Tourneen der Gruppe bereits lange vor dem ersten Konzert ausverkauft. Und nach beinahe zwanzig Jahren Zusammenarbeit ist auch der Arbeitsrhythmus zur Routine geworden: Plattenaufnahmen im Studio, Tournee, zwei Jahre Pause. Diese nützt «T» Timischl, um seinen Bauernhof zu beackern und mit Enkelin Camilla zu spielen, während die beiden «S», Steinbäcker und Schiffkowitz, emsig an ihren Solokarrieren arbeiten.

BOLLWERK GEGEN DEN OSTEN – DIE STADT FÜRSTENFELD

Um 1170 wurde zum Schutz vor den Überfällen der Magyaren die «Burg am Stein» im Bereich der heutigen Fürstenfelder Tabakfabrik angelegt, von der aus die Flußtäler der Lafnitz, der Feistritz, der Safen, der Ilz und der Rittschein kontrolliert werden konnten. Von 1215 an erfolgte unter Herzog Leopold VI. der Ausbau Fürstenfelds zur Stadt. Mitte des 16. Jahrhunderts wurden Stadt und Festung nach den Plänen des italienischen Baumeisters Domenico dell'Allio neu gestaltet. In den letzten Wochen des Zweiten Weltkriegs nahm die Stadt großen Schaden.

RUNDGANG IM VIERECK

Das *Grazer Tor,* 1565 als Teil der neuen Stadtbefestigung erbaut, beherbergt seit 1859 das Rathaus, an dessen Eingang der «B'soffene Türck» von Hans Mauracher «Wache hält». Im Rathaus erhält man übrigens den Schlüssel zur nahe gelegenen *Augustiner-Eremiten-Kirche.* Das dazugehörende, 1362 gegründete Kloster wurde 1811 aufgelöst und 1956 abgetragen.

Bei der letzten Restaurierung der Augustiner-Eremiten-Kirche konnten im gotischen Chor bemerkenswerte Fresken aus der Zeit um 1400 freigelegt werden: Medaillons mit Apostelfiguren und Propheten, darüber thronende Könige, deren plastisch ausgebildete Köpfe als Rippenkonsolen dienten. Das spätgotische Kruzifix über dem Hochaltar entstand um 1500. Mitte des 18. Jahrhunderts wurde das Langhaus der Kirche durch die Explosion eines nahe gelegenen Pulverturms stark in Mitleidenschaft gezogen und vom Hofbaumeister Josef Hueber neu gestaltet. Die Kircheneinrichtung stammt im wesentlichen noch aus dieser Zeit.

Vom Augustinerplatz gehen wir durch die Bismarckstraße, in der sich rechter Hand das 1570 errichtete *Freihaus der Wilfersdorfer* befindet. Von 1651 bis 1848 diente es als Rathaus, seit 1974 sind hier die Städtische Musikschule und der Museumsverein untergebracht. Eine Gedenktafel an der Fassade erinnert an Franz Schubert, der 1827 in Fürstenfeld zu Gast war.

Der große *Hauptplatz,* die «Fürstenfelder Piazza», verdankt sein südländisches Flair dem italienischen Baumeister dell'Allio. Neben dem schönen Eckhaus an der Santnergasse befindet sich das ehemalige Graf-Kollonitsch-Haus aus der zweiten Hälfte des 16. Jahrhunderts, eines der ältesten Häuser der Stadt. Zur Reformationszeit hielt die Fürstenfelder Bürgerschaft hier die ersten protestantischen Gottesdienste ab. Die meisten Häuser, die nach der Vergrößerung des Platzes im 16. Jahrhundert er-

Fürstenfeld: am Eingang zum Rathaus

richtet wurden, bekamen im vorigen Jahrhundert neue Fassaden. Die Mariensäule im Zentrum, mit vergoldetem Sternenkranz, Szepter und Mondsichel, wurde vom Magistrat 1664 anläßlich der «Abwendung der grosen Tirckengefar» gestiftet.

Vom Hauptplatz führt eine kleine Gasse zum *Freihaus Pfeilberg* (auch «Pfeilburg» genannt). Der älteste Teil des Gebäudes ist der «Swartzturm», der beim Überfall der Ungarn im Jahr 1480 ausbrannte und in der Folge von Hans Pfeilberg erworben und ausgebaut wurde. 1691 richtete Johann Christoph Lisentin im Freihaus eine erste Tabakfabrik ein. 1725 wurde das Gebäude von der Stadt erworben, die hier zunächst eine Schule, später eine Kaserne, ein Spital und schließlich sogar ein Armenhaus unterbrachte. Derzeit wird die Pfeilburg mit dem schönen Renaissanceerker und den Arkaden restauriert.

Über die Bismarckstraße und die Hauptstraße, eine eher öde Fußgeherzone, deren Hausfassaden durch moderne Geschäftsportale ziemlich entstellt sind, gelangen wir in die Fabriksstraße. «Die Fabrik», das ist in Fürstenfeld die *Zigarrenfabrik der Austria Tabak,* für Generationen von Fürstenfeldern der wichtigste Arbeitgeber. Im 12. Jahrhundert befand sich an ihrer Stelle die

«Carmen» in Fürstenfeld: Zigarrenfabrik der Austria Tabak

von Markgraf Otakar IV. gegründete landesfürstliche Burg. Nach mehrmaligem Besitzerwechsel wurde das Areal 1776 vom Staat erworben und seiner neuen Widmung als Tabakfabrik entsprechend umgebaut.

Der nur wenige Schritte entfernte barocke *Stadtpfarrhof*, dessen Baudatum 1723 sich aus dem Chronogramm über dem Eingangsportal ablesen läßt, bildete mit der Kommende einst eine geschlossene Anlage. Die Fürstenfelder Kommende, das Schloß des Johanniterordens, ist die älteste Niederlassung der Johanniter in Österreich. Sie wurde bereits um 1200 als Kreuzfahrerhospiz an einer der Transitrouten ins Heilige Land gegründet. 1664, während der Schlacht von Mogersdorf, diente sie dem Grafen Montecuccoli als Hauptquartier und 1809, zur Zeit der Franzosenkriege, als Unterkunft der rund 40.000 Soldaten Erzherzog Johanns. Ein großer Teil der Anlage wurde im Zweiten Weltkrieg zerstört.

Etwa zeitgleich mit der Kommende wurde die *Stadtpfarrkirche* zum hl. Johannes dem Täufer errichtet. Von der mittelalterlichen Kirche sind nur mehr der Chor, der Südostturm und ein Teil der Westfassade erhalten. Ihr heutiges Aussehen und der Großteil der Einrichtung stammt aus der Zeit des Umbaus im späten 18. Jahrhundert. In der Kirche findet sich der Grabstein des Stadtrichters Franz Josef Santner, der 1750 die in der Gemeinde Übersbach gelegene «Wieskapelle» mit dem Wieser Geißelchristus gestiftet hat. Nach Santner ist auch die Verlängerung der Kommendegasse benannt, die uns zum Grazer Tor zurückführt.

AUSKUNFT Stadtamt, 8280 Fürstenfeld, Augustinerplatz 1, Tel. 03382/524 01. Tourismusverein, Augustinerplatz 1, Tel. 03382/554 70. **ESSEN UND TRINKEN** Hofkeller, Hauptstraße 6, Tel. 03382/548 54. **ÜBERNACHTEN** Romantik-Landhaus Julia, Stadtbergen 124, Tel. 03382/554 17. Gästehaus Urschler, Speltenbach 11, Tel. 03382/521 70. Huber Appartement, Weichenberg 47, 7571 Rudersdorf, Tel. 03382/523 84. **CAMPING** Der Campingplatz Fürstenfeld liegt unmittelbar am Areal des Freibades, Campingweg 1, Tel. 03382/549 40. **BADEN** Fürstenfeld besitzt das nach eigenen Angaben größte Freibad Europas, ein beachtliches Areal mit zahlreichen Freizeitangeboten und genügend Platz zum Faulenzen, Tel. 03382/208. **ANGELN** 25 km unregulierte Fischgewässer an Feistritz, Lafnitz und Lahn. Eine Fischereierlaubnis ist bei Josef Habersack erhältlich, Tel. 03382/536 91. **REITEN** Mehrere Reitställe rund um Fürstenfeld, Auskunft beim Tourismusverband. **GOLF** Thermengolf-Anlage Loiperdorf, Golfbüro Tel. 03382/85 33. **RUNDFLÜGE** Mit viersitziger Sportmaschine oder Segelflugzeug, Sportflieger-Club Fürstenfeld, Tel. 03382/526 66.

STARKER TOBAK

Bereits 1675 bewarben sich zwei Italiener, Domenico Donadoni und Johann Christoph Lisentin, um die Verleihung des «Trink- und Schnupftabak-Appalto» für die Steiermark, Kärnten und Krain und erhielten drei Jahre später das kaiserliche Patent zur «Tabakeinfuhr und zum Tabakverschleiß».

Tabakpflanze

Obwohl die bäuerliche Bevölkerung dem Tabakanbau anfangs mißtrauisch gegenüberstand und sich Siegmund Graf zu Trauttmansdorff beschwerte, daß das neue Kraut dem Wein- und Getreidebau höchst abträglich sei, wurde Fürstenfeld bald zum Sitz einer beachtenswerten Tabakindustrie. Damals wurde, was prosperierte, noch verstaatlicht: 1734 übernahm der Staat die Konzession, und 1776 erwarb er das Schloß, in dessen Hallen bis heute gerollt, gewickelt und geleimt wird.

Während Anbau und Verarbeitung des Tabaks im 17. Jahrhundert noch von Fürstenfelder Bürgern in Eigenregie betrieben wurden, wacht seit dem kaiserlichen Patent vom 8. Mai 1784 das staatliche Tabakmonopol über die nicht unbeträchtlichen Einkünfte aus der Nikotinsucht. Anfänglich wurden in Fürstenfeld vor allem Kau- und Schnupftabake erzeugt, seit 1818 auch Zigarren – eine Mode, die durch die Soldaten Napoleons nach Österreich gelangt war und durchaus dem beschaulichen Lebensstil des Biedermeier entsprach.

Gegen Ende des 19. Jahrhunderts setzte die Produktion einer neuen Rauchware ein – der Zigarette. Der Erste Weltkrieg und die Heere rauchender Soldaten verhalfen dem Glimmstengel schließlich zum Durchbruch und der Fürstenfelder Fabrik zu einer deutlichen Produktionssteigerung. In der ersten Republik wurde die Zigarettenerzeugung zwar nach Linz verlagert, die renommierten österreichischen Zigarren werden aber, trotz ständig abnehmender Zahlen, nach wie vor in Fürstenfeld produziert. 1901 erzeugten 2200 Beschäftigte noch 65 Millionen Zigarren. Heute liegt der Beschäftigtenstand bei 83 und die Produktion bei 23 Millionen Stück. Verarbeitet werden in Fürstenfeld übrigens nur ausländische Tabake.

Tabakfabrik Fürstenfeld, Betriebsführungen: Di–Do 9–11 und 13–15 Uhr, Tel. 03382/524 81-0, um rechtzeitige Anmeldung wird gebeten.

RUND UM FÜRSTENFELD: ALTENMARKT – GROSSWILFERSDORF – SÖCHAU UND STEIN

Fährt man von Fürstenfeld in Richtung Ilz, so kommt man nach *Altenmarkt,* einer ehemaligen Römersiedlung, die schon 1233 als «antiquum forum», also als «alter Markt» bezeichnet wurde. Der Ort mit seinen schönen alten Häusern wirkt, auch Dank der Störche, die sich alljährlich im April hier niederlassen, schon recht burgenländisch. Versteckt in den Wäldern der Umgebung nisten übrigens auch einige der selten gewordenen Schwarzstörche. Die Pfarrkirche zum hl. Donatus, die früher eine Marienwallfahrtskirche war, wurde im 13. Jahrhundert von den Johannitern errichtet und später gotisch umgestaltet. Erhalten sind die kräftigen Kreuzrippen und die Schlußsteine im Chor. Aus der Frühzeit der Kirche stammen auch die Mensa des Hochaltars sowie die Sakraments- und Sitznischen. Bei einer Renovierung wurden im Jahr 1986 wertvolle Fresken aus der Zeit um 1300 freigelegt: Szenen aus der Kindheitsgeschichte Christi und mehrere Heilige, von denen Katharina mit dem Rad und Barbara mit dem Kelch deutlich zu erkennen sind. In die südliche Außenwand ist ein römischer Inschriftenstein eingemauert.

Adebar

AUSKUNFT Gemeindeamt, 8280 Altenmarkt bei Fürstenfeld 26, Tel. 03382/523 25.

Die nächste Ortschaft ist *Großwilfersdorf*, ein typisches Straßendorf an der Einmündung des Ilzbaches in die Feistritz. Großwilfersdorf ist mit seinen 50 Weinbauern die größte Weinbaugemeinde des Bezirks. Angebaut und in den Buschenschenken der Gemeinde kredenzt werden vor allem Welschriesling, Weißburgunder und Zweigelt. Zu besichtigen gibt es die barocke Pfarrkirche zur hl. Dreifaltigkeit, bei der die klassizistische Orgel, der rechte Seitenaltar mit einem Patriziusbild aus dem 18. Jahrhundert und die barocke Kanzel hervorzuheben sind.

AUSKUNFT Gemeindeamt, 8263 Großwilfersdorf 102, Tel. 03385/301. **ESSEN UND TRINKEN** Landhauspostillion 03385/84 01. Gasthaus Großschädel, Tel. 03385/204. **ANGELN** Auskunft: Tel. 03382/525 62.

Einige Kilometer südlich von Großwilfersdorf liegt der Hauptort des Rittscheintales, das «Kräuterdorf» *Söchau*. Während der Kräuterschaugarten, in dem mehr als einhundert verschiedene Heil-, Gewürz- und Duftpflanzen zu besichtigen und zu erwerben sind, frei begehbar ist, kann der benachbarte Hexenkräutergarten nur mit Führung besichtigt werden – kein Wunder, ist doch ein Teil der hier angebauten Pflanzen hochgiftig.

In früherer Zeit wurden diese Geschenke der Natur vor allem zur Herstellung von Salben, Räucherwerk und Zaubertränken verwendet; ihre Anwendung erzeugte Halluzinationen, erotische Gefühle und traumartige Zustände. Bewährte «Hexenkräuter» waren: Mandragora, ein Halluzinogen, Stechapfel und Tollkirsche als Aphrodisiaka, der Gefleckte Schierling zur Erzeugung von Flugempfindungen und das Schwarze Bilsenkraut als Schlaf- und Beruhigungsmittel. Natürlich gab es auch jede Menge sogenannter Zauberkräuter zur Abwehr von Unheil und Krankheiten, wie Alraune, Beifuß, Eisenkraut, Bärlapp und Hauswurz, Mittel, die gezielt gegen eine mögliche Verhexung eingesetzt wurden, wie Baldrian, Knoblauch und Mistel, und natürlich auch solche, die die Anziehungskraft auf das andere Geschlecht steigern sollten.

Kräutergarten Söchau, Besichtigung nach Anmeldung im Café Wilfling, Tel. 03387/22 80, oder im Gemeindeamt, Tel. 03387/22 61, jederzeit Mai bis Oktober.

Die dem hl. Veit geweihte *Pfarrkirche* von Söchau wurde im 15. Jahrhundert im gotischen Stil errichtet. Von diesem Bau sind der Chor und der Turmunterbau erhalten. Am Westportal findet sich das Datum des barocken Kirchenneubaus (1662–1667). Sehenswert sind die Barockkanzel (1728) aus der Werkstatt des Remigius Horner und eine Figur des hl. Veit aus dem frühen 16. Jahrhundert am neugotischen Hochaltar.

AUSKUNFT Gemeindeamt, 8362 Söchau 2, Tel. 03387/22 61. Tourismusbüro, Tel. 03387/31 28. **ESSEN UND TRINKEN** Carlo's Landhaus, Tel. 03387/31 05. **ÜBERNACHTEN** Hotel Hubertushof, Söchau 37, Tel. 03387/22 43. Maiers Hotel Oststeirischer Hof, Söchau 3, Tel. 03387/22 32. **EINKAUFEN** Im Informationsbüro oder direkt bei den Bauern können Kräuter, Kräuterschnäpse, Tees, Öle und Tinkturen gekauft werden.

Südlich von Fürstenfeld liegt die Ortschaft *Stein*, die eigentlich nicht weiter bemerkenswert ist, sieht man einmal davon ab, daß das «Pannoniahaus» des Ortes ein «Stein-Museum» mit einer petrographisch-paläontologischen Dokumentation beherbergt. Vielleicht noch zwei Einkaufs- und Freizeittips: Die Webwerkstatt Stein bietet ein Webpraktikum an, und Brigitta Rädler verkauft – no na – Steinkeramik.

Webwerkstatt, Elfriede Brodtrager, Stein 31, Tel. 03382/82 21. Keramikbetrieb Rädler, Stein 131, Tel. 03382/87 30.

Wer nun auf der Suche nach einer netten Buschenschank ist, der sollte weiter nach *Unterlamm* fahren. Die Straße führt über sanfte Hügel, auf denen Wein wächst. Und obwohl der Anblick der rasant fortschreitenden Verhüttelung dieser Landschaft der guten Stimmung nicht unbedingt zuträglich ist, kann einem hier, am Ende der Steiermark, schon das Herz aufgehen.

VON BAD ZU BAD: BAD LOIPERSDORF – BAD BLUMAU – BAD WALTERSDORF

Zeugen der intensiven vulkanischen Tätigkeit in der Oststeiermark sind nicht nur die markanten Basaltkegel, sondern auch die zahlreichen Thermen, die nördlich und südlich der Stadt

Fürstenfeld, entlang der steirisch-burgenländischen Grenze, die sogenannte «Thermenlinie» bilden.

AUSKUNFT Regionalverband Steirisches Thermenland, Tel. 03155/42 04.

Eine erste Therme befindet sich ganz in der Nähe von Fürstenfeld: *Bad Loipersdorf*, das seinen Namen einem Loipold aus der Familie der Wildonier verdankt. Jahrhundertelang war es ein Dorf wie Dutzende andere auch, bis es eher zufällig wachgeküßt wurde. «Es war einmal eine Erdölbohrung ...» Doch statt des begehrten schwarzen Goldes sprudelte 62 Grad heißes Wasser aus 1100 Meter Tiefe; Wasser, das sich hervorragend zur Behandlung von Rheuma- und Gelenkserkrankungen, Kreislauf- und Durchblutungsstörungen, Arthrosen und Spondylosen eignet. 1985 wurde die Therme Loipersdorf, die sich einige Kilometer außerhalb des Ortes, direkt an der Landesgrenze befindet und zum Großteil dem Land Steiermark gehört, eröffnet. Das Angebot ist vielfältig: Thermal- und Erlebnisbad, Sauna und Dampfbad, Herz-Kreislauf-Training und Wirbelsäulengymnastik, Beauty-Farm und Fango-Packungen, Heilmassagen und so weiter.

AUSKUNFT Gemeindeamt, Loipersdorf 101, Tel. 03382/82 25. Tourismusverein, Loipersdorf 152, Tel. 03382/82 04-95. **ÜBERNACHTEN** In einem der fünf privaten Hotels, die zwar nicht an der Therme beteiligt sind, wohl aber einen direkten Zugang zum Bad besitzen, wie das Thermenhotel Stoiser, Tel. 03382/82 12, oder das Thermenhotel Vier Jahreszeiten, Tel. 03382/83 85. Zu empfehlen sind das Thermenland-Golfhotel Landhaus Römerstein mit eigenem Bad, Biosauna und Massagestudio, Tel. 03154/67 77, oder das nette Loipenhof Hotel-Garni, das außerhalb der Therme im Wald gelegen ist, Tel. 03382/85 74. **RADFAHREN** Di und Do geführte Radtouren über eine Strecke von etwa 20 Kilometern. In der Radregion Bad Waltersdorf – Fürstenfeld – Therme Loipersdorf gibt es insgesamt 27 markierte Radwanderwege. Das dreiteilige Kartenset erhält man über den Regionalverband Steirisches Thermenland. **WANDERN** Geführte Wanderungen jeden Mi. **GOLF** Thermengolfanlage Loipersdorf, 18-Loch-Golfplatz, Schnupper-Golfkurse und Grundkurs, 8282 Gillersdorf 50, Tel. 03382/85 33.

Bevor man nach Blumau, dem künftigen Bad Blumau im Norden von Fürstenfeld weiterfährt, empfiehlt sich ein Abstecher nach Bierbaum, wo neben schönen alten Bauernhöfen eine «1000jährige Eiche» steht. Der beeindruckende Baum mit mehreren Metern Stammumfang ist angeblich die älteste Eiche Europas; eine zweite, etwa ebenso alte befindet sich allerdings in Weinburg am Saßbach im Bezirk Radkersburg.

Die Geschichte von *«Bad Blumau»* beginnt 1979, als bei Erdölprobebohrungen ... Das Blumauer Wasser kommt aus 3000 Meter Tiefe und ist fast kochend heiß. 1987 wurde der Kärntner Baulöwe Rogner für das Projekt gewonnen, der wiederum Friedensreich Hundertwasser für die «Gestaltung» der Therme verpflichtete. Bereits lange vor der Eröffnung im Frühjahr 1997 setzte die Hundertwasser-Verwertungsmaschinerie in Form eines hierzulande noch nie dagewesenen Baustellentourismus ein, bei dem man mitansehen konnte, «welch großen Spaß» die Arbeiter beim Zerschlagen und Wiederzusammensetzen der Fliesen hatten. Bunte Säulchen, gewellte Böden, keinerlei Ecken zum Verstecken, das übliche Bild. Die hyperbunte und superungerade Mega-Fantasy-Erlebnistherme für 1000 Besucher, deren Errichtung 1,3 Milliarden Schilling kostete, entlockt Architekturkritikern wie Dietmar Steiner bloß ein Achselzucken: «So kleistert man halt Häuser zusammen.» Unverbesserliche Fans des Behübschers werden begeistert sein; für notorische Hundertwasser-Gegner wird diese Apotheose des Kitsches zum angstschweißtreibenden Alptraum.

Therme Blumau, 8283 Blumau 100, Tel. 03383/32 00-19.

Der Ort erhofft sich vom Hundertwasser-Treiben einen wirtschaftlichen Aufschwung. Denn abgesehen von einigen älteren Häusern, die allesamt restaurierungsbedürftig sind, hat Blumau nicht viel zu bieten. Die Pfarrkirche wurde 1703 errichtet und ist dem Pestheiligen Sebastian geweiht. Sehenswert ist ein schöner hölzerner Taubenkogel aus dem 19. Jahrhundert mitten im Ort.

AUSKUNFT Gemeindeamt, Blumau 65, Tel. 03383/23 77. **REITEN** Reitstall Franz Heschl, Blumau 39, Tel. 03383/22 02. **ANGELN** In der Lafnitz und im Safenbach, Auskunft: Tel. 03383/22 06.

Kulturell ergiebiger ist *Bad Waltersdorf,* das bereits zum Bezirk Hartberg gehört. Auf dem Weg dorthin zeigt sich die Landschaft «typisch oststeirisch»: Wälder, Maisfelder, Haufendörfer und etwas Obst. Das Gebiet wurde im Jahr 1043 Bestandteil der Karantanischen Mark, aus Gründen des Grenzschutzes entstand zur Lafnitz hin ein breiter Wald- und Ödlandgürtel. Zu Beginn des 12. Jahrhunderts kamen bayrische Siedler ins Land, begründeten neue Dörfer und benannten diese nach ihren Anführern. Im Fall von «Walters Dorf» war es der Hochfreie Walther von der Traisen, der um 1130 mit seinen Bauern die Urwälder der Gegend rodete. Die weitere Geschichte der Region ist von ihrer Position «am Hofzaun des Reiches» geprägt, das heißt von regelmäßigen Ein- und Überfällen aus dem Osten.

Was ein richtiger Kurort ist, besitzt auch einen Kurpark. Den von Bad Waltersdorf erkennt man vor allem daran, daß die Bäume namentlich bezeichnet, der Transformator mit bunten Schmetterlingen bemalt und die übliche Mehrzweckhalle «Kulturhaus» genannt wurden.

Davon einmal abgesehen, besitzt Bad Waltersdorf eine wirklich sehenswerte *Pfarrkirche,* die der hl. Margareta geweiht ist und 1690 auf den Grundfesten einer älteren gotischen Kirche erbaut wurde. Die barocke Innenausstattung stammt aus der ersten Hälfte des 18. Jahrhunderts, der mächtige Hochaltar von 1721 ist mit einem Bild des Vorauer Stiftsmalers J. C. Hackhofer geschmückt. Vom früheren Kirchenbau ist ein Grabstein der Frau Catharina Rindtsmäulin von 1667 erhalten, und ein Inschriftenstein am Triumphbogen erinnert an den 1757 verstorbenen Johannes Domenicus Gräsl, «gewester Müller Meister in Blumau».

Die wahre Attraktion der Waltersdorfer Kirche ist jedoch das *Glücksrad im Chor.* Erhaltene Glücksräder sind überaus selten, in der Steiermark ist dieses das einzige seiner Art. Vier Könige als Repräsentanten der irdischen Macht symbolisieren das ständige Auf und Ab des Lebens, die Vergänglichkeit von

Reichtum und Macht. Der linke, aufsteigende König ist noch voll der Hoffnung: «regnabo» – ich werde herrschen. Der obere, stark beschädigte ist am Zenit seiner Macht angelangt: «regno» – ich herrsche. Der rechte, abwärts fahrende König, hat bereits resigniert: «regnavi» – ich habe geherrscht. Der untere König aber mußte erkennen: «sum sine regno» – ich bin meiner Herrschaft entkleidet.

Neben dem barocken Pfarrhof befindet sich eine bemerkenswerte Sammlung von vorzüglichen *Römersteinen* aus dem 1. und 2. Jahrhundert, die 1965 hier aufgestellt wurden. Berühmt ist das marmorne Ehrensitzrelief; es zeigt, daß die Gegend von Waltersdorf ein bevorzugter Siedlungsbereich höhergestellter Persönlichkeiten gewesen sein muß. Weiters das norische Mädchen, zweifellos eine Dienerin, die in ihrer Rechten einen quadratischen Schirm und in ihrer Linken eine zylindrisch geformte Laterne hält. Ungewöhnlich ist auch die Grabmalsbekrönung, die Albert von Muchar folgendermaßen beschrieb: «Ein Monument mit zwei auswärts schauenden Löwen und zwischen ihnen in der Mitte ein Menschenkopf mit einer Tiara, Locken und ehrwürdigem Barte».

Römerstein in Bad Waltersdorf

Das *Kurzentrum* von Bad Waltersdorf liegt etwas außerhalb des Ortes auf einem Hügel an der Straße nach Fürstenfeld. Die privat geführte Therme Waltersdorf positioniert sich zwischen der «Erlebnistherme» Loipersdorf und der «Therapietherme» Bad Gleichenberg. Das Angebot umfaßt Thermal- und Massagebecken, Kneippanlagen, finnische Saunen, Gesundheitsseminare, Moor-, Fango- und Thalassobehandlungen, Elektrotherapien und Bioenergetik.

AUSKUNFT Informationsbüro, 8271 Bad Waltersdorf, Tel. 03333/31 50. Heiltherme Bad Waltersdorf, Tel. 03333/27 17. **ESSEN UND TRINKEN** Thermenhof (Haubenlokal), Tel. 03333/28 01. **ÜBERNACHTEN** Hotel Steigenberger – Bad Waltersdorf mit hauseigener Thermal-Badeanlage, Tel. 03333/32 11. Gasthof-Restaurant Safenhof, Bad Waltersdorf 78, Tel. 03333/22 39. Pension-Restaurant Fischer, Bad Waltersdorf 58, Tel. 03333/22 73. Thermal-Biodorf Sonntagsberg, Tel. 03333/32 81. **EINKAUFEN** Steirisches Kunsthandwerk Lannerdorfer, Wagerberg 10, Tel. 03333/23 00. Bauernmarkt bei der Heiltherme, Di, Do und Fr 14–18 Uhr, Sa 14–17 Uhr. **RADFAHREN UND WANDERN** Zahlreiche Rad- und Wanderwege, Auskunft im Informationsbüro. **REITEN** Dietlinde Duml, Untermayerhofen 208, Tel. 03333/25 09. **ANGELN** Im Safen- und im Saifenbach sowie im Naturteich der Gemeinde Großhart-Auffen. Privatteich Ewald Prozek, Tel. 03333/27 20.

DAS HOCHZEITSSCHLOSS OBERMAYERHOFEN

Nur wenige Kilometer von Bad Waltersdorf entfernt liegt das romantische Schloßhotel Obermayerhofen. Der Rittersitz der Meierhofer wurde im 12. Jahrhundert gegründet und 1377 von der Familie Teuffenbach erworben. Der letzte Teuffenbach, Rudolf, diente Schiller übrigens als Vorbild für den Feldmarschall Tiefenbach in seinem «Wallenstein». Der schöne Arkadenhof, der wegen seiner guten Akustik im Sommer für Konzerte genutzt wird, zeigt zwei Bauperioden, eine aus der Renaissance und eine barocke. Seit 1977 befindet sich Schloß Obermayerhofen im Eigentum der Familie Kottulinsky, die die nach dem Krieg völlig devastierte Anlage renovieren ließ und sie nun als Schloßhotel und «Hochzeitsschloß» führt. Als Standesamt dient der sogenannte Tropensaal, der seinen Namen den phantasievollen spätbarocken Fresken Franz Mosers mit exotischen Tieren und Pflanzen verdankt. Und am Morgen danach kann man vom angrenzenden Frühstückszimmer aus bis zum Pöllauberg sehen …

In der Schloßkapelle finden sich ein schönes spätgotisches Kruzifix (um 1500) und mehrere sehenswerte Epitaphe, zum Beispiel das der Freifrau Catharin Herberstein († 1606), der Gemahlin jenes Servaz Teuffenbach, der das Schloß zu seiner heutigen Größe ausbauen ließ.

Schloßhotel Obermayerhofen, 8272 Sebersdorf, Tel. 03333/25 03, Öffnungszeiten: 1.3.–7.1. Feinschmeckern seien die beiden hauseigenen Restaurants besonders ans Herz gelegt.

EINKAUFEN Harmonikaerzeugung Zernig, 8272 Sebersdorf 229, Tel. 03333/21 74. Atelier Rudolf Pichler (Skulpturen), Sebersdorf 130.

Ideal zum Angeln und Baden ist der idyllische Naturteich außerhalb des Ortes Großhart. Die Wallfahrtskirche zur Schmerzhaften Maria im Ortsteil Auffen wurde 1718 erbaut. Sehenswert ist der volkstümliche Freskenzyklus der Sieben Schmerzen Mariae aus dem 18. Jahrhundert. Wer hingegen

Trau dich – auf Schloß Obermayerhofen!

Gusto auf Straußenfleisch hat: Das Hotel-Restaurant Lindenhof in Auffen besitzt eine eigene Zucht (Tel. 03333/23 20).

Einige Kilometer nördlich von Obermayerhofen liegt der Ort *St. Magdalena am Lemberg*, dessen Pfarrkirche 1788 auf dringliche Bitten der Bevölkerung anstelle einer Jagdkapelle des Grafen Kottulinsky erbaut wurde. Besichtigt werden kann auch das Heimatmuseum des Josef Rath.

Heimatmuseum, Weinberg 130, Tel. 03332/83 94.

AUSKUNFT Gemeindeamt, 8274 St. Magdalena 44, Tel. 03332/81 69. Tourismusverein, Tel. 03332/81 15. **ESSEN UND TRINKEN** Gasthof und Pension Gerngroß, Tel. 03332/81 14. **EINKAUFEN** Kreatives Kunsthandwerk Uitz, St. Magdalena 84, Tel. 03332/88 66.

ILZ UND SEINE UMGEBUNG

Ilz ist eine typische Straßensiedlung, die an der Kreuzung der nach Ungarn führenden Straße und der wichtigen Nord-Süd-Verbindung von Hartberg nach Feldbach liegt und gegen Ende des 12. Jahrhunderts entstand. Die Mariensäule (1666) am Marktplatz erinnert an die Türkenschlacht bei Mogersdorf. Seit etwa 1400 ist die dem hl. Jakobus dem Älteren geweihte *Pfarrkirche* nachweisbar, wenngleich das gotische Gotteshaus 1671 durch einen barocken Neubau ersetzt und 1910 neuerlich umgestaltet wurde.

Die Innenausstattung ist klassizistisch bis neobarock. In der rechten Seitenkapelle ist ein Bild des hl. Donatus (1744) zu sehen, der das unter ihm liegende Ilz vor den Blitzen bewahrt. Darüber erhebt sich übrigens der Kirchturm, der tatsächlich mehrmals von Blitzen getroffen wurde. Das schöne Epitaph mit lebensgroßer Darstellung des Verstorbenen gehört Hans von Mindorf (1648).

Einen Besuch verdient auch das kleine *Heimatmuseum* hinter dem Gemeindeamt mit vielen interessanten Ausstellungsgegenständen aus den Bereichen der früheren Lebens- und Wirtschaftsweise, zum Beispiel dem Braunkohlenbergbau oder dem Tabakanbau. In den liebevoll gestalteten Schauräumen sind darüber hinaus eine Bauernküche, ein Schwarzbrennofen aus Ton, eine Schusterwerkstatt mit «Stallschuhen», eine sogenannte «Ölkua», eine anthropomorphe Heinzelbank und ein selbstgebasteltes Maissetzgerät zu sehen.

Heimatmuseum Ilz, Öffnungszeiten: Mo–Do 14–16 und So 15–17 Uhr, bei Voranmeldung im Gemeindeamt Führungen nach Vereinbarung. **AUSKUNFT** Gemeindeamt, 8262 Ilz, Tel. 03385/377. **ANGELN** Im Ilzbach, Auskunft: Kaufhaus Baronigg, Tel. 03385/261. **REITEN** Reitstall Vanek, Schloß Benndorf, Tel. 03385/221.

In der unmittelbaren Umgebung von Ilz gibt es gleich mehrere Schlösser: Interessant ist Schloß Kalsdorf, eine traditionsreiche Anlage mit sehenswerter Barockkapelle, die sich lange Zeit im Besitz der Grafen Wildenstein befand. Im Zweiten Weltkrieg in Brand gesteckt, gehört das Schloß heute dem Land und soll demnächst revitalisiert werden.

Am meisten Beachtung verdient *Schloß Feistritz* auf dem Weg nach Großhartmannsdorf. Die Anfänge der ehemaligen Wasserburg reichen bis ins 12. Jahrhundert zurück. Ihr heutiges Aussehen verdankt die weitläufige Anlage den Mindorfern, die im 15. Jahrhundert als Pfleger eingesetzt wurden. Sehenswert ist vor allem die dem hl. Michael geweihte Schloßkapelle mit prachtvollem Rokokoaltar und dem Epitaph des Christoph von Mindorf (1596). Das beeindruckende, zum Teil etwas desolate Schloß befindet sich in Privatbesitz und ist daher nur auf Anfrage zu besichtigen.

Schloß Feistritz, Walter Homher, Tel. 03385/74 17.

Auf der gegenüberliegenden Seite der Feistritz liegt *Hainersdorf*. Die dem hl. Georg geweihte Pfarrkirche wurde im 17. Jahrhundert errichtet, ihre Einrichtung stammt ziemlich einheitlich aus dem 18. Jahrhundert. Außen an der Kirchenmauer ist der Römerstein des Titus Flavius Maximus vom Beginn des 2. Jahrhunderts zu sehen.

Das große, seltsame Gebäude am Ortseingang von *Obgrün* ist nichts anderes als eine Tabakhütte. Ein Blick in den vierstöckigen Holzbau, in dem im Sommer Abertausende Tabakblätter malerisch in allen Phasen der Trocknung drapiert sind, lohnt sich. Gleich gegenüber versteckt sich inmitten der Tabakfelder das winzige *Tabakbaumuseum*, das von den hiesigen Bauern initiiert und von der Austria Tabak gesponsert wurde. Den Schlüssel zum Museum verwahrt die Familie Baliko, die sich seit mehreren Jahrzehnten dem Tabakanbau verschrieben hat. In allerletzter Zeit ist der Tabakanbau in der Region allerdings stark rückläufig.

Eine andere Pflanze wird in der Gemeinde *Großsteinbach* hochgehalten: Die selten gewordene lilafarbene Schachblume, die mit ihrer glockigen Blüte zur Gattung der Liliengewächse gehört und Ende März, Anfang April in den Wiesen blüht. Pflücken darf man das seltene Stück natürlich nicht. Die ursprünglich gotische Pfarrkirche zur hl. Magdalena trägt seit ihrer allzu großzügigen Erweiterung im 18. Jahrhundert den treffenden Spitznamen «Bruthenne von Großsteinbach». Von der spätbarocken Einrichtung ist der Hochaltar mit eindrucksvollem Tabernakel (1776) hervorzuheben. Sehr schön ist auch der benachbarte Pfarrhof mit reich stuckierter Barockfassade.

Eine besondere Sehenswürdigkeit ist die *Erste österreichische Kunstbäckerei* der Ingrid Wachmann. Während Gatte Josef für die konventionellen Backwaren zuständig ist, formt Frau Ingrid bis zu einen Meter große Kunstwerke aus Semmelteig, «bekömmliche» Semmelteig-Politiker, Lebensbäume, Sternzeichen, Musikinstrumente, leicht geschürzte Damen «zum Anbeißen», Porträts, Motorräder, Flugzeuge oder Babys, die allesamt weggehen wie die warmen Semmeln. War der Storch zu Besuch, überwiegt jedoch meistens die Tradition: Bei der Geburt eines Mädchens überreicht man den Eltern eine große geschlitzte Semmel, für Buben gibt es einen phallischen «Sprungstriezel».

AUSKUNFT Gemeindeamt, 8265 Großsteinbach 62, Tel. 03386/206.
EINKAUFEN Ölmühle Auer, 8265 Großsteinbach 78, Tel. 03386/276, feines Kernöl und andere bäuerliche Produkte. Bäckerei Wachmann, 8265 Großsteinbach 81, Tel. 03386/279. Friedrich Eibel, der letzte Faßbinder der Region, 8265 Kroisbach a.d. Feistritz 67, Tel. 03386/223.

RADFAHREN In der Region gibt es 60 km markierte Radwege mit Verbindungswegen zu den Thermen Waltersdorf und Blumau sowie zum Wallfahrtsort Maria Fieberbründl. **BADEN** Badesee Großsteinbach, Tel. 03386/208. **ANGELN** Schotterteich, Auskunft Tel. 03386/208.

Drei Orte seien noch erwähnt, die südlich von Ilz im Rittscheintal liegen. Die Marktgemeinde *Hartmannsdorf* hieß bis 1922 amtlich Windisch-Hartmannsdorf, da es in der näheren Umgebung noch slawische Siedlungen gab. Die Pfarrkirche zur hl. Radegundis wurde 1727 neu errichtet; vom spätgotischen Vorgängerbau ist im wesentlichen nur noch der Altarraum erhalten. Die Inneneinrichtung stammt vorwiegend aus dem späten 19. Jahrhundert, die Kanzel aus josephinischer Zeit.

AUSKUNFT Tourismusverein, 8311 Markt Hartmannsdorf, Tel. 03114/22 01. **EINKAUFEN** Bauern- und Ikonenmalerei Maria Müllner, Tel. 03114/28 21.

Schon auf der Fahrt nach *Ottendorf an der Rittschein* sticht der sehr hohe, sehr gerade und lustig behelmte Kirchturm der Pfarrkirche zur hl. Helena förmlich ins Auge. 1956 wurde das aus dem 15. Jahrhundert stammende Kirchlein mit Netzgratgewölbe als Vorhalle in einen groß angelegten Neubau einbezogen. Die vorwiegend barocke Einrichtung ist aus mehreren Kirchen zusammengetragen.

Landschaftlich reizvoll ist der Ziegenberg, zwischen der Rittschein und dem Ilzbach gelegen, auf dem Obst- und Weinbau betrieben wird. Die Straße ist kaum befahren, eignet sich also hervorragend für eine Wanderung, zum Beispiel zur kleinen Bergkapelle mit Holztürmchen aus dem Jahr 1690.

AUSKUNFT Gemeindeamt, 8312 Ottendorf a.d.R. 132, Tel. 03114/25 07.

Breitenfeld an der Rittschein besitzt eine sehr stattliche barocke Pfarrkirche, die in den Jahren 1681–1698 als Pestwallfahrtskirche errichtet wurde. Bemerkenswert ist die Einrichtung, zum Beispiel der zweigeschossige Hochaltar mit dem Bild des Christus Salvator (1645), der reiche Figurenschmuck und die schöne Kanzel (1733).

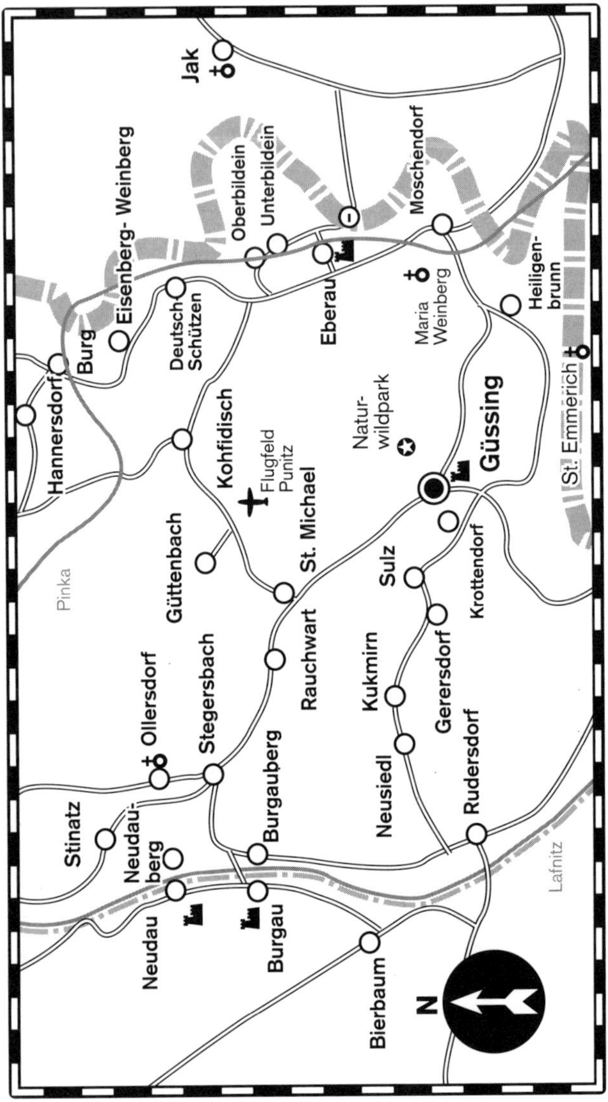

Jak
Eisenberg- Weinberg
Oberbildein
Unterbildein
Moschendorf
Heiligen-
brunn
Maria
Weinberg
St. Emmerich
Eberau
Deutsch-
Schützen
Burg
Hannersdorf
Kohfidisch
Flugfeld
Punitz
Natur-
wildpark
Güssing
St. Michael
Güttenbach
Sulz
Krottendorf
Pinka
Rauchwart
Kukmirn
Gerersdorf
Ollersdorf
Stegersbach
Burgauberg
Neusiedl
Rudersdorf
Stinatz
Neudau-
berg
Neudau
Burgau
Bierbaum
N
Lafnitz

Zweiter Ausflug nach Pannonien

IM LAFNITZTAL

Die Lafnitz entspringt im Wechselgebiet und mündet kurz nach der Staatsgrenze bei Szentgotthárd in die Raab. Die längste Zeit über bildet der Fluß die Grenze zwischen der Steiermark und dem Burgenland. Im vorigen Jahrhundert wurden an seinem Lauf zahlreiche Mühlen und Kleinkraftwerke errichtet. Trotz intensiver Bewirtschaftung – unübersehbar im wahrsten Sinn des Wortes sind die Maismonokulturen – wachsen am mäanderreichen Fluß noch Reste von Auwäldern. Diese Biotope stellen einen wichtigen Lebensraum für zahlreiche Tiere und Pflanzen dar: Fischotter, Eisvögel, Flußregenpfeifer, Stockenten, Graureiher, Störche, Turmfalken, Eulen, als Durchzugsgäste auch See- und Fischadler, Graugänse und Enten – und auch selten gewordene Pflanzen wie das Knabenkraut oder die Sibirische Schwertlilie.

Mit über 40 Fischarten zählt die Lafnitz außerdem zu den artenreichsten Flüssen Österreichs, was daher rührt, daß sie zwei große Naturräume durchfließt, die Alpen und die pannonische Tiefebene. Seit 1984 hat der Naturschutzbund im Rahmen seines Flächensicherungsprogramms einige strategisch bedeutsame Biotope an der Lafnitz angekauft. Betreut werden sie von den aktiven Bezirksgruppen Hartberg und Fürstenfeld.

Von Fürstenfeld gelangen wir Richtung Norden über Bierbaum nach *Burgau,* einem netten Ort mit unübersehbar burgenländischem Charakter, der eigentlich aus zwei Teilen besteht: der alten Siedlung zwischen Burg und Kirche und der regelmäßigen Neusiedlung, angelegt für die Arbeiter einer Baumwollspinnerei im 18. Jahrhundert. Mitten im Ort befindet sich *Schloß Burgau,* das 1367 erstmals erwähnt und im 16. Jahrhundert von den Trauttmansdorffern erworben wurde. Zu dieser Zeit verwüsteten Haiducken, Kuruzzen, Kroaten und Ungarn mehrmals die Gegend, und auch die adeligen Herren unterdrückten ihre Untertanen sehr. Einen gewissen Aufschwung brachten erst die Batthyány, die die Herrschaft 1753 ankauften und hier 1789 die erste Baumwollspinnerei der Monarchie errichteten. Der letzte feudale Grundherr war Ludwig Graf Batthyány, der ungarische Ministerpräsident, der wegen seiner Teilnahme am Aufstand von 1848 hingerichtet wurde. Heute gehört das Schloß der Marktgemeinde, die sich in der restaurierten Vorburg eingerichtet hat. Das alte Wohnschloß mit seinem zweistöckigen Arkadenhof wird für Ausstellungen, Konzerte und Veranstaltungen genutzt.

Auf einer Anhöhe oberhalb des Badeteiches, einem Relikt der alten Wasserburg, befindet sich die Pfarr- und Wallfahrtskirche Mariae Gnadenbrunn. Zu sehen gibt es spätgotische Gewölbefresken im Chor, eine kleine Marienstatue aus dem 15. Jahrhundert am barocken Hochaltar und das Epitaph eines früheren Schloßherren, Weikhart von Polheim, aus dem 16. Jahrhundert.

AUSKUNFT Gemeindeamt, 8291 Burgau, Schloß 1, Tel. 03383/23 25. **ÜBERNACHTEN** Gasthof zum Hirschen, 8291 Burgau, Tel. 03383/22 26. **CAMPING** Am Schloßweg, Mitte April bis Mitte Oktober, Anmeldung und Auskünfte: Tel. 03383/22 22. **EINKAUFEN** Burgauer Hofladen, Bauernspezialitäten & Kunsthandwerk. **BADEN** Strandbad Burgau, Tel. 03383/23 55. **RADFAHREN** 200 km markierte Radwege rund um Burgau. Für leistungsorientierte Radfahrer: Der Steirische Thermen-Radwanderweg «R 12» führt über Burgau. Mountainbikestrecke im Ort. Radverleih und Rückholdienst vorhanden.

Jenseits der Lafnitz, auf burgenländischer Seite, liegt *Burgauberg*, das mit Burgau durch eine landesübergreifende Pfarre verbunden ist, eine historisch gewachsene Besonderheit, die sich auch in Neudau und Neudauberg sowie in Wörth und Wörterberg findet. Diese Bergsiedlungen, von denen man herrliche Ausblicke bis weit in die Steiermark hat, entstanden im 15. Jahrhundert als Weinbergsiedlungen ihrer Muttergemeinden und bildeten noch im 18. Jahrhundert eine der größten Weinbaugemeinden des Burgenlandes. Heute gibt es hier praktisch keinen Weinbau mehr.

AUSKUNFT Gemeindeamt, Burgauberg 20, Tel. 03326/521 91. **ESSEN UND TRINKEN** Gasthaus Trummer, 8291 Burgauberg 5, Tel. 03326/ 522 58.

Auch *Neudau* wurde durch seine grenznahe Lage vom frühen 15. bis ins 18. Jahrhundert wiederholt von Ungarn, Türken, Haiducken und Kuruzzen heimgesucht, aber auch durch die Einquartierung eigener Truppen mehrfach verwüstet. Beherrscht wird der Ort vom gleichnamigen Schloß, einer alten Wasserburg, deren Bausubstanz zum Großteil aus dem 16. Jahrhundert stammt. Das Schloß gelangte im Jahr 1706 durch eine Heirat in den Besitz der aus Oberschlesien stammenden Grafen Kottulinsky und wurde nach dem Ende der Kuruzzenkriege grundlegend neugestaltet.

Den Kottulinsky begegnet man hier überall: an der schönen Mariensäule von Veit Königer (1765), in der schlichten, kleinen Pfarrkirche zum hl. Andreas, wo sich ihre frühere Grabkapelle befindet, und auf der Weiterfahrt nach Wörth, wo links am Waldrand ihre pompöse spätere Begräbnisstätte steht, ein klassizistischer Kuppelbau mit einer mächtigen Freitreppe.

AUSKUNFT Gemeindeamt, 8292 Neudau 74, Tel. 03383/22 25.

Das Kottulinsky-Mausoleum bei Neudau

STINATZ

Auf einer Anhöhe jenseits der Lafnitz liegt die burgenländische Marktgemeinde Stinatz. Gegründet wurde die Siedlung im 16. Jahrhundert von elf kroatischen Familien aus der Gegend von Karlovac, die im Grenzgebiet zwischen den Herrschaften der ungarischen Magnatenfamilie Batthyány und der steirischen Herren von Polheim angesiedelt wurden. Stinatz war schon im 18. und 19. Jahrhundert ein Dorf der Viehhändler und der fahrenden Kaufleute, Erwerbszweige, die aus der allgemeinen Armut resultierten und im Saisonarbeiter- und Pendlerwesen unseres Jahrhunderts ihre Fortsetzung fanden. Zu sehen gibt es das «Heimathaus», eine kleine Gruppe strohgedeckter Häuser mit einem Kitting, das für kulturelle Veranstaltungen genutzt wird. Denn in Stinatz hält man die kroatische Kultur in Musik, Tänzen und farbenprächtigen Trachten immer noch hoch.

Obwohl die weitläufige Gemeinde österreichweit als Heimat der Resetarits-Brüder bekannt wurde, ist sie fest in der Hand eines anderen Clans. Von 1500 Einwohnern tragen nicht weniger als 600 den Namen Grandits. Zu einiger Bekanntheit brachten es die Geschwister und Dokumentarfilmer Marijana und Ernst A. Grandits. Marijana erwirkte 1987 sogar die Anerkennung ihrer Muttersprache als offizielle Amtssprache. Seither genießt sie in ihrem Heimatdorf großen Respekt. Überhaupt scheint Stinatz ein enorm fruchtbarer Boden zu sein, wenn es darum geht, Talente und Persönlichkeiten hervorzubringen. Auch Therezija Stoisitz, Nationalratsabgeordnete, Justiz-, Minderheiten-, und Menschenrechtssprecherin der Grünen und ein stolzes «Kind einer Assimilantenfamilie», stammt aus Stinatz.

Von Stinatz sind es nur wenige Kilometer nach Ollersdorf mit der 1764 errichteten Wallfahrtskirche Mariae Himmelfahrt. Das von den Wallfahrern verehrte Gnadenbild befindet sich übrigens nicht in der großzügig erweiterten Kirche, sondern in der gegenüberliegenden Kapelle.

Ollersdorf ist ein überaus aktives Wallfahrtszentrum. Am 25. jedes Monats gibt es eine abendliche Wallfahrt von Stegersbach aus. Am 15. August, dem «Großfrauentag», strömen die Pilger aus der ganzen Region zusammen. «In Stinatz», so ein geflügeltes Wort, «kann ma einbrechen gehn, do is ollas do»; intimer ist der «Kleinfrauentag» am 8. September, zugleich das Kirtagsfest des Ortes.

MUTTER COURAGE UND IHRE BUAM

Nach dem 11. Dezember 1995, als Roland Adrowitzer seinen ORF-Kollegen Peter Resetarits anrief, um ihn von der Briefbombe zu informieren, die an seine Mutter adressiert worden war, ist der Resetarits-Clan noch enger zusammengerückt. Angela Resetarits kam mit dem Schrecken davon, die Familie einmal mehr in die Schlagzeilen. «Was bildet ihr Kroaten euch ein?» meinte ein erboster Leserbriefschreiber, nachdem Mutter Resetarits beim «Fest der Republik» im Frühjahr 1995 gemeinsam mit ihrem Sohn Willi alias Professor Dr. Kurt Ostbahn vor 50.000 Menschen das kroatische Lied «Lipo ti je» gesungen hatte, das Klagelied einer Mutter, deren Sohn in den Krieg gezogen ist: «Eher blühen Rosen aus der Feuerstelle, eher wird die Jauche zu Wein, als daß der Soldat aus dem Krieg zurückkommt.»

Stinatz' berühmteste Söhne

Willi war der erste der drei Resetarits-Brüder, der von sich reden machte, als er die mittlerweile legendären «Schmetterlinge» mitbegründete. 1985 mutierte er zum Ostbahn Kurti und verstärkte seither seinen Kampf gegen die Ungerechtigkeit. Er trommelte für SOS Mitmensch, setzte sich für Ausländer ein und initiierte ein Integrationshaus für bosnische Flüchlinge – Streitgespräche mit erbosten Anrainern bei der Eröffnung dieses Hauses sind filmisch dokumentiert. Willi war es auch, der seinen Bruder Erich Lukas ermunterte, als 30jähriger und zweifacher Familienvater den sicheren Job beim Flughafen aufzugeben, um seiner wahren Berufung als Kabarettist zu folgen. 1977 brachte Lukas Resetarits sein erstes Soloprogramm heraus, 1980 wurde er als Kottan Nr. 3 zur landesweiten Kultfigur. Peter, der Nachzügler und Doktor (juris) der Familie, wählte den Beruf des integren Journalisten. Eine seiner «Am Schauplatz»-Reportagen brachte den «Fall Izlinger» ins Rollen und ihm 1995 den begehrten Prof.-Claus-Gatterer-Preis ein.

Woher die drei ihren Hang zum öffentlichen Auftritt haben? Vielleicht vom Vater, einem Baumeister, der in seiner Jugend mit Leib und Seele Mitglied der Stinatzer Laiengruppe «Die zehn lustigen Buam» war. Auf ihre «drei Buam» kann Angela Resetarits jedenfalls stolz sein: «Weil sie so gute Menschen sind.»

HALLO? HIER STEGERSBACH!

Zentrum der Region ist seit alters her Stegersbach. Früher hieß der Ort Stegreifebach, was nichts anderes als die Eindeutschung des slawischen «Strem»-Baches ist. Im 16. Jahrhundert wurden auch in dem zur Güssinger Herrschaft gehörenden Stegersbach Kroaten angesiedelt, weshalb es eine Zeitlang sogar zwei Bürgermeister gab.

Im ehemaligen *Kastell,* das 1636 von Giovanni Orsolini im Stil der Renaissance errichtet wurde, ist heute das sehenswerte *Regional- und Telegraphenmuseum* einquartiert – mit Schwerpunkt Telegraphie. Und das kommt nicht von ungefähr: 1882 trat der erste Stegersbacher als Telegraphenleitungsbauarbeiter in den Dienst der Kommunikation. Was als individuelle Flucht aus der allgemeinen Armut begonnen hatte, setzte sich nun von Familie zu Familie und von Generation zu Generation fort. 1930, am Höhepunkt der Wirtschaftskrise, waren mehr als 200 und bis dato etwa 700 Stegersbacher in der Post- und Telegraphenverwaltung tätig.

Die vom früheren Postbediensteten Wilhelm Murlasits vorbildlich gestaltete Sammlung besitzt nicht nur eine Fülle von Dokumenten, Fotografien und Uniformen aus der Frühzeit der Telegraphie, wirklich verblüffend ist der voll funktionstüchtige technische Bereich des Museums: alte Telefonapparate, Vermittlungseinrichtungen und Klappenschränke, Streifen- und Blattschreiber und als Höhepunkt ein kleines Wählamt. Im Regionalmuseum sind Ausstellungsstücke aus dem Bereich der Geologie und der Paläontologie zu sehen, unter anderem der riesige Unterkiefer eines Mastodons.

Regional- und Telegraphenmuseum, Öffnungszeiten: Ostern bis Ende Oktober, tgl. außer Mo 9–12 und 14–18 Uhr, Anmeldung: Tel. 03326/545 15. Ein praktisches Rufsystem verbindet den Besucher außerdem in ganz kurzer Zeit mit einem der freiwilligen Museumsmitarbeiter. Weitere Informationen erhält man von Wilhelm Murlasits, Steinbacher Straße 47, 7551 Stegersbach, Tel. 03326/522 30.

Sie haben richtig gewählt: Telegraphenmuseum in Stegersbach

Bei Bohrungen stieß man vor einigen Jahren auch in Stegersbach auf Thermalwasser. Das künftige «Bad Stegersbach» soll, so hofft man, schon bald neue Geldquellen erschließen. Bis dahin muß man mit dem nahen *Badesee von Rauchwart* vorliebnehmen, der im Zuge der Errichtung einer Hochwasser-Rückhalteanlage des Strembaches entstanden ist. Ein Natur- und Fischereilehrpfad und ein Campingplatz sind vorhanden.

AUSKUNFT Gemeindeamt, Hauptplatz 7, 7551 Stegersbach, Tel. 03326/23 17. **EINKAUFEN** Bauernmarkt jeden Fr nachmittag.

Im nahe gelegenen *St. Michael* hat es sich der Verein «Historische Landmaschinen Burgenland» zur Aufgabe gemacht, «landtechnische Kulturgüter» zu erhalten und der Öffentlichkeit zu präsentieren. So weit, so gut. Was in der ehemaligen Fabrikshalle auf 2500 Quadratmetern gezeigt wird, ist jedoch höchst erstaunlich: Die Palette reicht vom bäuerlichen Handwerk über nostalgische Küchen-, Haushalts- und Hofgeräte bis zur Fülle landwirtschaftlicher Saat-, Ernte-, Transport- und Verarbeitungsgeräte und -maschinen. Darunter auch die einzige vollständige Sammlung von Porsche-Traktoren in Österreich und, als skurriles Kleinod, ein originaler Gänse-Schoppschemel.

Landtechnisches Museum Burgenland, 7535 St. Michael, Schulstraße 12, Tel. 03327/88 13, Öffnungszeiten: April bis Oktober, tgl. außer Mo 9–17 Uhr.

AUSKUNFT Gemeindeamt, 7535 St. Michael, Hauptplatz 8, Tel. 03327/22 48.

DAS KROATISCHE BURGENLAND UM PINKOVAC

Die Besiedlung von Pinkovac/Güttenbach fand im späten 16. Jahrhundert statt – durch kroatische Familien, die vor den ständigen Überfällen der Türken aus ihrer Heimat ins heutige Burgenland flohen. Da die Landwirtschaft alleine die ständig wachsende Bevölkerung nicht ernähren konnte, war man bereits im 19. Jahrhundert auf Nebenerwerbstätigkeiten und Saisonarbeit angewiesen. Der Anteil der Pendler ist hier nach wie vor groß.

Ähnlich wie in Stinatz wird die kroatische Tradition auch in Pinkovac/Güttenbach durch Vereine, Tamburizza- und Folkloregruppen hochgehalten. Besonders verdient macht sich dabei die *Kulturvereinigung Pannonisches Institut* (PAIN) unter dem Obmann Robert Hajszan, die auch regelmäßige mehrsprachige Publikationen zum Thema Multikulturalität und Minderheiten herausgibt und aktiv den länderübergreifenden Kulturaustausch fördert.

Pannonisches Institut/Panonski institut, PAIN, 7535 Güttenbach/Pinkovac, Tel. 03327/824 73.

Ganz in der Nähe liegt das *Flugfeld des USFC Punitz,* der die einzige Asphaltpiste des Burgenlandes besitzt. Die Firma Punitz Flugbetrieb unterhält eine zweimotorige Cessna und bietet Taxi-, aber auch Rundflüge über das südliche Burgenland und die Oststeiermark an.

USFC Punitz, 7535 St. Michael, Postfach 6. Punitz Flugbetrieb, 7535 St. Michael, Untere Hauptstraße 165, Tel. 03327/86 84.

In der nahe gelegenen Gemeinde *Kohfidisch-Tschaterberg* wird wieder Weinbau betrieben. Der Boden – Opalit und Serpentin – läßt zwar relativ wenig, dafür aber hervorragenden Wein gedeihen. Das am Ortseingang gelegene *Schloß Erdödy-Pálffy* stammt aus dem 17. Jahrhundert und befindet sich leider in äußerst desolatem Zustand.

ENTLANG DER PINKATALER WEINSTRASSE

Die Leitsorten der «südburgenländischen Weinidylle», wie die Region neuerdings vermarktet wird, sind der rubinrote, erdig-würzige Blaufränkische und der gelbgrüne, fruchtig-rassige Welschriesling. Wir beginnen unsere Verkostung ganz im Norden, wo in Hannersdorf, am Fuße des Königsberges, kräftige Rotweine gedeihen.

Die *katholische Pfarrkirche von Hannersdorf* wurde vor 1500 im Stil der Spätgotik errichtet. Sie besitzt ein gotisches Sternrippengewölbe, die Einrichtung stammt vorwiegend aus dem 18. Jahrhundert. Bei Restaurierungsarbeiten wurde eine Kreuzigungsszene aus dem frühen 16. Jahrhundert freigelegt. Im Strebepfeiler der Apsis ist ein römischer Marmorlöwe eingemauert, der wahrscheinlich aus der Ortschaft Burg stammt.

Pfarrkirche St. Martin in Deutsch Schützen

Bei *Burg* erreichen wir die Pinka, die nun hart an der ungarischen Grenze Richtung Süden verläuft. Durch seine Lage ist Burg geradezu prädestiniert für eine Befestigung. Die ältesten Siedlungsspuren im Bereich der hoch über dem Ort gelegenen Pfarrkirche reichen bis in die Urgeschichte, Reste der mittelalterlichen Umwallung sind sogar noch zu sehen.

Das Pinkatal ist im Unterschied zu anderen südburgenländischen Regionen überwiegend katholisch, was vor allem damit zusammenhängt, daß die erste deutschsprachige Bevölkerung dieses Grenzstreifens im Laufe der Türkenkriege aufgerieben und das Land mit katholischen Kroaten und Deutschen wiederbesiedelt wurde.

Die Straße führt nun nach *Eisenberg-Weinberg* hinauf, wo man in einer der zahlreichen Buschenschenken neben prächtigem Rotwein auch einen herrlichen Panoramablick von Ungarn bis in die Steiermark serviert bekommt. Wem beides zu Kopf steigt – nette Fremdenzimmer sind vorhanden. Und wer das Studium der alten Weinkeller noch fortsetzen möchte, wird auch in der tiefer gelegenen Ortschaft Eisenberg gut bedient werden.

Zwar ist das Straßendorf *Deutsch Schützen*, das seinen Namen einer Ansiedlung von Bogenschützen zur Grenzsicherung verdankt, nur von geringem Interesse, keinesfalls versäumen sollte man allerdings die etwas außerhalb gelegenen Reste der *alten Pfarrkirche St. Martin*. Das zu Beginn des 15. Jahrhunderts errichtete und im 18. Jahrhundert barockisierte Gotteshaus war 1927 derart baufällig, daß es polizeilich gesperrt werden mußte. Zwei Jahre später wurde mit dem Abriß der alten Kirche begonnen. Verschont blieb nur die Apsis, die mit einer neuen Schutzwand abgeschlossen wurde. Grabungen unter der Apsis brachten römische Grundmauern und Gräber zutage. Interessant sind auch die Wandkritzeleien kroatischer Siedler, die sich zu Beginn des 17. Jahrhunderts an der Kirchenmauer verewigt haben.

Barocke Mariensäule in Unterbildein

An der Rückseite der Kirche ist eine Tafel angebracht: «Zum Gedenken an die am 29.3.1945 ermordeten und im Schutzwald verscharrten 57 jüdischen Zwangsarbeiter». Die lange Zeit unentdeckt gebliebene Grabstätte der Ermordeten befindet sich im nahen Wald und wurde vor kurzem in eine Gedenkstätte umgewandelt.

AUSKUNFT Gemeindeamt, 7474 Deutsch Schützen-Eisenberg, Tel. 03365/22 25. Tourismusverein, Tel. 03365/22 58.

Etwas weiter südlich stoßen wir in *Oberbildein* auf einige nette ältere Höfe, im Nachbarort *Unterbildein* auf eine bunt bemalte Mariensäule aus dem 17. Jahrhundert und etwas außerhalb, an der Kreuzung der Straßen nach Eberau und Ungarn, auf eine schöne Marienstatue aus dem Jahr 1737 mit verwitterter Inschrift.

AUSKUNFT Tourismusverein, Oberbildein 35, Tel. 03323/29 23.

Ein Muß ist die romanische *St. Georgskirche* im ungarischen Ort *Ják,* über den kleinen Grenzübergang bei Eberau und Szentpéterfa zu erreichen. Baubeginn der dreischiffigen Pfeilerbasilika war das Jahr 1214, eingeweiht wurde die Kirche, die zu einer Benediktinerabtei gehörte, bereits 1256. Obwohl in der zweiten Hälfte des 16. Jahrhunderts das Klosterleben erstarb, blieb die Kirche glücklicherweise erhalten. Ende des 19. Jahrhunderts wurde sie von störenden Zu- und Umbauten befreit und umfassend restauriert.

Das romanische Kirchenportal von Ják

Abgesehen vom großartigen Gesamteindruck, sollte man seine Aufmerksamkeit vor allem dem prächtigen Haupttor mit den Statuen Christi und der zwölf Apostel, den reich verzierten Apsiden, dem Fresko des Drachenbezwingers Georg im Chor sowie den Wandbildern beim Haupteingang widmen. Aus dem frühen 13. Jahrhundert stammt auch die runde St.-Jakob-Kapelle neben der Kirche, die unter anderem als Karner gedient haben soll und in späterer Zeit barockisiert wurde.

Zurück in Österreich, ist unsere nächste Station *Eberau,* wo am Dorfanger eine schöne weinrankenverzierte Dreifaltigkeitssäule und, als Überbleibsel der herrschaftlichen Gerichtsbarkeit, ein Pranger zu besichtigen sind. An der Stirnseite des Angers steht die kleine Pfarrkirche mit gotischem Chor und Barockaltar. Dahinter führt ein Weg zum *Schloß,* das bereits um 1400 errichtet wurde. Unter Thomas Erdödy erfolgte zu Beginn des 17. Jahrhunderts der Ausbau zu einer der größten Wasserburgen Österreichs. Heute macht die gesamte Anlage inklusive der großen Wirtschaftsgebäude einen ziemlich desolaten Eindruck. Bei der Umrundung des Wassergrabens wird der Besucher von der verwunschenen Stimmung gefangengenommen.

AUSKUNFT Gemeindeamt Eberau, Tel. 03323/22 04.

Weiter südlich erblickt man die weithin sichtbare Wallfahrtskirche von *Maria Weinberg,* die als das bedeutendste Marienheiligtum des südlichen Burgenlandes gilt. Die gotische Gnadenstatue aus dem 15. Jahrhundert, im Volksmund «die Weinbergerin» genannt, hat bis heute nichts von ihrer Anziehungskraft eingebüßt. Gefeiert werden die gängigen Marienfeste – allen voran der 15. August – und der Kreuzmittwoch, der dritte Bitttag vor Christi Himmelfahrt.

Der gotische Chorraum von Maria Weinberg geht bereits auf das 12. Jahrhundert zurück – vermutlich handelt es sich um die ehemalige Burgkapelle der Festung Heinrichshaus. Der Ausbau erfolgte in mehreren Etappen im Verlauf des 15. und 16. Jahrhunderts. Im 18. Jahrhundert erhielt die gotische Kirche ihre spätbarocke Einrichtung. Besonders schön ist das gotische Sakramentshäuschen, etwas unheimlich hingegen der Gekreuzigte mit Perücke aus der Mitte des 15. Jahrhunderts. Ungewöhnlich für die heutige Zeit erscheint die barocke Immaculata-Steinsäule mitten im Kirchenschiff mit dreisprachiger Aufschrift. Die wuchtige Darstellung der Kreuzabnahme über dem Triumphboden stammt aus dem 17. Jahrhundert, die musizierenden Engel an der Emporenbrüstung sind neueren Datums.

Die Kirche ist von einem malerischen *Friedhof* umgeben. Die von hier aus gut sichtbare Kirche jenseits der Grenze ist die von Szentpéterfa – die Urpfarre des Pinkatals.

Bei *Moschendorf* verlassen wir die Pinka, die weiter nach Ungarn zieht. Hier, am südlichen Ende der Pinkataler Weinstraße, besuchen wir das *Weinmuseum*, ein aus 17 Gebäuden bestehendes Freilichtensemble mit alten Weinkellern, Stadln, einer Kapelle und, eigenartigerweise, einem Bunker. Die südburgenländische Vinothek lädt zum Verkosten der Pinkataler Weine ein, und in der Uhudler-Vinothek kann der Besucher sich bereits auf die nächsten, strengeren Weinabenteuer einstimmen.

Weinmuseum Moschendorf, Tel. 03324/6317, Öffnungszeiten: 1.5.–31.10., tgl. 13–18 Uhr.

AUSKUNFT Gemeindeamt Moschendorf, Tel. 03324/65 21. **ÜBERNACHTEN** Zur Alten Mühle, 7522 Strem, Tel. 03324/245.

DIE UHUDLER-REBELLEN VON HEILIGENBRUNN

Die erste urkundliche Erwähnung von Heiligenbrunn erfolgte 1198, als der Bischof von Raab den St. Gotthardter Zisterziensern eine «heilige Quelle» samt Kapelle übertrug. Heute pilgern die Besucher weniger wegen des Wassers als wegen des Weins hierher. Das romantische *Kellerviertel* umfaßt mehr als einhundert Weinkeller, von denen viele noch aus dem späten 18. Jahrhundert stammen – niedrige Holzblockbauten, lehmverputzt, weiß gekalkt und mit Stroh gedeckt, ein einziger großer Freilufttheuriger zwischen Obstbäumen mit zum Teil liebevoll restaurierten, manchmal auch leicht vergammelten Kellerstöckeln.

Außer der mittlerweile berühmten *Kellergasse am Stifterberg* gibt es um Heiligenbrunn herum noch weitere Ansammlungen solcher Kellerstöckeln, zum Beispiel am Zeinerberg, am Keglerberg und am Haargraben (Hoagrobn) – insgesamt etwa 200 Keller, von denen rund 100 denkmalgeschützt sind!

Was man in diesen Kellern findet, ist bemerkenswert. Natürlich gibt es hier auch hervorragende konventionelle Weine, Welschriesling, Grünen Veltliner oder Blaufränkischen, in erster Linie aber ist Heiligenbrunn die Heimat des Uhudlers, eines stark säurehältigen Weines, dessen Geschmack an Walderdbeeren erinnert. Gekeltert wird der Uhudler aus alten, nicht veredelten Rebsorten, die nach der Reblauskatastrophe aus dem amerikanischen Bundesstaat Delaware eingeführt wurden, da sie gegen den bösartigen Schädling immun waren. Der Uhudler diente vorwiegend dem Hausgebrauch; sein Verkauf war jahrzehntelang verboten, und die Bauern, die an ihrem Lieblingsgetränk festhielten, bekamen nicht selten die ganze Härte des Gesetzes zu spüren. Erst nach jahrelangem intensivem Lobbying für den «Biowein» dürfen die Direktträgerweine seit 1992 wieder «in den Verkehr gebracht» werden. Die meistverbreiteten Rebsorten sind bei Rotwein Ripatella, Othello und Isabella und bei Weißwein Noah, Delaware, Concordia und Elvira. Da jedoch nur selten sortenrein verpreßt wird, reicht das Uhudler-Farbspektrum von Zwiebelfarben bis Rosé. Verkauft wird das gewöhnungsbedürftige, nach dem ersten Glas aber umso süffigere Getränk traditionellerweise in Tonplutzern.

Uhudler gibt es natürlich nicht nur hier. In der benachbarten Steiermark findet man ihn bei den Buschenschenken in Hal-

Restauriertes Kellerstöckel in Heiligenbrunn

benrain und Radkersburg als Heckenklescher, Bamkraxler oder Hematzupfa. Was natürlich nichts über Geschmack oder Wirkung aussagen soll!

AUSKUNFT Gemeindeamt Heiligenbrunn, Tel. 03324/281. **ÜBERNACHTEN** Hotel-Restaurant Krutzler, 7522 Heiligenbrunn 16, Tel. 03324/240.

Heiligenbrunn hat noch eine andere Rarität zu bieten: Die streng geschützte *Schachblume*, zu finden im Ortsteil Luising, der übrigens erst seit 1923 zu Österreich gehört. Eine weitere Seltsamkeit dieser grenznahen Region ist die *St.-Emmerich-Kirche* bei Inzenhof, die nur mit einem gültigen Reisedokument besucht werden kann, da zwischen dem Parkplatz und der Kirche die Grenze verläuft. Das zur ungarischen Gemeinde Rönök gehörende Gotteshaus wurde um die Jahrhundertwende errichtet und gelangte durch die Grenzziehung zu Ungarn. Bis 1951 war die Emmerich-Kirche von Österreich aus erreichbar, später jahrzehntelang dem Verfall preisgegeben.

GÜSSING

Bevor wir zur mächtigen Burg Güssing hinaufsteigen, wollen wir dem kleinen Städtchen, das am Fuße des vulkanischen Kegels liegt und, soviel zur Warnung, kaum über Nächtigungsmöglichkeiten verfügt, einen kurzen Besuch abstatten. Am Hauptplatz befindet sich die *Franziskanerkirche Mariae Heimsuchung*. Die Franziskaner waren im Jahr 1630 vom frisch rekonvertierten Adam Graf Batthyány aus Ungarn geholt worden, um die Bevölkerung zum katholischen Glauben zurückzuführen. Als Domizil erhielten sie ein altes, baufälliges Klostergebäude, das im 15. Jahrhundert den Dominikanern gehört hatte und im Zuge der Reformation stillgelegt worden war.

Das Äußere der heutigen Kirche ist, wie es sich für einen Bettelorden gehört, betont schlicht. Zu beiden Seiten des Kirchenportals sind Grabplatten eingemauert: rechts die des Franz I. Batthyány (1497–1566), der die Güssinger Herrschaft der ungarischen Magnatenfamilie begründet hatte, und links das Epitaph des ersten protestantischen Grundherrn, Balthasar (1543–1590), mit Wappenschild. Die äußere Schlichtheit setzt sich im Kircheninneren fort, mit Ausnahme vielleicht des figurenreichen Hochaltars mit der «Heimsuchung Mariae».

Nur mit Erlaubnis des Klosters darf die beeindruckende, wenn auch düstere Privatgruft der Batthyánys betreten werden. Nahezu 90 Sarkophage und etliche Herzurnen harren hier unter einer zentimeterdicken Staubschicht des Jüngsten Gerichts. Unter den Gräbern sticht ein prunkvoller Bleisarkophag besonders hervor, jener des Karl Josef Batthyány (1697–1772), des Erziehers Kaiser Josephs II., ein Werk Balthasar Molls, der auch einige Sarkophage für die Wiener Kapuzinergruft schuf.

Güssing: der Eingang zur Burg

Schräg gegenüber der Kirche liegt die irdische Heimstätte der Familie Batthyány. Folgt man dem ausgeschilderten Weg zur Burg, erreicht man eine asphaltierte Straße, die zum Friedhof mit der Kirche des hl. Jakobus führt. Obwohl das um 1200 errichtete Gotteshaus bis heute die offizielle Pfarrkirche des Ortes ist, werden die meisten pfarrlichen Aufgaben von den Franziskanern wahrgenommen – mit Ausnahme der Begräbnisrituale.

Die Geschichte der *Güssinger Burg* beginnt im 12. Jahrhundert mit einer Klostergründung der Benediktiner. Noch im selben Jahrhundert erkannte der ungarische König Béla III. die strategische Bedeutung des Klosters und veranlaßte den Bau einer Festung. Von 1524 bis 1870 war die Burg im Besitz der Familie Batthyány, seither sorgt eine private Stiftung für ihre Erhaltung. Da im 19. Jahrhundert auch die Dächer der Burg Güssing wegen der hohen Steuerlasten abgetragen worden waren, mußten in jüngster Zeit umfangreiche Restaurierungsarbeiten durchgeführt werden.

Der immer steiler werdende Weg zur Festung schlängelt sich durch mehrere Toranlagen und vorbei an mächtigen Fortifikationen zum Burghof hinauf, wo sich der erschöpfte Besucher in einem Restaurant und am Ausblick auf das umliegende Hügelland laben kann. Vom Burghof kommt man direkt in die Burgkapelle, deren barocker Altar von 1662 aus der Pfarrkirche stammt.

Über eine steile Rampe gelangt man nun in die Hochburg mit den Museumsräumlichkeiten, wo es neben der Ahnengalerie der Batthyány eine Reihe kostbarer Kleinode zu sehen gibt, unter anderem eine Truhenorgel und einige karikierende Physiognomiestudien aus dem 16. Jahrhundert, zwei Porträts aus der Hand Lucas Cranachs, eine Sammlung von Schwarzlotdekorgläsern, Wehrschachspiele, alte Waffen und vieles mehr.

Burgmuseum Güssing, Tel. 03322/434 00, Öffnungszeiten: Ostern bis 30. Oktober, tgl. 10–18 Uhr. Die Besichtigung der Burg ist sowohl mit als auch ohne Führung möglich. Im Sommer finden hier Burgspiele statt. Karten dafür erhält man beim Tourismusverband, Tel. 03322/423 11-23, und im Burgmuseum.

Ein gutes Stück außerhalb des Stadtzentrums, in der Stremtalstraße, dokumentiert das sehenswerte *Auswanderermuseum* ein wichtiges Kapitel der burgenländischen Geschichte. Armut und Hoffnungslosigkeit waren die Beweggründe für eine Massenauswanderung, die 1845 durch einen Zimmermann namens Grabenhofer aus Unterschützen ausgelöst wurde. Zumindest war er der erste verbürgte Auswanderer. Schon bald folgten andere Familien, die sich vorwiegend in Kansas, später auch in Chicago niederließen. Bis zum Kriegsbeginn im Jahr 1914 hatten immerhin 33.000 Burgenländer ihre Heimat in Richtung USA verlassen, ein Fünftel davon war allerdings reumütig zurückgekehrt. In der Zwischenkriegszeit hieß das Ziel der Sehnsüchte immer öfter Südamerika. Bis 1939 waren weitere 25.000 Burgenländer emigriert. Die letzte große Auswanderungswelle kam nach dem Krieg. Das gelobte Land hieß nun Kanada. Zahlreiche burgenländische Mädchen verschlug es aber auch in die Schweiz.

Ins Exil

Unter den ausgestellten Objekten und Dokumenten entdeckt man eine abgegriffene Streichholzschachtel mit bröckeliger Heimaterde, die ein Herr Baumann nach New York mitgenommen hatte. Und natürlich darf auch ein Hinweis auf Fritz Austerlitz nicht fehlen, seines Zeichens Bierbrauer aus Eisenstadt – und Vater von Fred Astaire.

Der zweite Teil des Museums ist dem gelernten Hutmacher und Dichter Josef Reichl (1860–1924) aus Krottendorf gewidmet.

Auswanderermuseum (und Josef-Reichl-Gedenkstätte), Alte Hofmühle, Stremtalstraße 2, Öffnungszeiten: Mai bis Oktober, Sa, So und Fei 14–18 Uhr oder nach Vereinbarung, Auskunft: Burgenländische Gemeinschaft, Tel. 03322/425 98.

Drei Kilometer außerhalb von Güssing in Richtung Strem liegt der *Naturwildpark Güssing* mit Pferdegestüt, Straußenzucht und Tierschutzgehegen.

Information: Forstverwaltung Draskovich, Tel. 03322/24 19.

AUSKUNFT Informationsbüro, Hauptplatz 7, Tel. 03322/423 11-23. **ESSEN UND TRINKEN** Bierstub'n, Marktplatz 4, Tel. 03322/423 66. Burgrestaurant Ernesto, Tel. 03322/433 32. Café-Restaurant Iris, Schloßgassse 1, Tel. 03322/443 23.

Wir verlassen Güssing in Richtung Westen. In *Krottendorf* gibt es bei der Ölmühle Schnecker frisches Kürbiskernöl. Wenn Sie nun meinen: «I kauf's lieber beim Bauern» – der läßt auch hier pressen. Im benachbarten Sulz wird das bekannte *Güssinger Mineralwasser* abgefüllt. Der Güssinger Sauerbrunnen wurde schon im Mittelalter genützt, und in der Biedermeierzeit befand sich hier die mondäne Bade- und Kuranstalt der Gräfin Festetics, deren traurige Reste gegenüber dem Werksgelände zu sehen sind. Im Werk selbst ist das kleine Glasmuseum mit alten Bäderbechern und Mineralwasserflaschen zu besichtigen. Wer Zeit und Muße hat, der nimmt in Sulz den Naturwanderweg, um zu unserem nächsten Ziel zu gelangen, dem Freilichtmuseum von Gerersdorf.

Güssinger Mineralwasser, 7540 Sulz, Tel. 03322/421 21.

HERR KISSER SAMMELT HÄUSER

In Gerersdorf bei Sulz gibt es ein besonderes Freilichtmuseum, dessen Existenz einzig und allein dem Spleen eines Mannes zu verdanken ist: Herr Kisser sammelt nämlich Häuser. Und das kam so:

1972 erwarb der damals gerade dreißigjährige Wiener Grafiker Gerhard Kisser ein Grundstück mit einem alten Haus. Damit nicht genug, kaufte er wenig später ein Wohnhaus in Tschanigraben und ein Kellerstöckl in Deutsch Ehrensdorf. Mit Hilfe von Freunden wurden die Objekte an ihrem ursprünglichen Standort dokumentiert und zerlegt, nach Gerersdorf transferiert und in mühevoller Kleinarbeit wieder zusammengepuzzelt, wobei die Lehmstampfböden, Lehmmauern und Strohdächer originalgetreu rekonstru-

Gerhard Kisser, leidenschaftlicher Sammler alter Häuser

iert werden mußten. 1976 war Herr Kisser, der neben seiner Freizeit auch sein gesamtes Geld in dieses Projekt steckte, bereits stolzer Besitzer von sechs Gebäuden und präsentierte sein «Ensemble Gerersdorf» erstmals der Öffentlichkeit.

Heute umfaßt Gerhard Kissers Häusersammlung mehrere Stadl und Kellerstöckl, Schweine-, Hühner- und Gänseställe, Tschardaken und Dörröfen, einen Glockenturm und eine Schank, Preßhäuser und natürlich auch ein Wohnhaus – insgesamt mehr als 20 Gebäude, gerammelt voll mit Gebrauchsgegenständen und bäuerlichen Gerätschaften. Das Prunkstück der Kollektion ist ein Kitting aus dem Jahr 1765.

1996 traf Herrn Kisser ein unerwarteter Schicksalsschlag: Ein Feuer vernichtete die Urzelle der Anlage, Kellerstöckl, Wohnhaus und weitere kleinere Objekte. Trotz Pechs und finanzieller Pleite denkt er jedoch nicht daran aufzugeben. In naher Zukunft soll ein Verein die Verwaltung der Anlage übernehmen und das Land die Verbindlichkeiten. «Man muß mir auf die Finger schauen, sonst hamma bald wieder eine Million Schulden.»

Freilichtmuseum Gerersdorf, Tel. 03328/322 55, Öffnungszeiten: Ostern bis Ende Oktober, Mo, Mi, Do, Fr 8–15 Uhr, Sa, So und Fei 10–12, 15–18 Uhr, weitere Auskünfte: Gemeindeamt Gerersdorf-Sulz, Tel. 03328/322 72.

SCHNAPS-IDEE IN KUKMIRN

Schnapskessel

Um Kukmirn, westlich von Güssing, breitet sich das größte Obstbaugebiet des Burgenlandes aus. Äpfel, Birnen und Marillen, aber auch Exoten wie Kiwi und Nektarinen gedeihen hier prächtig. Kein Wunder also, daß sich in Kukmirn gleich 35 Schnapsbrennereien befinden, die mehr Schnaps erzeugen als jeder andere Ort in Österreich.

Früher lebte Kukmirn hauptsächlich vom Wein, und noch vor gar nicht so langer Zeit besaß jeder Bauer ein wenig Obst, ein wenig Getreide und einige Stück Vieh – ein bißchen zu wenig von allem eben. Es bedurfte schon eines besonderen Ereignisses, um das Dorf und seine Bewohner ihrer eigentlichen Bestimmung zuzuführen. 1976 beschädigten schwere Hagelunwetter den Obstbestand derart, daß die gesamte Ernte nur noch zu Schnaps verarbeitet werden konnte. Der solcherart im Überfluß vorhandene «Kukmirner Calvados» erregte – so will es jedenfalls die Legende – bei einer Calvadosverkostung in Frankreich großes Aufsehen.

Auf Initiative des Wirtssohnes Edwin Vollmann aus dem benachbarten Neusiedl und des Kukmirner Mostheurigenbesitzers Kurt Lagler wurde 1991 ein kleines *Schnapsmuseum* eingerichtet. Gezeigt werden hier die verschiedenen Arten der Schnapsbrennerei, inklusive Schwarzbrennen. Im Rahmen einer Führung können die Kukmirner Köstlichkeiten auch direkt verkostet werden. Das Sortiment umfaßt mehr als 30 verschiedene Schnäpse und Liköre – Himbeer, Schlehdorn, Holunder, Gute Luise, Kriecherl, Weichsel …

Schnapsmuseum, Öffnungszeiten: Mai bis Oktober, Mi und Sa 15–16 Uhr, So und Fei 9.30–10.30 Uhr und gegen Voranmeldung: Gasthof Vollmann, 7540 Neusiedl b. Güssing 28, Tel. 03328/22 50, bzw. Mostheuriger Lagler, 7543 Kukmirn 137, Tel. 03328/20 03.

Kernölmühle in Rudersdorf

Vor der Rückkehr in die Steiermark besuchen wir am Ortsrand von *Rudersdorf* eine der letzten funktionierenden Mühlen an der Lafnitz, die *Fritzmühle* (und Kernölpresse). «Jeder Mahlgast wird schnell, reell, gut bedient, und höflichst ersucht, Mahl- und Beutlgeld gleich zu bezahlen» verkündet ein altes Schild. Verkauft werden neben den handelsüblichen Mehlsorten auch Polenta, Mais- und Heidenmehl sowie das herrliche dickflüssige, dunkelgrüne und garantiert unverdünnte Kürbiskernöl.

AUSKUNFT Gemeindeamt Rudersdorf, Tel. 03382/715 00.

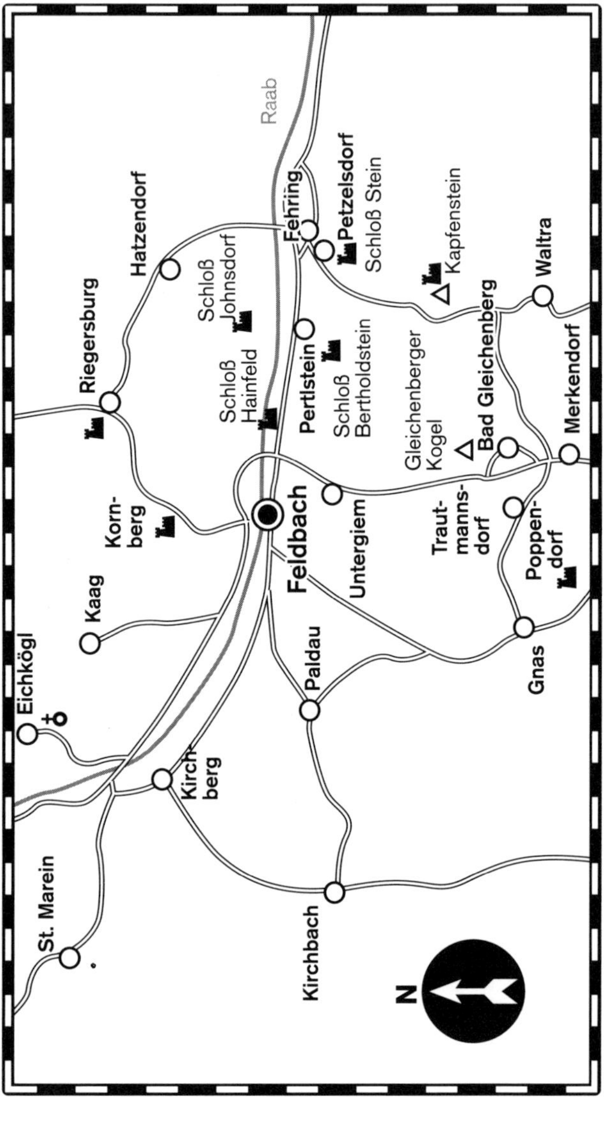
Raab
Fehring
Petzelsdorf
Schloß Stein
Kapfenstein
Waltra
Hatzendorf
Schloß Johnsdorf
Riegersburg
Schloß Hainfeld
Pertlstein
Schloß Bertholdstein
Gleichenberger Kogel
Bad Gleichenberg
Merkendorf
Korn-berg
Feldbach
Untergiem
Traut-manns-dorf
Poppen-dorf
Kaag
Eichkögl
Paldau
Gnas
Kirch-berg
St. Marein
Kirchbach
N

Feldbach – Wo die Hexen zu Hause sind

STÜRMISCHE ZEITEN

Feldbach dürfte bald nach der Mitte des 12. Jahrhunderts entstanden sein: 1188 wird es als «Velwinbach» urkundlich genannt und bereits 1265 als landesfürstlicher Markt bezeugt. Die Stadterhebung erfolgte allerdings erst 1884. Den ältesten Teil der Stadt bildet die Pfarrkirche mit dem Tabor, der im 15. Jahrhundert nach einem Überfall des Söldnerführers Andreas Baumkircher angelegt worden war. Im Ersten Weltkrieg befand sich in Feldbach eines der größten Kriegsgefangenenlager der Monarchie – insgesamt 50.000 Mann, hauptsächlich russische Gefangene, waren hier interniert. Als Feldbach in den letzten Tagen des Zweiten Weltkriegs Frontstadt wurde, blieb kaum ein Gebäude der Stadt unversehrt.

Nichtsteirer verbinden mit dem Wort «Feldbach» augenblicklich den Zwieback, jene zweimal gebackenen Weizenhefeschnitten, die vor allem in Kombination mit Kamillentee auftreten. Gegründet wurde die «Feldbacher Zwieback- und Backwarenfabrik Dr. Josef Zach» von den Bäcker-Brüdern Josef und Ludwig Zach im Jahr 1901. Von 1909 bis zum Ausbruch des Ersten Weltkriegs widmete man sich der Herstellung von Zwieback und Biskotten, während der beiden Weltkriege erhielt der Betrieb auch zahlreiche Heeresaufträge. In der Nachkriegszeit gesellte sich ein neues Erfolgsprodukt zum Feldbacher Zwieback: die Soletti. Heute befindet sich die Fabrik im Besitz der Firma Kelly.

IM HERZEN DER TABOR

Am trapezförmigen *Hauptplatz* steht das alte Wahrzeichen der Stadt, der *steinerne Metzen*. Es handelt sich dabei allerdings nicht – wie häufig kolportiert – um einen römischen Opferstein, sondern um ein Hohlmaß aus Basalttuff, das vermutlich aus dem 15. Jahrhundert stammt und zum Eichen von Schaffeln, Bottichen und Fässern diente. Die vergoldete Mariensäule vor dem 1820 errichteten Rathaus wurde 1945 zerstört und wenige Jahre später neu aufgestellt.

An den Hauptplatz schließt im Norden der *Kirchplatz* an. In der *Villa Hold,* die 1890 im Auftrag der Brauereibesitzerin Josefine Hold im neugotischen Stil errichtet wurde, ist heute die städtische Musikschule untergebracht. Von der *alten Pfarrkirche* zum hl. Leonhard ist nur das nördlich gelegene Kirchenschiff mit Kreuzrippengewölbe erhalten geblieben, in dem nach Kriegsende eine Gedächtnisstätte eingerichtet wurde. Den Altar bildet eine Kreuzigungsgruppe von Veit Königer. An der Außenwand sind die Epitaphe des Wolfgang Zwickhl (1582) und des Marktrichters Michael Stainheisl (1581) angebracht. Der größte Teil der gotischen Kirche wurde Ende des 19. Jahrhunderts abgetragen, um einem geräumigen Neubau im Stil der Neorenaissance Platz zu machen. Anstelle des 1945 zerstörten Turmes errichtete man 1961 einen freistehenden, 72 Meter hohen Glockenstuhl aus Beton, dessen schmucklose Außenfläche vor einigen Jahren vom Grazer Künstler Gustav Troger bunt bemalt wurde.

Der «Wolkenkratzer» von Feldbach

Hinter der Kirche liegen die Reste des alten *Tabors,* einer ursprünglich geschlossenen Fluchtburg aus dem späten 15. Jahrhundert. Im 17. Jahrhundert wurde die Wehranlage, an deren

Innenseite sich Vorratskeller, Ställe und Speicher befanden, ausgebaut und verstärkt.

Im Gewitter- und Hageljahr von 1673 war der Tabor Schauplatz einer grausamen Rechtsprechung: 68 der Hexerei angeklagte Personen wurden in einem noch heute erhaltenen Kellergewölbe, dem sogenannten «Hexenkeller», eingekerkert. Nach einem fragwürdigen Schauprozeß wurden 16 Menschen hingerichtet, der Pfarrer von Hatzendorf, Gregor Agricola, fand noch im Gefängnis den Tod.

Heute beherbergt die einzigartige Anlage eine umfassende Sammlung zur Volkskultur der südöstlichen Steiermark. Hervorzuheben ist die Kollektion steirischer Eggenformen, bestens dokumentiert sind aber auch die traditionellen Handwerksberufe wie Sattler, Seiler, Lederer, Schuster, Wagner, Faßbinder, Schmied und Schlosser. Zu sehen gibt es weiters eine Schulklasse aus der Jahrhundertwende, eine Ausstellung über Lebzelterei, Wachszieherei und Metsiederei, das «Erste österreichische Schneidereimuseum» mit einer Schneiderwerkstätte von 1940, das «Erste steirische Fischereimuseum» mit historischen Angel- und Fischfanggeräten samt einer Dokumentation über die Entwicklung der Raab und, zu guter Letzt, die Ferdinand-Krobath-Landmaschinensammlung sowie ein Feuerwehrmuseum.

Fischernetz

Tabormuseum, Öffnungszeiten: 1.5.–31.10., Mo–Fr 9–11 und 15–17 Uhr, Sa, So und Fei 9–12 Uhr, Anmeldung und Auskünfte: Johann Praßl, Tel. 03152/58 56, oder Rudolf Grasmug, Tel. 03152/30 76.

Einiger Beliebtheit erfreut sich in letzter Zeit die Landesbahn Feldbach Bad Gleichenberg, die den Thermalkurort mit dem ÖBB-Streckennetz verbindet. Diese Lokalbahn ist die jüngste der von den Steiermärkischen Landesbahnen betriebenen Strecken und wurde erst 1931 eröffnet. Neben den Regelzügen werden bei Bedarf auch Sonderfahrten nach Bad Gleichenberg geführt. Die Fahrt auf der 21 Kilometer langen Strecke dauert etwa 30 Minuten.

Auskünfte: Steiermärkische Landesbahnen, Tel. 03152/22 35, Direktion: Tel. 0316/81 25 81.

AUSKUNFT Stadtamt, Tel. 03152/22 02. Tourismusinformation, Tel. 03152/30 79. **ESSEN UND TRINKEN** Gasthof Herbst, Gniebing 15, Tel. 03152/27 41. Gasthof Kirchengast, Färbergasse 30, Tel. 03152/22 50. **ÜBERNACHTEN** Gasthof Zum Weltmeister, Grazer Straße 17, Tel. 03152/24 22. **EINKAUFEN** Bauernmarkt am Hauptplatz, Di 14–16 Uhr, Sa 6–10 Uhr. **KULTUR** Feldbacher Sommerspiele, Juni/Juli: Konzerte, Ausstellungen, Theater, Kabarett, Auskunft: Tel. 03152/22 02. **RADFAHREN** Bezirksradkarte im Stadtbüro erhältlich. **SPORT** Freizeitzentrum Feldbach, größtes Hallenbad der Steiermark, Tel. 03152/35 30. **REITEN** Reiterzentrum Saurugg, Gniebing bei Feldbach, Tel. 03152/371 35. **BALLONFAHREN** HSV Feldbach, Gernot Krenn, Tel. 03152/24 66 22. **ANGELN** Auskunft: Elektrocenter Lugitsch, Gniebing 52, Tel. 03152/25 54.

SCHLOSS KORNBERG – SHOP TILL YOU DROP

Auf der Fahrt von Feldbach nach Kornberg passieren wir das Kornberger Tor, das sich zwar mittelalterlich gebärdet, allerdings erst 1922 anläßlich der Hochzeit von Karl Heinrich Bardeau errichtet wurde und den Beginn der ehemaligen Herrschaftsgründe von Kornberg markiert.

Man betritt das Renaissanceschloß durch einen zweigeschossigen Torbau, der im Giebelfeld das Wappen der Grafen Bardeau trägt. Der sechseckige Innenhof mit dem kunstvollen schmiedeeisernen Brunnenaufbau wird von Pfeilerarkaden umschlossen. Ein breiter Stiegenaufgang führt zu den Wohn- und Ausstellungsräumen des im 12. Jahrhundert gegründeten Schlosses, das sein heutiges Aussehen unter den Freiherrn von Stadl im 16. und im 17. Jahrhundert erhielt. Angeblich existiert aus dieser Zeit noch ein unterirdischer Gang, der Kornberg mit der Riegersburg verbindet. 1871 erwarb Charles François von Bardeau das Schloß, das noch heute von seinen Nachkommen bewohnt wird.

Im Familienmuseum wird die Geschichte des Schlosses und seiner Besitzer dokumentiert. Der Rundgang führt durch den Herrensalon mit schwerer Kassettendecke ins Speisezimmer, das im Stil der venezianischen Neorenaissance eingerichtet ist. Das kostbarste Möbelstück befindet sich im sogenannten Sommer-Wintersalon: ein bemalter Tabernakelschrank aus der Zeit vor 1760. Über den mit Familienporträts geschmückten Großen Salon und den fünfeckigen Gelben Erker gelangt man zur Andreaskapelle aus dem 17. Jahrhundert, wo sich die Grabplatte von Hans Rudolf Freiherr von Stadl befindet, dem dritten Ehemann der berühmt-berüchtigten Gallerin (siehe Exkurs). Nicht zu besichtigen ist die Bibliothek mit der Waffensammlung. Neben jährlich wechselnden Sonderausstellungen werden die Räumlichkeiten von Schloß Kornberg aber auch für kommerzielle Zwecke vermietet. Das Sammelsurium von Teppichen, Kunsthandwerk und Möbeln ergibt insgesamt einen ziemlich eigenartigen Bazar.

Schloß Kornberg, 8330 Feldbach, Tel. 03152/42 13, 45 88, Öffnungszeiten: 12.3.–26.10., tgl. 10–18 Uhr. Der Hof des «Hochzeitsschlosses» kann auch für Veranstaltungen gemietet werden. Restaurant Schloßwirt, Tel. 03152/20 57.

Der kleine Platz hinter dem Schloß wird seit Jahrhunderten «Caprizl» genannt, und das kam so: Immer dann, wenn die Gallerin und ihr Ehemann wieder einmal gestritten hatten, suchte sie hier Trost, denn es war die einzige Stelle des Schlosses, von der aus man ihre geliebte Riegersburg sehen konnte. Im Schloß hieß es dann, die Gallerin hätte wieder ihre «Kaprizen».

DIE SCHLIMME LIESL

Das Elternhaus der im Jahr 1600 geborenen «Freyinn von Wechsler» steht in Bad Radkersburg, und bereits in ihrem Namen spiegelt sich der Ursprung des Reichtums ihrer Familie wider. Elisabeth Katharina von Galler, wie sie nach ihrer ersten Eheschließung hieß, zählte sicherlich zu den schillerndsten Persönlichkeiten des damaligen Landadels. In den Ausbau der Riegersburg, die sie 1648 geerbt hatte, steckte die Gallerin ihre Energie und ihr Vermö-

gen – gemäß der im Weißen Saal der Riegersburg angebrachten Devise: «Bauen ist eine schöne Lust, was es mich kost, ist mir bewußt».

Ihren Zeitgenossen machte sie mit mancherlei Streitigkeiten und Prozessen das Leben schwer, was ihr den Spitznamen «schlimme Liesl» einbrachte. Insgesamt war die Gallerin dreimal verheiratet: Ihr erster Mann war der Hofkriegsratspräsident Hans Wilhelm von Galler, der zweite, Oberst von Capell, den sie als Sechzigjährige geehelicht hatte, fiel vier Jahre später in der Schlacht von Mogersdorf. Von ihrem dritten Mann, Hans Rudolf von Stadl, ließ sich die Gallerin 1669, nach nur dreijähriger Ehe, wieder scheiden. Der Konflikt zwischen den Eheleuten war eskaliert, als die enttäuschte Frau ihrer Tochter Regina von Purgstall die Riegersburg schenkte. In 37 «Beschwerpunkten» einer einzigartigen Anklageschrift führte die Gallerin all die Mißhandlungen auf, die sie von ihrem um 41 Jahre jüngeren Mann zu erleiden gehabt hatte. Hier einige Auszüge:

Elisabeth Katharina von Galler

«Erstlichen Ist Er Nicht 5 oder 6 Day Bey Mier gewest, So hat er Mier Meine leith Erpermblich geschlagen (...). Und das Sie Weckh Verlangt haben, So hab ichs gehn lassen, So hat er Wiederumben lauter Neue Auffgenomben, den Ers gleichfalls So gemacht, Sie Derschlagen Mit den köpf an die Wanth geent, das Inen das Plutt herunter gerunnen (...), zumb zwelften hat er Mier Mein aignen Sachen verspert das Ich Nicht darzue hab kinen (...). Und destwegen Wen ich Imber Etwas gesagt hab, er Sols Nicht thuen er Versindigt Sich gegen Gott, So hat er Mier Vill dausent Sakra Auff den Kopff geworffen (...), zumb zwey und dreißigisten, drinckht er Sich alle tag Voll an, Mit Sich allain, das Ich Also offt Meines lebens Nicht Pin Sicher gewest (...), zumb sechs Und dreyßigisten hat er offt an fasttagen fleisch gessen Auß lauter fröffell».

Der junge Freiherr von Stadl berief sich in seiner Verteidigung darauf, daß seine Frau ihm «die eheliche Beiwohnung verweigerte». Im Februar 1669 kam es schlußendlich zu einem Vergleich, durch den der Stadler in den Besitz von Schloß Johnsdorf gelangte. Das «Gschlosl», das die Gallerin eigens für ihre Flitterwochen ausbauen hatte lassen, blieb bis 1765 im Besitz der Familie Stadl.

Die Gallerin starb am 12. Februar 1672 in ihrem Haus am Grazer Mehlplatz. Ihre letzte Ruhestätte befindet sich in der Riegersburger Pfarrkirche zum hl. Martin.

DIE RIEGERSBURG

«Die stärkste Festung der Christenheit»: So nannte Feldmarschall Raimund Graf von Montecuccoli, der die osmanischen Truppen in der Schlacht bei Mogersdorf besiegt hatte, die nordöstlich von Feldbach gelegene Riegersburg anerkennend. Weder die Ungarn, die 1418 in die Steiermark eingefallen waren, noch die Türken, die 1480 das Land verheerten, konnten die Felsburg einnehmen.

Bevor wir zur Festung hinaufsteigen, wollen wir der *Pfarrkirche* des Marktes Riegersburg noch einen kurzen Besuch abstatten. Das dem hl. Martin geweihte Gotteshaus wurde Ende des 15. Jahrhunderts von Reinprecht von Reichenburg errichtet, vollendet wurde der Bau aber erst von seinem Sohn Hans, der durch die Eheschließung mit einer Trautson zu Geld gekommen war. Allerdings sind in der rauhen Schale der Kirche immer noch die Gerüstlöcher zu erkennen. Der Turm wurde Ende des 17. Jahrhunderts erneuert, weitere Zubauten stammen aus dem 17. und 18. Jahrhundert.

Das spätgotische Kreuzrippengewölbe im Hauptschiff läßt bereits Einflüsse der frühen Renaissance erkennen. Besonders zu beachten sind die schönen Schlußsteine und Rippenkonsolen mit den Wappen des Hans von Reichenburg und seiner Gemahlin Eva Trautson in der 1520 errichteten Wenzelkapelle, die früher als Grabkapelle fungierte. Von der gotischen Kircheneinrichtung ist leider nichts erhalten geblieben. Der Hochaltar ist, so wie die Kanzel auch, ein Werk des frühen Klassizismus, der Figurenschmuck spätbarock. Die ältesten Ausstattungsstücke der Kirche sind zwei Bildhauerarbeiten: das Marmorepitaph des Erasmus von Stadler (1578) und der frühbarocke Altaraufsatz mit den hll. Nikolaus und Florian samt Gottesmutter an der Außenwand, der von den Freiherren von Urschenpekh gestiftet wurde, die die Burg knapp zwei Jahrzehnte lang besaßen und für ihren ausschweifenden Lebensstil berüchtigt waren.

Der 200 Meter über dem Tal gelegene, steil aufragende Basaltfelsen war schon in frühgeschichtlicher Zeit besiedelt. Namengeber der heutigen Festung war Rüdiger von Hohenberg, der seine «Ruotkerspurch» im Jahr 1122 errichten ließ. Nachdem die Burg in den folgenden Jahrhunderten mehrfach ihren Besitzer gewechselt hatte, gelangte sie 1637 an den reichen Radkersburger Bürger Seyfried von Wechsler. Als dieser kinderlos verstarb, erbte sein Onkel, Sigmund Freiherr von Wechsler, die Festung, den jedoch das gleiche Schicksal ereilte. 1648 fiel die Riegersburg deshalb an seine Nichte, Freifrau Elisabeth Katharina Galler.

Unter der Gallerin erhielt nicht nur die Hochburg ihr heutiges Aussehen, sie nahm auch die Errichtung der großzügigen Befestigungsanlagen in Angriff, die schließlich von ihrem Schwiegersohn, Johann Ernst Graf von Purgstall, vollendet wurden. Nach dem Aussterben der Familie Purgstall kam es 1822 zu der öffentlichen Versteigerung von Schloß und Herrschaft, bei der Fürst Johann Josef von und zu Liechtenstein den Zuschlag erhielt. Während des Zweiten Weltkriegs stark in Mitleidenschaft gezogen, präsentiert sich die Riegersburg heute, nicht zuletzt dank der umfangreichen Renovierungsarbeiten anläßlich der Landesausstellung «Hexen und Zauberer» im Jahr 1987, als stolzer Besitz der Familie Liechtenstein.

Die Riegersburg ist eine der größten, besterhaltenen und wehrtechnisch interessantesten Barockfestungen Mitteleuropas.

Ihre Befestigungsanlagen, die das ganze Felsplateau umschließen, bestehen aus elf Basteien, sechs Toranlagen und etwa drei Kilometer Wehrmauern. Aufstiegsmöglichkeiten zur Riegersburg gibt es zwei. Beide sind atemberaubend, da ziemlich steil. Der kürzere Weg ist der aus dem Fels gehauene Eselssteig, der entweder vom Friedhof oder vom sogenannten Hauswald aus begangen werden kann und wahrscheinlich 1417 von Reinprecht von Wallsee als Fluchtweg angelegt wurde.

Normalerweise erklimmt man die Riegersburg jedoch über den Hauptweg, der bei der Kirche beginnt und am alten Spital vorbeiführt. Eine Tafel markiert jene Stelle, bis zu der die türkischen Belagerer einst vorgedrungen waren. Zunächst passiert man das *Steinkellertor* (1690), dann das zweigeschossige *Cillitor* (1678), in dem heute eine Jugendherberge untergebracht ist. Durch das *Annentor,* in dessen Obergeschoß sich ein Raum für kleinere Ausstellungen befindet, geht es weiter zur ehemaligen Pferdeschwemme. Nach der nächsten Kurve erreicht man den tiefen Torbau des *Lichteneggertores* (1679), das im Jahr 1880 durch einen Blitzschlag zerstört und nur zur Hälfte wiederaufgebaut wurde. Kurz vor dem *Pyramidentor* erinnert das Grenzlandeh-

Die Riegersburg trohnt auf einem mächtigen Basaltfelsen

renmal an die Gefallenen der steirischen Grenzlandgemeinden. Einst stand an dieser Stelle die Burg «Nider Veste», die von der Gallerin und ihrem Schwiegersohn zum Zweck der Baumittelbeschaffung geschleift wurde. Von hier hat man übrigens einen herrlichen Rundblick von der Koralpe bis zu den Karawanken und weit hinein nach Ungarn und Slowenien. So wie vor Jahrhunderten auch, wird seit einigen Jahren hier wieder Wein angebaut.

Nun beginnt der sechs Meter breite und mit Steinplatten ausgelegte *Weiße Gang,* der früher von hohen Wehrmauern umgeben war. Auf der linken Seite lag der Garten, in dem die Riegersburger «Blumenhexe» im Winter Blumen zum Blühen gebracht haben soll. Das Wenzelstor ist das sechste und letzte Burgtor. Die beiden Figuren am Portal stellen die Kriegsgottheiten Mars und Bellona dar, den Abschluß bildet das Wappen der Wechsler, flankiert von den Brustbildern Kaiser Ferdinands III. und seiner Gemahlin. Über dem Tor ließ die Gallerin 1653 folgenden Spruch anbringen:

Was ich in 16 Jahrn hier hab lassen pauen
das ist woll zu sechn und anzuschauen
kain haller mich nicht reuen thuet
ich mains dem Vatterland zuguett

Bevor man das Tor passiert, muß man die erste Schanzgrabenbrücke überqueren. Links befindet sich das einstöckige Zeughaus, wo auch der «Eselssteig» mündet. Über die zweite Schanzgrabenbrücke gelangt man nun zur eigentlichen *Hochburg,* die insgesamt 108 Räume umfaßt.

In den meisten Ausstellungsräumen ist vom alten Burginventar nur noch wenig zu sehen. Erwähnenswert sind die Deckengemälde im Stil des grotesken Barock im *Bilderzimmer* mit den drei Schicksalsgöttinnen, Klotho als Spinnerin des Lebensfadens, Lachesis als Loserin und Atropos, die Unabwendbare. Im selben Stil präsentiert sich auch das *Römerzimmer,* unter anderem mit der Darstellung von Scipios triumphalem Einzug in Rom nach seinem Sieg über Hannibal. Von hier hat man Einblick in den schönen *Brunnenhof* mit Arkaden und Sgraffitomalereien aus dem 16. Jahrhundert. Die schmiedeeiserne Brunnenhaube stammt aus der Mitte des 17. Jahrhunderts.

Es folgen die zwei prachtvollsten Zimmer der Riegersburg, zunächst der 19 Meter lange und 6 Meter hohe *Rittersaal* mit seiner beeindruckenden Kassettendecke. Die drei intarsierten Türportalaufbauten tragen die Namen der Auftraggeber dieses Renaissancesaales, des Hans Freiherr von Stadl und seiner Frau Barbara, sowie die Jahreszahl 1600. Die Kacheln des «Zweiklafterofens» – benannt nach der zur Erwärmung des Raumes benötigten Holzmenge – leuchten bei Hitze blau. Hier ist auch die berühmte Butzenscheibe im Nordfenster zu sehen, die von einem dreiwöchigen Saufgelage unter Georg Christoph von Urschenpekh erzählt: «Anno 1635, den 6. April, hat das Sauffen angehebt und Ale Tage ein Rausch gegeben biß auff den 26. detto».

Der *Weiße Saal* war nicht beheizbar und diente deshalb als Sommerspeisesaal. Fertiggesstellt wurde er 1658 nach Plänen des Baumeisters Anton Solar, der auch für das Grazer Landeszeughaus verantwortlich zeichnete. Neben der kunstvoll verzierten Stuckdecke sind die Malereien des Eggenbergschen Hofmalers Johann Melchior Otto mit Schlachtenszenen und den vier damals bekannten Erdteilen zu erwähnen. Über eine Treppe gelangt man nun in die kleine *Burgkapelle* mit gotischem Kreuzrippengewölbe, die bereits von den Wallseern um 1400 erbaut wurde. Der barocke Hochaltar mit dem Wappen der Urschenpekh stammt von 1630, die Fresken werden ins 15. Jahrhundert datiert.

Seit 1996 ist auf der Riegersburg die große Ausstellung «Klar & fest» zu sehen, die die fast neunhundertjährige Geschichte des Hauses Liechtenstein dokumentiert, das in Deutschland, Tschechien, der Slowakei, Ungarn und Polen seine Spuren hinterlassen hat – nicht zu vergessen das kleine Fürstentum selbst, die letzte deutschsprachige Monarchie. Vorgestellt werden wichtige Vertreter des Hauses: Karl I., Staatsmann im Dienste dreier Kaiser, Anton Florian, Erzieher Karls VI., Joseph Wenzel, Heerführer und Reformator des österreichischen Artilleriewesens, in dessen Dienst auch der «hochfürstliche Mohr» Angelo Soliman stand, Johannes I., Führer der österreichischen Truppen gegen Napoleon, Aloys, der für seine sozialreformatorischen Ideen berüchtigte «rote Prinz», und Heinrich, Großprior des Malteser-Ritterordens und Pionier der Expeditionsfotografie. Zu bestaunen sind weiters Familienschätze, wie etwa die Samurairüstung, die Prinz Heinrich aus Japan mitbrachte, und historische Kuriositäten, wie der abstruse Plan, Papst Benedikt XV. zum Fürsten von Liechtenstein zu machen. Die Ausstellung über das Haus Liechtenstein ist als dauerhafte Einrichtung geplant, allerdings sollen auch die Reste der mittlerweile legendären Landesausstellung «Hexen und Zauberer» dem Publikum wieder zugänglich gemacht werden.

Riegersburg, Auskunft: Prinz Liechtenstein'sche Gutsverwaltung, 8333 Riegersburg, Tel. 03153/83 46 (Büro), 03153/821 31 (Burg), Öffnungszeiten: 1.4.–31.10., tgl. 9–17 Uhr, Führungen nach Voranmeldung.

Vor dem Verlassen der Burganlage sollte man sich die *Greifvogelschau* beim Grenzlandehrenmal nicht entgehen lassen. Gezeigt werden Flugverhalten und Beutefang – mittels Federspiels – des

«Ich seh', ich seh', was du nicht siehst!»

Wanderfalken, des afrikanischen Schreiseeadlers und der größten heimischen Eule, des Uhu. Weitere Akteure sind der acht Kilogramm schwere Gänsegeier, der Lanner-Falke und der Steinadler. Einmal im Monat werden Flugvorführungen in historischen Kostümen veranstaltet, zum Beispiel unter dem Motto der arabischen, russischen oder barocken Falknerei.

Greifvogelwarte Riegersburg, Tel. 03153/73 90, Öffnungszeiten: Anfang April bis Ende Oktober, 10–16 Uhr. Flugvorführungen finden, außer bei Schlechtwetter, Mo–Sa 11 und 15 Uhr, So und Fei 11, 14 und 16 Uhr statt, Dauer, je nach Wetterlage, 40–50 Minuten.

ESSEN UND TRINKEN UND ÜBERNACHTEN Gasthof und Restaurant Zur Riegersburg, Riegersburg 29, Tel. 03153/82 16. Jugendherberge im Cillitor, geöffnet: 1.5.–30.9., Tel. 03153/82 17. **BADEN** Seebad Riegersburg, Tel. 03153/264. **ANGELN** Fischteich, Auskunft: Gemeindeamt, Tel. 03153/204.

HEXENJAGD

Die erste steirische «Hexe» wurde 1425 hingerichtet. Es war die aus Kroatien stammende Veronika von Deschnitz, die von ihrem Schwiegervater, Graf Hermann von Cilli, der Zauberei beschuldigt und deshalb ertränkt wurde – und das trotz des Freispruchs der Gerichte. Die große Flut der Prozesse gegen angebliche Hexen und Zauberer dauerte von 1546, als in Marburg der erste Massenprozeß «in Szene ging», bis 1746, als das letzte Hexenverfahren gegen die angeklagte Apollonia Heriz aus Verzej im heutigen Slowenien wieder mit einem Freispruch endete. Die Bilanz dieser 200 Jahre ist erschreckend: Über 800 Personen aller Altersgruppen und Stände wurden der Hexerei bezichtigt, mehr als 300 von ihnen zum Tode verurteilt und hingerichtet. Die Zentren der Hexenverfolgung befanden sich in der südöstlichen Steiermark, im speziellen um die Riegersburg, um Feldbach, Gleichenberg und Radkersburg, sowie in der Weststeiermark und in der ehemaligen Untersteiermark.

Nicht selten waren es Naturkatastrophen, Neid und Mißgunst, die zur Denunziation angeblicher Hexen führten. 1673 zum Beispiel erstattete die Bettlerin Katharina Lorenzer Anzeige gegen den Hatzendorfer Pfarrer Gregor Agricola und brachte damit einen der größten steirischen Hexenprozesse ins Rollen. Drahtzieher, so munkelte man, war der ehemalige Verwalter der

Riegersburg, Urban Grattenau, der die Herrschaft aus Rache in Schwierigkeiten bringen wollte. Insgesamt wurden im Verlauf dieses Prozesses 20 Personen hingerichtet oder meuchlings ermordet, darunter auch Gregor Agricola sowie die Riegersburger Burgpflegersgattin Katharina Paldauf, genannt die «Blumenhexe», der ein allzu intimes Verhältnis zu ihrem Beichtvater nachgesagt wurde.

Manchmal ging der Hexenschuß auch nach hinten los. Nach einem schweren Hagelschlag über Grub legte die der Hexerei beschuldigte Katharina Halbedlin unter Folter zwar ein Geständnis ab, mit ihr wurde allerdings auch ihr Ankläger hingerichtet. Zum Erpressen von Geständnissen griff man gerne auf den sogenannten Hexenstuhl zurück, eine steirische Besonderheit, deren scharfe Sitzkanten einen langsam stärker und schließlich unerträglich werdenden Schmerz erzeugten. Mit Hilfe dieses Geräts löste der gefürchtete Radkersburger Blutrichter Johann Wendtseisen selbst «die schwersten Casus».

Mittelalterliche Foltergeräte

Die dokumentierten Geständnisse sind stereotyp. Immer wieder ist da vom Tauschhandel mit dem Satan und von orgiastischen Festen auf dem Stradner, dem Gleichenberger oder sonst einem Kogel zu lesen. Die Hexenjäger erwiesen sich als pflichteifrige Verwalter des Grauens und führten auch genauestens Buch über die gebräuchlichsten Flugrouten und beliebtesten Landeplätze der Hexen. Ein gutes Beispiel für die Geisteshaltung jener Zeit liefert der Grazer Jurist Nikolaus von Beckmann, der den Leibnitzer Prozessen von 1681 als Regierungskommissär zugeordnet war. Er behauptete, während der Folter zweier Beschuldigter wäre der Teufel in Gestalt eines Eichhörnchens (!) erschienen.

In einigen Bereichen wirkt der mit dem Hexenwahn verbundene Aberglaube bis in die heutige Zeit. Noch vor kurzem wurden im Sommer keine

Vorhergehende Seite:
Burgenländischer Bauernhof
im Freilichtmuseum von
Gerersdorf bei Sulz

«Die stärkste Festung
der Christenheit»:
die Riegersburg (li.)
Der Kurpark von
Bad Gleichenberg lädt
wie zu Kaisers Zeiten
zum Flanieren ein.
(re. oben und unten)

Blick auf die mächtige Festung von Güssing
im südlichen Burgenland (li. oben)
Tabakernte im Bezirk Fürstenfeld (li. unten)
Das Freilichtmuseum von Gerhard Kisser
in Gerersdorf bei Sulz (re. oben)
Landgasthaus bei Birkfeld (re. unten)

Straden: vier Kirchen und drei Türme (li. oben)
Golfen bei Schloß Freiberg (li. unten)
Weinkeller in Klöch: Der Traminer gehört zu den besten in Europa (re. oben)
Der «Schutzengel» der Abtei St. Gabriel in Bertholdstein (re. unten)

Folgende Seite: Weinberge bei Gamlitz

Feste abgehalten, um nur ja kein Unwetter heraufzubeschwören, und es ist noch keine 20 Jahre her, daß man beim Herannahen eines Gewitters Sensen und Gabeln aufstellte, an denen sich die Wetterhexe den Hintern aufreißen sollte. Eine fleißige Bäuerin aber, die rasch und flink im Brotbacken war, wurde unter dem Motto «Schnöll und schei, kaun nit sei» verdächtigt, mit dem Teufel im Bunde zu stehen.

KIRCHBERG AN DER RAAB – DA SCHLÄGT'S DREIZEHN!

Wie bereits der Name vermuten läßt, entstand der Markt als Kirchsiedlung auf einer Anhöhe im Raabtal. Der erste Kirchenbau des Ortes wurde zu Beginn des 16. Jahrhunderts durch einen spätgotischen ersetzt, dieser wiederum in der Barockzeit gründlich umgestaltet. Geweiht ist die *Pfarrkirche* dem hl. Florianus, einem römischen Offizier, der unter Kaiser Diokletian den Märtyrertod erlitt. Bemerkenswert ist das Steinrippengewölbe im Chor, in dem sich auch das ovale Epitaph des Feldmarschall Graf Siegbert Heister (†1718), Erbauer des nahe gelegenen Schlosses, befindet. Die Einrichtung der Kirche stammt zum Großteil aus dem Spätbarock. Das Marienbild am rechten Kapellenaltar wird dem Schöpfer des Eggenbergschen Planetensaals, Hans Adam Weissenkircher, zugeschrieben. Beachten sollte man den spätgotischen *Kirchturm,* der in die barocke Fassadengestaltung einbezogen wurde. Eines der vier Zifferblätter zeigt anstatt einer römischen Zwölf eine «XIII» – ein «Hoppala», das im Zuge der Renovierungsarbeiten von 1972 passiert ist. Und nachdem es niemanden wirklich gestört hat …

Glückszahl

Schloß Kirchberg wurde von Feldmarschall Heister zu Beginn des 18. Jahrhunderts errichtet. Die Stukkaturen mit militärischen Symbolen erinnern an den Offizier, der 1683 an der Verteidigung Wiens teilnahm und sich 1704 bei der Niederwerfung des Kuruzzenaufstandes hervortat, was ihm den Ehrentitel «Kuruzzenbezwinger» einbrachte. Nachdem die Herrschaft zu Beginn des 19. Jahrhunderts öffentlich versteigert worden war, ließen die neuen Besitzer, die Fürsten Liechtenstein, die Seitenflügel, die Freitreppe zum Mittelpavillon sowie die vier Türme abreißen, sodaß von der einst mächtigen Schloßanlage heute nur noch der Mitteltrakt erhalten ist.

KULTUR In der gemütlichen «Kaffee Stub'n» des Ortes gibt es eine ambitionierte Kleinkunstbühne. Informationen zum Programm: Tel. 03115/23 12.

DIE WELTMASCHINE VON KAAG

Es war einmal ein Bauer, der so gerne Elektriker geworden wäre ... So beginnt die Geschichte des Franz Gsellmann, der 1958 die Weltausstellung in Brüssel besuchte und vom Brüsseler Wahrzeichen, dem «Atomium», dermaßen beeindruckt war, daß er selbst zu basteln begann – zunächst mit Kartoffeln und Holzstäbchen. In den 23 Jahren bis zu seinem Tod schuf Gsellmann schließlich ein sechs Meter langes und drei Meter hohes Monstrum, das selbst die Schwiegertochter, die heute die Führungen veranstaltet, nicht zu beschreiben vermag. Fast klingt es, als ob sie selbst an die Maschine angeschlossen wäre: «Kartoffelkörbe, Matrazenfedern, Hula-Hoop-Reifen, altes Spielzeug, Aschenbecher, Mixer, Trockenhaube, Telefon, Vogelpfeifen, Stiegengeländer, Fernsehlampe, Strumpfstrickmaschine, Autoteile, Zahnarztbohrer (...), angetrieben von 25 Motoren.»

«So sieht», schrieb der steirische Schriftsteller Gerhard Roth nach seinem Besuch in Kaag, «ein Zufallsgenerator aus, der Selbstmord begangen hat. Aber schon hat Frau Gsellmann die Maschine in Betrieb genommen. Es schrillt, pfeift, knattert, dröhnt, das ‹Atomium› beginnt sich rasend schnell zu drehen, die Maschine löst sich auf in Licht, Klang und Bewegung. Blaulicht flackert, eine mit Rosen umkränzte Madonna erstrahlt,

Fahrradfelgen drehen sich zwischen einem eifrig schlagenden Gong, Spielzeugraketen sausen in rotgefärbten Aluminiumbahnen (...). Und doch ist die Maschine ein Paradoxon im Paradoxon. Bei aller Absichtslosigkeit, die ihren Schöpfer getrieben haben mag, ist sie undenkbar ohne die Habgier des Sammlers. Es ist das Schicksal der Sammler, von den gesammelten Gegenständen vertrieben oder unter ihnen begraben zu werden. Das gesamte Haus wurde zum Schauplatz der Weltmaschinenschöpfung. Über dem Küchenherd hingen gefärbte Glühbirnen zum Trocknen, auf dem Dachboden befanden sich Apparate und Lampen einer aufgelassenen Zahnarztpraxis, im Schlafzimmer die noch nicht eingebauten Teile. Den ganzen Tag über ‹murkste› (so seine Frau) Herr Gsellmann an seiner Maschine herum.»

Franz Gsellmann, der wahrscheinlich wirklich «nur» ein verspielter Spinner war, nannte das Ding «mei Maschin'». Bis ein findiger Besucher das Wort «Weltmaschine» erfand ...

Gsellmanns Weltmaschine im Ort Kaag kann jederzeit besichtigt werden. Wer von der Bundesstraße kommt, braucht nur

Die Weltmaschine: das Lebenswerk des Franz Gsellmann

der Markierung zu folgen. Und wer nach dem Weg fragt, bekommt als Antwort: «Den Gsellmann sei Wöltmaschin? Do hinten unten ...»

Familie Gsellmann, 8332 Kaag bei Edelsbach, Tel. 03115/29 83. **LITERATURTIP** Gerhard Roth, Gsellmanns Weltmaschine, Wien 1986.

Eine andere Abzweigung von der Bundesstraße führt Richtung Eichkögl, zur *Kirche von Klein Mariazell.* Die Legende berichtet, daß im Jahr 1828 ein junges Mädchen hier eine Kopie der Mariazeller Gnadenmutter an einem Baum befestigte. Als ihr Mann Jahre später schwer erkrankte, gelobte sie, im Falle seiner Heilung anstelle des einfachen Bildstocks eine Kapelle zu errichten. 1853 war das Kirchlein fertig. Wegen des großen Zustroms der Gläubigen stifteten die gottesfürchtigen Eheleute schließlich eine Kirche. Der eigentliche Gnadenaltar der heutigen Pfarrkirche Mariä Heimsuchung versteckt sich neben dem Eingang, in einer kleinen Kapelle unter der Empore. Die meisten Ausstattungsgegenstände wurden aus anderen Pfarren zusammengetragen, so zum Beispiel der Tabernakel aus Hitzendorf, die schöne Orgel aus St. Margarethen a.d. Raab, die Kanzel aus der Karlauerkirche in Graz. In einer kleinen «Schatzkammer» über der Sakristei werden etliche wertvolle Votivbilder aus dem vorigen Jahrhundert verwahrt.

Wer Zeit und Lust hat, der kann der wehrhaft wirkenden spätgotischen *Marienkirche in St. Marein* westlich der Raab noch einen Besuch abstatten. Der Ort trug früher den lustigen Beinamen «am Pickelbach», die Landschaft ist abwechslungsreich, und viele alte Höfe erfreuen Herz und Auge. Wer sofort nach Gleisdorf weiterfährt, der sollte bis zum Ort Sommerberg die Nebenstraße am Hügelkamm entlangfahren und sich an der herrlichen Aussicht erfreuen. Hier werden Äpfel und Pfirsiche, Mais und Gemüse angebaut, der Mischwald spendet hin und wieder etwas Schatten, und die grasenden Schafe machen die Idylle perfekt.

PALDAU UND GNAS

Einige Kilometer südwestlich von Feldbach, im Saazer Tal, liegt das Straßendorf Paldau. Die ursprünglich *romanische Pfarrkirche St. Veit* wurde Mitte des 15. Jahrhunderts um einen Chor mit Sternrippengewölbe erweitert und im 18. Jahrhundert nochmals barock verändert. Als im Jahr 1974 die Südwand geöffnet wurde, um die Kirche abermals zu vergrößern, stieß man auf wertvolle romanische und gotische Fresken. Im Kirchenschiff sind die Reste einer Apostelreihe aus der ersten Hälfte des 13. Jahrhunderts zu erkennen. Das spätgotische Fresko an der linken Chorwand stellt vermutlich den Kirchenpatron dar. Der Hochaltar der Kirche wurde im 18. Jahrhundert von Philipp Jakob Straub für das ehemalige Karmeliterkloster in Graz gefertigt.

Ein schöner Wanderweg durch die *Teichlandschaft um Paldau* führt zu dem am Saazkogel gelegenen *Filialkirchlein zum hl. Sebastian,* einem spätgotischen Bau aus dem frühen 16. Jahrhundert.

Südlich von Paldau liegt die Gemeinde *Gnas im Gnasbachtal.* Am Hauptplatz wird der Besucher von einer mit vergoldeten Weinranken verzierten Mariensäule (1678) begrüßt. Einige der am Hauptplatz gelegenen Häuser besitzen hübsche Biedermeierfassaden. Die Pfarrkirche zur hl. Maria geht im wesentlichen auf einen spätgotischen Neubau aus dem 15. Jahrhundert zurück, von dem das gotische Langhaus mit Netzrippengewölbe – das heutige Mittelschiff – und der Unterteil des Westturmes erhalten sind. Ende des 17. Jahrhunderts wurden die barocken Seitenschiffe angefügt, im späten 19. Jahrhundert erfolgte die neugotische Umgestaltung der baufälligen Kirche. Bemerkenswert sind das Sandsteinrelief aus dem 16. Jahrhundert mit einer Auferstehung Christi in der Chornische und mehrere Grabsteine unter der Orgelempore, besonders jener beim rechten Eingang.

AUSKUNFT Gemeindeamt, 8342 Gnas, Tel. 03151/22 60-14. **MODELLFLIEGEN** Am Modellflugplatz in Dietersdorf am Gnasbach, wo auch Staatsmeisterschaften in Modellfliegen durchgeführt werden, tummeln sich Flieger aller Klassen. Auskünfte: Karl Sand, Tel. 03151/83 73, oder Gemeindeamt Dietersdorf am Gnasbach, Tel. 03477/32 92. **MUSEUM** Privates Moped- und Motorradmuseum, Werner Trummer, Tel. 03151/25 85.

Südlich von Gnas führt kurz nach dem Ortsende eine Abzweigung zum *Schloß Poppendorf*, das auf eine Burg aus dem 13. Jahrhundert zurückgeht und im 17. Jahrhundert sein heutiges Aussehen erhielt. Die heutigen Besitzer betreiben hier seit mehr als 20 Jahren ein Hotel, das allerdings demnächst aufgelassen werden soll. Auf Anfrage können die Kapelle und der Rittersaal mit Stuck von Alessandro Serenio besichtigt werden.

Familie Franz Lisafeld, 8342 Poppendorf bei Gnas, Tel. 03151/25 55.

TRAUTMANNSDORF – IM NAMEN DER ROSE

Einige Kilometer östlich von Gnas liegt die Ortschaft Trautmannsdorf, benannt nach dem Adelsgeschlecht der Trauttmansdorffer. Diese waren Wildoner Dienstmannen und gehören zu den wenigen oststeirischen Ritterfamilien, die den Sprung in die Neuzeit schafften. Ihre Stammburg war allerdings schon um die Mitte des 19. Jahrhunderts restlos verschwunden, sodaß nur noch die Grabsteine in der Pfarrkirche zum hl. Michael von ihrem früheren Ruhm künden.

Von der *gotischen Kirche* hat sich lediglich das Turmuntergeschoß mit einem kleinen Portal erhalten. Überliefert ist, daß diese Kirche «auss abgang der Fenster sehr verfinstert [war], alss dass der Priester khaum den halben thail des volkhs von der Canzl und ebenmäßig khaum der halbe thail des Volkhs zum Altar sehen» konnte. Die alte Kirche, die sehr reizvoll gewesen sein muß, mußte 1654 einem neuen Gotteshaus weichen. Die zwölf fast lebensgroßen Apostelbilder wurden von Joseph Balthasar Wagner, dem Verwalter von Gleichenberg (†1726), gestiftet, das Steinrelief an der Brüstung der Orgelempore stammt aus dem 16. Jahrhundert und zeigt die hl. Maria mit Kind, flankiert von den hll. Erasmus und Christophorus.

Die bedeutendsten Kunstwerke der Kirche sind jedoch die hervorragend erhaltenen Grabsteine und Epitaphe – darunter jener des Herrand von Trauttmansdorff aus dem 14. Jahrhundert, einer der ältesten Adelsgrabsteine der Steiermark. Deutlich zu erkennen ist das Wappen der Familie, eine sechsblättrige Rose. Darüber der Grabstein des Ernst von Trauttmansdorff (†1517), «samt seinen baiden Hausfrawn», mit farbenprächtigem Familienwappen. Einige Meter entfernt findet sich das prachtvollste Grabmal der Kirche, das Marmorepitaph des 1614 verstorbenen Hans von Trauttmansdorff mit der fast lebensgroßen Gestalt des Ritters in Harnisch, der zu Füßen des Gekreuzigten kniet. Gegenüber ist das ebenso beeindruckende Epitaph des Adam von Lengheimb zu Pertl- und Kapfenstein (†1585) und seiner Frau Helena samt Wappen zu sehen.

Marmorepitaph von H. von Trauttmansdorff

Am Ortseingang befindet sich, gegenüber dem Dorffriedhof und hinter einer Hecke verborgen, der wiederhergestellte *jüdische Friedhof.*

AUSKUNFT Gemeindeamt, 8343 Trautmannsdorf, Tel. 03159/24 81.
ÜBERNACHTEN Kirchenwirt, Trautmannsdorf 6, Tel. 03159/40 64.

BAD GLEICHENBERG – DER THERAPIEKAISER

Bad Gleichenberg verdankt nicht nur seine Existenz als Thermalbad, sondern auch seinen Namen den Resten eines riesigen Schildvulkans, dessen Ruinen heute als die Gleichenberger Kogel (= die gleichen Berge) aus den jüngeren Ablagerungsschichten herausragen. Schon vor mehr als 5000 Jahren wußten die Menschen die günstige Lage des Ortes zu schätzen. 1872 wurden auf dem Wickenburghügel die Reste der ältesten bislang bekannten Siedlung auf steirischem Boden entdeckt.

Im 12. Jahrhundert erfolgte die bayrische Landnahme. Eine erste, um 1170 errichtete Burg ließ König Ottokar II. von Böhmen bereits 1268 schleifen. 1302 gelangte Gleichenberg an die Herren von Walsee, die auf einer Klippe über der Klausenschlucht die Feste Neu Gleichenberg erbauten. 1581 kam die Herrschaft an die Trauttmansdorffer, die das prächtige Wohnschloß errichteten, welches 1945 völlig ausbrannte. Heute residiert die Familie Stubenberg im früheren Wirtschaftsgebäude am Fuße der Schloßruine.

Berühmt ist Gleichenberg aber wegen seiner *Heilquellen,* die, wie die aufgefundene Steineinfassung eines antiken Brunnens beweist, schon von den Römern genutzt wurden. Die ersten wissenschaftlichen Untersuchungen im ältesten Kurort der Steiermark fanden bereits in der zweiten Hälfte des 18. Jahrhunderts statt. 1833 wurde der damalige Gouverneur der Steiermark, Mathias Constantin Graf von Wickenburg, auf den hypotonischen Natronsäuerling aufmerksam. Als Präsident des «Gleichenberger und Johannisbrunnen Actien Vereins» veranlaßte er 1836 die Errichtung der Kuranlage.

Noch heute wird das Ortsbild von spätbiedermeierlichen und gründerzeitlichen Bauten geprägt. Sehenswert sind das *Hotel «Annahof»*, das *Hotel «Grazer Hof»* oder die *«Villa Max»*. In der «guten alten Zeit» dauerte ein Kuraufenthalt üblicherweise drei Wochen, manche der Gäste blieben aber auch wesentlich länger. Entsprechend groß war das Bedürfnis nach Zerstreuung – sehr zum Mißfallen der Ärzte. So gab es nicht nur eine Leihbücherei für die Damen und Billardtische für die Herren, auch Tombolas, sogenannte Reunionen und allerhand Feste wurden veranstaltet. Flaneuren stand der große *Kurpark* zur Verfügung, dessen Gestaltung die Gattin des Grafen, Emma, übernommen hatte und wo eigens engagierte Musikkapellen aufspielten. Für Gäste, die keine ausgedehnten Spaziergänge unternehmen konnten, wurde aus Bad Ischl das «Kurtragen» mittels Tragsesseln übernommen. Peter Rosegger beschrieb die Gleichenberger Atmosphäre 1906 in der Zeitschrift «Der Heimgarten»: «Gleichenberg ist eine weiche, blumenumwundene Sänfte, wo man sich in aller Behaglichkeit wohl einmal ein paar Wochen dem ungestörten Nichtstun und Nichtssein hingeben kann».

Regelmäßig erscheinende Kurlisten informierten die Gäste darüber, wer sich gerade in Gleichenberg aufhielt. Darunter befanden sich durchaus klingende Namen: 1846 weilten der erst sechzehnjährige Erzherzog Franz Joseph, der spätere Kaiser, und seine Brüder in Gleichenberg. 1847 trafen die russischen Großfürstinnen Helene und Katharina Michailowna samt ihrem Gefolge ein. Die Damen logierten in der Villa Sophie und nahmen bei Ferdinand Waldmüller Malunterricht. Das Lieblingsplätzchen der Großfürstin Helene wurde später «Helenensitz» benannt. König Milan I. von Serbien bevorzugte eine Suite im Schweizerhof, deren Einrichtung heute noch erhalten ist.

Im Kurpark von Bad Gleichenberg

Zu den wichtigsten Aufgaben des «Actien-Vereins» gehörte die Vermarktung des Gleichenberger Quellwassers. Die zur Abfüllung benötigten Tonkrüge wurden in einer kureigenen «Krügelei» hergestellt und vor dem Versand einer 36stündigen Dichtheitsprobe unterzogen. Das Geschäft mit dem Wasser war durchaus lukrativ: Von 98.352 Einheiten im Jahr 1834 stieg der Absatz auf über 300.000 im Jahr 1857.

All das gehört natürlich der Vergangenheit an. Dennoch besitzt Bad Gleichenberg, dessen Häuser kunstvoll ins saftige Grün der Landschaft hineingetupft scheinen, mehr Charme als die meisten anderen Bäder. Der zwanzig Hektar große Kurpark lädt mit seinen exotischen Sträuchern und Bäumen – wie der Sequoia gigantea, dem Riesenmammutbaum – auch heute noch zum Flanieren ein. Hier begegnet man auch der Büste der Gräfin und einem Denkmal, das dem Begründer des Kurortes, Graf von Wickenburg, gesetzt wurde. Die 1838 erbaute Waldkapelle Maria Loreto fiel vor einiger Zeit Vandalen zum Opfer und soll demnächst wiederhergestellt werden.

Graf von Wickenburg sorgte nicht nur für das leibliche Wohl seiner Gäste. Auf einem Hügel inmitten des Ortes stiftete er eine *Pfarrkirche* im historisierenden Stil des 19. Jahrhunderts, die seinem Namenspatron, dem hl. Mathias, geweiht ist. Der einfache Saalraum mit Kassettendecke ist zwar nicht weiter bemerkenswert, interessant ist jedoch das Altarblatt des steirischen Nazareners Joseph Tunner, der den Stifter und seine Familie verewigte. Graf und Gräfin knien mit ihren Kindern vor der Muttergottes, im Bogenfeld schwebt ein früh verstorbener Sohn der Familie als Engerl. Die Figuren der hll. Katharina und Barbara entstanden um 1420, die gotische Johannesfigur am rechten Seitenaltar ebenfalls in der ersten Hälfte des 15. Jahrhunderts.

Auch das neben der Kirche gelegene *Franziskanerhospiz* wurde von Graf Wickenburg gegründet. In der Hauskapelle ist einer der wenigen erhaltenen Renaissancealtäre der Steiermark aufgestellt. 1566 geschaffen, stammt er aus Schloß Sauerbrunn bei Judenburg.

AUSKUNFT Gästeinformation und Kurkommission, 8344 Bad Gleichenberg 2, Tel. 03159/22 03. Kur- und Thermenzentrum, Tel. 03159/22 94. **ÜBERNACHTEN** Empfehlenswert ist – wenn schon, denn schon – eine «standesgemäße» Herberge: Hotel Gleichenbergerhof und Villa Gleichenberg, Tel. 03159/24 24. Hotel Steinitzer, Tel. 03159/22 49. Hotel Grazerhof, Tel. 03159/23 12. Kurhotel Villa Max, Tel. 03159/23 28. Hotel-Pension Villa Sophie, Tel. 03159/23 04. **BALLONFAHREN** Gernot Krenn, Gniebing 158, 8330 Feldbach, Tel. 03152/22 80. **GOLF** Golfclub Bad Gleichenberg, 9-Loch-Anlage, Am Hoffeld 3, Tel. 03159/37 17. **REITEN** Haus Grandl, Bad Gleichenberg 62, Tel. 03159/34 90. Stefan Puntigam, Bairisch Köllhof 13, Tel. 03159/31 92. Anton Fortmüller, Trautmannsdorf, Tel. 03159/20 86. **PFERDEKUTSCHENFAHRTEN** Anmeldung in der Gästeinformation, Tel. 03159/22 03. **ANGELN** Drei kleinere Fischteiche in Bad Gleichenberg, Anmeldung: Tel. 03159/22 41.

Nicht nur denen, die gerne Kaufmannsladen gespielt haben, sei das *Ladenmuseum* des Franz Pölzl in *Merkendorf* ans Herz gelegt. Die originale Einrichtung dieses Ladenschmuckkästchens stammt aus dem Jahr 1900. Einmal im Monat wird hier ein Markt abgehalten, sonst ist das Ladenmuseum jeden Samstag und gegen Voranmeldung zu besichtigen (Tel. 03159/27 35).

Am Fuße des Taxberges, zwischen Feldbach und Gleichenberg, findet sich in *Untergiem* das private Volkskundemuseum *Troadkost'n z' Giem* des Sammlers Johann Praßl, der auch das Feldbacher Museum im Tabor betreut. Zu sehen gibt es zwei alte Getreidespeicher, auch Körndlkeller oder eben Troatkost'n genannt, und eine kleine achteckige Waldkapelle. Die drei Gebäude beherbergen mehr als tausend Ausstellungsstücke aus dem Bereich des bäuerlichen, handwerklichen und religiösen Lebens, aber auch römische Fundstücke aus der Umgebung. Weiters sind zahlreiche Dokumente zur oststeirischen Geschichte und kunstvoll geschnitzte Kreuze ausgestellt, die während des Ersten Weltkriegs von den in Untergiem internierten russischen Gefangenen im Austausch gegen Lebensmittel hergestellt wurden.

Troadkost'n z' Giem, Familie Johann Praßl, 8330 Untergiem 45, Tel. 03152/43 23, Besichtigung gegen Voranmeldung.

KAPFENSTEIN – KÜCHE UND KELLER

Östlich von Bad Gleichenberg erhebt sich der Basaltfelsen des *Kapfensteiner Kogels,* mit 471 Metern eine der höchsten Erhebungen der Region. An seinem Südostrand thront *Burg Kapfenstein,* die auf eine im 12. Jahrhundert errichtete Grenzfestung zurückgeht. Der Name der Burg leitet sich übrigens vom mittelhochdeutschen Wort «kaphen» ab, was gaffen oder spähen bedeutet: Kapfenstein ist also der Berg, von dem man Ausschau halten kann. 1238 wurde die Feste durch ein Heer König Belas von Ungarn angegriffen und zerstört. Der heutige, zum Teil sogar fünfgeschossige Bau geht auf das 16. Jahrhundert zurück.

Seit 1918 befindet sich die Burg im Besitz der Familie Winkler-Hermaden. Martin Winkler-Hermaden und seine Frau Elisabeth führen hier einen kleinen, aber sehr feinen Hotel- und Restaurantbetrieb. Die Räume der Burg sind allesamt genützt und daher nicht ohne weiteres zu besichtigen. Es sei denn, man nächtigt und speist auch hier. Wer sich an Hühnerleberparfait in hellen und schwarzen Nüssen mit Preiselbeercreme und gebratenem Saiblingsfilet in Welschrieslingrahmsoßerl delektiert hat, dem empfiehlt Küchenchef Martin Winkler-Hermaden einen *warmen Kapfensteiner Kürbiskernpudding auf Mostsoße* zum Dessert. Hier das Rezept zum Nachkochen:

Zutaten (für ca. 7 Portionen): 60 g Butter, 40 g Staubzucker, 4 Eidotter, 110 g feingemahlene Kürbiskerne, 100 g in Milch getränktes, ausgedrücktes und passiertes Weißbrot, 100 g geschälte, grobgeriebene Äpfel, 15 g Maisstärke, 4 Eiweiß, 20 g Kristallzucker, Vanillezucker, Zitronenschale, 1 Schuß Rum.

Zubereitung: Butter und Staubzucker schaumig rühren. Die Eidotter dazugeben und weiter rühren. Kürbiskerne, Weißbrotmasse, Äpfel, Vanillezucker, Zitronenschale und Rum in der Dottermasse vermischen.
Eiweiß mit Kristallzucker aufschlagen und abwechselnd mit der Maisstärke unter die Kürbiskernmasse heben. Gebutterte und gezuckerte Soufflé-

förmchen zu zwei Dritteln mit der Masse füllen und im Wasserbad zugedeckt ca. 20 Minuten garen. Den fertigen Pudding auf warme Mostsoße stürzen, mit Staubzucker bestreuen und mit gehackten Kürbiskernen und Minzblättern garnieren.

Das unterhalb der Burg gelegene Weingut der Familie wird vom Bruder Georg und dessen Frau Margot geführt. Der Schwerpunkt der Produktion liegt einerseits beim Sauvignon blanc und den Pinot-Sorten Morillon, Weißburgunder und Grauer Burgunder, andererseits beim Rotwein: Der Olivin – benannt nach einem in Kapfenstein vorkommenden Halbedelstein – wird aus der Rebsorte Blauer Zweigelt gekeltert und ist nach Ansicht vieler Fachleute *die* große Ausnahmeerscheinung unter den steirischen Rotweinen, ein Roter von internationalem Format, vergleichbar mit den besten Weinen des Südburgenlandes. Das Weingut besitzt zwei große Keller, sehenswert ist der sogenannte «Löwenkeller» aus dem 17. Jahrhundert, ein ehemaliger Zehentkeller, über dessen Eingang das marmorne Relief eines Löwen mit mächtiger Mähne wacht. Ein zweiter Kellerraum, der «Lange Keller», gehört zur früheren Meierei und soll nach

Kapfensteiner Weingutbesitzer: Margot und Georg Winkler-Hermaden

seiner Renovierung als Barrique-Keller sowie als Veranstaltungs- und Ausstellungsraum dienen. Eventuell wird hier auch die berühmte Gesteinssammlung des Großvaters, des Geologen Arthur Winkler-Hermaden, eine neue Heimstätte finden.

Ebenfalls unterhalb der Burg liegt die alte *Pfarrkirche zum hl. Nikolaus.* Ein weiterer kleiner Spaziergang führt von der Burg zur Herz-Jesu-Kapelle am Nordende des Kapfensteiner Kogels. An der Stelle des Rundbaus aus der zweiten Hälfte des 18. Jahrhunderts soll sich bereits in vorchristlicher Zeit eine Kultstätte befunden haben – was aufgrund der herrlichen Lage durchaus verständlich wäre.

Burg Kapfenstein, Familie Winkler-Hermaden, Tel. 03157/22 02. Hotel und Restaurant haben von März bis Dezember geöffnet. Das Restaurant bleibt, außer für Hotelgäste, von Sonntag abends bis Dienstag geschlossen. Weingut Winkler-Hermaden, Weinverkostung und Kellerführung nach Vereinbarung, Tel. 03157/23 22.

Nur vier Kilometer südlich von Kapfenstein, etwa auf halbem Weg nach St. Anna, liegt *Waltra.* In der sanftmütigen Landschaft, die ein wenig an die Toskana erinnert, werden Wein, Obst und Kürbisse angebaut. Bekannt sind die steil aufragenden Waltra-Basaltfelsen im Wald.

VON FELDBACH NACH FEHRING

Ganz in der Nähe von Feldbach liegt *Schloß Hainfeld,* das größte Wasserschloß der Steiermark. Vom 14. bis zum 17. Jahrhundert gehörte es den Winklern, die es zu seiner heutigen Größe ausbauen ließen. Von 1719 an befand sich das Schloß im Besitz der Grafen Purgstall, die es 1835, nebst ihrem Namen, dem befreundeten Orientalisten Josef Freiherr von Hammer vermachten. Dies erklärt die arabische Inschrift am westlichen Portal. Schloß Hainfeld ist allerdings ebensowenig zu besichtigen wie das auf einer Hügelkuppe westlich von Johnsdorf gelegene Schloß Hantberg.

Oberhalb der Ortschaft *Pertlstein* befindet sich bereits das nächste Schloß, *Bertholdstein,* das auf einem steil abfallenden

Bergvorsprung hoch über das Raabtal hinausragt und 1968 als Kulisse für die Verfilmung von Kafkas Roman «Das Schloß» diente. Errichtet in der zweiten Hälfte des 12. Jahrhunderts von Berthold von Emmersberg, befand sich das Schloß von 1578 bis 1800 im Besitz der Familie Lengheim. 1920 wurde Bertholdstein der Abtei St. Gabriel überschrieben, 1941 machte sich ein nationalsozialistischer Verwalter breit. Heute beherbergt das Schloß wieder 18 Benediktinerinnen, die in Klausur leben, weshalb weder die Räumlichkeiten noch der längste Arkadengang Mitteleuropas (102 m) zu besichtigen sind. Die Schwestern leben von Weberei und Hinterglasmalerei, von der Herstellung kirchlicher Gewänder und der Vermietung der zum Schloß gehörenden Gästehäuser an Menschen, die die Stille lieben, keinen Komfort suchen und sich ihr Essen an der Klosterpforte abholen.

Sehen lassen kann sich allerdings die entzückende, ursprünglich romanische *Schloßkapelle,* die im 15. Jahrhundert mit einem gotischen Gewölbe ausgestattet wurde. Der barocke Hochaltar im sogenannten Knorpelwerkstil entstand 1636, das Fresko über dem Chor zeigt eine Schutzmantelmadonna mit Mitgliedern der Familie Lengheim. Die früheren Schloßbesitzer haben sich auch in mehreren schönen Epitaphen verewigt, unter anderem Wolff von Lenghaimb (†1601) mit seiner Gattin, Sophia von Saurau, daneben Hanns von Lenghaimb und schließlich Carl Joseph von Lenghaimb, dessen Grabmal mit mehreren Totendarstellungen verziert ist.

Abtei St. Gabriel, Tel. 03155/26 71.

Die 1265 am Südrand des Raabtals gegründete und 1962 zur Stadt erhobene Ortschaft *Fehring* erstreckt sich um einen großen rechteckigen Hauptplatz mit einigen älteren Häusern und einer schönen Mariensäule von 1697. Vom gotischen Bau der Pfarrkirche zum hl. Joseph ist nur noch die Chorkapelle, die sogenannte alte Kirche mit Kreuzrippengewölbe erhalten. Zu Beginn des 18. Jahrhunderts wurde ihr ein barocker Neubau in Nord-Süd-Richtung angefügt. Die Kircheneinrichtung stammt zum größten Teil aus dem späten 19. Jahrhundert, sehenswert ist die gotische Marienfigur am Kapellenaltar. Die Kirche ist zum Teil von einem Kranz malerischer alter Häuser umgeben, den Resten des früheren Tabors aus dem 15. Jahrhundert.

Das in der Ortschaft Petzelsdorf südwestlich von Fehring gelegene *Schloß Stein* beherbergt heute eine Abteilung der Landwirtschaftlichen Hauswirtschaftsschule St. Martin. Sehenswert ist der Knaushof, vulgo Lipp, in Petzelsdorf Nr. 16, ein strohgedeckter Vierseithof aus dem 18. Jahrhundert.

Nördlich von Fehring, auf dem Weg nach Johnsdorf, führt in Brunn ein Schild zum «Römerstein», der laut Inschrift dem Jupiter Optimus Maximus Uxlemitanus, einem römisch-keltischen Wettergott geweiht war.

Das im 14. Jahrhundert errichtete *Schloß Johnsdorf* wurde 1605 bei einem Haiduckeneinfall völlig zerstört und 1656 von Elisabeth Katharina von Galler neu aufgebaut. Die Gallerin bezeichnete Johnsdorf stets als «mein Jagdgschlosl» und ließ es auch entsprechend komfortabel ausbauen. Nach ihrer aufsehenerregenden Scheidung gelangte das Schloß 1669 in den Besitz der Familie Stadl, die es wohl nicht sehr pfleglich behandelte, denn schon 1763 wird «Janstorff» als «ein altes, einer starkhen Reparation benottigtes Gebäude» beschrieben. Das Schloß brannte 1945 aus und wurde von seinem letzten Besitzer, Baron Döry, 1954 den Salesianern Don Boscos vermacht.

Die Salesianer, die ihre Hauptaufgabe in der Jugenderziehung sehen, unterhalten hier ein Bildungshaus, wo Einkehrtage, Exerzitien und Vertiefungswochen veranstaltet werden. Eine Besichtigung des Barocksaals, des Baron-Döry-Gedenkraums, der winzig kleinen Schloßkapelle und der 1966 errichteten modernen Mariahilf-Kirche mit ihrem kreisförmigen Altarraum und den hyperbunten Glasfenstern ist möglich.

Schloß Johnsdorf, 8350 Fehring, Tel. 03155/23 62.

Von Johnsdorf aus wollen wir noch dem Weinbauort *Hatzendorf* einen Besuch abstatten. Im ehemaligen Sanatorium Lemberg ist heute eine landwirtschaftliche Fachschule untergebracht.

Doktor Lemberg war nicht nur ein charismatischer Arzt, er hinterließ auch einen bemerkenswerten botanischen Garten, der in naher Zukunft aus seinem Dornröschenschlaf erweckt werden soll. Geplant ist außerdem ein Skulpturenpark, organisiert vom Besitzer des vis-à-vis gelegenen Malerwinkels, Peter Troißinger, der dem Vernehmen nach «als Künstler fast so bekannt ist wie als Koch». Der Eingangsbereich zu seinem Gasthof ist als Lehm-Stroh-Turm ausgeführt und soll nach eigener Aussage die «alten Wertigkeiten» versinnbildlichen. Wer ein weiteres Kunstwerk des Peter Troißinger sehen will, der findet im Ort den beeindruckenden Brunnen des Gregor Agricola, seines Zeichens Pfarrer von Hatzendorf und eines der Opfer des Hexenwahns.

AUSKUNFT Tourismusverein, 8350 Fehring, Grazer Straße 1, Tel. 03155/23 03. **ESSEN UND TRINKEN UND ÜBERNACHTEN** Gasthof Malerwinkl, Hatzendorf 152, Tel. 03155/22 53. **EINKAUFEN** Obstbrennerei Gölles, 8333 Stang 52, Tel. 03153/75 55.

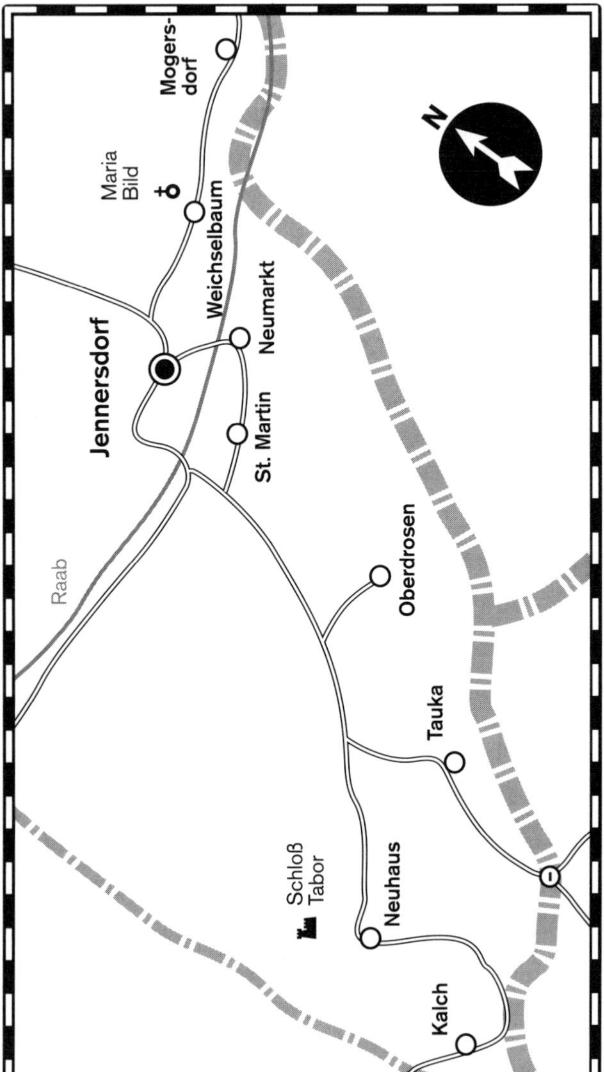
Mogers-
dorf
Maria
Bild
Weichselbaum
Neumarkt
Jennersdorf
St. Martin
Raab
Oberdrosen
Tauka
Schloß
Tabor
Neuhaus
Kalch
N

Letzter Ausflug nach Pannonien

VON JENNERSDORF NACH MOGERSDORF

Der Bezirk Jennersdorf umfaßt den südlichsten Teil des Burgenlandes – eine Region, die noch etwas unentschlossen scheint, ob sie aus ihrem «Dornröschenschlaf» erwachen soll. Jennersdorf selbst war bis zum Anschluß des Burgenlands an Österreich eine vorwiegend ländliche Gemeinde. Wesentliche Schritte zur Schaffung einer modernen Infrastruktur mußten kriegsbedingt bis in die sechziger und siebziger Jahre aufgeschoben werden.

AUSKUNFT Gemeindeamt Jennersdorf, Tel. 03329/452 00. **ESSEN UND TRINKEN** Gasthof Heuriger, Hauptplatz 11, Tel. 03329/480 93. **ÜBERNACHTEN** Gasthof und Seminarhotel Raffel, Hauptplatz 6, Tel. 03329/466 22. **CAMPING** Freizeitzentrum 3, Tel. 03329/461 33.

Südlich von Jennersdorf, am anderen Ufer der Raab, liegt *St. Martin.* Von der auf einer Anhöhe gelegenen Kirche kann man deutlich die Kirchturmspitze von Jennersdorf und auch die Wallfahrtskirche von Maria Bild erkennen. Die Martinskirche

St. Martin an der Raab: Friedhof mit Aussicht

ist eine alte Gründung, der heutige Bau und die reiche barocke Einrichtung stammen aus der Mitte des 18. Jahrhunderts. An der Außenmauer ist das schöne, leider stark beschädigte Epitaph der Familie Welzer (1620) zu beachten. Im Gemeindegebiet von St. Martin befinden sich insgesamt sechs Glockentürme, von denen jener in Oberdrosen besonders sehenswert ist.

Nächster und letzter Ort vor der Grenze ist *Neumarkt an der Raab,* wo sich ein vielbeachtetes österreichisches Künstlerprojekt entwickelt hat. In den sechziger Jahren auf Initiative des ortsansässigen Malers Feri Zotter (1923–1987) gegründet, hat der Kulturverein das Leben im Dorf gründlich verändert. Alte Häuser wurden hierher transferiert, so etwa das erste Kino des Burgenlandes aus Großpetersdorf oder ein Kreuzstadl aus Deutsch Pirling. Eine Ölmühle im Ort konnte erworben werden, und viele namhafte Künstler folgten der Einladung des Vereins, um in der Ruhe und Abgeschiedenheit des südlichen Burgenlandes zu arbeiten. Im Künstlerdorf entstanden Peter Handkes «Die Angst des Tormanns beim Elfmeter», Gerhard Roths «Ein neuer Morgen», Peter Turrinis «Alpensaga», H. C. Artmanns «Unter der Bedeckung eines Hutes», aber auch

Das älteste Kino des Burgenlandes in Großpetersdorf

Bilder von Georg Eisler, Kurt Moldovan oder Walter Pichler. Einige Künstler, wie zum Beispiel der Graphiker Walter Schmögner oder der Xylograph Johannes Wanke haben die Raabtalgegend mittlerweile zu ihrem Wohnsitz erkoren. Bemerkenswert ist, daß der Kunstbetrieb keineswegs in einem Getto stattfindet, sondern auch die Dorfbewohner an den Aktivitäten des Vereins partizipieren läßt. Nicht zufällig gelten die Kinder aus Neumarkt in den Schulen der Umgebung als die musisch begabtesten.

Der Kulturverein bietet von Ende Juni bis Mitte September regelmäßig Kurse an. Das Angebot reicht von Fotografie über Weben und Keramik bis Kompositionslehre. Heinrich Fellenz unterrichtet Aktzeichnen, Christoph Donin verschiedene Drucktechniken und Emil Morawitzky Aquarellieren. Wohnen können die Kursteilnehmer in den Atelierhäusern, der Kernölmühle, in Privatquartieren und im Notfall auch in Zelten.

Kulturverein Neumarkt, Alois Neubauer, Tel. 03329/465 27.

Auf einer Anhöhe am Rand des Ortes befindet sich *Schloß Neumarkt,* das in der Mitte des 19. Jahrhunderts von der Familie Batthyány errichtet wurde.

AUSKUNFT Gemeindeamt, 8380 Neumarkt a.d. Raab, Tel. 03329/453 66.

Wenn man bei Neumarkt die Raab überquert, gelangt man nach wenigen Kilometern in die Ortschaft Weichselbaum und zu der auf einer Anhöhe über dem Raabtal gelegenen, 1793 errichteten Wallfahrtskirche Maria Bild. Das fragliche Bild – eine Kopie des Gnadenbildes von Maria Pötsch – befindet sich am Hauptaltar, von wo es mehrmals entfernt und wohin es auf wundersame Weise immer wieder zurückgekehrt sein soll.

Mogersdorf, unser nächstes Ziel, wurde durch eine blutige Schlacht berühmt: Anfang August 1664 konnte hier am Raabübergang eine türkische Großoffensive gestoppt werden. Auf der einen Seite der Raab stand ein kaiserliches Heer unter dem Oberbefehl von Raimund Graf Montecuccoli, verstärkt durch Soldaten aus Bayern, Schwaben, Niedersachsen und Franken unter Markgraf Leopold von Baden sowie durch ein französisches Hilfskorps unter Graf Coligny, insgesamt etwa 25.000 Mann – und auf der anderen Seite der osmanische Großwesir Ahmet Köprülü mit über 30.000 Mann. Entscheidend in der anfangs unentschieden hin und her wogenden Schlacht war ein energischer Gegenangriff der Alliierten, der die türkischen Truppen in den Hochwasser führenden Fluß trieb. Die Verteidiger hatten 2000 Tote und Verwundete, die Osmanen wahrscheinlich fünfmal so viele Opfer zu beklagen – und den Nimbus der Unbesiegbarkeit verloren.

Auch sie sollen in Frieden ruhen

Dem Gedenken an diesen historischen Sieg ist, verstreut im ganzen Land, ein wahres Heer von Mariensäulen gewidmet. Und auch in Mogersdorf selbst stößt man auf Schritt und Tritt auf das Jahr 1664. Kurz vor der Ortseinfahrt steht die Annakapelle, ein schlichter Rundbau mit Kegeldach, der um 1670 von der Witwe des in der Schlacht gefallenen steirischen Heerführers Graf Trauttmansdorff als Gedenkstätte errichtet wurde. Bis zur Jahrhundertwende soll eine türkische Delegation diese Gedenkstätte an jedem Jahrestag der Schlacht besucht haben. Daneben ist ein Gedenkstein für die gefallenen französischen Soldaten zu sehen sowie ein versöhnlicher Friedensstein mit türkischem und deutschem Text.

Ganz in der Nähe befindet sich das *Weiße Kreuz*. Aufgestellt wurde es an jener Stelle, wo 1839 beim Abgraben zweier Hügel große Mengen von Gebeinen zum Vorschein gekommen waren. An die vergangene «Heldenzeit» erinnern auch die türkische Kanonenkugel am Gemeindehaus von Mogersdorf und das Deckengemälde von Josef Rösch (1912) in der Pfarrkirche des Ortes.

Etwas versöhnlicher ist die *Gedenkstätte am Schlößlberg*, die sich als Mahnmal gegen jede Art von Krieg versteht. 1964, zum 300. Jahrestag der Schlacht, wurde ein 15 Meter hohes Betonkreuz aufgestellt und anstelle der in den letzten Kriegstagen des Jahres 1945 schwer beschädigten Kapelle ein Neubau nach Plänen von Ottokar Uhl errichtet. Gleich nebenan, beim Restaurant Kreuzstadl, veranschaulicht ein großes Landschaftsmodell mit Tonband den Schlachtverlauf. Ergänzt wird die kleine Schau durch Bild- und Texttafeln, Waffen und andere Beutestücke.

Restaurant Kreuzstadl, Mogersdorf 77, Tel. 03325/8217.
AUSKUNFT Gemeindeamt, 8382 Mogersdorf 2, Tel. 03325/82 00.
ÜBERNACHTEN Gasthof Gibiser, Heiligenkreuz 81, Tel. 03325/42 16.

IM DREILÄNDERECK

Von Jennersdorf nehmen wir die südwärts führende Straße in Richtung Bonisdorf, eines kleinen Grenzübergangs nach Slowenien. In Tauka folgen wir der Abzweigung zur «Dreiländerecke», die auf einem etwa halbstündigen Spaziergang erreicht werden kann und mit einem steinernen Obelisk gekennzeichnet ist.

Nachdem wir uns hier in einer der reizvollsten Gegenden des Burgenlandes befinden und sich dieser Umstand noch nicht besonders weit herumgesprochen hat, kann ein erholsamer Urlaub mit Wandern, Reiten, Radfahren oder einfach bloßem Ausspannen nur wärmstens empfohlen werden.

ÜBERNACHTEN Landhofmühle, 8384 Minihof-Liebau, Tel. 03329/28 14.

Einen Ort gilt es allerdings noch zu entdecken: *Neuhaus am Klausenbach*, praktisch im südlichsten Teil des Südburgenlandes, zwischen Slowenien und der Steiermark, gelegen. In Neuhaus stehen die evangelische und die römisch-katholische Pfarrkirche in trauter Eintracht nebeneinander. Vorbei am katholischen Friedhof, gelangt man zur Burgruine. Im 17. Jahrhundert befand sich die Festung im Besitz der Batthyány, doch nachdem deren Verwalter ihren Sitz ins benachbarte Schloß Tabor verlegt hatten, wurde Burg Neuhaus dem Verfall preisgegeben und sogar als Steinbruch benutzt. Zu besichtigen gibt es nicht viel, zu sehen aber jede Menge – und sei's die herrliche Aussicht.

An dieser Stelle sei noch ein kulinarischer Geheimtip verraten: Im Gasthaus zur Burgruine serviert Richard Samperl exzellente Küche zu Wirtshauspreisen. Hier sein Rezept für den *Heidensterz*, eine lokale Spezialität aus Buchweizenmehl, die als Beilage zu Braten oder zur Schwammerlrahmsuppe gereicht wird.

Im südlichsten Südburgenland: Neuhaus am Klausenbach

Zutaten: 1 Würfel Germ, 1 Prise Zucker, 60 dag Heidenmehl, 3/4 l Milch, 1/4 l Wasser, 2 Löffel Schmalz, Salz, Pfeffer.

Zubereitung: Aus Germ, 1/8 l lauwarmer Milch, einer Prise Zucker und etwas Heidenmehl ein Dampfl machen. Restliche Milch und Wasser erwärmen, Dampfl beigeben, soviel Heidenmehl einrühren, daß eine dicke Palatschinkenmasse entsteht, mit Salz und Pfeffer würzen. Eine Pfanne mit Schweineschmalz ausstreichen, Heidenmasse eingießen, eine Stunde an einem warmen Platz aufgehen lassen, dann im Rohr bei 200 Grad eine halbe Stunde knusprig backen. Bon appetit!

Die Bestände des Heimatmuseums, die sich bis vor wenigen Jahren auf Schloß Tabor befanden, sind vorläufig ebensowenig zu besichtigen wie der reizvolle Arkadenhof des barocken Schlößchens selbst. In der Umgebung von Neuhaus markieren zwei mariatheresianische Grenzsteine noch den früheren Grenzverlauf zwischen der österreichischen und der ungarischen Reichshälfte.

AUSKUNFT Gemeindeamt, Tel. 03329/24 16. **ESSEN UND TRINKEN** Gasthaus Samperl zur Burgruine, Tel. 03329/24 03. **VERANSTALTUNGEN** Im September findet in Neuhaus ein großer Mostkirtag statt.

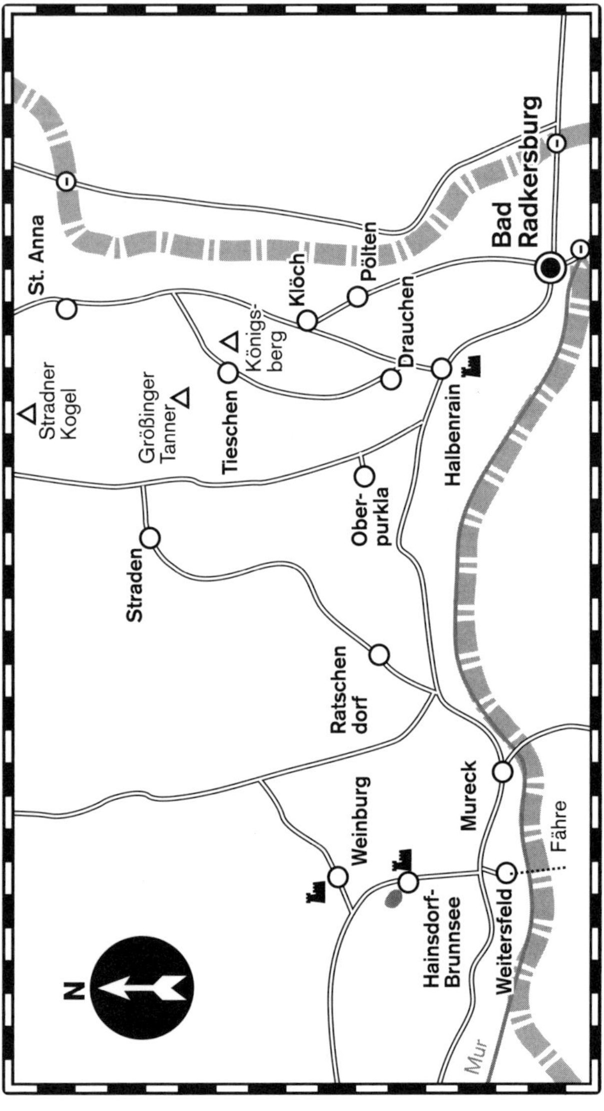
St. Anna
Stradner Kogel
Größinger Tanner
Tieschen
Königs-berg
Klöch
Pölten
Drauchen
Halbenrain
Bad Radkersburg
Ober-purkla
Straden
Ratschen dorf
Mureck
Fähre
Weinburg
Hainsdorf-Brunnsee
Weitersfeld
Mur
N

Sonniges Bad Radkersburg

STADT DER STAPLER

Radkersburg wurde 1261 vom böhmischen König Ottokar II. als Grenzfeste gegründet und bereits 1299 als Stadt bezeichnet. Der Name leitete sich von der damals bereits bestehenden Burg des Rategoy ab, dem heutigen Schloß Oberradkersburg im slowenischen Gornja Radgona. Etwa hundert Jahre später erhielt die Stadt das sogenannte Stapelrecht, also ein Monopol auf alle aus Ungarn kommenden und nach Ungarn gehenden Handelsgüter, wie Eisen, Salz oder Honig, die auf Flößen die Mur heruntergebracht und hier gegen landwirtschaftliche Produkte verhandelt wurden. Von diesen und ähnlichen Privilegien, zum Beispiel auf den Wein- und Mosthandel, profitierten vor allem die ortsansässigen Patrizierfamilien wie die Eggenberger, Payr oder Wechsler.

Die Territorien der Stadt waren bereits im Mittelalter klar abgesteckt: Der Adel und das wohlhabende Bürgertum konzentrierten sich rund um den Hauptplatz, Gasthöfe, Herbergen und Läden lagen an der großen Durchzugsstraße – der heutigen Langgasse –, das Handwerkerviertel war durch die (Faß-) Binder-, Spor- und Hebergasse (= Weinfrächtergasse) gekennzeichnet, und die Stadtbauern, deren Felder sich außerhalb der Mauern befanden, wohnten entlang der Murgasse, wo auch die Juden bis zu ihrer Vertreibung im Jahr 1496 ihr eigenes Viertel besaßen.

Im 16. Jahrhundert entwarf Domenico dell'Allio die massiven Befestigungsanlagen der Stadt, die im Jahr 1582 zur Reichsfestung erhoben wurde. In den folgenden Jahrhunderten entwickelte sich Radkersburg immer mehr zu einem der wichtigsten Stützpunkte für die Versorgung der Militärgrenze in Kroatien und Slawonien. Erst im 19. Jahrhundert ging die kommerzielle Bedeutung der Grenzstadt sukzessive zurück. Nach dem Ende des Ersten Weltkriegs wurde Radkersburg am 1.11.1918 von SHS-Truppen besetzt, die bis zum Sommer 1920 als ungebetene Gäste bleiben sollten. Durch den Friedensschluß gingen nicht nur das Schloß und die darunter gelegene Vorstadt, sondern auch die Felder und Weingärten jenseits der Mur verloren. Im Zweiten Weltkrieg mußte die Stadt neuerlich die ungeliebte Rolle der Festung übernehmen. Fazit: Nur vier Häuser blieben unbeschädigt.

Seit 1975 darf die Stadt den geschäftsfördernden Beinamen «Bad» führen. Genaugenommen gibt es in Radkersburg zwei Heilquellen, nämlich die Stadtquelle für Trink- und Nierenkuren und die Thermalquelle, deren 80 Grad heißes Wasser aus 1930 Meter Tiefe gefördert wird.

DIE BESSERE HÄLFTE

Die rund 200 Häuser der Altstadt, die nach dem letzten großen Stadtbrand von 1790 durchwegs mit Biedermeierfassaden versehen worden waren, werden bis heute von einem Gürtel aus Gräben, Wällen und Basteien zusammengehalten. Wir beginnen unseren Rundgang durch die reizvolle Altstadt am *Hauptplatz,* der mit seinen bunten Fassaden und Straßencafés durchaus südländischen Charme versprüht. Früher diente er als Marktplatz und war deshalb von den wichtigsten Handels- und Adelshäusern umgeben. Erhalten geblieben ist das Stammhaus der Eggenberger auf Nr. 9.

Das *Rathaus* ist in seinem Kern gotisch. Im Erdgeschoß befindet sich eine Gedenkstätte für die Gefallenen beider Weltkriege, in der Turmstube Fresken von Fritz Silberbauer (1928). Am Turm, der als das Wahrzeichen der Stadt gilt, ist eine Tafel mit schwülstigem Deutschtumsbekenntnis angebracht.

Neben der Mariensäule, die anläßlich der großen Pest von 1680 gestiftet wurde, sind im Straßenpflaster Jahreszahlen eingelassen, die sich auf die Verbrennung von lutherischen Schriften im Jahr 1600, auf die Zerstörung des Denkmals Josephs II. 1919 und auf die Errichtung des Russendenkmals 1945 beziehen.

Durch einen barocken Torbogen, das um 1700 errichtete *Frauentor*, betritt man den stimmungsvollen *Frauenplatz* mit der *Kirche Maria Hilf*. Die dreischiffige Kirche stammt von 1643, der Chor geht auf eine gotische Kapelle aus dem 15. Jahrhundert zurück. Die Fresken im Chor schuf Matthias Schiffer um 1800. Nachdenklich stimmt ein Grabstein im linken Kirchenschiff:

Denkt das ihr das allsambt wirdt werden
was ich iezundt worden bin
Staub und Aschen auch Khott und Erden
Ist des Menschen letzter Gwin

Zurück am Hauptplatz, vorbei an einem Bürgerhaus aus dem 16. Jahrhundert auf Nr. 12 und dem alten Rathaus auf Nr. 10, einem Renaissancebau mit dreiteiligem Fenster und schönem Arkadenhof, gelangen wir zum sogenannten *Aquila-Hof*, benannt nach dem Maler, Steinmetz und Baumeister Johannes Aquila, der in der zweiten Hälfte des 14. Jahrhunderts in Radkersburg wirkte.

Gleich gegenüber, in der Langgasse, steht das *Palais Herberstorff*, dessen klassizistische Fassade darüber hinwegtäuscht, daß

In der Altstadt von Bad Radkersburg

dieses Palais bereits 1583 durch Carl von Herberstorff und Anna Susanna von Liechtenstein erbaut wurde. Der wunderschöne Renaissancearkadenhof, der auch Teile der alten Stadtbefestigung miteinbezieht, ist von der Dechanthofgasse aus zu betreten.

Über den *Dechanthof,* das ehemalige bischöfliche Freihaus mit spätbarocker Fassade, dessen «Bischofszimmer» mit den Landschaftsbildern von Matthias Schiffer auf Anfrage besichtigt werden kann, erreichen wir die *Stadtpfarrkirche* zum hl. Johannes dem Täufer, deren Bausubstanz aus dem 14. bis 16. Jahrhundert stammt. Ihre exponierte Lage direkt an der mittelalterlichen Stadtmauer zeigt, daß die Kirche zu dieser Zeit auch wehrtechnische Aufgaben zu erfüllen hatte. Der gotische Chor der Pfeilerbasilika wurde zu Beginn des 15. Jahrhunderts errichtet. Nach dem Stadtbrand von 1504 mußten die Seitenschiffe neu eingewölbt werden. Von diesem Sternrippengewölbe haben sich allerdings nur Teile erhalten, das Gewölbe des Mittelschiffes wurde 1830 abgetragen, und auch im Chor wurden die Rippen entfernt.

Das prächtige Hauptportal vom Beginn des 16. Jahrhunderts liegt aus strategischen Gründen neben dem Chor. Die beiden Krebse weisen vermutlich auf die Stifterfamilie der Ratmannsdorf hin. Neben dem Portal, an der Südseite des Turms, sind Freskenreste auszumachen, die möglicherweise von Johannes Aquila stammen und entweder den hl. Wolfgang oder den hl. Virgil darstellen.

Der Hochaltar der Kirche ist neugotisch, die Seitenaltäre sind barock. Sehenswert ist ein spätgotisches Kruzifix (um 1520) am Kreuzaltar. Im Inneren der Kirche und an ihrer Außenmauer sind außerdem nicht weniger als 32 Grabsteine und Epitaphe bedeutender Radkersburger Familien angebracht. Hervorzuheben sind die Grabmäler des Hans Eggenberger (1481), des Christoff Melzer (1566) mit Gattin, des Wolff Kraus, «gewester Proviantverwalter» (1640), mit Gemahlin, einem Knaben und einem Säugling, der Herren Hans und Erasmus Königsfelder

(1521) und des Franz Wechsler, der – in einem winzig kleinen Boot stehend – als Ritter mit Fahne dargestellt ist.

Über die kleine Kirchengasse gelangt man zurück in die *Langgasse.* Das *Haus Nr. 43,* das heutige Bezirksgericht, befand sich ursprünglich im Besitz der Familie Wechsler und war das Elternhaus der berühmten Gallerin. Das Wappen des Kaufmannsgeschlechts – zwei umgekippte Türkenzelte – findet sich im Westtrakt. Das frühere Provianthaus der Landstände, heute Nr. 42, wurde 1588 zugleich mit dem Zeughaus erbaut und war mit diesem durch einen Hof verbunden.

Hinterhofidylle

Einige Schritte weiter gelangt man über die *Tabor* genannte Gasse zu einem hübschen kleinen Platz mit einer barocken Florianistatue. In die Hausmauer von Nr. 13 sind zwei Putten und eine stark verwitterte Auferstehungsszene eingelassen. Der Tabor mündet in die Emmenstraße, von wo Fußlahme und Kulturverweigerer über die kleine Bindergasse direkt zu den schattigen Cafés am Hauptplatz zurückfinden.

In der Emmenstraße, einem historischen Ensemble mit schönen alten Häusern, befindet sich auch das ehemalige Zeughaus, in dem heute das *Heimatmuseum* der Stadt untergebracht ist. Prunkstücke der Sammlung sind der 1811 entdeckte Helm von Negau (1. Jh. v.u.Z.), ein Scharfrichterschwert aus dem 17. Jahrhundert mit Galgenzeichen, die Weltkarte des Mönchs Andreas Wallsperger (1448), die größte Zunfttruhensammlung Österreichs, eine Sammlung von Schützenscheiben, verschiedene volkskundliche Objekte sowie Plakate und Fotos aus der Zeit der Besetzung Radkersburgs durch Jugoslawien.

Stadtmuseum, Führungen Di 10 Uhr, Fr 15 Uhr sowie nach Voranmeldung im Informationsbüro.

Über die Schulgasse gelangt man, vorbei am früheren Palais Nadasdy mit Spätbarockfassade, zum unteren Ende des Hauptplatzes, wo im Keller des Hauses Nr. 30, der *ehemaligen Pistorkaserne,* Malereien mit Kriegs- und Jagdszenen aus der Zeit um 1400 entdeckt wurden, die zu den frühesten profanen Fresken Österreichs gezählt und Johannes Aquila zugeschrieben werden. Den Schlüssel erhält man bei der nahen Stadtinformation.

Durch die kleine Theatergasse sind es nur wenige Schritte zur *Kirche des früheren Kapuzinerklosters.* 1817 säkularisiert, wurde das Kloster eine Zeitlang als Weinkeller und Theater verwendet und 1940 abgerissen. Die schlanke gotische Kirche mit dem seltsamen Dachreiter dient heute als Lagerraum.

Die ländlich wirkende Murgasse war früher das Viertel der «Ackerbürger» von Radkersburg. Das an der Ecke zur Langgasse gelegene Bürgerhaus mit schwarzem Sgraffitodekor soll im 16. Jahrhundert von einem spanischen Edelmann errichtet worden sein. Heute beherbergt es den Gasthof zum Türkenloch. Folgt man der Langgasse nach links, erreicht man das Puchhaus, in dem der spätere Konstrukteur Johann Puch 1878 das Schlosserhandwerk erlernte. An der Stelle des heutigen Finanzamtes stand bis 1887 das Grazer Tor. Über die Langgasse kehren wir zum Hauptplatz zurück.

AUSKUNFT Informationsbüro, 8490 Bad Radkersburg, Hauptplatz 14, Tel. 03476/25 45. Radkersburger Teich- und Hügelland Tourismusbüro, 8482 Gosdorf 180, Tel. 03472/45 93. **ESSEN UND TRINKEN** Das kleine Restaurant (Kurhotel, Haubenlokal), Tel. 03476/25 71. Café Hermann, Langgasse 46, Tel. 03476/24 43. Brunnen Stadl, Fehringer Straße 14, Tel. 03476/37 10. **ÜBERNACHTEN** Thermenhotel Radkersburgerhof, Tel. 03476/35 60. Hotel Kaiser von Österreich, Langgasse 1, Tel. 03476/21 27. Rosenvilla, Bahnhofstraße 16, Tel. 03476/35 19. Das kleine Landhaus, Neuhummersdorf 33, Tel. 03476/33 22. **CAMPING** Parktherme, Tel. 03476/26 77. **KUREN** Parktherme Bad Radkersburg, Tel. 03476/26 77. Öffnungszeiten: Mo–Sa 9–21.30 Uhr, So bis 19.30 Uhr. Kurzentrum, Tel. 03476/22 65. **ANGELN** Im Drauchenbach, in der Mur und im Liebmannsee. Auskunft: Tel. 03476/24 95. **REITEN** Johann Durits, Zelting 8, Tel. 03476/28 62. **RADFAHREN** Klöcher Weinland-Tour, 9 km von und nach Bad Radkersburg; durchwegs flache Strecke auf Nebenstraßen, Familientour, grüne Tafeln: RA 7. Ab Bahnhof Bad Radkersburg bis Tieschen und über Halbenrain zurück. Radkarten: Bad RADkersburg – Radkersburger Teich- und Hügelland: 3teiliges Kartenset.

Drahtesel

AUSFLUG NACH SLOWENIEN

Für einen Ausflug nach Slowenien bietet sich der unmittelbar bei Bad Radkersburg gelegene Grenzübergang nach *Gornja Radgona,* dem früheren Oberradkersburg, an. Der Ort selbst ist nicht sonderlich sehenswert, weshalb wir in die östlich von Bad Radkersburg gelegene Bezirkshauptstadt *Murska Sobota* weiterfahren. Auf dem Weg kommt man bei den bekannten *Mineralquellen von Radenci* vorbei. Das aus dem 16. Jahrhundert stammende Schloß von Murska Sobota liegt in einer ausgedehnten Parkanlage und wird heute als Museum genutzt. Wenige Kilometer nördlich von Murska Sobota ist in der kleinen Ortschaft *Martjanci* überdies eine erstaunliche gotische Kirche mit Fresken aus dem späten 14. Jahrhundert zu sehen, die dem Radkersburger Maler Johannes Aquila zugeschrieben werden.

Südlich von Murska Sobota, im kleinen Ort *Verzej,* gelangt man zur idyllisch gelegenen alten *Schiffmühle* des Wladimir Babic, der letzten erhaltenen Mühle dieser Art. Anders als bei der nachgebauten Schiffmühle von Mureck steht bei diesem «pannonischen Typus» das Mühlhaus am sicheren Land, während das Mühlrad auf einem Boot verankert ist.

Kulturbeflissene werden auch der gotischen *Pfarrkirche zum hl. Johannes* in *Ljutomer* mit dem kunstvollen Epitaph des Jörg Sweinpeck (1450) einen Besuch abstatten.

Zwischen der Mur und der Drau liegt das Reich der Reben, ein uraltes Weinbaugebiet, dessen Zentrum sich im Ort *Jeruzalem* befindet, von wo aus man eine herrliche Aussicht genießt. Der Name der Ortschaft geht angeblich auf Kreuzritter zurück, die auf ihrer Fahrt in Heilige Land hier gestrandet waren und den Ort vor ihrer Rückkehr in die Heimat «Jerusalem» nannten, um mit Fug und Recht behaupten zu können, ebendort gewesen zu sein. Im früheren *Schloß* lädt eine malerische Gaststätte zum Verkosten des hiesigen Weins ein.

Noch ein Stückchen weiter südlich, an der neuen Grenze zu Kroatien, liegt das Städtchen *Ormoz.* Sehenswert sind das Schloß mit dem schönen Arkadenhof und dem klassizistisch ausgemalten Speisesaal sowie die Kirche St. Jakob mit mittelalterlichen Fresken und einem gotischen Stifterrelief über dem Portal zur Sakristei.

ÜBERNACHTEN Hotel Ormoz, Tel. 00386/62/70 11 21.

Das reizvollste Städtchen des Landes ist zweifellos *Ptuj,* das alte Pettau, etwa 20 Kilometer westlich von Ormoz. Am Slovenski trg mit seinen prächtigen Bürgerhäusern erinnert das *Orpheus-Denkmal,* ein Grabstein aus dem 2. Jahrhundert mit dem kitharaspielenden Musensohn, an die Zeit, als Poetovio ein römischer Militärstützpunkt war. Dahinter befinden sich der *Stadtturm* mit dem Tourismusbüro und die *Kirche zum hl. Georg* mit gotischen Heiligenfiguren und einem Altarbild von 1515.

Über der Stadt thront die hufeisenförmig angelegte *Burg* mit den an drei Seiten umlaufenden Renaissancearkaden. Die letzten Besitzer in ihrer wechselvollen Geschichte waren die steirischen Herberstein. Neben dem Inventar beherbergt die Burg heute eine der interessantesten Turquerien-Sammlungen Europas – insgesamt 47 Porträts osmanischer Würdenträger und orientalischer Haremsdamen.

Schloßmuseum, Öffnungszeiten: tgl. 9–18 Uhr.

ÜBERNACHTEN Hotel Mitra, Tel. 00386/62/77 12 81.

Ganz in der Nähe von Ptuj befindet sich eine der wichtigsten Wallfahrtskirchen des Landes – *Ptujska gora,* das frühere *Maria Neustift.* Die Attraktion der malerisch gelegenen Wehrkirche, die um die Wende vom 14. zum 15. Jahrhundert errichtet wurde, ist die gotische Schutzmantelmadonna am Barockaltar, unter deren Mantel 84 historische Persönlichkeiten Platz finden. In der unmittelbaren Umgebung der Wallfahrtskirche wächst übrigens auch ein hervorragender Wein, den man allerdings nur selten allein genießen wird, denn die Slowenen sind als gemütvolles und sangesfreudiges Volk bekannt. Nicht umsonst heißt es hier: «Drei Slowenen – ein Quartett.»

Der Burghof von Ptuj

Von Ptuj gelangt man in kurzer Fahrt nach *Maribor,* dem alten *Marburg,* das zu Beginn des 12. Jahrhunderts als Grenzfeste des Reiches zu beiden Seiten der Drava gegründet wurde und durch den Weinhandel zu Reichtum gelangte. Noch heute verbirgt sich im Zentrum von Maribor, direkt unter dem Trg Svobode, der *größte Weinkeller Mitteleuropas:* auf 22.000 Quadratmetern lagern hier sieben Millionen Liter Wein.

Marburg besitzt eine bezaubernde Altstadt mit zahlreichen barocken Bürgerhäusern und pittoresken Gäßchen. Sehenswert sind der *Dom* zum hl. Johannes dem Täufer, ein ursprünglich romanischer Bau mit gotischen Skulpturen und Chorgestühl, und das nahe gelegene *Rathaus* mit Renaissancefassade. Die barocke Mariensäule am Hauptplatz stammt übrigens von Josef Straub.

Über die Slovenska ulica gelangt man zum *Stadtschloß,* das 1478 durch Friedrich III. errichtet wurde und heute ein sehenswertes *Museum* mit einer archälogischen und einer volkskundlichen Sammlung beherbergt. Zu sehen gibt es außerdem die reich verzierte Prunktreppe und den großen Rittersaal mit Stukkaturen und italienischen Gemälden aus dem 18. Jahrhundert.

Freunde kulinarischer Genüsse sollten das westlich der Draubrücke gelegene *Altstadtviertel Lent* mit seinen zahlreichen Lokalen nicht verpassen. Am Gasthaus Stara Trta befindet sich übrigens die angeblich älteste noch tragende Weinrebe der Welt.

ÜBERNACHTEN Piramida, Tel. 00386/62/254 85. Slavija, Tel. 00386/62/236 61.

Nördlich von Marburg erstrecken sich die *Slovenske Gorie*, die *Windischen Bühel*, deren Ausläufer sich bis in die südsteirische Weinlandschaft bei Leibnitz erstrecken. Eine heitere und unbeschwerte Hügellandschaft, die bei genauerem Hinsehen jedoch die mühevolle und sorgfältige Kultivierung jedes auch noch so kleinen und steilen Stückchens Landes verrät. Hineingestreut sind Winzerhäuser und die «klapotec» genannten Vogelscheuchen.

Über *Lenart* und *Benedikt* mit der sehenswerten Heiligen-Dreikönigskirche aus dem 16. Jahrhundert kehren wir nach Bad Radkersburg zurück.

DIE KLÖCHER WEINSTRASSE

Die Klöcher Weinstraße führt uns von Radkersburg hart an der österreichisch-slowenischen Grenze in Richtung Norden. Bis Goritz dominieren die ebene Landschaft und der Mais. Kurz nach Pölten liegt in einem nach Süden offenen Talkessel der Hauptort der Region, Klöch. Hier, auf den Hängen der Klöcher «Berge», dem 424 Meter hohen Vulkan Seindl und dem Sandsteinklotz Hochwart mit 338 Metern, gedeiht auf fruchtbaren vulkanischen Böden ein ganz ausgezeichneter Wein. Das idyllische Bild des südoststeirischen Weinlandes relativiert sich allerdings ein wenig, wenn man erfährt, daß viele der 1400 Einwohner des Ortes zur Arbeit auspendeln müssen.

Auf der Turmspitze der *Klöcher Pfarrkirche* thront der Schutzheilige des Gotteshauses, der Drachentöter Georg. Der heutige

Kirchenbau wurde 1637 im Barockstil errichtet. Die einstige Burg Klech entstand in der ersten Hälfte des 14. Jahrhunderts als Grenzfestung zur Abwehr der Ungarn. Um 1680 soll sie im Kampf gegen die Türken abgebrannt sein. Das Betreten der nicht sonderlich interessanten Ruine ist nicht gestattet.

Die meisten Besucher kommen ohnedies wegen des Weins hierher, denn der Klöcher Traminer gehört zu den besten seiner Art in Europa. Grund genug, ihn jedes Jahr im September mit einem Traminer-Festival hochleben zu lassen. Das ganze Jahr über kann der Weinliebhaber das Tröpfchen in der Klöcher Vinothek mit angeschlossenem Weinbaumuseum (tgl. 15–19 Uhr) verkosten.

Eigentlich ist Klöch auch ein verhinderter Kurort. 1872 wurde hier auf Betreiben des Herrn Krainer, Tischlermeister zu Radkersburg, «außerdem Hydropath unter dem Spottnamen Doktor Leim», eine Kaltwasserheilanstalt errichtet. War es das milde Klima, die ruhige Landschaft, oder waren es doch die Kaltwasserkuren – der Ort erfreute sich jedenfalls einiger Beliebtheit. Mit dem Ausbruch des Ersten Weltkriegs endete der Badebetrieb jedoch für immer.

Neuerdings wurde der «kleine verschlafene Ort in der Oststeiermark» Schauplatz einer grotesk-grausamen Verbrechensserie – allerdings nicht in der Realität, sondern in dem 1997 erschienenen Thriller «Der Knochenmann» des jungen österreichischen Autors Wolf Haas.

AUSKUNFT Gemeindeamt, 8493 Klöch, Tel. 03475/22 03. Tourismusverein, Tel. 03475/20 70. **ÜBERNACHTEN** Steirisches Radhotel Klöcherhof, Klöch 4, Tel. 03475/22 06. Hier ist der Kunde König, der Radler jedoch Kaiser. Es gibt Radverleih, Abholdienst (nach langen Touren), spezielle Radlerwochen und geführte Touren. Der Weinlandhof, Deutsch-Haseldorf 47, Tel. 03475/28 60. **REITEN** J. Hatzl, Gruisla 22, Tel. 03475/29 45.

Nördlich von Klöch gelangt man in die Ortschaft *St. Anna am Aigen,* deren Kirche weithin sichtbar auf einem schmalen Höhenrücken liegt. Der Bau stammt vom Beginn und die Einrichtung – aus der Werkstatt Veit Königers – vom Ende des 18. Jahrhunderts. Am Hochaltar lernt Maria gerade lesen. Weitere Besichtigungspunkte: ein alter Radbrunnen, ganz in der Nähe auch eine Weinpresse. Im Stil des Dekonstruktivismus präsentiert sich die Vinothek des Grazer Architekten Rudorfer, in der etwa 80 verschiedene Weine ausgestellt und natürlich auch ausgeschenkt werden. Wein wird in der Gegend allerdings nicht nur getrunken, wie das folgende Rezept für *Weinsulze* beweist:

Man läßt einen halben Liter sehr guten Weißwein mit 14 dag Zucker, Zimt, Gewürznelken und Limonenschalen eine halbe Stunde kochen, gibt dann 28 dag gekochten, geläuterten Zucker, den Saft einer Limone und 2 dag in Wein aufgelöste Gelatine dazu, seiht die Mischung, läßt sie in einer Form sulzen und stürzt die Sülze.

Gesamtsteirische Vinothek, Tel. 03158/28 01, Öffnungszeiten: April bis Anfang November, Di–So 10–12 und 13–19 Uhr, während der Sommerzeit 14–20 Uhr.

AUSKUNFT Fremdenverkehrsverein, 8354 St. Anna, Tel. 03158/22 12.

Auf dem Rückweg nehmen wir die Abzweigung Richtung Tieschen. Am östlich des Ortes gelegenen *Königsberg,* mit 460 Metern die höchste Erhebung des Klöcher Massivs, wurde eine ausgedehnte stadtähnliche Siedlung aus der späten Urnenfelderzeit (9. Jh. v.u.Z.) entdeckt. Die Anlage, die Ende des 8. Jh. v.u.Z. offenbar durch eine Brandkatastrophe vernichtet wurde, ist mit etwa 10 Hektar die größte ihrer Art in der Steiermark. Nachdem «begeisterte Amateurarchäologen» bereits um die Mitte des 19. Jahrhunderts am Königsberg gewütet hatten, erfolgten wirklich systematische Grabungen des Landesmuseums Joanneum erst vor und dann wieder nach dem Zweiten Weltkrieg durch den Landesarchäologen Walter Modrijan.

Die urgeschichtliche Siedlung umfaßte den gesamten oberen Bereich des heute stark bewaldeten Berges. An der Ost- und Südseite ist – mit etwas Phantasie – ein relativ gut erhaltener Wall mit vorgelagertem Graben zu erkennen. Im Nahbereich der Befestigung konnten auch Hausgrundrisse freigelegt werden. Der Aufstieg zum Königsberg dauert etwa eine halbe Stunde.

Im Grössinger Tanner ganz in der Nähe von Tieschen befindet sich eine weitere frühgeschichtliche Fundstätte: 51 Hügelgräber aus dem 1. und 2. Jahrhundert. Vieles wurde auch hier von Grabräubern und Hobbyarchäologen zerstört. Einige der Funde sind im Grazer Joanneum und in Bad Radkersburg ausgestellt.

AUSKUNFT Gemeindeamt, 8355 Tieschen 55, Tel. 03475/23 01. **ÜBERNACHTEN** Gasthof Königsberghof, Tieschen 72, Tel. 03475/22 15. **WEIN** Weinhof Platzer, 8355 Tieschen, Tel. 03475/23 31.

Am südlichen Ende der Klöcher Weinstraße liegt *Halbenrain,* das 1244 erstmals als Haldenrain (hald = Abhang, rain = Bodenerhebung) erwähnt wird. Interessant ist das Schloß, das im 17. Jahrhundert errichtet wurde und sich ab 1724 im Besitz der Grafen Stürgkh befand. Bekanntestes Mitglied der Adelsfamilie war wohl Karl Maria von Stürgkh, der von 1911 bis 1916 den Posten eines Ministerpräsidenten bekleidete und im Oktober 1916 von Friedrich Adler, dem Sohn Viktor Adlers, im Speisesaal des Wiener Hotels «Meißl» erschossen wurde. Das Schloß wurde 1980 vom Land erworben und beherbergt seither eine Außenstelle der Landwirtschaftlichen Hauswirtschaftsschule St. Martin. Sehenswert sind der Hof mit schöner Treppenanlage sowie die reich gegliederte Südseite zum Park.

Schloß Halbenrain, Tel. 03476/20 69. Mo–Fr vormittags und gegen Voranmeldung zu besichtigen, Kräutergarten: Führung Di 15.15 Uhr.

Die benachbarte *Pfarrkirche* ist dem hl. Nikolaus als Schutzpatron der Murflößer geweiht. Der heutige Bau stammt aus dem Jahr 1717, die Inneneinrichtung vorwiegend aus dem späten 18. Jahrhundert. In der gräflichen Gruft der Loreto-Kapelle liegt auch Karl Maria Stürgkh begraben.

AUSKUNFT Gemeindeamt, 8492 Halbenrain, Tel. 03476/22 05. **ESSEN UND TRINKEN UND ÜBERNACHTEN** Gasthof-Pension Wagner, Halbenrain 93, Tel. 03476/22 07. Radhotel Schischek, Oberpurkla 62, Tel. 03475/25 46. In Oberpurkla gibt es außerdem die Straußenfarm der

Familie Edelsbrunner mit Buschenschank und Straußenfleischgerichten, Tel. 03475/25 89. **EINKAUFEN** In und um Halbenrain gibt es gleich drei Kernölmühlen: in Halbenrain selbst die Rupp-Mühle, in Drauchen die Ölmühle Schmid (Tel. 03475/22 38) und in Oberpurkla Pechmann's Alte Ölmühle. Die Müllerin, Frau Schober, besitzt noch eine zweite, größere Ölmühle in Ratschendorf.

STRADEN – VIER KIRCHEN UND EIN SPEKTAKEL

Straden sieht man schon von weitem. Wer von Oberpurkla durch das fruchbare Sulzbachtal nordwärts fährt, erkennt rechts den markanten, 609 Meter hohen *Stradner Kogel*, der aus der jüngeren vulkanischen Phase der Oststeiermark stammt, allerdings kein Vulkan ist, sondern bloß ein großer Deckenerguß aus Basalt, und links den Hügelzug mit den drei Kirchtürmen der Marktgemeinde Straden. Drei Türme und vier Kirchen, doch davon etwas später.

Ein Pfarrer von «Merein», wie Straden früher hieß, wird 1188 erstmals genannt. Der Ort befand sich damals am Fuße des Kirchbergs, an der Stelle des heutigen Dorfes Marktl. Im 13. Jahrhundert wurden zunächst die Kirche und in der Folge auch das wirtschaftliche Zentrum auf den Berg verlegt. Anfang des 16. Jahrhunderts errichtete die Sebastiansbruderschaft direkt neben der Pfarrkirche ein zweites, kleineres Gotteshaus. Wenig später wurde der gesamte Komplex zur Fluchtburg ausgebaut. Teile des mächtigen Mauerwerks sind bis heute erhalten geblieben. Auf dem Weg zur Kirche sollte man vor allem die Nische in der hohen Futtermauer mit der barocken Pieta und den drei schwebenden Engeln nicht übersehen.

Die *Pfarrkirche Mariae Himmelfahrt* wurde in der zweiten Hälfte des 15. Jahrhunderts nach einem Brand wiederaufgebaut und in der Barockzeit um zwei Seitenschiffe erweitert. Das Langhaus schmückt ein schönes gotisches Rautensterngewölbe, den Chor ein einfacheres Netzrippengewölbe. Am Hochaltar thront die sogenannte «Himmelsbergerin», eine gotische Marienfigur aus der Zeit um 1520. Kanzel und Orgel stammen aus der zweiten Hälfte des 18. Jahrhunderts. Bemerkenswert sind das von zwei sehr ausdrucksstarken Totendarstellungen flankierte Grabmahl des Kapuzinermissionars Johannes Anton de Lucca (†1714) und das Epitaph eines früheren Pfarrers mit dem sinnigen Spruch:

Der Du Nun Dis gelesen hast
Bist in der Welt auch nur ein Gast
Und Muest sterben so woll als ich
Glaub mir Du bleibst nit übrig

Die Kirche ist durch einen Gang mit dem Pfarrhof verbunden, der im 18. Jahrhundert errichtet wurde. Sehenswert sind die zweigeschossigen Arkaden im Hof und ein Raum mit exotischen Wandmalereien. Die alte Zisterne vor dem Pfarrhof ist 36 Meter tief.

Neben der Pfarrkirche, am Südrand des Hügels, liegt die als «Hang Capel» bezeichnete *Doppelkirche von Straden.* Die dem hl. Sebastian geweihte Oberkirche wurde Anfang des 16. Jahrhunderts als Teil der Kirchhofbefestigung errichtet. Das Altarblatt stammt von Franz Ignaz Flurer (1735) und zeigt den von Pfeilen durchbohrten Heiligen im Kreis der vierzehn Nothelfer. Die ebenfalls gotisch gewölbte Unterkirche diente ursprünglich als Karner und wurde 1677 der Schmerzhaften Muttergottes geweiht. Die Malereien im Stil des Neobarock stellen die Schmerzen Marias dar. Altar und Vesperbild werden Johann Lehner (1775) zugeschrieben.

Am höchsten Punkt des «Himmelsberges» liegt die *Filialkirche zum hl. Florian.* Turm und Chor wurden 1644 auf den Resten einer älteren Burg errichtet und wirken immer noch recht wehrhaft. In der zweiten Hälfte des 17. Jahrhunderts wurde diesem Raum eine breite Saalkirche angefügt. Die fröhliche Innenausstattung stammt aus der zweiten Hälfte des 18. Jahrhunderts, bemerkenswert ist die Kanzel mit der eher seltenen Darstellung der Verklärung Christi.

Das schmucke Ministädtchen gibt alle zwei Jahre die Kulisse für das turbulente und einzigartige Stradener Straßen Spektakel ab, bei dem die gesamte Bevölkerung wohl oder übel mitfeiert. Initiiert von der Kulturgruppe Straden Aktiv, wurde das mittlerweile weit über die Steiermark hinaus bekannte Musikfest erstmals 1983 durchgeführt. Seit 1988 findet das Straßenfest im 2-Jahres-Rhythmus statt, wobei der anspruchsvollen internationalen Volksmusik in der Art der «Wiener Tschuschenkapelle» breiter Raum gewidmet wird. In den Zwischenjahren gibt es am Rosenberg ein reines Volksmusikfest unter dem Titel «Aufg'spüt und Ang'sungen». Beide Veranstaltungen sind bestens besucht.

Stradener Straßen Spektakel und Aufg'spült & Ang'sungen, Wolfgang Seidl, Straden 25, Tel. 03473/20 72.

«Die lustigen Weiber von Straden»

AUSKUNFT Gemeindeamt, 8345 Straden 67, Tel. 03473/26 17. **ESSEN UND TRINKEN** Buschenschank Sazianistubn, Tel. 03473/308. Gasthof Jägerwirt, Straden 11, Tel. 03473/212. **ÜBERNACHTEN** Stradnerhof, Straden 23, Tel. 03473/202. **WEIN** Anna & Albert Neumeister, 8345 Straden 42, Tel. 03473/308.

ENTLANG DER MUR: RATSCHENDORF UND MURECK

Die Mur bildet von Bad Radkersburg bis zum Grenzübergang Spielfeld die Staatsgrenze. Fährt man entlang der Mur Richtung Westen, so gelangt man bald nach *Ratschendorf*, in dessen Ortszentrum sich das kleine, aber sehenswerte Römerzeitliche Museum befindet. Den Schlüssel erhält man beim Gasthaus «Fasching» vis-à-vis.

So wie fast überall im Grenzbereich der römischen Provinzen Noricum und Pannonien wurden auch in der Umgebung Ratschendorfs zahlreiche Hügelgräber entdeckt. Einige wurden durch Raubgrabungen zerstört, die meisten allerdings durch die landwirtschaftliche Nutzung des Bodens. In den Jahren 1987/88 konnten mehrere intakte Bestattungen freigelegt werden, was schließlich zur Gründung eines musealen Schauraums vor Ort führte. In dem recht unkonventionell eingerichteten Bau sind die Nachbildung eines Hügelgrabes und diverse Grabbeigaben zu sehen. Anschauliche Tafeln vermitteln zusätzliche Informationen.

Die kleine *Wallfahrtskirche Maria Helfbrunn* ganz in der Nähe stammt aus dem späten 19. Jahrhundert. Die namengebende Quelle ist allerdings schon länger bekannt, ihre heilende Wirkung zog vor allem Pilger aus dem Gebiet der ehemaligen Untersteiermark an.

AUSKUNFT Gemeindeamt Ratschendorf, 8483 Deutsch Goritz, Tel. 03474/245. **EINKAUFEN** Pechmanns Alte Ölmühle, Ratschendorf 188, Tel. 03474/73 50, Kernöl, Buschenschank und kleine Oldtimersammlung.

Die nächste größere Ortschaft ist *Mureck*. Die hübsche Stadt entwickelte sich im 12. Jahrhundert als Burguntersiedlung der

Festung Obermureck, die südlich der Mur, also im heutigen Slowenien liegt. Der wichtige Verkehrsknoten zwischen Leibnitz und Radkersburg wurde 1976 zur Stadt erhoben. Nett ist der 350 Meter lange Hauptplatz mit den biedermeierlichen Ackerbürgerhäusern.

Dominiert wird der Platz vom *Rathaus* mit dem sechsgeschossigen Uhrturm aus dem 17. Jahrhundert – einem prunkvollen Symbol der «bürgerlichen Rechte» Murecks. Die Fassade ist mit Skulpturen aus der Bauzeit und sieben Sandsteinreliefs vom alten Rathaus aus dem 16. Jahrhundert geschmückt: über dem ersten Fenster eine Büste des Grafen Stubenberg, flankiert vom Marktwappen und dem Stubenbergschen Anker. Über dem Gesims das Porträt Kaiser Leopolds I., darüber eine Madonna und als Bekrönung der Erzengel Michael. Die Reliefs zeigen Szenen aus dem Alten und dem Neuen Testament (Kain und Abel, Samson mit dem Löwen) und der antiken Mythologie (Romulus und Remus). Besser zu sehen sind allerdings die Reliefs im Inneren des Turms. Im 1. Stock die Himmelfahrt des Elias, die Eroberung Jerichos, Sodom und Gomorrha, die Sintflut und Jonas mit dem Wal. Im 2. Stock Samson, der Turmbau zu Babel, David und Goliath sowie der vom Satan gepeinigte Hiob.

Das Rathaus wird von einer Mariensäule von 1665 und den Figuren der hll. Florian und Donatus beschützt. Gegenüber sind im Heimatmuseum verschiedene Objekte aus der Geschichte der Stadt zu besichtigen.

Heimatmuseum, Besichtigung gegen Voranmeldung im Rathaus oder zu den Öffnungszeiten der im selben Gebäude untergebrachten Bücherei, Mo 15–16 Uhr, Do 16.30–17.30 Uhr.

Ganz neu ist die *Schiffmühle* auf der Mur, die nach historischen Vorbildern errichtet wurde und in der Biogetreide gemahlen wird. Verankert ist diese einzigartige, aus einem Haus- und einem Wellschiff bestehende Mühle in der Nähe des Schwimmbads. Im angrenzenden Uferbereich wurden außerdem ein altes Bauernhaus und ein Kreuzstadl aufgestellt, die als Restaurant geführt werden sollen. Ein Projekt, für das sich auch Murecks bekanntester Einwohner, Radiomoderator Dieter Dorner, engagiert hat (siehe Exkurs). Der Verein Murecker Murmüller bietet außerdem an den Wochenenden regelmäßige Zillenfahrten entlang der grünen Grenze zu Slowenien an. Ausgangspunkt ist die Schiffmühle in Mureck oder die Murfähre in Weitersfeld, Zielhafen der etwa einstündigen Fahrt ist Bad Radkersburg. Um Voranmeldung wird gebeten.

Murecker Murmüller, Hauptplatz 30, Tel. 03472/21 05-21

Ziemlich dezentral liegt die spätbarocke Pfarrkirche der Stadt zum hl. Bartholomäus mit dem eigentümlich langen und schmalen Kirchenschiff. Das Altarblatt von Johann Veit Hauck (1663–1746), einem Schüler Weissenkirchers, zeigt das Martyrium des Kirchenpatrons. Neben der Kirche befindet sich die kapellenartige Filialkirche zum hl. Patritius (1740). Der Missionar Irlands wurde im Barock als Bauernheiliger verehrt. An seine Wundertätigkeit erinnern die Sprüche an der schönen Kanzel von 1745.

Entwurf nach historischen Vorbildern: Murecker Schiffmühle

AUSKUNFT Stadtgemeindeamt, 8480 Mureck, Hauptplatz 30, Tel. 03472/21 05-12. **ESSEN UND TRINKEN** Erikas Gasthaus, Hauptplatz 42, Tel. 03472/26 68, feine Küche. **ÜBERNACHTEN** Gasthof Pension Steirerland, Grazer Straße 40, Tel. 03472/27 52. **EINKAUFEN** Jeden Samstag Bauernmarkt vor dem Rathaus. **SPORT** Röcksee, mit Camping. Auskunft beim Tourismusverein Gosdorf am Röcksee, 8482 Gosdorf 180, Tel. 03472/24 03. **ANGELN** Röcksee, Misselsdorfer und Murecker Murfischen.

In Mureck gibt es einen direkten Grenzübergang nach Slowenien. Romantisch veranlagte Gemüter sollten sich allerdings das Erlebnis nicht entgehen lassen, den Grenzfluß einige Kilometer weiter westlich, in Weitersfeld an der Mur, mit der Fähre zu überqueren.

Öffnungszeiten: 16.3.–15.11., Mo–Sa 6–20 Uhr, So 7–20 Uhr. In der restlichen Zeit nur Di und Sa 8–16 Uhr. Die Fähre fährt bei Bedarf. Auch für Pkws und Motorräder geeignet.

«LEITLN, LEITLN, HOIBA OCHTE IS»

Seit dem 1. Jänner 1970 half diese wohl charmanteste Drohung den Österreichern beim morgendlichen Aufstehen – und wurde zum Markenzeichen von «Ö3-Wecker»-Moderator Dieter Dorner. Den gebürtigen Wiener, der in der Steiermark aufgewachsen ist, verschlug es nach der Schauspielakademie zum Radio, wo er 1967 als Geburtshelfer des neuen Popsenders fungierte. 1987 avancierte Dieter Dorner zum Ö3-Chef und erläuterte seine Programmänderungspläne mit blumigen Bildern wie: «Um einem Obstbaum eine andere Krone zu geben, braucht man unendlich viel Zeit.»

Dieter Dorner, Radiostimme

Verdächtig machte sich Dorner, der mit sechzehn den griechisch-orthodoxen Glauben angenommen hatte, in seinem neuen Umfeld auch dadurch, daß er regelmäßig zu den Mönchen vom Berg Athos fuhr und seine in der Hi-Fi-Anlage eingeklemmten Räucher-

stäbchen nicht daran hinderte, ihre Asche sorglos auf dem Teppich des superschicken Chefbüros zu verstreuen. Nach über 20 Jahren als «Ö3-Wecker»-Stimme zog sich Dieter Dorner vom allzu hektischen Treiben zurück: «Die Zeit der Vollbärte ist vorbei, der Dreitagesbart ist angesagt.»

Mit seiner Frau Helene und den vier Kindern Elias, Magdalena, Simon und Jakob lebt «DiDo» heute in Mureck. Außerdem besitzt die Familie noch ein kleines, strohgedecktes Winzerhaus in Novi Vrh, zwei Kilometer hinter der slowenischen Grenze. Dort wird geimkert, vegetarisch gegessen, biologischer Wein angebaut und auf Luxus wie Fließwasser verzichtet, kurz – dem Konsumwahn die lange Nase gezeigt. Und obwohl es hier selbstverständlich auch keinen Fernsehapparat gibt – vom Radiomachen kann Dieter Dorner nicht lassen. Seit seiner Rückkehr in die Steiermark moderiert er täglich «Dorners Steirereck» auf Radio Steiermark, Montag bis Samstag von 14 bis 16 Uhr auf UKW 95,4.

WEINBURG

Einige Kilometer nördlich von Murfeld liegt die Ortschaft *Brunnsee* mit dem gleichnamigen Schloß aus dem 17. Jahrhundert und einem großen Fischteich. Weitere kleinere Teiche, zum Beispiel der Schwabenteich mit der Kürbiskernmühle Sixt, werden ebenfalls zur Fischzucht genutzt.

Von Brunnsee ist es nur ein Katzensprung nach *Weinburg am Saßbach.* Das auf einer kleinen Anhöhe gelegene Schloß, das von Maximilian I. zum kaiserlichen Jagdschloß ausgebaut wurde, kann leider nicht besichtigt werden. Die der hl. Katharina geweihte Schloßkapelle fungiert als Ortskirche, weshalb an Sonntagen zumindest der Schloßhof zu sehen ist. Unterhalb des Schlosses steht ein schöner alter Radbrunnen, einige hundert Meter dahinter eine noch viel ältere, angeblich 1000jährige Eiche.

AUSKUNFT Gemeindeamt, 8481 Weinburg am Saßbach 12, Tel. 03472/82 13.

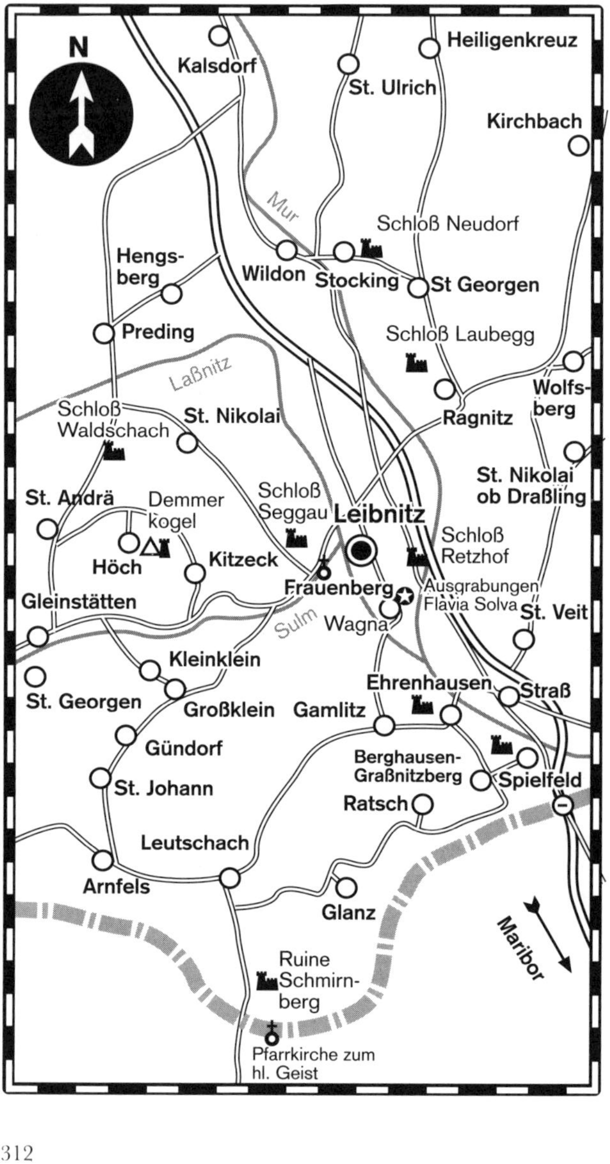
N
Kalsdorf
Heiligenkreuz
St. Ulrich
Kirchbach
Mur
Schloß Neudorf
Hengs-
berg
Wildon
Stocking
St Georgen
Preding
Schloß Laubegg
Laßnitz
Wolfs-
berg
Schloß
Waldschach
St. Nikolai
Ragnitz
St. Nikolai
ob Draßling
St. Andrä
Demmer
kogel
Schloß
Seggau
Leibnitz
Schloß
Retzhof
Höch
Kitzeck
Frauenberg
Ausgrabungen
Flavia Solva
Gleinstätten
Sulm
Wagna
St. Veit
Kleinklein
St. Georgen
Großklein
Gamlitz
Ehrenhausen
Straß
Gündorf
Berghausen-
Graßnitzberg
Spielfeld
St. Johann
Ratsch
Leutschach
Arnfels
Glanz
Maribor
Ruine
Schmirn-
berg
Pfarrkirche zum
hl. Geist

Leibnitz – Roms hoher Norden

LIPNIZZA …

Die Stadt Leibnitz liegt zwischen der früheren Römersiedlung Flavia Solva im Osten und dem Frauenberg im Westen, auf einer langgestreckten Landzunge zwischen den Flüssen Mur, Sulm und Laßnitz. Das Gebiet um Leibnitz gehörte schon im 9. Jahrhundert zum Erzbistum Salzburg, dessen Verwalter in der 970 als Lipnizza erwähnten Burg residierten. Am Fuße des Burgberges entwickelte sich an der Kreuzung der Murtalstraße mit der nach Ungarn führenden Weinstraße die älteste Siedlung, das heutige Altenmarkt.

Im späten 12. Jahrhundert verlagerte sich das wirtschaftliche Zentrum weiter nach Norden. Die neue Ortschaft Leibnitz hatte allerdings unter den fortwährenden Rivalitäten zwischen den steirischen Landesfürsten und dem Salzburger Erzstift sehr zu leiden und wurde deshalb bald von den jüngeren Stadtgründungen Marburg und Graz überflügelt. Es dauerte noch bis zum 16. Jahrhundert, bis auch der letzte Rest der Leibnitzer Herrschaft der Steiermark eingegliedert werden konnte.

Im Jahr 1829 vernichtete ein Großbrand nahezu alle Häuser der Stadt – mit ein Grund für das etwas gesichtslose Erscheinungsbild des Ortes, der 1913 zur Stadt erhoben wurde.

DER 10-MILLIONEN-DOLLAR-MANN

Thomas Muster, der «mit links» mittlerweile mehr als 10 Millionen Dollar verdient hat, wurde am 2. Oktober 1967 in Leibnitz geboren. Im zarten Alter von acht Jahren hat er am Leibnitzer Tennisplatz – unweit der Stelle, wo heute das Thomas-Muster-Denkmal zu finden ist – bereits seinen Aufschlag trainiert. Mit vierzehn übersiedelte das Talent in die Südstadt bei Wien, um fünfzehn Jahre später – zumindest für kurze Zeit – der Erste der Weltrangliste zu sein. Seinen Hauptwohnsitz hat Thomas Muster schon längst ins schöne Monte Carlo verlegt, und Ruhe findet er auf seiner Farm in Australien. Nach Leibnitz kommt er, wenn es der Spielplan erlaubt, immer noch gerne, um seine Eltern zu besuchen.

Wer mehr über Thomas Muster erfahren will, dem sei die 1995 erschienene Biographie «Aufschlag – mein Erfolg, mein Leben» (Edition Tau) empfohlen, in der Muster recht persönliche Details verrät: «Mein Bewegungsapparat ist abgenützt. Ich habe die Gelenke, das Kreuz – das von Natur aus hohl ist – eines 50jährigen (…). Wenn ich in zwanzig oder dreißig Jahren beim Aufstehen minutenlang im Bett dehnen muß, ehe ich aufrecht ins Bad gehen kann, dann weiß ich wenigstens, warum es so ist. Und daß es sich gelohnt hat.»

Thomas Muster, stark stilisiert

Über seine weitere Lebensplanung macht der knapp Dreißigjährige sich so seine Gedanken: «Egal, was ich danach tue, es wird schwierig werden, wieder so gut zu sein wie im Sport. Es ist nicht anzunehmen, daß ich der drittbeste Chirurg der Welt werde. Oder der drittbeste Rechtsanwalt. Oder der drittbeste Musiker. Oder der drittbeste Maler. Dann bin ich nur mehr einer von vielen.» Was er nach dem Ende seiner Sportkarriere machen wird? «Ich möchte Dinge nachholen, die ich versäumt habe. In die Schule gehen, maturieren, studieren. Innenarchitektur oder Kunst, vielleicht Malerei. Meine musikalische Seite fördern.»

… DER PLATZ BEI DER KLEINEN LINDE

Der langgestreckte Hauptplatz von Leibnitz wird im Westen von der *Kapuzinerkirche* und im Osten von der *Stadtpfarrkirche* begrenzt. Diese Ende des 12. Jahrhunderts für die Bürger des neuen Marktes errichtete und dem Pilgerheiligen Jakobus dem

Älteren geweihte Kirche wurde im 15. Jahrhundert zum Tabor ausgebaut. Sehr viel Schutz konnte die Kirchenfestung der Leibnitzer Bevölkerung allerdings nicht bieten. Als die Türken 1532 die Stadt verwüsteten, wurden der Tabor erstürmt und die Männer im Kirchhof enthauptet. Aus der Zeit des Wiederaufbaus im Stil der Renaissance sind vor allem die Grabloggien am ehemaligen Kirchhof erhalten geblieben. Anläßlich der Generalsanierung der Kirche Ende des 19. Jahrhunderts versuchte man durch Regotisierung ein einheitlicheres Gesamtbild zu erzielen.

Der gotische Kirchenchor wird zur Gänze von einem mächtigen barocken Säulenaltar ausgefüllt, der, so wie die Kanzel, ein Werk des Grazer Bildhauers Jakob Peyer ist. Insgesamt sind 17 alte Grabsteine erhalten. Skurril ist die Darstellung eines ziemlich pummeligen Mädchens aus dem frühen 17. Jahrhundert im nördlichen Seitenschiff.

Am anderen Ende des Hauptplatzes, der mit seinem Rathaus im Stil des Historismus und seiner Mariensäule aus dem 18. Jahrhundert zugleich das Einkaufszentrum der Stadt bildet, liegt die schlichte *Kapuzinerkirche zum hl. Andreas.* Kirche und Klo-

«Willkommen in der Weinstadt Leibnitz»

ster wurden 1634 von Otto Gottfried Graf Kollonitsch gestiftet, dessen Epitaph im Kircheninneren zu sehen ist. Die Einrichtung stammt durchwegs aus dem 19. Jahrhundert.

In der Umgebung von Leibnitz gibt es zahlreiche gute Wandermöglichkeiten. Schloß Seggau und der Frauenberg liegen ebenso in Gehdistanz von der Stadt wie der Sulmsee. Auf dem Weg nach Seggau kommt man übrigens an einer sehenswerten Ecce-Homo-Sitzstatue vorbei, dem sogenannten Herrgott auf der Wies. Ein schöner Weg führt auch zum Kreuzkogel, mit 498 Metern die höchste Erhebung der Region, von dessen Aussichtswarte man einen prachtvollen Rundblick genießt. Am Fuß des Berges befinden sich überdies das Bauernmuseum im Gut Grottenhof (Voranmeldung im Schloß Seggau) und die Weinbauschule Silberberg (Tel. 03452/823 39) mit Schulweingarten. Wer das Wandern mit Gesundfasten verbinden möchte, dem seien die Fastenwanderungen durch das südsteirische Hügel- und Weingebiet empfohlen, die der Bio-Farmer Toni Krainz jeden Samstag durchführt. Start ist in Tillmitsch, der Proviant besteht aus zwei bis drei Litern Kräutertee (weitere Informationen: Tel. 03452/50 61).

AUSKUNFT Stadtamt, 8430 Leibnitz, Tel. 03452/824 23. Tourismusverein, Hauptplatz 24, Tel. 03452/768 11. **ESSEN UND TRINKEN** Gasthof Sailler, Hauptplatz 5, Tel. 03452/822 63. Gasthaus Alte Post, Grazer Gasse 7, Tel. 03452/823 73. **ÜBERNACHTEN** Hotel Restaurant Römerhof, Marburger Straße 1, Tel. 03452/824 19. Schloß Seggau, Seggauberg 1, Tel. 03452/824 35. **CAMPING** Neben der Sulm am Stadtrand von Leibnitz, Tel. 03452/824 23. Camping Schloß Seggau, Tel. 03452/824 35. **EINKAUFEN** Mi und Sa vormittags Bauernmarkt im Marenzipark. Vinothek im City-Kauf am Hauptplatz, Tel. 03452/729 50. Ölmühle Hartlieb, Heimschuh 107, Tel. 03452/825 51. **BADEN** Sulmsee, Tel. 03452/828 66.

Östlich von Leibnitz, direkt an der Bundesstraße Richtung Graz, liegt das schöne *Schloß Retzhof*, das der Seggauer Bischof Martin Brenner zu seinem Alterssitz erkoren hatte. Seit 1948 führt das Land hier ein Volksbildungsheim mit Schwerpunkt Erwachsenenbildung und einer breiten Palette von Kursen und

Seminaren. Auch für Nichtteilnehmer gibt es den lauschigen Arkadenhof, das reichgestaltete Treppenhaus und die Schloßkapelle aus dem 18. Jahrhundert zu besichtigen.

Bildungshaus des Landes Steiermark, Dorfstraße 17, Leitring, Tel. 03452/278 80.

Ganz in der Nähe, bei der Ortseinfahrt von *Wagna,* weist ein Schild auf die recht unspektakulären Ausgrabungen und das etwas provisorische Museum von Flavia Solva hin. Die ausgestellten Kleinfunde sind zum Großteil Originalstücke aus den Beständen des Landesmuseums Joanneum, die größeren Steine zumeist Abgüsse.

Museum Flavia Solva, Marburger Straße 109, Wagna, Tel. 03452/717 55, Öffnungszeiten: April bis Oktober, Di–So und Fei 10–12 und 13–18 Uhr sowie gegen Voranmeldung.

UNSERE ALTEN RÖMER

Die ältesten Belege für eine Besiedlung der Leibnitzer Gegend stammen vom nahen Frauenberg, wo neben jungsteinzeitlichen Streufunden auch Häuserreste aus der Urnenfelderzeit entdeckt wurden. Um 400 v.u.Z. errichteten keltische Siedler auf dem Berg ein Heiligtum, das dem Stammesgott Latobi-

Modell der Stadtanlage von Flavia Solva

us geweiht war. Wirtschaftliche Gründe waren vermutlich für die Verlagerung der Siedlung vom schützenden Berg an die Ufer der Mur verantwortlich. Weiterhin erhalten blieb jedoch das kultische Zentrum auf der Anhöhe.

Der Name Solva geht ebenfalls auf die Kelten zurück und bezieht sich auf die Sulm, die südlich der Stadt Leibnitz in die Mur mündet. «Sueb» bedeutet soviel wie anschwellen – die Sulm ist demnach ein Wasser, das häufig anschwillt. Nach der friedlichen Eingliederung von Noricum in das Römische Reich wurde das Wort zu Solva latinisiert. Die Beifügung «Flavia» geht auf Kaiser Vespasian aus dem Geschlecht der Flavier zurück, dem der Ort das römische Stadtrecht verdankte.

Von den neun norischen Städten war Flavia Solva mit Sicherheit die unbedeutendste. Der fruchtbaren Umgebung und dem Bodenbau verdankten die Einwohner ihren relativen Wohlstand, denn der Handel, insbesondere der Export, spielte für die Wirtschaft Flavia Solvas nur eine sehr untergeordnete Rolle. Aus dem Süden eingeführt wurden, wie aus Amphorenresten geschlossen werden kann, Wein, Öl, Oliven und «garum», eine stark salzige Fischsoße, das Maggi der römischen Küche.

Nach ihrer Zerstörung durch germanische Markomannen im Jahr 170 wurde Flavia Solva größer und schöner wiederaufgebaut. Ihre Blüte erlebte die Stadt im 4. Jahrhundert, als ihre Ausdehnung in etwa jener der Grazer Innenstadt entsprach. Um das Jahr 405 wurde Flavia Solva endgültig zerstört. Im Mittelalter fanden die ausgedehnten Ruinen der Stadt als Steinbruch Verwendung, besonderer Beliebheit erfreuten sich die exakt zugehauenen Grab- und Inschriftensteine. Als zu Beginn des 19. Jahrhunderts der baufällig gewordene alte Bergfried von Seggau abgetragen wurde, kamen mehr als 500 solcher Steine zum Vorschein. Auf einem von ihnen entdeckte Pfarrer Richard Knabel den verschollenen Namen der römischen Siedlung Flavia Solva.

1877 setzte schließlich die wissenschaftliche Erforschung Flavia Solvas ein. Mehrere Grabungskampagnen förderten alle wesentlichen Erkenntnisse über den Grundriß der Stadt zutage. Heute sind weite Teile des antiken Stadtgebietes verbaut. Wer braucht schon eine römische Stadt, und sei es auch die einzige der Steiermark? 1987 erwarb das Land schließlich eine kleine Parzelle, wo neben dem Museum zumindest eine Insula freigelegt werden konnte. Der Rest ruht in Frieden unter den Feldern und Häusern der Ortschaft Wagna.

Vielleicht war Flavia Solva ganz einfach nur zu wenig attraktiv. Schon die ersten Ausgräber vermißten nämlich ein repräsentatives städtisches Zentrum und einen Tempelbezirk. Dieser befand sich offenbar bis zuletzt am nahen Frauenberg, was die Vermutung nahelegt, daß die Solvier entweder sehr sportlich oder nur wenig fromm waren. Für römische Verhältnisse war Flavia Solva mit Sicherheit recht primitiv: Zur Beseitigung der Abwässer gab es lediglich offene Rinnsale, die Straßen waren nicht gepflastert, sondern nur geschottert und Wasserleitungen nicht vorhanden.

SCHLOSS SEGGAU UND DER FRAUENBERG

Oberhalb von Leibnitz, auf dem von der Sulm umflossenen Seggauberg, liegt Schloß Seggau. Seit dem 9. Jahrhundert gehörte der Berg dem Erzbistum Salzburg, und im Mittelalter standen hier drei voneinander unabhängige Burgen: Burg Leibnitz, der Hauptbau des heutigen Schlosses, als Sitz der Salzburger Verwalter, weiters die Burg der Bischöfe von Seckau an der Stelle des heutigen Wirtschaftshofes und schließlich die «private» Burg Polheim.

Unter Bischof Martin Brenner (1548–1616) kamen die Burg, der Markt und die gesamte Herrschaft Leibnitz an das Bistum Seckau. Jetzt erst entstand das Schloß in seiner heutigen Form, nämlich als Verbindung der Seckauer und der Salzburger Festung. Ende des 17. Jahrhunderts begann der Umbau der Burg zum repräsentativen Herrenschloß, der in den kostbar ausgestatteten Fürstenzimmern seinen krönenden Abschluß fand. Im Zuge der josephinischen Reformen wurde der Sitz des Bistums nach Graz verlegt. 1955 machte man sich an die Umgestaltung der heruntergekommenen Wirtschaftsgebäude zu einem modernen Bildungsheim

Die Besichtigung des Schlosses beginnt im *ehemaligen Wirtschaftshof*, um den sich die Gebäude des Bildungsheimes gruppieren. Die Durchfahrt im *Uhrturm* führt den Besucher in den eigentlichen *Schloßhof*, wo sich links, im ehemaligen Gerichtstrakt, die bischöfliche Gutsverwaltung befindet. Bemerkenswert sind die Renaissancefenster im zweiten Stockwerk des Nordflügels. Noch weitaus mehr Beachtung verdient allerdings die Galerie der Seggauer *Römersteine,* bei denen es sich vorwiegend um Grabsteine, aber auch Ehreninschriften und Weihesteine handelt. Zu sehen sind Szenen aus der Herkulessage, ein Relief des Kriegsgottes Mars Latobius, Rundmedaillons von Ehepaaren, Europa mit dem stiergestaltigen Zeus, ein Liebespaar, Musikanten, Fabelwesen und Tänzerinnen.

Blick auf Schloß Seggau

Über eine Treppe gelangt man ins Vizedomhaus und, durch ein spätgotisches Kielbogenportal, in die *Kapelle der hl. Maria,* die seit 1927 den «Rang» der kleinsten Pfarre der Steiermark innehat. Der 1681 barock umgestaltete Raum ist reich mit figürlichem Stuck und Szenen aus dem Marienleben geschmückt, darunter auch mit einer Darstellung der schwangeren Gottesmutter. Die roten Marmorreliefs zu beiden Seiten des Altars stellen die Salzburger Schutzpatrone Rupert und Virgil dar.

Höhepunkt der Führung ist die Besichtigung der um die Mitte des 18. Jahrhunderts angelegten *Fürstenzimmer* im zweiten Stockwerk. Besonders schön sind der reiche Stuck von Johann und Jakob Formentini und die weiß-goldenen Öfen. Im ersten Raum, dem Empfangs- und Speisezimmer, sind Ölbilder mit vorwiegend biblischen Szenen zu sehen, der zweite Raum, das Jagd- oder Beratungszimmer, bildet eine barocke Bildergalerie mit insgesamt 58 in die Holzvertäfelung eingelassenen Gemälden.

Die berühmten Bischofsporträts im *Thronzimmer* entstanden in den Jahren 1600–1604. Neben dem Thronsessel des letzten «Fürstbischofs» Pawlikowsky (†1956) kann man im Ofenwinkel den Gründer der Diözese Seckau, Eberhard II. von Salzburg, sehen, darunter Martin Brenner und rechts oben den ersten Bischof von Seckau, Karl I. Die Bischofsgalerie findet im letzten Raum, dem Kardinalszimmer, ihre Fortsetzung.

Vom Schloßhof geht es weiter zur südlichen Schloßterrasse. In einem wehrhaften Eckturm hängt die Seggauer Liesl, mit 5390 Kilogramm die größte historische Glocke der Steiermark. Die 1688 gegossene Glocke ist mit Heiligenreliefs verziert und mit einem Klöppel von 1504 versehen. Als letzte der großen Glocken wird die Liesl am Sonntag noch händisch geläutet, was ein interessantes Schauspiel abgibt und bis zu 15 Kilometer weit zu hören ist.

Das unterhalb von Seggau gelegene *Schloß Polheim* war zunächst Sitz der Herren von Leibnitz, bis 1575 derer von Polheim. Heute präsentiert es sich als Zweiflügelbau im Stil der Spätrenaissance. Seggau besitzt auch ein bekanntes *Weingut.* Der Weinkeller des Schlosses ist über 300 Jahre alt, 100 Meter lang und enthält 49 Eichenfässer mit einem Volumen von 170.000 Litern. Gefüllt sind sie mit Spitzenweinen, vor allem der Sorten Sauvignon blanc und Muskateller.

Bischöfliche Gutsverwaltung Schloß Seggau, Seggauberg 1, 8430 Leibnitz, Tel. 03452/824 35. Schloßhof und Glockenturm sind frei zugänglich, die Fürstenzimmer gegen Voranmeldung zu besichtigen. Führungen: Lieselotte Wittmer, Tel. 03182/27 03. Im Bildungs- und Freizeitzentrum finden vor allem Kongresse und Seminare statt, Individualreisende sind aber willkommen. Kellerführungen mit Weinverkostung nach Voranmeldung.

Auf einem Höhenzug südlich von Schloß Seggau liegt der kleine Kirchenort *Frauenberg,* heute ein bekannter Marienwallfahrtsort und ein gutes Beispiel für die Kontinuität des Sakralen. Der Frauenberg war schon in illyrischer und keltischer Zeit Sitz eines bedeutenden Heiligtums. 1951 wurden unter dem alten Schulhaus neben der Kirche die Fundamente eines Tempels freigelegt, der der ägyptischen Göttin Isis geweiht war, deren Verehrung sich in römischer Zeit im gesamten Imperium ausbreitete und mit den Kulten anderer lokaler Mutter- und Fruchtbarkeitsgöttinen verschmolz – in Noricum mit dem der keltischen Noreia. Ein zweiter, dem Kriegsgott Mars Latobius geweihter Tempel wurde weiter westlich entdeckt. Nachdem in Flavia Solva selbst kein Sakralbau gefunden wurde, ist anzunehmen, daß der Frauenberg bis zuletzt das religiöse Zentrum der Stadt war.

Das Tempelmuseum am Frauenberg

Die von einem Friedhof umgebene *Wallfahrtskirche Mariä Himmelfahrt* wird 1170 erstmals urkundlich erwähnt. Anfang des 17. Jahrhunderts zerstörte ein Brand das Gotteshaus, für dessen Wiederaufbau sich der Fürstbischof von Seggau, Martin Brenner, persönlich engagierte. Im 18. Jahrhundert erfolgte schließlich die Barockisierung des Kircheninneren. Recht heiter stimmt das Epitaph des Erhardt von Polheim (1538), der zu Lebzeiten offenbar einen besonders langen Bart und eine mächtige Wampe zu tragen pflegte. Die Fresken mit Szenen aus dem Marienleben und beeindruckenden Architekturprospekten stammen von J. Sattler (1768). Altäre und Kanzel wurden Ende des 18. Jahrhunderts im Rokokostil geschaffen, die Statue der Muttergottes ist spätgotisch.

Vom Kirchhof gelangt man direkt zum Tempelmuseum, das vor wenigen Jahren mit Hilfe des Archäologischen Vereins Flavia Solva im alten Schulhaus eingerichtet wurde. Die ausgestellten Gegenstände stammen vom Frauenberg und sind Leihgaben des Landesmuseums Joanneum. Recht beeindruckend sind die freigelegten Grundmauern des früheren Isistempels mit einem Wasserbecken für rituelle Waschungen.

Öffnungszeiten: April bis Oktober, tgl. 10–12 und 14–16 Uhr sowie gegen Voranmeldung, Tel. 03452/863 20.

AUSKUNFT Gemeindeamt, 8430 Seggauberg 14, Tel. 03452/820 15.

IM SAUSAL

Der Sausal bildet eine klimatisch überaus begünstigte Insel festen Gesteins mitten im jungtertiären Riedelland. Das Fehlen archäologischer Funde deutet darauf hin, daß der Höhenzug westlich von Leibnitz in römischer Zeit unbesiedelt war. Nichtsdestotrotz soll sich der Name «Sausal» vom Lateinischen «Solva silva» ableiten, was soviel heißt wie Sulmwald. Erstmals genannt wurde der Sausal im Jahr 970, als Otto I. das Gebiet zwischen Sulm und Laßnitz dem Erzbistum Salzburg übertrug. Der Weinbau, der auf bayrische Siedler zurückgeht, erlebte im 17. Jahrhundert seine größte Ausdehnung. Heute wird Wein nur noch in den Gemeinden Höch und Kitzeck in nennenswerter Menge angebaut, und das auf den mit Abstand steilsten Hanglagen des Landes. Bei bis zu 80 Prozent Neigung kann man, wie ein einheimischer Winzer witzelte, «im Stehen ins Gras beißen».

Das auf 564 Meter Höhe gelegene *Kitzeck* schmückt sich gerne mit dem Attribut »Österreichs höchstgelegener Weinbauort«. Näheres zum Weinbau, zur Kellerwirtschaft, ihren Geräten und Techniken erfährt man im Weinmuseum der Ortschaft mit angeschlossener Vinothek.

1. Steirisches Weinmuseum, Steinriegel 11, 8442 Kitzeck, Tel. 03456/30 00, Öffnungszeiten: April bis November, Sa, So und Fei 10–12 und 14–17 Uhr sowie gegen Voranmeldung.

Die relativ schlichte Pfarrkirche zur Schmerzhaften Maria ist nicht weiter bemerkenswert, wären da nicht die beiden süßen Engel am Hauptaltar …

Wanderfreudige Naturen werden in Kitzeck auf ihre Rechnung kommen. Zum Einstieg empfiehlt sich der Weg zur Aussichtswarte am Demmerkogel und zurück (etwa 3,5 Std.) und für Konditionsstarke der Sausaler Rundwanderweg, der über Sauegg, Kroisgraben und Altenberg nach Höch führt, von wo man ebenfalls zum Demmerkogel kommt. Wer nun noch über den Mandlkogl (600 m), Mitteregg, Ober- und Unterneurath, den Buchkogl (400 m) und Sachernegg zurückwandert, hat etwa 24 abwechslungsreiche Kilometer zurückgelegt. Ab Mai organisiert der Fremdenverkehrsverein außerdem die »Weinberg-Kürbiskernöl-Wanderungen» zur Ölpresse in Heimschuh. Ein Teil der Strecke führt über die alte Römerstraße.

Besonders stimmungsvoll ist die Gegend im Herbst, wenn das Vinometer auf Sturm steht, die gebratenen Kastanien duften und die Färbung der Landschaft einfach unbeschreiblich ist. Den Brauch, Edelkastanien zum Sturm zu reichen, gibt es hier übrigens «imma scho'» – ganz einfach deshalb, weil beide zur gleichen Zeit «reifen» und die kalorienreichen Kastanien die Wirkung des Sturms mildern.

AUSKUNFT Gemeindeamt, 8442 Kitzeck, Steinriegel 11, Tel. 03456/22 43. Tourismusverein, Tel. 03456/35 00. **ESSEN UND TRINKEN UND ÜBERNACHTEN** Restaurant, Pension und Weinhof Kappel, Steinriegel 25, Tel. 03456/23 47. Kirchenwirt, Steinriegel 52, Tel. 03456/22 25. Familie Schwarz, Greith 21, Tel. 03456/22 56. **WEIN** Weingut Albert, 8442 Kitzeck, Tel. 03456/22 39.

Am Nordrand des Sausals liegt die Gemeinde *St. Nikolai* auf 466 Meter Höhe. Der malerische, verschlafene Ort bietet zahlreiche Wander- und Radwege und Dutzende Buschenschenken. An der Außenseite der barocken Pfarrkirche ist der Porträtstein eines Römers angebracht. In der näheren Umgebung gibt es zwei Schlösser, die allerdings nicht zu besichtigen sind: Schloß Flamhof, ein breiter zweistöckiger Barockbau, der in der NS-Zeit als Müttererholungsheim diente, und Schloß Waldschach, eine Renaissanceanlage aus dem 16. Jahrhundert. Zum Schloß gehört nicht nur der ziemlich verhüttelte *Waldschacher Teich,* sondern auch Österreichs größte Fischzucht. In nicht weniger als 95 Teichen gedeihen insgesamt 180 Tonnen Fisch jährlich, vor allem Karpfen, Schleien, Welse, Zander und Hechte. Führungen gibt es ausschließlich für Fachpublikum (Tel. 03185/22 21).

AUSKUNFT Gemeindeamt, 8505 St. Nikolai i.S. 66, Tel. 03185/23 17. Tourismusverein, Tel. 03185/29 37. **ÜBERNACHTEN** Gasthof und Pension Harkamp, Flamberg 46, Tel. 03185/22 80. **FREIZEIT** Am Waldschacher Teich gibt es eine Segelschule, einen Campingplatz, eine öffentliche Badeanstalt und eine Seebühne.

Südlich des Waldschacher Teichs liegt auf einem Ausläufer des Demmerkogels die Gemeinde *St. Andrä.* Der *Demmerkogel,* von dessen Aussichtswarte man einen herrlichen Rundblick genießt, ist mit 670 Metern die höchste Erhebung des Sausals. Für einen weiteren Superlativ sorgt der Ortsteil *Höch,* wo sich der «größte Klapotetz der Welt» dreht. Der Klapotetz ist ein Windrad, das aus sechs oder acht schiefgestellten Flügeln besteht, die fest in einer Welle stecken, an der in der Regel vier Holzklötze, sogenannte «Hämmer», befestigt sind. Die beweglichen Enden dieser Hämmer klopfen beim Drehen des Rades abwechselnd auf ein Schlagbrett. Das rhythmische Geklapper soll gierige Vögel von den Weintrauben fernhalten – und neuerdings auch Touristen anlocken. Traditionellerweise wird der Klapotetz am Jakobitag (25. Juli) «losgelassen» und erst am Martinitag (11. November) wieder stillgelegt.

Sehenswert ist die malerisch verkommene *Pfarrkirche* von St. Andrä mit alter Bestuhlung. Vom gotischen Bau des 15. Jahrhunderts sind noch der Turm und der Chor als Ostkapelle erhalten. 1720 entstand der nach Norden ausgerichtete Neubau der Kirche. Am Hochaltar gibt es Statuen von Veit Königer (1758), an den Seitenaltären von Marx Schokotnigg (1723).

ANGELN FFZ-Trifthanslteich, St. Andrä/Höch, Tel. 03457/32 74. **NATUR** In Höch gibt es ein kleines Naturschutzgebiet mit ungewöhnlich vielen verschiedenen Schmetterlingsarten.

Am Fuße der Sausaler Hügelkette liegt die Marktgemeinde *Gleinstätten.* 1523 erhielten die Freiherren von Gleinz die Erlaubnis, ihr Dorf, das bis dahin Micheldorf (mhd. «mihil» = groß) hieß, Glein(z)stätten zu nennen. Hinterlassen haben die Gleinzer außer dem Namen auch noch das Schloß, dessen Ausbau im 16. Jahrhundert begonnen, allerdings erst unter den Zellern im 17. Jahrhundert vollendet wurde. Von 1939 bis 1971 gehörte das Schloß der Firma Inzersdorfer, seit 1975 befindet es sich im Besitz der Marktgemeinde, die das Gebäude umfassend restaurieren ließ. Heute beherbergt der schöne Vierflügelbau mit dem überdachten Arkadenhof das Gemeindeamt und die Schule. Gelegentlich finden hier auch Konzerte statt.

Die nahe gelegene *Pfarrkirche zum hl. Michael* geht auf das Jahr 1692 zurück und wurde gegen Ende des 19. Jahrhunderts im Stil der Neorenaissance umgestaltet. Der Hochaltar stammt aus der Schloßkapelle. Von besonderem Wert ist ein Hochrelief aus dem 13. Jahrhundert, das in die Außenwand eingelassen ist. Es zeigt zwei gegeneinanderstehende Löwen, von denen einer einen Menschenkopf in den Pranken hält. Möglicherweise handelt es sich um das Tympanonrelief eines früheren Karners.

Von Löwen und Menschen: Hochrelief in Gleinstätten

AUSKUNFT Gemeindeamt, 8443 Gleinstätten 1, Tel. 03457/22 15. **ÜBERNACHTEN** Sulmtalerhof, Gleinstätten 28, Tel. 03457/23 35. **CAMPING** Tel. 03457/33 44. **BADEN** Badesee Gleinstätten, Tel. 03457/22 15.

Von Gleinstätten aus empfiehlt sich die Besichtigung der *Wallfahrtskirche St. Georgen am Lukowitsch.* Der kleine, auf einer Hügelkuppe gelegene romanisch-gotische Bau wird im 14. Jahrhundert erstmals genannt, ist wahrscheinlich aber eine der ältesten Kirchen der gesamten Region. Langhaus und Chor sind mit einem schönen Kreuzgratgewölbe ausgestattet, die Einrichtung ist im Barock- und Rokokostil gehalten, die schöne Orgel stammt aus dem späten 17. Jahrhundert. Am Georgisonntag findet hier eine traditionelle Pferdesegnung statt.

Und noch ein zweiter Ausflug von Gleinstätten drängt sich auf – nämlich nach *Großklein am Saggaubach,* etwas südlich der Sulm. Auf dem Weg dorthin passieren wir im Ort Mantrach das barocke *Schloß Ottersbach* (1616) und die *Ölmühle Kremsnerhof* (Tel. 03456/32 31). Kurz vor Großklein erreichen wir, man glaubt es kaum, *Kleinklein,* wo sich einer der größten Hügelgräberfriedhöfe der Hallstattkultur (8.–6. Jh. v.u.Z.) befand, ursprünglich etwa 2000 Grabhügel, von denen leider viele von Raubgräbern zerstört wurden. Einige der als «Fürstengräber» apostrophierten Grabstellen enthielten wertvolle Beigaben, wie zum Beispiel die im Landesmuseum Joanneum gezeigten Gesichtsmasken aus Bronzeblech. Noch kaum erforscht ist hingegen die Siedlung am 458 Meter hohen Burgstallkogel, deren Terrassen noch gut zu erkennen sind. Sehr zu empfehlen ist der 8,5 km lange urgeschichtliche Wanderweg (mit zahlreichen Schautafeln) vom Schloß Gleinstätten nach Großklein, der an den noch teilweise erhaltenen Fürstengräbern Hartnermichelkogel und Pommerkogel vorbei- und zum Burgstallkogel hinaufführt. Weitere Informationen zur Sulmtalnekropole erhält man im Hallstattmuseum von Großklein, wo auch die Rekonstruktion eines Grabhügels mit Grabbeigaben zu sehen ist.

Hallstattmuseum, Öffnungszeiten: Di, Mi, Fr–So 10–12 und 14–16.30 Uhr, Do 10–12 Uhr, Mo geschlossen, außerhalb der Öffnungszeiten nach Voranmeldung im Gemeindeamt.
AUSKUNFT Gemeindeamt, 8452 Großklein 9, Tel. 03456/22 89. Tourismusverein, Tel. 03456/23 21. **EINKAUFEN** Holzschnitzereien: Familie Strohmeier, Mattelsberg, Tel. 03456/25 03. **REITEN** Reiterhof Großklein, Tel. 03456/21 15.

HENGSBERG UND PREDING

1976 brachte der Einbau einer Bodenheizung in der *Pfarrkirche zum hl. Laurentius* in *Hengsberg* die Historiker zum Schwitzen: Im Kirchenraum fanden sich die Grundmauern der alten Hengistburg. Die Lokalisierung des Markgrafensitzes der Karantanischen Mark im 10. und 11. Jahrhundert war bis dahin völlig unklar gewesen. Während einige Forscher für den Wildoner Schloßberg plädierten, standen auch der Grazer Schloßberg, St. Margarethen bei Lebring oder eben Hengsberg zur Disposition. Spuren einer älteren karolingischen und einer jüngeren salischen Festungsanlage können, neben einer Bestattung aus dem 9. Jahrhundert, in einem Schauraum unterhalb des Presbyteriums besichtigt werden. Den Schlüssel erhält man im Gemeindeamt.

Die Kirche selbst ist auch nicht ohne Interesse. Teile des Gebäudes sind spätromanisch, der Chor ist gotisch, und das Langhaus stammt aus dem 17. Jahrhundert. In der Kirche gibt es mehrere reizvolle Barock- bzw. Rokokoaltäre und den schönen figürlichen Grabstein des Pfarrers Hans Gleisdorfer zu sehen. Unter der Südkapelle befindet sich die Gruft der Familie Des Enffans d'Avernas vom Schloß Freybühel.
AUSKUNFT Gemeindeamt, 8411 Hengsberg 4, Tel. 03185/22 03.

Einige Kilometer weiter westlich erreichen wir die Ortschaft *Preding,* die bereits zum Bezirk Deutschlandsberg gehört. Bekannt wurde Preding in letzter Zeit durch die medienwirksame

Wahl eines Kürbisbürgermeisters, bei der sich die honorigen Kandidaten um eine Schüssel voll Maisgrießbrei versammeln, in die man einen Kürbis fallen läßt. Und wer wird nun Bürgermeister? Natürlich der Kandidat mit der am wenigsten weißen Weste. Der Brauch soll übrigens auf eine historische Begebenheit zurückgehen. Neu ist hingegen das Kürbismühlenmuseum, ein Raum mit drei Kürbispressen, von denen die älteste aus dem späten 18. Jahrhundert stammt. Das Museum ist nur gegen Voranmeldung im Gemeindeamt zu besichtigen.

Die auf einer Anhöhe gelegene Pfarr- und Wallfahrtskirche Maria in Dorn entstand im späten 17. Jahrhundert. Die Altäre der Kirche stammen aus dem Rokoko, die Marienstatue am Hochaltar ist spätgotisch. Zu Beginn der zwanziger Jahre wurde der Innenraum von Felix Barazzutti ausgemalt. Bemerkenswert sind die Epitaphe der Familie Saurau aus dem 16. Jahrhundert. Die Familie war lange Zeit im Besitz des stolzen Schlosses Hornegg, das vom nahen Spiegelteich aus zu erspähen ist.

AUSKUNFT Gemeindeamt, 8504 Preding, Tel. 03185/22 22. Tourismusverein, Tel. 03185/23 81. **ÜBERNACHTEN** Predingerhof, Gantschenberg 45, Tel. 03185/23 81.

DAS GRÜNE GOLD

Kürbisse, so weit das Auge reicht. Wo nicht Mais angebaut wird, dominiert der Ölkürbis, der nach der «Entdeckung» Amerikas von dort nach Europa kam und sich im süd- und mitteleuropäischen Raum ausbreitete. Der steirische Kürbis, der anstelle der harten Samenschale nur ein silbrig glänzendes dünnes Häutchen besitzt, wird seit etwa 100 Jahren angebaut. Noch vor relativ kurzer Zeit vor allem als Zwischenkultur in Mais- oder Kartoffelfeldern zu finden, entwickelte sich der Ölkürbis durch den Kernölboom der letzten Jahre zu einem eigenständigen Wirtschaftsfaktor.

Anfänger lassen sich von der dunklen, schwarzgrünen Farbe auf ihrem Salat gerne abschrecken. «Motoröl» ist der erste Gedanke. Der Geruch stimmt versöhnlicher und erinnert ein wenig an Nüsse. Und der Geschmack … Doch vorweg einige Zahlen: Für einen Liter Kernöl benötigt man 2,5 Kilogramm Kübiskerne, was dem Ertrag von 30 bis 35 Früchten entspricht – denn ein Kürbis liefert nur etwa 7 bis 8 Dekagramm trockene Kerne. Auf einem Hektar werden im Schnitt 800 bis 1000 Kilogramm Kerne geerntet, was 300 bis 400 Litern Öl entspricht.

Die Kürbisse reifen im Spätsommer bis Herbst. Dann sieht man die Frauen auf den Feldern sitzen und «kürbispatzeln»: Sie hacken die Frucht in der Mitte entzwei und schälen mit der Hand die «Patzi» heraus, jene im Hohlraum der Frucht befindliche, weiche, hellgelbe Masse, die bis zu hundert Kerne enthält. Die Kerne werden gereinigt und in der Sonne getrocknet, der Rest bleibt auf den Feldern als Dünger zurück.

Alles weitere läuft wie geschmiert. Nach dem Mahlen der Kerne wird die mehlige Masse mit etwas Wasser geknetet und bei 80 Grad geröstet. Das Ergebnis ist ein moosgrünes Pulver, das an nassen Sand erinnert. Preßt man dieses Pulver, gewinnt man einerseits das kostbare Öl, andererseits den sogenannten Ölkuchen, der sich ideal als Tierfutter eignet.

All das geschieht heute weitgehend maschinell. In den gutsortierten Heimatmuseen kann man sie allerdings noch sehen, die alten Ölpressen, die den klingenden Namen «Ölkua» tragen und aus zwei komplementären Teilen bestehen: «Mandl» und «Weibl». Schön, nicht?

Kürbisernte: Die Arbeit ruft!

Kernöl schmeckt nicht nur gut, es ist angeblich auch sehr gesund. Neben seinem hohen Gehalt an Vitamin B und E enthält es 50 bis 60 Prozent mehrfach ungesättigte Fettsäuren, Phytosterine, Citrullin, Kalium und Selen. Experten geben dem Öl ein Stückchen Zucker bei, dann hält es länger.

Leider ist nicht immer alles hundertprozentig, was als Kernöl verkauft wird. Vor allem in der gewinnsüchtigen Gastronomie kommt immer öfter das sogenannte Salatöl zum Einsatz, das nur 30 Prozent Kürbiskernöl enthält. Der Unterschied zeigt sich am Teller: Läuft ein Tropfen auseinander, dann ist das Öl gestreckt. Und was sagt der Steirer da? «Des is heit wieda a schlaua Solot, der hot si nit anschmiarn lossn.»

Daß Kernöl und Kürbisse vielseitig verwendbar sind, beweisen folgende Rezepte:
Kernölgugelhupf
4 Dotter mit 10 dag Wasser, 10 dag Kernöl und 25 dag Staubzucker, vermischt mit einem Päckchen Vanillezucker, schaumig schlagen. 25 dag Mehl mit 1/2 Päckchen Backpulver vermischen und abwechselnd mit dem aus den 4 Eiklar steifgeschlagenen Schnee in die Dottermasse einrühren. Die Masse in eine Gugelhupfform füllen und bei 180 Grad ca. 60 min backen. Den Gugelhupf stürzen und mit Staubzucker bestreuen.
Kürbissuppe
Zutaten für 4 Personen: 1 kg Kürbis, 50 g Margarine, 1/4 l Brühe, je 1 Bund Dill, Petersilie und Schnittlauch, 2 Eßlöffel Essig, Salz, frisch gemahlener schwarzer Pfeffer, Zucker, 15 dag Extrawurst.
Zubereitung: Kürbis schälen, entkernen und würfeln, in Fett andünsten. Mit Brühe aufgießen und ca. zehn Minuten garen. Gut die Hälfte pürieren und wieder zufügen. Mit gehackten Kräutern, Essig, Salz, Pfeffer und Zucker abschmecken. Wurst kleinwürfelig schneiden, mit der Suppe reichen.

WILDON – DIE KEIMZELLE DER STEIERMARK

Am Zusammenfluß von Kainach und Mur, unterhalb des markanten Schloßberges, der das Grazer und das Leibnitzer Feld voneinander trennt, liegt an der Schnittstelle zwischen Ost- und Weststeiermark der langgestreckte Markt von Wildon.

Der Wildoner Schloßberg war seit frühester Zeit besiedelt und gilt als eine der Keimzellen der heutigen Steiermark. Vielleicht ist gerade deshalb alles ein wenig komplizierter als anderswo. Also: Schon im 12. Jahrhundert wurde Altwildon Sitz des angesehenen Geschlechts der Herren von Wildon. Im 13. Jahrhundert entstand die Burg Neuwildon, die heute eine Ruine ist und Oberwildon genannt wird. Neuwildon blieb bis ins 17. Jahrhundert in landesfürstlichem Besitz, dann wurde es von den Eggenbergern erworben. Der Verfall begann im 19. Jahrhundert, als die Verwaltung der Herrschaft Oberwildon in das bequemere Untere Schloß, auch Freihaus genannt, übersiedelte.

Der Fußweg zu den Burgruinen von Alt- und Neuwildon dauert etwa 30 Minuten. Zu sehen gibt es nicht allzu viel. Ein Turm wurde restauriert, der Rest ist Grabungsgelände und teilweise akut einsturzgefährdet. Bleiben wir also im Markt. Die zur Burg gehörende Siedlung Wildon wurde 1219 erstmals erwähnt und erhielt sehr bald das Marktrecht. Lange Zeit lebten die Bewohner hauptsächlich von Handel, Gewerbe und der Schiffahrt auf der Mur.

Am Hauptplatz überwiegen die Biedermeierfassaden. Bei der Restaurierung des Bezirksgerichts wurde ein barocker Pranger entdeckt – kein Wunder, diente das aus dem 18. Jahrhundert stammende Gebäude doch früher als Rathaus. Die Marien- oder Pestsäule wurde zum Dank für die Verschonung des Ortes im Pestjahr 1680 gestiftet. Das Untere Schloß oder Freihaus besteht seit 1660. Nach der Aufhebung der Grundherrschaften fungierte es als Landessiechenhaus, später als Schule. Heute ist der Bau mehr als sanierungsbedürftig.

Ziemlich desolat ist auch die Pfarrkirche zur hl. Magdalena, die in der zweiten Hälfte des 17. Jahrhunderts durch den in Leoben ansässigen Peter Franz Carlone anstelle einer gotischen Kirche errichtet wurde. Interessant sind mehrere Grabdenkmäler an der Außenwand, zum Beispiel jenes des Franziskus Hofstätter (1757), dessen tödlicher Unfall mit einem Pferdefuhrwerk recht dramatisch dargestellt wird. Der Hochaltar der Kirche ist ein Werk des Bildhauers Veit Königer (1766), das Altarblatt, das die sterbende Maria Magdalena zeigt, stammt von Johann Veit Hauckh. Die imposante Kanzel, das Orgelgehäuse und die Orgelbrüstung wurden 1784 vom aufgehobenen Karmeliterkloster in Graz erworben.

AUSKUNFT Gemeindeamt, 8410 Wildon, Hauptplatz 61, Tel. 03182/32 27. **BADEN** Freizeitpark Wildon, Tel. 03182/29 44. Badesee Wundschuh, idyllisch gelegener mittelgroßer Badesee, Tel. 03135/535 33.

Wildon wird von einem Kranz von Schlössern umgeben, von denen nur *Schloß Neudorf* in der Gemeinde Stocking, östlich von Wildon, besichtigt werden kann. Die alte Wehranlage wurde im 16. Jahrhundert im Stil der oberitalienischen Frührenaissance umgebaut. Seit 1984 ist das Gebäude von der Landwirtschaftlichen Hauswirtschaftsschule St. Martin gemietet. Der prächtige Innenhof mit Säulenarkaden und die Marienkapelle verdienen einen Besuch.

UNTERWEGS IM NIEMANDSLAND

Zwischen Leibnitz und Feldbach liegt ein weiter Landstrich, dessen Mangel an großen Attraktionen keinen Tourismus aufkommen läßt, keine Thermalhotels und Beautyfarmen, keine Haubenlokale und Insiderbuschenschenken. Ein freundliches Hügelland, wo das Leben noch seinen beschaulichen Lauf geht, wo der Mais im Spätsommer die Aussicht auf die Kirchtürme verstellt und wo die Kürbisse geduldig reifen. Und das allerwichtigste: Wo die Menschen noch grundlos freundlich sind.

Besagte Region wird von Norden nach Süden von mehreren Bächen durchzogen, die zur Mur hin entwässern: Stiefing-, Schwarzau-, Saß- und Ottersbach. Wir beginnen unsere Tour etwas nordöstlich von Leibnitz, in der «Dreischlössergemeinde» *Ragnitz,* einem durch die Gemeindezusammenlegungen von 1969 entstandenen Verbund, in den jede der drei betroffenen Gemeinden, Badendorf, Haslach und eben Ragnitz, «ihr Schloß» einbrachte.

Schloß Laubegg, das sich seit dem 15. Jahrhundert im Besitz der Grafen von Saurau befand, wurde im 17. Jahrhundert in der heutigen Form ausgebaut. Seit 1933 befindet sich das Schloß im Eigentum der Kongregation der Brüder der Christlichen Schulen, vulgo Schulbrüder. Die Ordensgemeinschaft zählt weltweit etwa 7500 Brüder in mehr als 2000 Erziehungseinrichtungen. Heute dient das Schloß als Gäste- und Bildungshaus, aber auch als Altersheim für verdiente Ordensmitglieder. Eine Besichtigung von außen ist jederzeit möglich. Sehr schön ist der Blick vom Schloß über das Leibnitzer Feld bis zur Koralpe.

Etwas weiter nördlich, außerhalb von Badendorf, liegt *Schloß Frauheim,* das gegen Ende des 16. Jahrhunderts von Michel Rindsmaul errichtet wurde. Teile des Schlosses, vor allem der prächtige Rittersaal, werden von der Besitzerfamilie Kellersperg an geschlossene Gesellschaften vermietet (Tel. 03183/620). Privat und ebenfalls nicht zu besichtigen ist Schloß Rohr beim gleichnamigen Ort, das von 1651 bis 1951 dem Stift Rein gehörte.

AUSKUNFT Gemeindeamt Ragnitz, 8413 Gundersdorf 17, Tel. 03183/388.

Schloß Laubegg – ein Altersheim für Schulbrüder

Unser nächstes Ziel ist *St. Georgen an der Stiefing*. Die seit dem 12. Jahrhundert bestehende Burg gehörte von 1555 bis 1751 den Freiherren von Glojach, die sie zu einem Wohnschloß im Stil der Renaissance ausbauen ließen. Von 1925 an lebte hier der Dichter Paul Ernst. Das Schloß befindet sich in Privatbesitz, der schöne Festsaal öffnet sich nur selten für Kulturveranstaltungen.

Bei einem Pranger, dem bedauerlicherweise der Arm und das Schwert abhanden gekommen sind, führt von der Hauptstraße ein Weg zur etwas erhöht gelegenen Pfarrkirche. Die mittelalterliche Wehrkirche wurde im 18. Jahrhundert barock umgestaltet, 1905 teilweise neu gebaut und im Stil der Neorenaissance eingerichtet. Beim Haupteingang ist das sehenswerte Epitaph eines Glojacher um 1550 mit dem Relief des Ritters in voller Rüstung zu sehen, an der Außenseite des Chors eine schöne Dreifaltigkeitsdarstellung (1547) und weitere Epitaphe aus der Zeit. Die neben der Kirche gelegene Friedhofskapelle wurde 1750 anstelle eines Karners errichtet und enthält eine sehenswerte Beweinungsgruppe.

AUSKUNFT Gemeindeamt, 8413 St. Georgen a.d. Stiefing 64, Tel. 03183/255.

Weiter nördlich im Stiefingtal, in *Heiligenkreuz am Waasen*, führt der Franziskanerpater Karl Maderner das Haus der Stille, ein spirituelles Zentrum, in dem «Zeiten der Stille» bewußt gelebt werden. Kurzbesucher sind hier ebenso willkommen wie jene Menschen, die im Rahmen einer einjährigen Weggemeinschaft hier leben und mitarbeiten wollen. Das Angebot umfaßt Meditationskurse, meditative Tätigkeiten wie Tanz und Malerei, Exerzitien, Bibelarbeit und franziskanische Spiritualität.

Haus der Stille, Rosental 50, 8081 Heiligenkreuz a.W., Tel. 03135/826 25, auch für Einzelpersonen, Gastgruppen und Familien mit Kindern.

Zurück zur Amtskirche und ihren Fundamenten. Die Kirche zum Heiligen Kreuz ist seit 1269 als Pfarre belegt und wurde 1547 gotisch umgestaltet – das Datum findet sich im Sternrippengewölbe des alten Chors, der heutigen Marienkapelle. Ende des 17. Jahrhunderts erhielt die Kirche ein neues Langhaus, und im späten 19. Jahrhundert erfolgte ein großzügiger Neubau im Stil der Neorenaissance, der die Kirchenrichtung veränderte. Verblüfft steht der Besucher vor einem prachtvollen barocken Hochaltar aus der Mitte des 17. Jahrhunderts mit den riesigen Statuen der vier Kirchenväter Ambrosius, Augustinus, Gregor und Hieronymus. Des Rätsels Lösung: Der Altar stammt aus der Stadtpfarrkirche von Marburg, wo er im Zuge einer «Stilbereinigung» entfernt wurde.

AUSKUNFT Gemeindeamt, 8081 Heiligenkreuz, Marktplatz 2, Tel. 03134/22 21.

Östlich von Heiligenkreuz, im Schwarzautal, liegt die Straßendorfsiedlung *Kirchbach in der Steiermark,* deren Pfarrkirche dem hl. Johannes dem Täufer geweiht ist. Der spätgotische Chor mit schönem Rautensterngewölbe geht auf einen Neubau aus dem 15. Jahrhundert zurück, der Rest des dreischiffigen Gotteshauses entstand um 1830. Der barocke Hochaltar wirkt ein wenig naiv, die Figuren an den Seitenaltären stammen aus der Werkstatt Veit Königers. Sehenswert sind auch der Grabstein des Hans Gleispacher von Narneckh (1540) und die Nachbildung der Mariazeller Madonna mit wertvoller Silberfassung im Rokokostil.

Die etwas oberhalb des Ortes gelegene Filialkirche St. Anna erfreut sich bei der lokalen Bevölkerung großer Beliebtheit und ist häufig das Ziel von Bittprozessionen. Ihre Einrichtung stammt aus der sogenannten Zopfzeit des frühen 18. Jahrhunderts.

AUSKUNFT Gemeindeamt Kirchbach in der Steiermark, Tel. 03116/23 13.

Weiter südlich erreichen wir *Wolfsberg im Schwarzautal,* dessen Pfarrkirche dem hl. Dionysius geweiht ist. Die alte gotische Kirche wurde 1735 wegen Baufälligkeit abgetragen. Bereits vier Jahre später konnte der barocke Neubau des J. G. Stengg geweiht werden – doch was fehlte, war ein Turm! Nachdem ein

IVNI
OPIL
IDAE

Vorhergehende Seite: Kolossalfigur am Mausoleum von Ehrenhausen, im Hintergrund das Schloß

Steirisches Hügelland im Herbst (li. oben)
Römersteine auf Schloß Seggau bei Leibnitz (li. unten)
Im Herbst werden gebratene Kastanien zum Sturm gereicht (re. oben)
Kitzeck ist mit 564 Meter Höhe Österreichs höchstgelegener Weinbauort (re. unten)

1050

*Das Klappern des Klapotetz
soll die Vögel abschrecken (li. oben)
Nicht nur Frauenarbeit: „Kürbispatzeln“ (li. unten)
Weinlese in der Gegend von Gamlitz (re. oben)
Die Südsteiermark ist mit knapp 2000 Hektar die
größte Weinbauregion des Bundeslandes (re. unten)*

In der Altstadt von Maribor (li. oben)
Derzeit leben in Piber etwa
230 «weiße Pferde» (li. unten)
Das brandneue Feuerwehrmuseum
von Groß St. Florian (re. oben)
Kirchhofportal von Maria Lankowitz (re. unten)

Folgende Seite: Ernte gut, alles gut

solcher auf Drängen der Bevölkerung errichtet worden war, begann ein Teil des Kirchenschiffes gefährlich abzusinken. Die Westfront mußte deshalb mit einer mächtigen Stützmauer abgesichert werden, die der Kirche nicht gerade «zur Zierde gereicht». Etwas ungewöhnlich wirkt auch der Aufstellungsort der schönen Seitenaltäre direkt vor den Fenstern. Sehr ausdrucksstark ist der Schmerzensmann aus dem 17. Jahrhundert im Ort, mit der Inschrift: «bitt fir uns».

AUSKUNFT Gemeindeamt, 8421 Wolfsberg im Schwarzautal 125, Tel. 03184/22 08.

Ein kleiner Abstecher führt uns zuletzt noch nach *St. Nikolai ob Draßling*, südlich von Wolfsberg. Die hiesige Pfarrkirche zum hl. Nikolaus ist aufgrund ihrer Neorenaissanceeinrichtung nur mäßig interessant. Wirklich bemerkenswert ist jedoch der Römerstein beim Kriegerdenkmal, der einen bärtigen Mann, angeblich die Lichtgottheit Mithras, zwischen zwei Löwen darstellt. Wer das Seltene schätzt, sollte sich von hier noch bis zur Rindenkapelle von Sulzegg durchfragen, die ziemlich versteckt im Wald oberhalb des Sulzegger Sauerbrunnens liegt. Die 1889 errichtete Kapelle ist ganz aus Holz gebaut und außen mit Rinden verkleidet.

AUSKUNFT Gemeindeamt, 8422 St. Nikolai ob Draßling, Tel. 03184/22 44.

DIE WALLFAHRTSKIRCHE VON ST. VEIT AM VOGAU

St. Veit ist ein reizender kleiner Ort, dessen barocke Bürgerhäuser, ebenso wie die mächtige Wallfahrtskirche, um die Mitte des 18. Jahrhunderts entstanden. Die Gründung der Kirche erfolgte allerdings schon sehr viel früher, denn die Verehrung des hl. Veit gelangte bereits im 9. Jahrhundert aus Frankreich nach Mitteleuropa. Der mittelalterliche Kirchenbau von St. Veit bestand bis 1748, dann machte sich der Grazer Stadtbaumeister

Josef Hueber, der unter anderem auch die Weizbergkirche schuf, an die Realisierung dieses größten spätbarocken Kirchenbaus der südöstlichen Steiermark.

Die eindrucksvolle Hauptfassade mit ihren beiden Türmen ist weit über die Murebene zu sehen. Aus der Nähe wirkt sie etwas breit und behäbig, beinahe bäuerlich. In der Giebelnische befindet sich eine Steinskulptur des Heiligen mit einem Löwen und einem Ölkessel als Hinweis auf sein Martyrium. Das Kircheninnere ist gewaltig und bietet etwa 4000 Gläubigen Platz. Das Altarblatt von Franz Xaver Palko (1752) zeigt die Marter des hl. Veit. Mittelpunkt der Wallfahrten ist aber nicht er, sondern das Marienbild am Altartisch, eine barocke Kopie des berühmten, angeblich vom hl. Lukas stammenden Marienporträts.

Spätbarocke Pracht in St. Veit am Vogau

Flankiert wird der Hochaltar von den Bischöfen Valentin, dem ein Kind zur Heilung gereicht wird, und Erhardus, der einem Kind das Augenlicht wiedergibt. Beide Figuren schuf Josef Schokotnigg. Die weiteren Bildhauerarbeiten und den Großteil der Kirchenausstattung verfertigte sein Schwiegersohn Veit Königer. Eindrucksvoll sind die vierzehn überlebensgroßen Figuren von Jesus, Maria und den zwölf Aposteln auf den Wandpfeilern im Kirchenraum und die reich verzierte Kanzel mit der Personifikation der lehrenden Kirche am Schalldeckel. Kostbar ist die Orgel, die in der zweiten Hälfte des 17. Jahrhunderts gebaut wurde und ursprünglich in Mariazell stand.

Die Freskenausstattung der Kirche ist nicht barock, sondern wurde zu Beginn des 20. Jahrhunderts von Felix Barazutti geschaffen. Eine Rarität ersten Ranges ist wohl die Szene im vierten Feld. Sie zeigt Karl Marx (!), wie er gerade die Arbeiter «aufwiegelt».

Unter der Orgelempore sind mehrere Grabsteine angebracht, von denen das Epitaph des Caspar von Khienburg (1570) mit seinen beiden Frauen, neun Töchtern und ebenso vielen Söhnen hervorzuheben ist.

AUSKUNFT Gemeindeamt, 8423 St. Veit am Vogau 2, Tel. 03453/26 29. **ÜBERNACHTEN** Kirchenwirt, St. Veit 45, Tel. 03453/23 04. Gasthof Zur Traube, St. Veit 44, Tel. 03453/25 08.

DIE SÜDSTEIRISCHE WEINSTRASSE – ÜBERHOLEN VERBOTEN?

Eine Fahrt über die südsteirische Weinstraße zählt zu den Höhepunkten einer jeden Erkundung des steirischen Hügellandes. Eines sollte man dabei allerdings bedenken: Im Gegensatz

«Der Wein erfreue des Menschen Herz»

zu anderen schönen Gegenden dieses Landes ist man hier niemals allein. Wir beginnen unsere Tour südlich von St. Veit in der grenznahen Gemeinde *Straß*, die vom früheren Schloß beherrscht wird. Ende des 16. Jahrhunderts von den Fürsten von Eggenberg erbaut, dient es seit 1852 als Kaserne, weshalb es der neuen Verwendung und dem damaligen Zeitgeist entsprechend im neugotischen Stil ausgebaut wurde.

Heeresmuseum in der Kaserne, Tel. 03453/26 11.

Die barocke Pfarrkirche Mariä Himmelfahrt wurde ebenfalls von den Eggenbergern errichtet und ist mit Decken- und Wandfresken des Joseph Adam von Mölk (1776) und Altarbildern von Hans Adam Weissenkircher (um 1680) ausgestattet.

AUSKUNFT Gemeindeamt, 8472 Straß, Hauptstraße 61, Tel. 03453/ 25 09. Tourismusverein, Tel. 03453/26 23. **BADEN** Planksee, Tel. 03453/26 89.

Arkaden in Schloß Spielfeld

Am gegenüberliegenden Ufer der Mur liegt die Schwestergemeinde *Spielfeld*, die nach einem Vorposten der nahe gelegenen Festung Ehrenhausen benannt wurde. Jahrzehntelang Synonym für Transitverkehr, ist es seit der Krise im ehemaligen Jugoslawien hier sehr viel ruhiger geworden. Spielfeld aber denkt in Jahrhunderten, denn schließlich verdankt der Ort seine ganze Existenz dem Handelsverkehr, und das bereits seit dem Mittelalter. In den Jahren 1580–1620 entstand das heute leider völlig desolate *Renaissanceschloß*, dessen schöne Arkaden teilweise vermauert sind. Die nebenan, auf einem Hügel gelegene Pfarrkirche zum hl. Michael wurde bereits 1170 urkundlich genannt.

Im Laufe der Jahrhunderte sind Hang und Kirche mehrmals abgerutscht, das heutige Gebäude stammt deshalb zum größten Teil aus dem 19. Jahrhundert.

Der Rolle Spielfelds als Eisenbahnknoten zollt ein kleines Eisenbahnmuseum Tribut, das sich im Keller des Gasthofs «Zur Bahn» befindet.

Eisenbahnmuseum, Gasthof Bernhard, Zur Bahn, Spielfeld 25, Tel. 03453/27 38, Öffnungszeiten: Mo, Mi und Sa 9–12 und 14–17 Uhr sowie gegen Voranmeldung.

AUSKUNFT Gemeindeamt, 8471 Spielfeld 4, Tel. 03453/23 07. **RADFAHREN** Mur-Radweg 2: 38 km von Spielfeld nach Bad Radkersburg, völlig flache Strecke auf Radwegen und Nebenstraßen, ideale Familientour, Markierung: grüne Tafeln «R2». Start am Bahnhof Spielfeld, über Unterschwarza und Mureck zum Röcksee, weiter nach Dietzen und Bad Radkersburg, Heimfahrt: mit ÖBB vom Bahnhof Bad Radkersburg. Karten: Mur-Radwanderweg, erhältlich bei den Tourismusinformationen, ÖAMTC-Stützpunkten und den gekennzeichneten Rad-Gasthöfen an der Strecke.

Von Spielfeld führt eine kleine Straße direkt nach *Berghausen-Graßnitzberg,* dem eigentlichen Beginn der Weinstraße. Gleich nach dem Ortsende wird man höflich darauf hingewiesen, daß für etwa zwei Kilometer die Staatsgrenze in der Mitte der Straße verläuft. Beim Überholen wird zwar keine Paßkontrolle durchgeführt, dennoch empfiehlt es sich, schön langsam und gemächlich zu fahren, denn erstens hat der Verlauf der nationenverbindenden Straße etwas leicht Beschwipstes, und zweitens sollte man jederzeit bei der Buschenschank seiner Wahl anhalten können. Zum Beispiel beim Weingut «Retzenhof» mit traumhafter Aussicht … Der Wein ist natürlich überall gut, und man sollte sich beim Einkehren ausschließlich daran orientieren, wo der Blick gerade am schönsten, die Holzbank am einladendsten und die Sonne genau dort ist, wo man sie haben möchte.

Wie der Wein tatsächlich wird, entscheidet sich bereits am 25. Mai, dem Fest des hl. Urban zur Zeit der Rebenblüte. Wie heißt es doch: «Ist Urbani voller Sonnenschein, gibt es vielen guten Wein.» In der Gemeinde *Ratsch* wurde dem Weinpatron deshalb sogar eine eigene Kapelle gestiftet, deren farbenfrohe Gestaltung von Franz Weiß stammt.

Das Glanzstück des südsteirischen Grenz-, Wein- und Hügellandes aber ist die Gemeinde *Glanz,* mit rund 160 Weinbautreibenden die zweitgrößte steirische Weinbaugemeinde nach Gamlitz. Besonders reizend ist die steile Glanzer Kellerstraße, die sich durch die Weingärten schlängelt. Hügel voller Wein, wohin man blickt, Mischwälder in den unglaublichsten Herbstfarben und ungezählte Buschenschenken mit vielfach prämierten Weinen und ausgezeichneten Brettljausen – Herz, was willst du mehr?

In Reih und Glied

AUSKUNFT Gemeindeamt Berghausen, 8461 Ewitsch 100, Tel. 03453/23 65. Gemeindeamt Ratsch, 8461 Ratsch a.d. Weinstraße 84, Tel. 03453/21 63. Gemeindeamt Glanz, 8463 Leutschach, Arnfelser Straße 3, Tel. 03454/285. **WEIN** E & M Tement, Zieregg 13, 8461 Berghausen, Tel. 03453/41 01. Erich und Walter Polz, Ottenberg 38, 8461 Ehrenhausen, Tel. 03453/21 35. Alois Gross, Ratsch 10, 8461 Ehrenhausen, Tel. 03453/25 72.

Kurz vor *Leutschach* begegnet man anstelle der liebgewonnenen Reben plötzlich dem etwas deplaziert wirkenden Hopfen, der hier seit den fünfziger Jahren angebaut wird. Leutschach eignet sich, falls man nicht unterwegs bereits eine der Familienpensionen als Unterkunft gewählt hat, hervorragend als Stützpunkt für eine Erkundung der Region. Der Ort taucht 1250 erstmals als Liubschach auf, und zwar im Zunamen zweier Dienstmannen der Herren von Schmirnberg. Im 15. Jahrhundert erhielt Leutschach das Marktrecht. Verhältnismäßig gut erhalten ist das Ensemble am Marktplatz mit hübschen Hausfassaden und gemütlichen Lokalen. Zwei römische Löwen, ehemals Grabwächter, weisen auf die alte Besiedlung des Gebietes hin.

Die Pfarrkirche zum hl. Nikolaus wurde zu Beginn des 20. Jahrhunderts neu gebaut. Obwohl die barocke Einrichtung der alten Kirche größtenteils übernommen wurde, macht das Gotteshaus einen etwas kalten und abweisenden Eindruck.

AUSKUNFT Gemeindeamt, 8463 Leutschach, Arnfelser Straße 1, Tel. 03454/202. Tourismusverein und Weingalerie, Hauptplatz 8, Tel. 03454/63 11. **WEIN** Eduard Tscheppe, Pössnitz 168, 8463 Leutschach, Tel. 03454/205.

Empfehlenswert ist ein Ausflug zur *Pfarrkirche Zum Heiligen Geist* auf slowenischer Seite, vom Gasthaus Spitzmühle in knapp zwei Stunden Gehzeit über die malerische *Heiligengeistklamm* zu erreichen. Ausschließlich Kultur- und weniger Naturbegeisterte können selbstverständlich auch das Auto benützen – ein gültiges Reisedokument ist allerdings in jedem Fall erforderlich! Die nette kleine Kirche wurde von Ana von Stubenberg zu Beginn des 18. Jahrhunderts errichtet. Nach der Grenzziehung verblieb sie bei Slowenien.

Die *Burgruine Schmirnberg* ganz in der Nähe ist nur auf eigene Gefahr zu besichtigen. Das zur Gemeinde Schloßberg gehörende und südöstlich von Leutschach auf einer Anhöhe gelegene *Schloß Trautenburg* befindet sich in Privatbesitz und kann nicht besichtigt werden. Die Gemeinde Eichberg-Trautenburg liegt – anders als das Schloß – nördlich von Leutschach. Die alte, wasserbetriebene Getreidemühle bei der Buschenschank Zitz und die 1994 wiedererrichtete *Kreuzbergwarte* mit herrlichem Rundblick sind einen Besuch wert.

Westlich von Leutschach erreichen wir den Weinort *Arnfels,* das «Tor zum südsteirischen Weinland». Das in beherrschender Lage über dem Markt liegende Schloß ist nicht zu besichtigen.

Trotz einiger älterer Bürgerhäuser ist das Ortsbild durchwegs von modernen Bausünden geprägt. Die große Pfarrkirche Mariae Geburt, die zu Beginn des 18. Jahrhunderts neu errichtet wurde, erreicht man über eine alte Steinbrücke. Der mächtige Hochaltar und die Kanzel stammen von Johann Matthias Leitner (1728). Am Kreuzaltar befindet sich der sehenswerte Grabstein der Familie Gera mit dem männlichen Oberhaupt, zehn Söhnen, zwei Frauen und sechs Töchtern, alle schön in absteigender Reihenfolge. Reste eines anderen bemerkenswerten Grabdenkmals der Freiherren von Gera finden sich beim Emporenaufgang: links die lebensgroße kniende Figur des Freiherrn, rechts seine Gemahlin und Tochter. Die beiden Löwen sind ebenfalls Bestandteil dieses Grabmals vom Ende des 16. Jahrhunderts. Rührend ist ein Kinderepitaph unter dem ersten Pfeiler: «Lasset die Khindl zu mier khumen».

AUSKUNFT Gemeindeamt, 8454 Arnfels 33, Tel. 03455/66 88. Tourismusverein, Tel. 03455/260. **EINKAUFEN** Arnfelser Klapothek, Arnfels 37, Tel. 03455/66 44, regionale Spezialitäten und Kunsthandwerk. Jeden Sa vormittags Bauernmarkt.

Nördlich von Arnfels, im Tal des Saggaubaches, thront auf einem Hügel die eindrucksvolle *Pfarrkirche von St. Johann.* Das 1753 errichtete Gotteshaus, dessen längsovaler Zentralraum nach dem Vorbild der Wiener Peterskirche konstruiert wurde, gilt als das Hauptwerk des in Marburg ansässigen Baumeisters Johann Fuchs († nach 1801), der neben mehreren Kirchen im heutigen Slowenien auch die Pfarrkirchen von Ehrenhausen, Hollenegg und Wies errichtete und damit einer der wichtigsten Vertreter des steirischen Spätbarock ist.

Das Kirchenportal wird von einer Statue des Heiligen gekrönt, die Figuren in den Nischen der Fassade stellen seine Eltern, die hll. Elisabeth und Zacharias dar. Der Innenraum ist von einer mächtigen Flachkuppel überwölbt, deren Bemalung aus dem Jahr 1889 vor wenigen Jahrzehnten entfernt wurde. Der Hochaltar mit den weiß gefaßten Statuen und der Himmelsdarstellung im Altaraufsatz stammt von Veit Königer

(1765), das Altarblatt mit der Taufe Christi von Philipp Carl Laubmann (1772). Von den Seitenaltären sind der Marienaltar und der gegenüberliegende Kreuzaltar mit der Fegefeuerdarstellung unter der Mensa zu erwähnen.

AUSKUNFT Gemeindeamt, 8453 St. Johann i. Saggautal 58, Tel. 03455/ 68 68.

Wenige Kilometer nördlich von St. Johann, in *Gündorf*, kann der Volkskundefreak ein altes, komplett eingerichtetes *Rauchstubenhaus* besichtigen. Der Thombauernhof wurde um 1700 als Blockbau mit strohgedecktem Satteldach errichtet und war bis 1921 bewohnt. Zu sehen gibt es diverse Gerätschaften des bäuerlichen Handwerks und der bäuerlichen Hausindustrie, zum Beispiel eine komplette Spinn- und Webstube.

Rauchstubenhaus, Schlüssel und Führungen beim Gasthof Krieger, Tel. 03456/22 66.

Um auch den nördlichen Teil der Weinstraße zu sehen, muß man zunächst nach Leutschach zurück- und anschließend Richtung Gamlitz weiterfahren. *Gamlitz* verweist mit Stolz auf das Prädikat «größte Weinbaugemeinde der Steiermark». Und tatsächlich, von insgesamt 370 landwirtschaftlichen Betrieben haben nicht weniger als 230 mit dem Weinbau zu tun. Ihre 300 Hektar machen immerhin 10 Prozent der gesamten steirischen Weinbaufläche aus. Der Name Gamlitz leitet sich vom slawischen Wort «gomilca», Hügelchen, ab. Im Gegensatz zu vielen anderen steirischen Orten ist das slawische Erbe hier nicht nur ferne Vergangenheit. Bis zum Beginn des Jahrhunderts wurden sogar die Messen noch in deutscher und slowenischer Sprache gelesen.

Am Hauptplatz von Gamlitz finden sich zwar noch einige stattliche ältere Bauten aus dem vorigen Jahrhundert, doch haben Raiffeisen-Ästhetik und die gefürchtete Krankheit Pelargonie auch hier deutliche Spuren hinterlassen. Die Pfarrkirche zu den hll. Petrus und Paulus ist nachweislich eine der ältesten Kirchen der Südsteiermark und war bis ins 18. Jahrhundert die Mutterpfarre von Ehrenhausen und Spielfeld. Von der gotischen Kirche des 15. Jahrhunderts sind allerdings nur noch die Maßwerkfenster am Chor und das Westportal zu sehen. Umbauten im 19. Jahrhundert und die neugotische Einrichtung haben die Kirche weitgehend ihres ursprünglichen Charakters beraubt. Bemerkenswert sind einige barocke Epitaphe und Römersteine. Die Kreuzkapelle am früheren Friedhof geht auf einen Karner aus dem 16. Jahrhundert zurück.

Das romantische *Schloß Obergamlitz* war lange Zeit Sommersitz der Äbte des Kärntner Stifts St. Paul im Lavantal. Heute befindet es sich in Privatbesitz und beherbergt – als Überbleibsel der steirischen Landesausstellung «Weinkultur» im Jahr 1990 – ein Weinbaumuseum und eine Edelbrandausstellung. Schloßeigene Weine können auch in der gemütlichen Buschenschank inmitten überschwenglicher Blütenpracht verkostet werden. Wem es hier gefällt, der kann sich in eines der Ferienappartements einmieten.

Museum steirische Weinkultur, 8462 Gamlitz, Tel. 03453/48 48, Öffnungszeiten: 1.5.–11.11., Di–So 9–12 und 14–17 Uhr.

AUSKUNFT Gemeindeamt, 8462 Gamlitz, Obere Hauptstraße 3, Tel. 03453/26 67. Tourismusverein, Marktplatz 41, Tel. 03453/39 22. **ESSEN UND TRINKEN** Restaurant und Hotel Sattlerhof, Sernau 2a, Tel.

Schloß Obergamlitz mit Weinbaumuseum und Buschenschank

03453/445 40, auch Zimmer. Restaurant Altes Winzerhaus, 8462 Eckberg 11, Tel. 03453/24 92. Gasthof Wratschko-Krainer, Marktplatz 9, Tel. 03453/26 47. Unzählige Buschenschanken und Weingüter, teils auch mit Zimmervermietung. **WEIN** Otto & Theresia Riegelnegg, Steinbach 62, 8462 Gamlitz, Tel. 03454/62 63. Weingut Sattlerhof, 8462 Gamlitz, Tel. 03453/25 56. E. u. M. Elsnegg, Eckberg 26, 8462 Gamlitz, Tel. 03453/48 12. Walter und Evelyn Skoff, Eckberg 16, 8462 Gamlitz, Tel. 03453/42 43. Lackner-Tinnacher, Steinbach 12, 8462 Gamlitz, Tel. 03453/21 42.

Von Gamlitz sind es nur wenige Kilometer nach *Ehrenhausen,* dem östlichen «Tor zur südsteirischen Weinstraße», das nicht zu Unrecht als einer der schönsten Märkte der südlichen Steiermark gilt. Ehrenhausen entstand als Burguntersiedlung an der Einmündung der Gamlitz in die Mur und entwickelte sich im 16. Jahrhundert zu einem wichtigen Handelsplatz für Salz und Wein. Vom früheren Reichtum seiner Bürger zeugen noch einige vornehme Häuser. Besondere Beachtung verdienen das sogenannte *Stauderhaus,* ein ehemaliges Gerberhaus aus dem 16. Jahrhundert mit Wandmalereien, und das barocke *Rathaus* mit dem Emmabrunnen, benannt nach Emma Freifrau von Lutteroth. Die Figurengruppe mit dem vor der Madonna knienden Johann von Nepomuk ist eine Arbeit Veit Königers (um 1750).

Der *Marktplatz* von Ehrenhausen wird von der *Pfarr- und Wallfahrtskirche Zur Schmerzhaften Mutter Maria* geprägt, einem der schönsten Rokokobauten der Steiermark. Errichtet wurde das Gotteshaus anstelle einer älteren Kirche in den Jahren 1752–1755 von Johann Fuchs aus Marburg. Die Pieta über dem Giebel stammt, ebenso wie die übrigen Figuren an der Fassade, vom Bildhauer Philipp Jakob Straub. Straub schuf auch den spätbarocken Hochaltar, in dessen Zentrum sich eine gotische Pieta (um 1420) aus gegossenem Sandstein befindet, und die eindrucksvolle Kanzel mit der Darstellung Moses' am Schalldach. Die Seitenaltäre und die Altäre in den Konchen werden Veit Königer zugeschrieben. Die reizvolle kleine Orgel aus der ersten Hälfte des 18. Jahrhunderts und das spätbarocke Gestühl komplettieren das Gesamtbild. Aus der alten Kirche übertragen wurden die Epitaphe mehrerer Mitglieder der Ehrenhausener Linie der Eggenberger.

Bevor man nun zum Mausoleum emporschnauft, sollte man sich im Pfarrhaus den Schlüssel besorgen. In beherrschender Lage hoch über dem Marktplatz errichtet, zählt das *Mausoleum* von Ehrenhausen zu den eigentümlichsten Baudenkmälern des Landes. Sein Auftraggeber war Ruprecht von Eggenberg (1546–1611), der bereits in jungen Jahren eine militärische Karriere einschlug und sich im Kampf gegen die Türken den Titel eines Freiherren verdiente.

Mit dem Bau des Mausoleums wurde im Jahr 1609 begonnen. In seinem Testament verfügte Ruprecht, daß neben ihm nur männliche und katholische Familienmitglieder im Generalsrang bestattet werden sollten. Nach Ruprechts Tod im Jahr 1611 setzte sein Neffe Wolff von Eggenberg die Arbeiten zwar fort, Wolffs unerwartet frühes Ableben nur vier Jahre später führte allerdings zu einem jahrzehntelangen Baustopp. Fertiggestellt wurde das Mausoleum erst Ende des 17. Jahrhunderts

Ruprechts Ruhestätte: Mausoleum von Ehrenhausen

auf Betreiben des im böhmischen Krumau residierenden Johann Christian von Eggenberg.

Der ursprüngliche Bauplan im überschwenglichen Stil des Manierismus stammt vermutlich von Giovanni Pietro de Pomis (1569/70–1633), der auch das Grazer Mausoleum konzipierte. Die dem Marktplatz zugewandte Fassade ist reich dekoriert. Das Portal wird von zwei Kolossalfiguren flankiert, die das Ideal des antiken herkulischen Heroen mit dem des renaissancezeitlichen Feldherren verbinden. Der hl. Rupert über dem Portal stammt, so wie der Großteil des bildhauerischen Schmucks, aus der zweiten Bauphase und wird Andreas Marx zugeschrieben.

Im Inneren des Mausolems tragen vier kannelierte, mit Weinlaub und Trauben geschmückte Säulen das Gebälk. Der reiche Stuckdekor wurde von Alessandro und Joseph Serenio 1688–1691 geschaffen. Daß die Vorlagen dazu von J. B. Fischer von Erlach stammten, wird nach neueren Erkenntnissen bezweifelt. Eindrucksvoll sind die vier auf dem Gebälk sitzenden Engel mit den Symbolen des Todes: Stundenglas, Totenkopf, einer brennenden und einer erloschenen Fackel. Die Gemälde mit den Porträts der beiden in der Gruft bestatteten Eggenberger und das Altarbild sind nicht mehr vorhanden.

Das Schloß Ehrenhausen ist nicht zu besichtigen. Vor «pflichtbewußten Doggen» wird freundlicherweise gewarnt. Ursprünglich befand sich hier eine Burg, die den Handelsweg an der Murebene sichern sollte und zugleich Teil des Festungsgürtels gegen Ungarn war. Der Name soll sich vom «Haus der Ern» (= Arno) ableiten. 1543 gelangte die Herrschaft an Christoph von Eggenberg, der das Schloß im Renaissancestil umgestalten ließ.

AUSKUNFT Gemeindeamt, 8461 Ehrenhausen, Hauptplatz 2, Tel. 03453/25 07. Tourismusverein, Hauptplatz 15, Tel. 03453/43 43. **ESSEN UND TRINKEN** Weingut und Gästehaus im historistischen Georgischlößl, Fr–So ab 16 Uhr Buschenschankbetrieb, Tel. 03453/25 53. **EINKAUFEN** Fr nachmittags Bauernmarkt im Stauderhof am Hauptplatz.

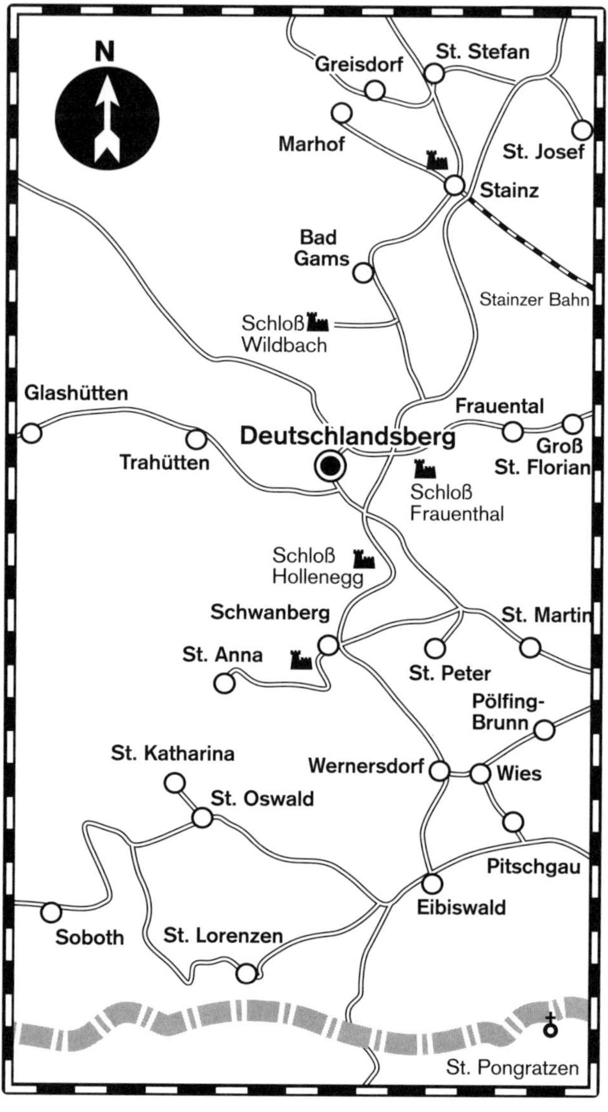
N
Greisdorf
St. Stefan
Marhof
St. Josef
Stainz
Bad Gams
Stainzer Bahn
Schloß Wildbach
Glashütten
Frauental
Deutschlandsberg
Groß St. Florian
Trahütten
Schloß Frauenthal
Schloß Hollenegg
Schwanberg
St. Martin
St. Anna
St. Peter
Pölfing-Brunn
St. Katharina
Wernersdorf
Wies
St. Oswald
Pitschgau
Eibiswald
Soboth
St. Lorenzen
St. Pongratzen

Deutschlandsberg – Das Paradies der Steiermark

IN SALZBURGER HAND

«Die Weststeiermark ist keine Landschaft, sondern ein Zustand. Dieser Zustand führt von der Gleinalpe über die Stubalpe auf die Packalpe, über die Hebalpe auf die Koralpe, in die Soboth, auf den Radlpaß, und von dort schnurstracks in Richtung Graz, aber nur bis Lieboch. Dort macht der Zustand eine Kurve in den Westen, wo er wieder in die Gleinalpe, die Stubalpe, die Packalpe etc. mündet. Innerhalb dieser Linien herrschen die Zustände, die als weststeirische bekannt sind. Sie unterscheiden sich wesentlich von den reststeirischen Zuständen.» Soweit Reinhard P. Gruber in seiner Eloge auf die Weststeiermark, «Das Schilcher ABC».

Weniger humoristisch, aber ebenso enthusiastisch nannte Erzherzog Johann die Gegend um Deutschlandsberg «das Paradies der Steiermark». Der alte Name des Ortes, «Lonsperch», der 1153 erstmals erwähnt wurde, leitet sich von «lons», der Laßnitz, und «perch», dem Berg, ab: der Berg, der von der Laßnitz umflossen wird. Die Herrschaft Landsberg befand sich mit einer kurzen Unterbrechung vom 12. Jahrhundert bis zum Jahr 1804 im Besitz der Erzbischöfe von Salzburg, die ihre weststeirischen Besitzungen von ihrer Landsberger Festung aus verwalten ließen.

Die am Fuße der Burg gelegene Ortschaft entwickelte sich durch den regen Handel mit Wein und Salz sehr bald zu einem bedeutenden Marktplatz. Unter Maria Theresia wurde Landsberg mit dem Sulm- und dem Großteil des Laßnitztales dem Kreisamt Leibnitz zugeteilt, das bald darauf nach Marburg übersiedelte. Da Landsberg aber zum «deutschen Boden» des Kreises Marburg gehörte, wurde es, auch um Verwechslungen mit dem slowenischen Windisch-Landsberg zu vermeiden, Deutsch-Landsberg genannt. 1918 erhielt die Ortschaft das Stadtrecht.

BURG UND BÜRGER

Die Burg Landsberg wurde vom Salzburger Erzbischof Konrad I. im 12. Jahrhundert auf einem der Koralpe vorgelagerten Hügel errichtet und im 16. Jahrhundert ausgebaut. Der Erweiterungsbau aus der Renaissance dient heute als Hotel. Im Jahr 1820 erwarb Fürst Johann von und zu Liechtenstein mit der Herrschaft auch die Burg, an deren Erhaltung er allerdings wenig Interesse zeigte. Seit 1932 befindet sich die Festung im Besitz der Stadt, die das stark verfallene Gebäude 1958 restaurieren ließ. In der sogenannten alten Burg ist heute ein Schloßmuseum mit einer ständigen Ausstellung zur Vor- und Frühgeschichte der Region untergebracht. Die Funde sind mit viel Liebe, teilweise aber etwas dilettantisch präsentiert. Seit kurzem gibt es außerdem eine Ausstellung von Hieb- und Stichwaffen und eine Folterkammer mit dem sattsam bekannten Werkzeug und einem – selbstverständlich – weiblichen Dummy zu sehen.
Schloßmuseum Deutschlandsberg, Tel. 03462/56 02.

In der Nähe der Burg, beim Gasthof «Stöcklpeter», wurden Reste eines Tournierplatzes aus dem 13. Jahrhundert entdeckt und

Am Fuß der Burg Deutschlandsberg

nach mittelalterlichen Vorlagen in Pfahlbauweise rekonstruiert. An den Wochenenden von Ende August bis Mitte Oktober finden hier Ritterspiele mit Pferde-Stuntshow, Bodenkämpfen und Lanzenstechen statt. Die genauen Termine können beim Tourismusverband erfragt werden.

Von der Burg einmal abgesehen, gibt es in der Stadtgemeinde Deutschlandsberg nicht allzuviel zu besichtigen. Am südlichen Ende des langgestreckten Hauptplatzes mit seinen putzigen Häusern, die mit Rokoko- oder Biedermeierfassaden geschmückt sind, steht das schöne *Rathaus,* dessen Fassade nach einem Brand im Stil des josephinischen Klassizismus erneuert wurde. Die Mariensäule ist mit 1712 datiert, bemerkenswert ist auch das Portal des Uhrengeschäftes Thurnwald.

Ein wenig abseits des Hauptplatzes steht die Allerheiligenkirche. Der Bau der Pfarrkirche wurde 1687 in Angriff genommen, ihre definitive Fertigstellung verzögerte sich allerdings um Jahrzehnte. Erst 1720 konnte der barocke Hochaltar mit dem Allerheiligenbild angeschafft werden, der Rest der Kircheneinrichtung stammt zum überwiegenden Teil ebenfalls aus dem 18. Jahrhundert.

Der Hauptplatz: Treffpunkt der Jugend

Abschließend sei noch ein Kapitel aus der Industriegeschichte erwähnt. 1856 gründete Florian Pojatzi die Deutschlandsberger Zündholzfabrik Pojatzi u. Co, die auf der Pariser Weltausstellung im Jahr 1900 die höchste Auszeichnung, den Grand Prix, erhielt. Der Zusammenschluß mit der Zündholzfabrik SOLO in Schüttenhofen, dem böhmischen Susice, erwies sich als nicht besonders günstig. Nach dem Zerfall der Monarchie dümpelte die in Österreich ansässige Fabrik noch einige Zeit dahin, endgültig stillgelegt wurde sie allerdings erst 1982. Erinnerungsstücke an bessere Zeiten sind beim Arkadencafé in einer Vitrine ausgestellt.

AUSKUNFT Tourismusverband, Hauptplatz 37, 8530 Deutschlandsberg, Tel. 03462/75 20. Stadtführungen in Deutschlandsberg mit Werner Tscherne, Tel. 03462/65 33, oder beim Tourismusbüro. **ÜBERNACHTEN** Das Burghotel bietet entzückende Zimmer und eine wirklich gute Küche, Burgstraße 19, 8530 Deutschlandsberg, Tel. 03462/56 56. Gasthof Stöcklpeter, Schloßweg 53, Tel. 03462/28 89. **MUSIK** Die Internationale Sommerakademie für Operngesang veranstaltet jedes Jahr im April einen Operngesangswettbewerb, bei dem über 100 Teilnehmer aus über 20 Nationen teilnehmen. Außerdem wird von Ende Juli bis Anfang August eine Sommerakademie abgehalten, bei der der Tenor Vittorio Terranova aus Mailand sowohl eine Meisterklasse als auch Anfänger unterrichtet. Das Abschlußkonzert findet im Stadtpark statt. Information: Internationale Sommerakademie für Operngesang, Hauptplatz 20, Tel. 03462/23 77. **GOLF** Golfclub Schloß Frauental, 18-Loch-Anlage, Ulrichsberg 7, Tel. 03462/57 17. **RADFAHREN** Sulmtal-Radweg, 44 km, von Deutschlandsberg nach Kaindorf, fast immer auf Nebenstraßen, ausgeschildert mit «R1». Karten: «Sulmtal-Radweg», erhältlich bei den Tourismusvereinen und bei allen gekennzeichneten Radwirten. Schilcher-Radweg, 22,5 km, von Deutschlandsberg nach Eibiswald, auf Nebenstraßen und Radwegen, ausgeschildert mit «R4».

AUSFLUG ZUR KORALPE

Westlich von Deutschlandsberg steigt die zur Koralpe führende Straße rasch an. Das nur 7 Kilometer entfernte *Trahütten* liegt bereits auf knapp 1000 Meter Höhe. Die Kirche zum hl. Nikolaus stammt aus dem 17. Jahrhundert. Besichtigen kann man auch die um 1880 errichtete *Villa Alban Berg*. Das Haus gehörte den Schwiegereltern des Komponisten, der in den Jahren 1918 bis 1922 seine Sommerfrischen im damaligen Luftkurort Trahütten verbrachte und hier seine Oper «Wozzeck» (1921) komponierte.

AUSKUNFT Gemeindeamt, 8530 Trahütten, Tel. 03461/280. Tourismusverein, Tel. 03461/222. **ÜBERNACHTEN** Pension Villa Alban Berg, Tel. 03461/265.

«Maria in der Einöde»

Bei *Glashütten*, das auf 1274 Meter Höhe liegt, erreichen wir die Dauersiedlungsgrenze. Wohl wird noch bis knapp über 1000 Meter Getreide angebaut, wirtschaftlich bedeutend ist jedoch das Grünland und der Großwaldbesitz. Im Zentrum des nur wenige Häuser zählenden Gebirgsdorfes steht die 1769 errichtete kleine *Pfarrkirche Mariä Namen*. Die archaisch wirkende barocke Marienstatue beim Eingang wurde anläßlich einer Visitation als «unästhetisch» empfunden und vom Hochaltar unter die Empore verbannt. Heute erfreut die pummelige Gottesmutter in ihrer bäuerlich-naiven Art die Herzen der Besucher weit mehr als ihre Nachfolgerin, die den strengen Kriterien für den Platz am Hochaltar entsprach. Oberhalb der gemalten Seitenaltäre finden sich die lustigen Porträts der hll. Barbara und Alexius, in den Gewölben sind dekorative Rokokomalereien zu sehen.

Wie Glashütten zu seinem Namen kam, ist leicht zu durchschauen. Alte Geräte und Erinnerungsstücke an die frühere

Glaserzeugung sind im kleinen *Koralpenmuseum* ausgestellt. Den Schlüssel zum Museumsraum erhält man im Gasthaus «Alpengasthof» (Tel. 03461/230), das anstelle der 1738 aufgelassenen Werkshalle errichtet wurde.

AUSKUNFT Gemeindeamt, 8541 Gressenberg-Glashütten, Tel. 03467/75 30.

VON DEUTSCHLANDSBERG NACH STAINZ

Zwischen Deutschlandsberg und der Ortschaft Frauental an der Laßnitz liegt Schloß Frauenthal mit seinem lauschigen Arkadenhof. 1675 durch Ferdinand Graf Zehentner in seiner heutigen Form erbaut, beherbergt das Schloß nunmehr eine Hauswirtschaftsschule St. Martin. Am Turm der ganz in der Nähe gelegenen Ulrichsbergkirche ist ein römerzeitlicher Grabstein eingelassen, der Herrn und Frau Calandinus zeigt – er mit Schriftrolle, lockigem Haar und Bart, sie mit der typischen norischen Haube.

In der Gemeinde Frauental befand sich bis zum Jahr 1903 die staatliche k.k. privilegierte Messingfabrik, die bereits 1714 vom Grafen Zehentner von Zehentgrub gegründet worden war. Im repräsentativen Herrenhaus der Fabrik ist heute das Gemeindeamt zu finden.

AUSKUNFT Gemeindeamt, 8523 Frauental a.d. Laßnitz, Schulstraße 1, Tel. 03462/23 15. **ÜBERNACHTEN** Sorger-Hof, Grazer Straße 260, Tel. 03462/32 79. **EINKAUFEN** Prinzental, Biobetrieb mit Schafzucht und Fischzuchtteichen, Ab-Hof-Verkauf und Führungen, Tel. 03462/54 74.

Auf der Weiterfahrt nach Bad Gams kann man in Niedergams zum Schloß Wildbach abzweigen. Das entzückende Schlößchen ist zwar nicht zu besichtigen, zu sehen gibt es jedoch die schöne Freitreppe im Garten und zwei Inschriftentafeln, von denen eine den Gründer und das Baujahr 1440 ausweist und die zweite daran erinnert, daß Franz Schubert 1827 hier zu Gast war.

Bad Gams ob Frauental wirbt mit dem Beinamen «Natur- und Erholungsdorf». Erholen kann man sich hier in einem der Gesundheitshotels des Dr. Kipper, die Gams zum Bad gemacht haben und die bei Eisen- und Magnesiummangel, bei Infekten und Erkrankungen des Magen-Darm-Traktes Heilung versprechen.

Die dem hl. Bartholomäus geweihte Pfarrkirche des Ortes wurde in der ersten Hälfte des 18. Jahrhunderts – mit Ausnahme des Turms und eines gotischen Portals beim Haupteingang – von Grund auf neu errichtet. Das Bild am Hochaltar stellt das Martyrium des Heiligen dar und stammt von Anton Jandl, einem Grazer Maler der zweiten Hälfte des 18. Jahrhunderts. Die lebensgroßen Statuen links und rechts des Altars werden der Werkstatt Veit Königers zugerechnet. Von ihm stammt auch der in Stucco lustro (Stuckmarmor) ausgeführte Todesangst-Christi-Altar.

AUSKUNFT Gemeindeamt, 8524 Bad Gams, Tel. 03463/23 06. Tourismusverein, Tel. 03463/37 38. **ÜBERNACHTEN** Dorfhotel Fernblick, Bad Gams 101, Tel. 03463/29 05. Kneipp-Gesundheitsbetrieb Med.-Rat Dr. Kipper, Bad Gams 88, Tel. 03463/22 66. **EINKAUFEN** Bauernmarkt jeden Do 8–11.30 Uhr vor dem Kindergarten. Keramik Löcker-Welek, Tel. 03463/24 94. Gemeinsame Verkaufs- und Verkoststelle der Bad Gamser Weinbauern im Schilcherkeller, Furth 8, Tel. 03463/31 07. **WANDERN** Schilcherkellerweg, ca. 2,5 Std. Eine Wanderkarte erhält man im Kurbüro.

REINHARD P. GRUBERS «SCHILCHER ABC»

«Wo, so fragt sich der durstige Laie, wo ist dieser Schilcher? So lüften wird nun denn ein wenig den Schleier des Geheimnisses und nennen Ort für Ort beim Namen: St. Stefan mit seinem hervorragenden Schilcher, Gundersdorf mit seinem herrlichen Schilcher, Greisdorf mit seinem wunderbaren Schilcher, Marhof mit seinem fulminaten Schilcher, Stainz mit seinem exzellenten Schilcher, Ligist mit seinem großartigen Schilcher, Deutschlandsberg mit seinem unübertrefflichen Schilcher, Schwanberg mit seinem himmlischen Schilcher, Eibiswald mit seinem überirdischen Schilcher.

Und dann: hundert kleine, versteckte Örtlichkeiten und Buschenschenken zwischen St. Stefan und Eibiswald, auf der ‹Schilcherstraße›, die wir der Öffentlichkeit um keinen Preis zu verraten gewillt sind, weil wir den edlen Saft lieber selber trinken, und zwar am allerliebsten im Herbst, wenn die frischgebratenen weststeirischen Maroni von den heißen Pfannen hüpfen, und zwar direkt in unsere Schlünde, wo sie, vom Schilcher benetzt, eine Allianz eingehen, die eine Vorahnung des lukullischen Elysiums auslösen, ja: erzwingen. Die Tatsache, daß es für ganz wenige Tage im Jahr auch einen Schilcher-Sturm zu verkosten gilt, die milchig-violette Brühe in voller Gärung, sei hier bloß festgestellt, da auch das Vokabular des Schwärmens einmal sein Ende hat.»

STAINZ – STIFT UND STIFTER

Der Name der am südlichen Ausläufer des Rosenkogels gelegenen Ortschaft Stainz, die 1177 erstmals als «Stawiz» erwähnt wird, leitet sich vermutlich von «stavice», dem Sauerbrunnen, ab. Wahrscheinlich als Burguntersiedlung einer seit dem 11. Jahrhundert bestehenden Befestigung gegründet, unterstand Stainz dem mächtigen Ministerialengeschlecht der Wildoner. 1229 gründete Leuthold I. von Wildon (1222–1249) auf einer Anhöhe nördlich des Ortes ein Augustiner-Chorherrenstift, das dritte in der Steiermark, in dem er und seine Gattin Agnes von Traberg wunschgemäß bestattet wurden.

Der an einem wichtigen Verkehrsknotenpunkt gelegene Markt unterstand bis zum Ende des 16. Jahrhunderts dem Stift. Im Jahr 1596 übernahm Jakob Rosolenz das Amt des Propstes von Stainz. Seiner energischen Politik verdankte das Stift den religiösen und wirtschaftlichen Wiederaufschwung nach den Wirren der Reformationszeit und den barocken Neubau von Kirche und Kloster. Rosolenz war ein Finanzgenie, der das völlig zerrüttete Stift durch ein striktes Sparpaket sanierte und dabei nicht einmal davor zurückschreckte, das Privatvermögen seiner Mitbrüder einzuziehen. 1785 wurde Stift Stainz von Kaiser Joseph II. aufgehoben, im Zuge der Säkularisierung gingen große Bestände der wertvollen Klosterbibliothek verloren.

Das vielleicht wichtigste Kapitel in der Geschichte von Stainz begann 1840, als Erzherzog Johann das nunmehrige «Schloß» und die dazugehörende Herrschaft für sich und seine Nachkommen erwarb. Wie sorgfältig der «steirische Prinz» mit seinen herrschaftlichen Rechten umging, kann man daran erkennen, daß ihn seine ehemaligen Untertanen am 23. Juli 1850 unaufgefordert zum ersten Bürgermeister von Stainz wählten.

DER STEIRISCHE PRINZ

Johann Baptist wurde am 20. Januar 1782 als dreizehntes von insgesamt sechzehn Kindern des Großherzogs Leopold und der spanischen Königstochter Maria Ludovica von Bourbon im Palazzo Pitti in Florenz geboren. Als sein Vater im Jahr 1790 das Erbe des frühverstorbenen Joseph II. antreten mußte, zog die Familie nach Wien. Leopolds Herrschaft währte allerdings nur zwei Jahre. Nachfolger auf dem Thron wurde nun Johanns ältester Bruder Franz.

Erzherzog Johann und seine Frau Anna

Im Schatten seines Bruders stehend, erhielt der junge Erzherzog eine konventionelle, standesgemäße Ausbildung. Seine ersten öffentlichen Auftritte als kaiserlicher Feldherr waren eher unglücklich, und sein Eintreten für den Tiroler Freiheitskampf vergebens. Nachdem der österreichische Hof Tirol aufgegeben hatte, mußte Johann auf Befehl des Kaisers das Land sogar verlassen.

Zu Beginn war die Steiermark dem Erzherzog wohl nur ein Ersatz für sein geliebtes Tirol. Obwohl er hier keinerlei offizielle Stellung bekleidete, förderte und unterstützte er, wo er nur konnte. Von der Gründung des Landes-

museums Joanneum im Jahr 1811 über den Historischen Verein für Innerösterreich bis zur Österreichischen Akademie der Wissenschaften, von der Förderung des Kartoffelanbaus im Hungerjahr 1817 über die Errichtung eines landwirtschaftlichen Versuchshofes bis zu seinen Bemühungen zur Erhaltung des Waldes, von der Montanschule in Vordernberg über die Steiermärkische Sparkasse bis zur Wechselseitigen Versicherungsanstalt, von der Grazer Realschule über das Anna-Kinderspital bis zum Bau von Arbeiterwohnhäusern – es gibt kaum einen Bereich, in dem Erzherzog Johann nicht aktiv anregend und unterstützend wirkte.

Als Förderer der Industrialisierung und des Fortschritts besaß Erzherzog Johann nicht nur Eisenwerke, sondern auch ein soziales Gewissen – ungewöhnlich für einen Adeligen seiner Zeit. In seinem Tagebuch finden sich folgende bezeichnende Aussagen: «Der Arbeiter selbst wird als Maschine behandelt, lebt elend (…), in elenden Hütten untergebracht (…), blos Polenta und Wasser, arbeitend von der Stunde an, wo der Morgen graut, bis Abend, wenn es finster wird (…). So lernte ich immer mehr die Verhältnisse des Unterthans kennen, und meine alte Überzeugung konnte mich nur befestigen, daß es Pflicht sey, ihm von allen dem, was ihn drückt, frey zu machen, damit der erstehen, sich seines Lebens freuen könne und besser werde.»

Bekannt ist das Rührstück seiner Beziehung zur Postmeisterstochter Anna Plochl, der er 1816 erstmals begegnete. Einer Hochzeit mit der Bürgerlichen stimmte Kaiser Franz erst im Jahr 1829 – unter den harten Bedingungen der Habsburger Familiengesetze – zu. Seinem 1839 geborenen Sohn Franz verschaffte Erzherzog Johann immerhin die Ernennung zum Grafen von Meran. Franz heißt übrigens auch der heutige Besitzer des Schlosses Stainz, der fünfte Graf von Meran.

Im Zuge der Unruhen von 1848 trat Erzherzog Johann noch einmal an die große Öffentlichkeit. Am 29. Juni wurde er in Frankfurt zum Reichsverweser gewählt, ein Amt, das er im Dezember 1849 jedoch enttäuscht zurücklegte. Am 10. Mai 1859 starb Erzherzog Johann in seinem Grazer Palais. Seine letzte Ruhestätte fand er in Schenna bei Meran, dessen Schloß er zuvor erworben hatte. Ein wahrhaft ungewöhnlicher Charakter, wie auch ein Brief an seine Frau zeigt:

«Als ich den grauen Rock in der Steyermark einführte, geschah es um ein Beispiel der Einfachheit in Sitte zu geben, so wie mein grauer Rock, so wur-

de mein Hauswesen, so mein Reden und Handeln. Das Beyspiel wirkte, der graue Rock, von manchen verkannt, von den besseren erkannt, wurde ein Ehrenrock und ich ziehe ihn nie mehr aus».

STAINZ – STREIFZUG

Der 175 Meter lange Hauptplatz von Stainz wurde bereits im 13. Jahrhundert angelegt. Die Bürgerhäuser an der Südseite des Platzes stammen aus dem 16. und 17. Jahrhundert, die Mariensäule von 1730. Das schönste Haus ist wohl der *Stiftshof,* der 1629 von Propst Rosolenz als Verwaltungssitz errichtet wurde. Der *Boarbäck,* von jeher eine Bäckerei und Einkehrgasthof, stammt aus dem späten 16. Jahrhundert und scheint in den Urkunden als «Payrbökh», also bayrischer Bäcker, auf. Das *Rathaus* geht auf das 17. Jahrhundert zurück.

Der Weg zum ehemaligen Augustiner-Chorherrenstift, dem heutigen *Schloß Stainz,* führt über die nach Propst Rosolenz benannte Stiege. Am Stiegenanfang steht das Riemerhaus aus dem 18. Jahrhundert mit einer barocken Dreifaltigkeitsdarstellung. Die beiden Gartentürme am Ende der Stiege bilden den Abschluß des französischen Terrassengartens.

Der heutige Schloßkomplex besteht aus zwei Höfen. Der kleinere Kirchhof wurde unter Propst Rosolenz im frühen 17. Jahrhundert angelegt, der größere, beinahe quadratische Schloßhof knappe einhundert Jahre später. Nach der Aufhebung des Stifts durch Kaiser Joseph II. diente das Gebäude als Kaserne, Heereslazarett und Kriegsgefangenenlager. Heute werden die ehemaligen Prunkräume von der Familie Meran bewohnt und sind deshalb nicht zu besichtigen. Zu sehen ist hingegen das reich geschmückte ehemalige Refektorium an der Südwestseite des Hofes, das der Marktgemeinde als Festsaal dient.

Um den kleineren Hof wurde 1974 ein Museum mit dem sperrigen Namen «Referat volkskundlich-landwirtschaftliche Sammlung Schloß Stainz» eingerichtet. Die Ausstellung beginnt bereits an der Kassa – diese befindet sich nämlich in einem alten Greißlerladen aus St. Andrä im Sausal. Neben wechselnden Sonderausstellungen gibt es eine Abteilung zum Konditorwesen – mit handbetriebener Zuckerlmaschine, Schokoladehohlformen und Lebzelter-Modellen -, außerdem die Schönberger Stube (1568) aus Niederwölz bei Murau, die Geistthaler Stube (1596) aus Voitsberg, die bemalte Stubendecke aus einem Haus in Fuggaberg bei Stainz (1797), diverse Küchengerätschaften und Bauernmöbel und eine umfangreiche Sammlung landwirtschaftlicher Gerätschaften zu sehen.

Portal der Stiftskirche in Stainz

Volkskundlich-landwirtschaftliche Sammlung Schloß Stainz, Tel. 03463/27 72, Öffnungszeiten: Anfang April bis Mitte November, tgl. 9–17 Uhr.

Im selben Hof liegt der Haupteingang zur ehemaligen Stifts- und heutigen Pfarrkirche zur hl. Katharina. Reste der alten romanischen Stiftskirche sind im Bereich der Türme noch zu erkennen. Beim barocken Neubau wurde die Kirchenrichtung einfach umgedreht und der Hochaltar in den Westchor verlegt. Abgeschlossen wurden die Arbeiten erst während der Amtszeit von Propst Carminelli (1704–1724). Die reichen Stuckdekorationen stammen aus der Werkstätte des Alessandro Serenio, der auch in Eggenberg, Rein und Ehrenhausen tätig war, die Fresken von Matthias Echter, dem außerdem die Malereien im Refektorium zugeschrieben werden. Die Fresken des Langhauses sind dem Leben des hl. Augustinus gewidmet, jene im Presbyterium der Kirchenpatronin. Der reich verzierte Hochaltar von 1689 nimmt den gesamten Chorschluß ein. Das Altarbild von Hans Adam Weissenkircher stellt die Marter der hl. Katharina dar, die Plastiken tragen die Handschrift des Andreas Marx. Interessant ist ein kleines Bild am Antependium des seitlichen Marienaltars mit einer Ansicht des Stifts aus dem Jahre 1720.

Die ursprüngliche Widmung der ersten Seitenkapelle rechts als «Armenseelen-Kapelle» läßt sich anhand ihres Stuckdekors unschwer erkennen. Hier feiert der Tod wahre Triumphe. Aus der Werkstatt Veit Königers stammt nicht nur der schöne Altar der Kreuzkapelle (um 1780), sondern auch die Kanzel, an deren Schalldeckel der hl. Augustinus mit dramatischer Geste die Irrlehrer stürzt. In der Vierzehnnothelferkapelle findet sich schließlich der marmorne Wappengrabstein des Stifters Leuthold von Wildon, der wahrscheinlich zur Zweihundertjahrfeier Mitte des 15. Jahrhunderts geschaffen wurde. Leuthold und seine Gattin Agnes sind hier auch in zwei überlebensgroßen Stuckreliefs (um 1690) verewigt worden.

AUSKUNFT Gemeindeamt, Hauptplatz 1, 8510 Stainz, Tel. 03463/22 03. Tourismusverein, Tel. 03463/45 18. **ESSEN UND TRINKEN UND ÜBERNACHTEN** Restaurant-Hotel Stainzerhof, Grazer Straße 2, Tel. 03463/21 15. Restaurant-Hotel Schilcherland-Hof, Hauptplatz 13, Tel. 03463/23 57. Der Engelweingarten, Max-Gschiel-Straße 41, Tel. 03463/23 81. **AUTOMOBILMUSEUM** An der Straße nach Bad Gams, 150 Oldtimer und Klassiker, geöffnet ist ganzjährig, Fr, Sa und So 10–19 Uhr oder gegen Voranmeldung, Tel. 03463/26 21. **WEIN** Vinothek im «Schilcher Stöckl» in Rassach 25, Tel. 03464/43 33, auf der Straße nach Deutschlandsberg. Im Verkaufslokal können über 40 verschiedene Schilcherweine verkostet und gekauft werden. Geöffnet ist Di–So 10–12 und 14–18 Uhr. **KUREN** In der Gemeinde Marhof am Fuß des Rosenkogels befindet sich der Sauerbrunn mit einem Schwefelbad zur Behandlung von Rheuma- und Kreislauferkrankungen, Information: Gemeindeamt Marhof, Tel. 03463/26 55.

In der Umgebung von Stainz gibt es 65 km Radwander- und 220 km markierte Wanderwege – Karten erhält man im Gemeindeamt. Lohnend ist der Ausflug zur *Stainzer Warte* auf dem Lethkogel wegen der schönen Aussicht (Ostern bis Allerheiligen, 7–19 Uhr). Die Landschaft steht ganz im Zeichen des Weinbaus. Die größte Weinbaugemeinde im Schilchergebiet ist *Greisdorf-Reinischkogel,* nordwestlich von Stainz. Ganz besonders reizvoll aber ist die Landschaft um *Steinreb,* wo die vom Menschen geschaffene Architektur und die über viele Jahrhunderte von ihm gestaltete Natur noch wunderbar harmonieren. Wer dem Schilcher zusprechen möchte, der sollte übrigens auf das «Weiße Pferd» achten, eine Schutzmarke, die vom «Verein zum Schutze und zur Förderung des klassischen, weststeirischen Schilchers» vergeben wird. Und wem nach all der körperlichen Anstrengung noch nach einem kulinarischen Höhepunkt gelüstet, der kann sich im Wirtshaus «Jagawirt», das auch reizende Zimmer vermietet, vertrauensvoll in die gesegneten Hände von Werner und Maria Goach begeben. Spezialitäten des Hauses sind Lammgerichte und Spanferkel aus der hauseigenen Waldschweinzucht.

Zur Einstimmung empfiehlt Werner Goach *Grammeltascherln:*
Zutaten: 1kg Erdäpfel, 200 g Mehl, 1 Ei, ca. 250 g Grammeln, Speckwürfel, Brösel, Petersilie, Knoblauch, Salz, Pfeffer.
Zubereitung: Erdäpfel in Salzwasser kochen, schälen und heiß passieren. 200 g Mehl, Ei und Salz dazugeben und gut durchkneten. Den Teig vor dem Weiterverarbeiten auskühlen lassen. Beim Auswalken soviel Mehl dazugeben, daß ein homogener, ca. 3–5 mm dicker Teig entsteht. Grammeln mit frischem Knoblauch vermischen, mit Salz und Pfeffer nachwürzen und faschieren. Die Fülle in die ausgeschnittenen Teigtascherln füllen, kurz überkochen und mit Speckwürfeln, Bröseln und Petersilie abschmalzen. Die Grammeltascherln werden vorzugsweise mit Löwenzahnsalat serviert.

ESSEN Wirtshaus Jagawirt, Sommereben 2, Reinischkogel, Tel. 03143/ 81 05, Spanferkelessen ab 20 Personen gegen Voranmeldung.

Einen Besuch verdient auch die *Pfarrkirche* von *St. Stefan ob Stainz,* eine dreischiffige Säulenkirche, die 1219 erstmals genannt wurde. Das Sternrippengewölbe im Mittelschiff und die Netzrippen in den Seitenschiffen mit verzierten Schlußsteinen entstanden um 1500. Die beiden Konsolköpfe an der Ostwand des südlichen Seitenschiffes stellen wahrscheinlich die Stifter von Stainz, Leuthold und Agnes, dar.

AUSKUNFT Gemeindeamt Greisdorf, Tel. 03463/812 28. Gemeindeamt St. Stefan ob Stainz, Tel. 03463/812 21. **ESSEN UND TRINKEN** Gasthof Gerngross, Tel. 03463/811 88. **WEIN** St. u. A. Langmann, Langegg 23, 8511 St. Stefan ob Stainz, Tel. 03463/812 04.

Einige Kilometer weiter östlich liegt die Ortschaft St. Josef mit dem Schloß Rohrbach aus dem 16. Jahrhundert. Unser Besuch gilt allerdings nicht dem Schloß, sondern dem «Theater am Bauernhof» in Koglberg. Als Kulisse dient der entzückende Bauernhof des Schauspielers Rudi Sudi, vor dem eine kleine Holzarena errichtet wurde. Das Theater existiert bereits seit mehr als 20 Jahren, Berater und Regisseur ist der Grazer Ekkehard Schönwiese. Wegen des großen Andrangs ist es ratsam, rechtzeitig Karten zu reservieren!

Kartenvorbestellungen bei Fini Walter, Tel. 03136/815 22, oder in der «Geschenktruhe», Franziskanergasse 5, 8010 Graz.

AUSKUNFT Gemeindeamt, 8503 St. Josef in der Weststeiermark, Tel. 03136/811 24.

FLASCHERLZUG UND HÖLLERHANSL

Die Stainzer Schmalspurbahn, die seit 1892 auf der 11 Kilometer langen Strecke zwischen Stainz und Preding-Wieselsdorf verkehrt, hieß schon bald nach ihrer Eröffnung im Volksmund «Flascherlzug» – benannt nach den Urinfläschchen, mit denen die Menschen zum Wunderdoktor Johann Reinbacher, vulgo «Höllerhansl» (1866–1935), pilgerten. Genaugenommen war der Flascherlzug nur die Strecke von Wieselsdorf nach Stainz. Zurück fuhr man mit dem «Tee-Zug» denn der Höllerhansl pflegte seine Patienten mit Kräutern zu behandeln.

Kurz vor seinem Tod erzählte der Höllerhansl in einem Interview, wie alles gekommen war. Schon sein Großvater Stefan Reinbacher hatte sich als Naturheiler betätigt, und zwar mit Hilfe eines dreihundert Jahre alten Arzneibuches, auf dessen vergilbten Blättern sich genaue Anlei-

tungen zur Harnbeschau fanden. Das einträgliche Geschäft ging auf den Sohn und schließlich auf den Enkel über, der in der Zwischenkriegszeit als Höllerhansl weit über die engen Grenzen der Weststeiermark hinaus bekannt wurde.

Täglich brachte die Stainzer Bahn Hunderte von Menschen zu ihm, die alle ihr Fläschchen, manchmal auch das eines Verwandten, zur Beschau mitbrachten. Der Andrang war an manchen Tagen so gewaltig, daß Zählkarten ausgegeben werden mußten. Angeblich soll sogar eine ägyptische Prinzessin mitsamt ihrem Gefolge zur Kundschaft des Höllerhansl gezählt haben.

Zugkräftige Attraktion: die Schmalspurbahn

Durch den Höllerhansl florierte nicht nur die Stainzer Bahn, auf dem Weg zu seinem Haus in Rachling westlich von Stainz entstanden auch zahlreiche Gasthöfe und Wirtshäuser. Daß der Höllerhansl sich mehrmals wegen Kurpfuscherei zu verantworten hatte und ihm das Grazer Bezirksgericht sogar eine Geldstrafe von 10.000 Kronen aufbrummte, tat seiner Beliebtheit keinen Abbruch. Sich selbst konnte er nicht kurieren. Ein schweres Magenleiden setzte seinem Leben am 20. Januar 1935 ein Ende.

Heute erfreut sich der Flascherlzug als Museumsbahn großer Beliebtheit, zumal die Fahrgäste während der zweistündigen Tour mit Schilcher und Verhackertem verköstigt werden.

Stainzer Flascherlzug, 1.5.–31.10., Sa, So und Fei 15 Uhr (bei ausreichend Anmeldungen auch 10 Uhr) ab Bahnhof Stainz, Auskunft: Tel. 03463/22 03. Sonder- und Spezialveranstaltungen sind möglich. Das Museum im Bahnhof Stainz ist Sa, So und Fei 9–18 Uhr oder gegen telefonische Voranmeldung geöffnet.

FEUER UND FLAMME FÜR GROSS ST. FLORIAN

Bis zur Pfarregulierung von 1786 war St. Florian die größte Pfarre der Weststeiermark. Eine erste, dem hl. Florian geweihte Kirche wurde bereits im 11. Jahrhundert von Salzburg aus errichtet. Um 1350 erfolgte der gotische Choranbau, zu Beginn des 16. Jahrhunderts die Umgestaltung des Kirchenschiffes, dessen Netzrippengewölbe noch heute erhalten ist. Im frühen 18. Jahrhundert wurde das Gotteshaus durch den Anbau der Seitenschiffe großzügig erweitert und faßte schließlich nicht weniger als 11 Altäre.

Hl. Florian

Das Bild am mächtigen Hochaltar (um 1730) zeigt den Kirchenpatron beim Löschen, eine Reliquie des Heiligen wird in einer Nische links vom Chor verwahrt. Die Verehrung des hl. Florian ist hier nach wie vor lebendig, und das, obwohl die Ortschaft 1808 von ihrem Patron im Stich gelassen wurde und fast zur Gänze neu errichtet werden mußte. Höchst interessant ist der Schlußstein im Gewölbe der Turmhalle mit einer frühen, seit dem 17. Jahrhundert nicht mehr autorisierten Darstellung der Dreifaltigkeit: Sie zeigt drei Männer, bei denen das Haar des einen jeweils in den Bart des nächsten übergeht. Erwähnenswert sind auch einige Grabdenkmäler, so etwa der Stein mit der lebensgroßen Abbildung des Christoph von Racknitz (1529), das schöne Epitaph der Margareth von Schrampf (1558) sowie mehrere Kindergrabsteine.

Wo sonst als in St. Florian sollte das *Steirische Feuerwehrmuseum* angesiedelt sein? Im renovierten Markushof erfährt man alles rund ums Feuer und seine Bekämpfung. Gezeigt werden die unterschiedlichsten Feuerwehrhelme, ein Puppenhaus veranschaulicht die gängigsten baulichen Mängel, und in einem Hangar neben dem Museum blitzen und blinken die Feuerwehroldtimer. Weiters ausgestellt sind Funde aus der Römischen Villa von Grünau, die selbst nicht zugänglich ist.

Katastropheneinsatz in Groß St. Florian

Steirisches Feuerwehrmuseum, Öffnungszeiten: Di 14–18 Uhr, Mi–So 9–12 und 14–18 Uhr, Mo und 13.11.–1.3. geschlossen, Tel. 03464/88 20. **AUSKUNFT** Gemeindeamt, 8522 Groß St. Florian, Tel. 03464/22 04.

NACH SCHWANBERG

Südlich von Deutschlandsberg, an der Hauptstraße nach Schwanberg, liegt das *Renaissanceschloß Hollenegg*, Stammsitz des gleichnamigen, im 17. Jahrhundert ausgestorbenen Geschlechts. Die späteren Besitzer, die Grafen Khuenburg, ließen die dem hl. Ägidius geweihte Schloßkirche errichten. Neben der Rokokoeinrichtung sind die Renaissancegrabsteine der Herren von Hollenegg aus rotem Marmor und die Totenschilde mit heraldischen Schnitzreliefs aus weißgrauem Marmor zu erwähnen. Da die Kirche als Pfarrkirche des Ortes fungiert, kann man sonntags zumindest einen Blick in den schönen Schloßhof werfen. Der Rest des Gebäudes ist nicht zu besichtigen, weshalb wir uns hier von Peter Rosegger trösten lassen, der meinte: «Das Haus ist zu prachtvoll, um behaglich zu sein …»

AUSKUNFT Gemeindeamt, 8530 Hollenegg, Tel. 03462/27 46. **REITEN** Reitanlage Hollenegg, Rettenbach 2, Tel. 03462/53 64.

Dort, wo die Schwarze Sulm aus dem Gebirge in das breite Becken des Sulmtales fließt, liegt *Schwanberg,* ein idealer Stützpunkt für Ausflüge zur Koralpe und in das steirisch-kärntnerische Grenzgebiet. 1244 werden Ort und Kirche anläßlich der Pfarrerhebung erstmals erwähnt. Seinen Namen verdankt Schwanberg übrigens dem sagenhaften Gründer der Burg, Swano. Schmuck ist der *Hauptplatz* mit seinen behäbigen Bürgerhäusern, von denen einige noch aus dem späten 18. Jahrhundert stammen, und dem Rathaus, dessen Fassade 1874 entstand. Die Mariensäule am Ende des Platzes wurde 1717 von den Kapuzinern gestiftet.

Barockes Ensemble in Schwanberg

Nachdem der Amthof der Herrschaft Schwanberg 1680 abgebrannt war, erhielten die Kapuziner die Ruine als Geschenk und errichteten ein Kloster. Von 1940 bis 1945 hausten hier die «Arbeitsmaiden» des Reichsarbeitsdienstes. 1970 wurde das Kloster, das damals noch von einigen Patres bewohnt war, verkauft und als *Moorheilbad* für rheumatische Erkrankungen adaptiert. Gearbeitet wird hier mit dem aus 1300 Meter Höhe stammenden Heilmoor von Garanas, das laut Schätzungen der Balneologen vor 6000 Jahren entstanden ist. Neben Moorbreibädern und Moorpackungen umfaßt das Angebot auch Heilmassagen, Kräuterbäder und Lymphdrainagen.

Moorbad Schwanberg, Tel. 03467/82 17.

Auf einer Anhöhe hinter dem Kloster steht die *Josefi-Kirche,* die 1685 zum Dank für das Ende der Türkengefahr errichtet wurde. Diese einzige dem hl. Josef geweihte Wallfahrtskirche in der heutigen Steiermark wäre um ein Haar den Reformen Kaiser Josephs II. zum Opfer gefallen. 1954 wurde das desolate Kirchlein auf Initiative des Pfarrers renoviert. Der Auftrag zur malerischen Ausgestaltung ging an Jakob Laub, der es von 1957 bis 1992 in alter Secco-Technik und im Stil der «abstrakten Gegenständlichkeit» ausmalte. Den Kirchenschlüssel erhält man im Moorbad.

Die dem hl. Johannes geweihte *Pfarrkirche von Schwanberg* findet sich etwas abseits des Hauptplatzes in der Kirchengasse. Die romanisch-gotische Anlage wurde im 19. Jahrhundert umfassend erneuert. An die Herren von Spangstein, die eine Zeitlang im Besitz des Schlosses Schwanberg waren und die Kirche Ende des 15. Jahrhunderts erweitern ließen, erinnert ein Schlußstein mit dem Wappen der Familie im gotischen Netzrippengewölbe. In der Gruftkapelle ist das rotmarmorne Epitaph des Andre von Spangstein (1516) zu sehen.

Von Schwanberg aus eröffnen sich zahlreiche Wandermöglichkeiten ins Gebiet der Koralpe. Kürzere Touren starten vom Gasthaus «Jagawirt» oder vom Gasthaus «Wirtbartl». Ein schöner Tagesausflug führt vom Reiwirt zur Brendlhütte aus dem 15. Jahrhundert auf 1560 Meter Höhe, ein anderer nach Glas-

Predigtdienst an der Außenkanzel von St. Anna

hütten. Kultur- und Wanderfreaks können in 4 (Halb-)Tagesetappen die interessante 4-Schlösser-Wanderung mit Start und Ziel in Schwanberg durchführen.

Eines dieser Schlösser ist Schloß Schwanberg, das im 12. Jahrhundert als Burg errichtet und nach häufigem Besitzerwechsel und turbulenter Geschichte durch Wilhelm von Galler Ende des 16. Jahrhunderts zum Renaissanceschloß ausgebaut wurde. Seit 1891 gehört das Schloß dem Land Steiermark, das heute hier ein Pflegeheim betreibt. Zu «besichtigen» gibt es deshalb nichts. Das gleiche gilt auch für das einige Kilometer südlich von Schwanberg gelegene Schloß Limberg. Die kleine Wehrburg wurde im 17. Jahrhundert im italienischen Stil umgebaut. Seit 1933 im Besitz der Landesregierung, ist hier ein Jugenderholungsheim der steirischen Jugendhilfe Graz untergebracht (Tel. 0316/67 20 33).

AUSKUNFT Gemeindeamt, 8541 Schwanberg, Tel. 03467/82 88. Tourismusverein, Tel. 03467/84 84. **ESSEN UND TRINKEN UND ÜBERNACHTEN** Hotel-Restaurant Zum Schwan, Hauptplatz 4, Tel. 03467/82 27. Gästehaus Mörth, Graden 10, Tel. 03467/83 80. **MUSEUM** Greißlermuseum, Mainsdorfer Straße 1, Tel. 03467/70 18.

Einen Besuch lohnt *St. Anna ob Schwanberg* in der Gemeinde Garanas. Die 1498 erstmals erwähnte Kirche mit dem seltsam beschnittenen Turm und dem gotischen Gewölbe verdankt ihre heutige Form den Umbauten im Jahr 1672. Der barocke Annenaltar wurde 1778 vom Grafen Saurau gestiftet. Bemerkenswert ist das gotische Fresko (um 1420) bei der Kanzel, das die Anbetung der Heiligen Drei Könige zeigt. Eine Seltenheit ist die mit 1610 datierte Außenkanzel.

AUF DER WIES

Wies an der Weißen Sulm ist ein relativ junger Ort, der seine Existenz der Wallfahrtskirche zum «Gegeißelten Heiland auf der Wies» und den 1797 entdeckten Kohlengruben verdankt, die im 19. Jahrhundert durch die Wieser Bahn erschlossen wurden.

Der Kult des «Gegeißelten Heilands auf der Wies» entwickelte sich um die Mitte des 18. Jahrhunderts im oberbayrischen Steingaden. Eine Replik dieses Heilands ließ Georg von Schrottenbach, Inhaber der Herrschaft Burgstall, nach Altenmarkt bringen und in der dortigen St.-Veit-Kirche aufstellen. Da man 1766 bereits 684 Wallfahrten mit 4800 Personen zählte, wurde der Statue schließlich eine eigene Kapelle «auf der Wies» errichtet. Im Namen «Wies» fließt übrigens die Standortbezeichnung mit dem alten Wort «wize» zusammen, was soviel wie Pein oder Qual bedeutet.

1774 ließ Gräfin Maria Anna von Herberstein, die Tochter Georg von Schrottenbachs vom Baumeister Johann Fuchs, der uns zuletzt in St. Johann im Saggautal begegnet ist, die heutige «Wies-Kirche» errichten. Interessant ist, daß der Wallfahrtsort ausgerechnet in der josephinischen Zeit seine höchste Blüte erlebte. Der Wallfahrtstourismus nahm allerdings am 22. September 1850, dem sogenannten «schwarzen Sonntag», ein jähes Ende, als eine größere Anzahl von Wallfahrern, die auf einem Dachboden ihr Nachtquartier genommen hatte, hilflos verbrannte. Nach dieser Katastrophe konnte Wies nie mehr an seine frühere Bedeutung anknüpfen.

So wie in der Architektur überwiegen auch in der Einrichtung der Kirche bereits die klassizistischen Tendenzen. Die Gnadenstatue des gegeißelten Heilands steht in einer Nische des wuchtigen barocken Hochaltars. Das große Deckenfresko, das der Maler Toni Hafner 1956 in nur sechs Monaten schuf, zeigt die «Triumphierende Kirche», eine Huldigung, so der Künstler, an Bruckners «Te Deum».

Nordwestlich von Wies liegt, weithin sichtbar über dem Sulmtal, *Schloß Burgstall,* das 1280 als «pürchstal zu Lakenberg» erstmals genannt wird. 1578 als Herrensitz im Renaissancestil neu errichtet, wurde das Schloß 1954 vom Land erworben und umfassend restauriert. Heute beherbergt es eine Abteilung der Hauswirtschaftsschule St. Martin. Der schöne Innenhof mit den offenen Arkaden dient im Sommer gelegentlich als Kulisse für Konzerte und Theateraufführungen. Die Landesversuchsanlage für Spezialkulturen hinter dem Schloß widmet sich seit 1966 der Erhaltung alter und der Erprobung neuer Pflanzensorten.

Schloß Burgstall, 8551 Wies 88, Tel. 03465/24 23. Theater im Kürbis, während des Sommers im Hof und in der Schloßtenne, im Winter im «Kürbis», dem Dachboden der Feuerwehr. Information zum Programm: Tel. 03465/35 35.

Ritter Siegmund von Eibiswald

Ganz in der Nähe liegt *Altenmarkt,* eine der ältesten Siedlungen am Oberlauf der Weißen Sulm. Den Schlüssel zur entzückenden St.-Veit-Kapelle erhält man bei Frau Mörth im Haus Nr. 20. Der hl. Veit oder Vitus spielte bei der Missionierung der Slawen eine bedeutende Rolle, denn mit ihm trat der neue Sveti Vit an die Stelle des vorchristlichen Hauptgottes Svantevit. Nicht zufällig finden sich die meisten der insgesamt 14 St.-Veit-Kirchen der heutigen Steiermark in Orten eindeutig slawischen Ursprungs, wie zum Beispiel Vogau, Pöllau, Paldau oder Modriach.

Von der im Jahr 1324 erstmals genannten, früheren *Pfarrkirche zum hl. Vitus* ist leider nur noch der gotische Chor als Kapelle erhalten geblieben. Der Rest des Gotteshauses wurde 1799 abgetragen, um mit dem Abbruchmaterial den Kirchturm in Wies zu errichten. Bei Restaurierungsarbeiten im Jahr 1967 konnten im Gewölbe und an den Wänden große gotische Freskenfelder aus der Zeit vor 1400 freigelegt werden, die dem sogenannten «Meister von Einersdorf», einem italienischen

Wandermaler, zugeschrieben werden. Im Gewölbe sind die Erschaffung Evas und der Sündenfall dargestellt, außerdem die Evangelisten und Kirchenväter. Die Wände sind mit Themen des Marienlebens und Szenen aus dem Christusleben geschmückt. Der prachtvolle Hochaltar vom Bildhauer Bartholome Bluemberger ist reinstes Barock und zeigt das Martyrium des hl. Veit. Beim Eingang befindet sich der Marmorgrabstein des Ritters Siegmund von Eibiswald (1515), der auf einem Löwen stehend in voller Lebensgröße dargestellt wird.

AUSKUNFT Gemeindeamt, 8551 Wies, Tel. 03465/22 01. **ANGELN** Fischerrunde Krariegl Pitschgau. Teichanlage an der Landstraße zwischen Wies und Pitschgau, Auskunft: Max Poscharnik, Tel. 03465/22 58. **WEIN** Müller, vlg. Krasshoisl, 8551 Wies, Tel. 03465/39 10.

Ganz in der Nähe liegt *Pitschgau*, eine frühere Bergarbeitersiedlung, deren Dorfkirche einen ungewöhnlichen «Blechaltar» besitzt. In *Pölfing-Brunn*, etwas weiter nördlich, erinnert in den Kellergewölben der früheren Werksschule ein Schaustollen an die Geschichte des Kohlenbergbaus in der südlichen Steiermark, der um 1780 einsetzte, seine Blüte in der zweiten Hälfte des 19. Jahrhunderts erlebte und, trotz großer Vorräte, im Jahr 1976 eingestellt wurde.

AUSKUNFT Gemeindeamt, 8544 Pölfing-Brunn, Tel. 03465/30 00. Bergbau-Schaustollen, Tel. 03465/22 46.

Wenige Kilometer nördlich stoßen wir auf *St. Martin im Sulmtal* mit seiner schlichten barocken Pfarrkirche aus dem frühen 18. Jahrhundert. Am Turm hat sich ein mit Freskenresten geschmücktes gotisches Spitzbogenportal von der alten Kirche erhalten. Zwei Römersteine zieren die Außenmauer der Sakristei. Der spätbarocke Hochaltar mit einem Bild des Kirchenpatrons stammt von Laubmann. Einige Kilometer weiter westlich liegt *St. Peter im Sulmtal.* Recht eigentümlich ist die Trennung der im 17. Jahrhundert errichteten Kirche von ihrem Turm. In einem Glasschrein am rechten Seitenaltar der Kirche werden die 1778 aus Rom übertragenen Reliquien des Märtyrers Placidus wie ein Schatz gehütet. Im Presbyterium befindet sich der schöne Grabstein des Pfarrers Thomas Presl (1710) mit Totenkopf.

Eine weitere Besonderheit des kleinen Ortes ist das «chinesische Zimmer» im Pfarrhof (um 1760), das eine interessante Melange barocker und idealisierter chinesischer Architektur- und Naturszenerie zeigt und bei Anfrage besichtigt werden kann.

AUSKUNFT Gemeindeamt, 8542 St. Peter, Tel. 03467/83 02. Pfarrhof, Tel. 03467/83 04.

Über Schwanberg kehren wir nach Wies zurück. In der Gemeinde Vordersdorf liegen im Wald mehrere römische Hügelgräber. Fährt man in Richtung Wernersdorf weiter, gelangt man zur Pühringer Hammerschmiede, die 1863 am Oberlauf der Weißen Sulm errichtet wurde und sich seit 1875, als ein gewisser Franz Pühringer die Zeugschmiedemeisterstochter heiratete, im Besitz der Familie Pühringer befindet. Die 1975 stillgelegte Schmiede ist heute ein Museum.

Hammerschmiede, Öffnungszeiten: Mai bis Oktober, Sa 14–15 Uhr oder auf Anfrage. Führungen macht der gelernte Schmied Werner Pühringer. Information: Gemeindeamt Wies, Tel. 03465/22 01.

An dieser Stelle empfiehlt sich ein Abstecher zum *Schnapsbrennmuseum Jöbstl.* Gustostückerln sind ein hölzerner Brennkessel, der bis 1993 in Betrieb war, und ein funktionsfähiger »Schwarz-

Waltraud Jöbstl: Schnapsbrennerin bei der Arbeit

brennerkessel» aus der Nachkriegszeit. Die Familie Jöbstl brennt übrigens ganz hervorragende und auch mehrfach ausgezeichnete Schnäpse und experimentiert mit bestimmten Holzarten, zum Beispiel Apfel im Maulbeerbaumfaß oder Grappa im Kastanienfaß. Der einzige Schilcher-Eiswein des Jahrgangs 1995, der bei minus 13 Grad gelesen wurde, stammt ebenfalls von hier.

Schnapsbrennmuseum, 8551 Wernersdorf 41, Öffnungszeiten: tgl. 14–19 Uhr, Tel. 03466/423 79.

VON EIBISWALD ZUR SOBOTH

Die Ortschaft Eibiswald ist angeblich nach einem fränkischen Lehensmann namens Iwein benannt und wird 1042 erstmals erwähnt. Die teilweise noch aus dem Mittelalter stammenden Häuser erhielten nach dem großen Marktbrand des Jahres 1854 ziemlich einheitliche Fassaden. Doch das 19. Jahrhundert brachte nicht nur Schutt und Asche. Zur Glasindustrie und den Sensenhämmern, die bereits seit längerem hier ansässig waren, gesellte sich eines der größten Stahlwerke der Monarchie. Die Schließung dieses Betriebs im Jahr 1905 machte nahezu die gesamte Bevölkerung des Ortes arbeitslos.

Unser Rundgang beginnt im Unteren Markt bei der Pfarr- und Wallfahrtskirche zur hl. Maria im Dorn. Der ursprünglich gotische Bau wurde 1678 durch Jakob Schmerlaib umgestaltet, und aus der «Mariä Himmelfahrt» wurde, getreu der barocken Vorliebe für das Leid, eine «Maria im Dorn». Das alte Gnadenbild, eine um 1510 entstandene und im Laufe der Zeit mehrmals überschnitzte Pieta, behielt ihren Platz im Zentrum des neuen Hochaltars. Im Chor finden sich Fresken aus dem 13. und 14. Jahrhundert, die zum Teil dem «Meister von Einersdorf» zugeschrieben werden, der auch in Altenmarkt bei Wies seine Spuren hinterlassen hat. Die bekleidete Muttergottes, die in einem Glasschrein verwahrt wird, stammt vom Ende des 18. Jahrhunderts und wurde früher bei Umgängen und Prozessionen mitgeführt.

Auf dem Weg zum Oberen Markt liegt das Geburtshaus des steirischen Mundartdichters Hans Kloepfer (1867–1944), in dem heute das Heimat- und Kloepfermuseum untergebracht ist. Der Dichterarzt, der in späteren Jahren als «Landarzt im Dienste der Schwerindustrie» im Köflacher Revier wirkte, veröffentlichte 1924 seinen ersten Gedichtband. Im Museum sind zahlreiche Erinnerungsstücke, Dokumente und historische Aufnahmen zu sehen.

Kloepfer- und Heimatmuseum, Tel. 03466/431 17, Öffnungszeiten: Di–So 9–12, Di–Fr 14–16 Uhr, Führungen nach Voranmeldung bei der Marktgemeinde.

Das älteste Gebäude am langgezogenen Oberen Markt ist das Lerchhaus (1612), benannt nach dem bürgerlichen Braumeister Anton Lerch. Seit 1985 gehört das Haus der Gemeinde, die hier ein Kultur- und Ausstellungszentrum betreibt.

Südlich des Marktplatzes befindet sich *Schloß Eibiswald,* ursprünglich ein Wehrbau zur Sicherung des Handelsweges über den Radlpaß. Wilhelm von Eibiswald ließ den heutigen Renaissancebau mit schönem Arkadenhof Ende des 16. Jahrhunderts ausführen. Heute betreibt die Handelskammer hier eine Landesberufsschule für Elektrotechnik. Am westlichen Ortsende steht die kleine Kreuzkirche aus dem 17. Jahrhundert. Die Einrichtung ist weitgehend barock, die modernen Fresken stammen von Toni Hafner, einem 1912 in Maria Lankowitz geborenen Maler, der sich 1989 in Eibiswald niederließ.

AUSKUNFT Gemeindeamt, 8552 Eibiswald, Tel. 03466/432 18. Informationsbüro, Eibiswald 02, Tel. 03466/432 56.

Von Eibiswald ist es nicht weit zur *Kirche St. Pongratzen,* die nur einige Schritte jenseits der Grenze in Slowenien liegt. Bei der Kirche gibt es einen sogenannten kleinen Grenzverkehr von 9 bis 13 Uhr sowie an bestimmten kirchlichen Feiertagen (Pfarramt St. Pongratzen, Tel. 03455/452).

Besonders sehenswert ist die *Filial- und Wallfahrtskirche St. Leonhard bei St. Lorenzen ob Eibiswald,* westlich des Radlpasses. Den Schlüssel erhält man beim nahe gelegenen Bauernhof. Die kleine, aus Bruchsteinen errichtete romanische Kirche wurde in spätgotischer Zeit erweitert. Höchst interessant ist die bemalte Holzkassettendecke aus dem 16. Jahrhundert, deren 72 Felder Blütenrosetten und Sterne zeigen. Bemalt ist auch die hölzerne Musikempore. Das große Christophorusfresko im Langhaus entstand um 1500, die Einrichtung der Kirche stammt zum Großteil aus dem 17. Jahrhundert.

Zurück auf der 1954 eröffneten Sobother Bundesstraße gelangt man nach *St. Oswald ob Eibiswald.* Kaum zu glauben, daß hier, auf über 700 Meter Höhe, im 16. Jahrhundert noch Wein angebaut wurde. Die malerisch gelegene Ortskirche ist ohne weiteres Interesse. Die Nähe zum Koralpengebiet und zum Sobother Stausee machen St. Oswald allerdings zum idealen Basislager für Ausflügler.

AUSKUNFT Gemeindeamt, 8553 St. Oswald, Tel. 03468/215. **ÜBERNACHTEN** Gutsgasthof, St. Oswald 24, Tel. 03468/626.

Ebenfalls ein guter Ausgangspunkt für Koralpenwanderungen ist das abseits der Hauptstraße gelegene *St. Katharina in der Wiel.* Den Schlüssel zur hübschen kleinen Pfarrkirche erhält man im benachbarten Bauernhof und die kompetenteste Führung von Gerhard, dem Junior der Familie. Am Eingang wird der Besucher von einer naiven Schutzmantelmadonna begrüßt, sehr ansprechend sind auch die kleine Orgel und die beiden etwas bäuerlich anmutenden Seitenaltäre. Der schöne gotische Chor stammt aus dem 15. Jahrhundert.

Die Ortschaft *Soboth* liegt auf etwas mehr als 1000 Meter Höhe. Die Landschaft ist dementsprechend almig, und die Häuser zeigen sich im zünftigsten Alpinlook. Auffällig ist die Vorliebe für altdeutsche Aufschriften und schmucke Blumenbalkons. Seit dem 18. Jahrhundert besaß Soboth eine eigene Glashütte, die 1858 stillgelegt wurde. Eine gewisse Fortsetzung findet die Handwerkskunst im Verein «eigenArt», wo Kunsthandwerksprodukte aus natürlichen Materialien und Erzeugnisse aus biologischer Landwirtschaft verkauft werden (Tel. 03460/276).

Kurz vor dem großen Stausee, der als Speicher für das Kraftwerk Koralpe angelegt wurde und zum Schwimmen, Bootsfahren, Surfen und Segeln einlädt, taucht zwischen den Bäumen die Wallfahrtskirche von St. Leonhard in Zambichl auf. Das Kirchlein, das im 18. Jahrhundert seine heutige Form erhielt, ist frisch renoviert und für gewöhnlich versperrt.

AUSKUNFT Tourismusverein, 8554 Soboth 100, Tel. 03460/206.

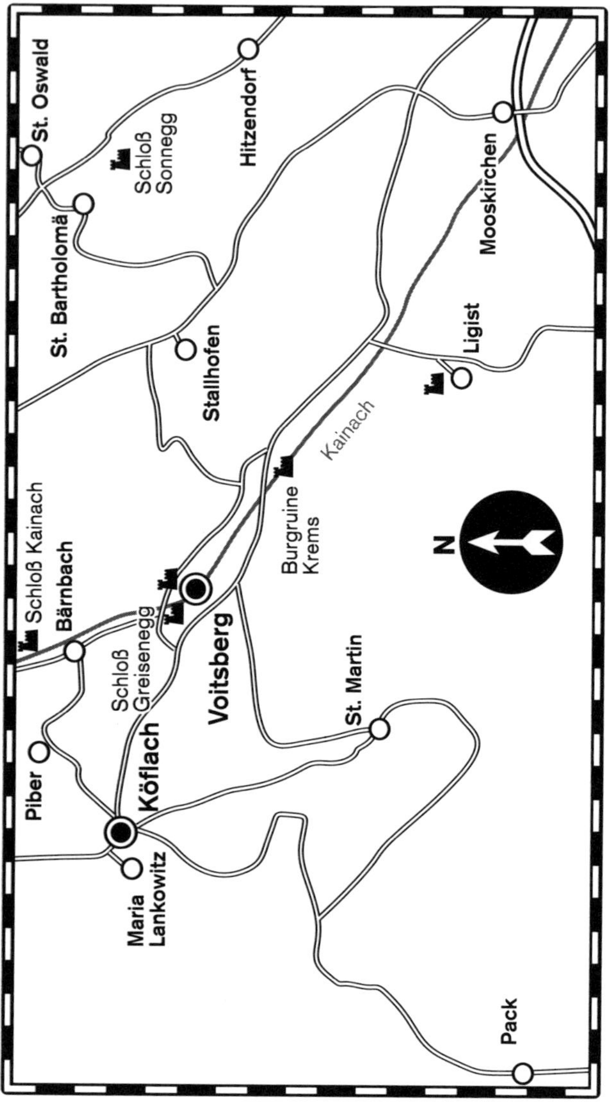
St. Oswald
Schloß Sonnegg
Hitzendorf
St. Bartholomä
Stallhofen
Mooskirchen
Ligist
Kainach
Burgruine Krems
N
Schloß Kainach
Bärnbach
Schloß Greisenegg
Voitsberg
St. Martin
Piber
Köflach
Maria Lankowitz
Pack

Voitsberg – Glück & Glas

JEDE MENGE KOHLE

Die Stadt Voitsberg wurde um 1200 im Schutz der wenige Jahrzehnte zuvor errichteten Burg Obervoitsberg gegründet und bereits 1245 als «civitas», also als Stadt bezeichnet. Im 14. Jahrhundert zählte Voitsberg zu den «ersten Städten des Landes», besonders wegen des regen Weinhandels mit Kärnten und der Obersteiermark. Allerdings gab es auch schwere Rück- und Niederschläge, wie etwa die blutige Fehde des steirischen Adels mit Kaiser Friedrich III. in den Jahren 1469–1471, die Voitsberg besonders hart traf, war doch einer ihrer Anführer Andreas Greißenecker, Besitzer des gleichnamigen Schlosses bei Voitsberg.

Im späten 18. Jahrhundert erwachte die Region zu neuem Leben. Verantwortlich dafür war die Kohle, ein Lignit von hellbrauner bis schwarzer Farbe und einem Heizwert von 12.000 bis 16.000 kJ. Schon 1805 wurde in Oberdorf bei Bärnbach die erste mit Kohle beheizte Glasfabrik eröffnet. 1848 erwarb Erzherzog Johann die Eisenwerke Krems, Obergraden und Salla sowie die Kohlengruben von Maria Lankowitz. Er führte zahlreiche Modernisierungen durch und machte sich für das Projekt einer Eisenbahnstrecke von Graz nach Köflach stark. Die verbesserten Transportmöglichkeiten erweiterten nicht nur den Kreis der Abnehmer des «schwarzen Goldes», sondern brachten auch neue Industrien in die Region. Die Fördermengen sprechen Bände: Wurden im Jahr 1853 erst 19.000 Tonnen Kohle gefördert, so waren es zehn Jahre später bereits 111.000 Tonnen. Die Zahl der Bergarbeiter im bedeutendsten Braunkohlerevier Österreichs stieg von 400 im Jahr 1860 auf über 2500 im Jahr 1900. Ein optimistischer Bericht sprach damals von «unermeßlichen Lagern trefflicher Braunkohlen», sodaß «auch bei dem größten Betriebe noch in einem Jahrtausend kein Mangel an Kohlen sein wird». Heute ist das Ende des Kohlebergbaus absehbar, obwohl das thermische Kraftwerk, dessen dritter Block erst 1983 ans Netz gegangen ist, die letzten Arbeitsplätze in der Grube von Oberdorf vorerst noch sichert.

ERKUNDUNGSTOUR VOITSBERG

Voitsberg ist eine moderne Bezirksstadt mit etwa 10.500 Einwohnern. Die Häuser am langgezogenen Hauptplatz stammen zwar zum Teil noch aus dem 16. und 17. Jahrhundert, die meisten ihrer Fassaden wurden schon im 19. Jahrhundert und natürlich in der Zeit nach dem Zweiten Weltkrieg bis zur Unkenntlichkeit verändert. Hervorzuheben sind das *Pirkerhaus* mit Biedermeierfassade auf Nr. 27 und das *spätgotische Haus auf Nr. 55.* Die von mehreren Heiligen umgebene *Mariensäule* schuf Josef Schokotnigg Mitte des 18. Jahrhunderts als Pestdenkmal.

St. Michael am Voitsberger Hauptplatz

Neben dem Hauptplatz steht das älteste erhaltene Gotteshaus der Stadt, die 1268 erstmals erwähnte *Kirche zum hl. Michael.* Ende des 15. Jahrhunderts wurde sie umgebaut, wovon zwei Pfeilerreihen mit Sternrippengewölbe zeugen. Bei der Generalsanierung der Kirche Ende des 19. Jahrhunderts entfernte man alle barocken Einrichtungsgegenstände und ersetzte sie durch neugotische Elemente. In der Kirche sind drei barocke Grabsteine zu sehen, an der Außenmauer die Porträtreliefs von Christoph und Elisabeth Grabner aus dem 16.

Jahrhundert, weiters eine spätgotische Totenleuchte vom früheren Friedhof.

Etwas außerhalb des Zentrums liegt die *St. Josephskirche* des ehemaligen Karmeliterklosters, die Ende des 17. Jahrhunderts errichtet wurde und seit der Auflassung des Klosters im Jahr 1816 als Stadtpfarrkirche fungiert. Ihr monumentaler Hochaltar (1711) wird Marx Schokotnigg zugeschrieben. Das Altarblatt zeigt den «Tod des hl. Josef», weitere Szenen aus seinem Leben sind auf mehreren großen Wandbildern dargestellt. Rechts vom Hochaltar ist die schöne Grabplatte des Klostergründers Friedrich von Hanau (†1413) aus rotem Marmor aufgestellt, die in der Rokokozeit gerahmt wurde. Weitere Grabdenkmäler sind in den Seitenkapellen und an der Außenwand zu sehen, darunter jenes des Freiherrn von Ragnitz mit seinen beiden verschleierten Frauen.

Zur *Burgruine Obervoitsberg,* die einst mit der Stadt durch eine Wehrmauer verbunden war, gelangt man entweder über die Höhenstraße, die beim Landeskrankenhaus abzweigt, oder über den Burgsteig vom Hauptplatz. Seit dem 18. Jahrhundert dem Verfall preisgegeben, wurden zu Beginn des 19. Jahrhunderts größere Bauteile niedergerissen, da sich in der Ruine «Gesindel» einquartiert hatte. Die stark restaurierte Burgruine selbst ist nicht von Interesse, der Ausblick auf das Kainachtal jedoch den Aufstieg wert. Im Sommer werden hier Burghofspiele veranstaltet.

Am südlichen Ufer der Kainach liegt *Schloß Greißenegg,* früher auch Niedervoitsberg genannt. Seine heutige Form erhielt das Schloß erst im späten 19. Jahrhundert durch den Kohlenbaron August Zang. Rund um die ziemlich verwahrloste Anlage erstreckt sich ein städtisches Erholungsgebiet mit Park und Gasthaus.

AUSKUNFT Stadtgemeindeamt, Hauptplatz 1, 8570 Voitsberg, Tel. 03142/221 70. **ESSEN UND TRINKEN** Landgasthof-Hotel Gußmark, Hötzendorfstraße 17, Tel. 03142/224 58. **SPORT** Schießsportarena Zangtal, eine der modernsten Schießanlagen Europas, Tel. 03142/223 08. **KULTUR** Weststeirische Theatertage im Mai, Auskunft: Tel. 03142/241 29.

Verläßt man Voitsberg in Richtung Graz, so gelangt man kurz vor Krems zur Filialkirche Zum Heiligen Blut. Der ungewöhnlich langgezogene Bau besteht aus zwei Teilen, dem spätgotischen Langhaus und Chor mit Netzrippengewölbe und einem barocken Zubau. Die prächtige Kanzel (1670) stammt aus der Voitsberger Michaelskirche.

Die Burg Krems wurde im 12. Jahrhundert an der wichtigen Straßengabelung nach Kärnten und in die Obersteiermark errichtet. Unter den Herbersteinern entfaltete die Festung um 1600 ihre größte Pracht, dann wurde auch sie dem Verfall preisgegeben.

Wenige Kilometer nach Krems zweigt eine Straße ins malerische *Teigitschtal* ab. Nach dem Teigitschgraben, beim Gasthaus «Dambauer», führt ein Weg zur *Ruine (Neu) Leonroth.* Die mitten im Wald gelegene Anlage ist stark verfallen, zu sehen sind teilweise imposante Mauerreste aus dem 15. Jahrhundert und ein Wehrgraben. Die Straße führt weiter nach *St. Martin am Wöllmißberg,* einer landschaftlich reizvollen Erhebung zwischen der Köflacher Bucht und dem Teigitschgraben. «Es gibt Orte», schreibt August Gößler in seiner Geschichte der Kirche von St. Martin, «die für Massentouristen bedeutungslos sind.» Keine Frage – die kleine Gemeinde St. Martin ist so ein Ort.

Am Wöllmißberg soll sich schon im 13. Jahrhundert ein dem heiligen Martin geweihtes Kirchlein befunden haben. Der heutige Bau stammt aus dem späten 17., das Inventar zum Großteil aus dem 18. Jahrhundert. Als ein gelungenes Beispiel moderner Sakralkunst sind die Figuren der hll. Notburga und Barbara (1959) am Kirchhoftor sowie die Pieta über dem Kirchenportal hervorzuheben – allesamt Werke des Bildhauers Alfred Schlosser. Auch das benachbarte Kriegerdenkmal, das 1956 von Franz Weiß gestaltet wurde und einen hl. Martin in Mosaikform zeigt, hebt sich wohltuend vom unverbesserlichen Pathos der meisten Gedenkstätten ab. Die Deckenmalereien der Kirche stammen von 1811 und zeigen neben Szenen aus dem Neuen Testament eine echte volkskundliche Besonderheit, nämlich ein Schutzmantelbild des hl. Martin, der seinen roten Mantel über die kniende Gemeinde breitet.

St. Martin hat noch eine weitere Attraktion zu bieten: die «Märchenoma» Gantschnig, die direkt am Wald wohnt und wunderschöne Geschichten zu erzählen weiß. Die mehrfache Mutter und Pflegemutter nimmt ruhebedürftigen Eltern ihre Kinder gerne für einige Stunden ab. Um Anmeldung wird gebeten (Tel. 03140/296). Die «Bezahlung» erfolgt auf freiwilliger Basis.

AUSKUNFT Tourismusverein St. Martin, 8580 Kleinwöllmiß 45, Tel. 03140/308. **MUSEUM** Heimatmuseum, Tel. 03140/202. **BADEN** Hirzmannsperre, wildromantischer kleiner Badesee.

BÄRNBACH – MIT HUNDERT WASSERN GEWASCHEN

Die zwischen dem Heiligen Berg und den Höhenzügen von Hochtregist und Knobelberg gelegene Industriestadt Bärnbach wird 1265 als Pernbach erstmals erwähnt. Seit 200 Jahren wird in Bärnbach Braunkohle abgebaut. So verwundert es auch

Bärnbacher Glasbläser

nicht, daß die seit 1805 hier ansässige Glashütte die erste in der Steiermark war, die mit Kohle feuerte.

Die Vorläufer der modernen Glasindustrie, die mittelalterlichen Waldglashütten, waren regelrechte «Waldfresser»: Um ein Kilogramm Glas herzustellen, mußten 2400 Kilogramm Holz verheizt werden. 97 Prozent davon entfielen auf die Herstellung der als Flußmittel unentbehrlichen Pottasche, die verbleibenden 72 Kilogramm dienten zum Heizen. Die Glashütten wurden deshalb in waldreichen Gegenden angesiedelt, meist auf etwa 1000 Meter Höhe. Aufgrund ihres enormen Rohstoffverschleißes betrug die durchschnittliche Betriebsdauer einer Waldglashütte allerdings nur 20 bis 30 Jahre.

Die Firma Stölzle Glas hat auf ihrem Betriebsgelände ein sehenswertes *Glasbläser-Museum* eingerichtet. Sonderausstellungen und eine ständige, sehr instruktiv gestaltete Schau geben einen Überblick über die Geschichte der Glasherstellung und über aktuelle Trends. Außerdem kann man hier zusehen, wie Glas nach alter Tradition «von Hand» und «von Mund» gemacht wird.

Firma Stölzle Glas, Hochtregisterstraße 1, Tel. 03142/629 50, Besichtigung und Werksverkauf: Mo–Fr 9–17 Uhr, Sa, So und Fei 9–13 Uhr, sonn- und feiertags allerdings nur Mai bis Oktober! Führungen durch die Glashütte: Mo–So, Glasbläser bei der Arbeit nur Mo–Fr 10 und 11 Uhr, Gruppen gegen Voranmeldung.

Bärnbach besitzt noch ein zweites interessantes Museum, das *Burgenkundliche Museum Alt-Kainach* am nördlichen Stadtausgang. Der wuchtige, dreistöckige Renaissancebau aus der Mitte des 16. Jahrhunderts wurde 1880 von der Graz-Köflacher Eisenbahn- und Bergbaugesellschaft erworben, die im Schloß Arbeiterwohnungen einrichtete. 1966 ging Alt-Kainach durch Schenkung in den Besitz des Steirischen Burgenvereins über, der das burgenkundliche Museum betreibt.

Im Erdgeschoß gibt es neben der Schloßkapelle mit Renaissancealtar auch eine ständige Sonderausstellung zur Siedlungsgeschichte des Heiligen Berges bei Voitsberg zu sehen. Im

Obergeschoß erhält der angehende Burgen- und Schlösserfreak einen Schnellsiedekurs in Burgtypologie, lernt zwischen Gipfel- und Kamm-, Sporn- und Hügelburg zu unterscheiden, trainiert den richtigen Umgang mit wehrtechnischen Ausdrücken und weiß zum Schluß, daß ein Altan nichts Heiliges und ein Mannsloch nichts Unanständiges ist. Weitere Räumlichkeiten werden für Sonderausstellungen, aber auch für diverse Veranstaltungen vermietet. Der ehemalige Schloßpark wurde zur Liegewiese des nahen Freibades umfunktioniert.

Burgenkundliches Museum Alt-Kainach, Tel. 03142/613 86, Öffnungszeiten: 1.5.–1.11., tgl. außer Mo 10–12 und 14–17 Uhr, Führungen nach Vereinbarung möglich.

Ohne Worte

Nun aber zur Hauptsehenswürdigkeit Bärnbachs, der *St.-Barbara-*, vulgo *Hundertwasserkirche.* Die kleine, unschuldige Kirche wurde 1948 erbaut, ihr äußeres Erscheinungsbild in den Jahren 1987/88 von Friedensreich Hundertwasser im sattsam bekannten Stil des Meisters umgestaltet, also «vielfarbig, bunt, fröhlich, formenreich, unregelmäßig, gebogen, lebendig, symbolträchtig» oder so. Im Inneren, wo es «vom Äußeren zum Wesentlichen» geht, blieb die Kirche unverändert, weshalb sich Rummel und Remmidemmi auf das unmittelbare Umfeld der Kirche konzentrieren, auf die 12 Tore, die die anderen großen Religionen (und auch Nichtreligionen) symbolisieren sollen, und auf den – klarerweise – welligen Prozessionsweg.

Die Besichtigung ist frei, Führungen ausschließlich durch pfarreigenes Personal nach vorheriger Anmeldung: Pfarramt, Tel. 03142/625 81.

Im Schatten der Kirche liegt übrigens die Zeppel-Sperl-Schule, ein wenig beachtetes Werk wirklich moderner Architektur.

AUSKUNFT Stadtgemeindeamt, 8572 Bärnbach, Tel. 03142/615 50.
BADEN Schloßbad Bärnbach, Tel. 03142/620 78.

PIBER – DIE KINDERSTUBE DER «WEISSEN PFERDE»

Der Großteil der Besucher kommt wegen der berühmten weißen Pferde in den kleinen Ort Piber und versäumt leicht eine der schönsten Kirchen des Landes, die von einer wehrhaften Mauer umgebene *Pfarrkirche zum hl. Andreas.* Die Mutterpfarre der gesamten nördlichen Weststeiermark wurde im 11. Jahrhundert errichtet und stammt in ihrer heutigen Form aus dem frühen 13. Jahrhundert. Spätgotik und Barock haben sich in einigen Zu- und Umbauten niedergeschlagen.

Die Außenseite der Apsis ist mit einem Band im Bogen- und Zahnschnittfries geschmückt. Darunter liegt eine mit Gebeinen gefüllte Krypta. Chorraum und Apsis stammen noch von der romanischen Kirchenanlage des 13. Jahrhunderts, das Netzrippengewölbe im Kirchenschiff aus dem 16. Jahrhundert. Der mächtige Hochaltar wurde im frühen 18. Jahrhundert angeschafft, Seitenaltäre und Kanzel sind nur unwesentlich jünger.

In der Nähe von Piber muß sich eine bis heute nicht lokalisierte römische Siedlung befunden haben. Darauf weisen die zahlreichen beim Bau der Kirche wiederverwerteten römischen Grabsteine hin, die aus heimischem Marmor gefertigt wurden. Anzunehmen ist, daß einige dieser Steine bereits im Mittelalter sichtbar an der Kirche angebracht waren – nach einer gründlichen christlichen Neuinterpretation der «heidnischen» Bildinhalte. Besonders hervorzuheben sind: links vom Hauptportal ein Mädchen mit Spiegel und einem Kästchen, wahrscheinlich die Dienerin der Grabherrin, rechts ein männlicher Diener mit Wachstafel und Schreibgriffel (stilus), daneben zwei Delphine. An der Ecke zwischen Apsis und Turm ist die liegend eingemauerte Darstellung eines fast nackten Jünglings zu sehen, vielleicht Mars-Latobius. An der Apsis ist überdies der wunderschöne Reliefgrabstein des knienden und gerüsteten Christof von Kainach aus dem 16. Jahrhundert angebracht. Im Kircheninneren befinden sich noch weitere Römersteine, darunter das berühmte Porträt einer Frau in prächtiger Tracht, und christliche Kindergrabsteine.

Führung durch die Lipizzaner-Stallungen

Das benachbarte *Schloß Piber* ist ein mächtiger barocker Vierflügelbau. Errichtet wurde das Schloß zu Beginn des 18. Jahrhunderts im Auftrag der St. Lambrechter Äbte als Sommerwohnsitz und regionales Verwaltungszentrum. Nach der Aufhebung des Stifts durch Joseph II. fielen Schloß und Herrschaft Piber an den Religionsfonds. Seit der Gründung des Lipizzanergestüts im Jahr 1920 ist das Schloß Sitz der Verwaltung. Zu besichtigen sind lediglich der dreigeschossige Pfeilerarkadenhof und die Räumlichkeiten des Museums, und zwar im Rahmen einer Gestütsführung. Letztere umfaßt selbstverständlich auch einen Besuch der Ausbildungsstallungen für die Stuten, des Hengstenstalles, der Mutterstutenstallungen und der Wagenremise. Ein- bis dreimal jährlich findet in Piber eine große Gestütspräsentation statt.

Bundesgestüt Piber, Tel. 03144/33 23. Führungen: Ostern bis Ende Oktober, 9–10.15 Uhr, 14–15.15 Uhr. Die Führung dauert etwas mehr als eine Stunde. Bei größerem Andrang gibt es auch mehrere Touren gleichzeitig.

VON LIPICA NACH PIBER

Der Lipizzaner ist die älteste Kulturpferderasse Europas. Sein Ursprung geht auf das Jahr 1580 zurück, als Erzherzog Karl, der Sohn Kaiser Ferdinands I., in Lipica bei Triest ein Gestüt gründete, in dem spanische und süditalienische Pferde, viele von ihnen orientalischer Herkunft, zur Aufzucht von höfischen Prunkpferden herangezogen werden sollten. Aufgrund der Zuchterfolge in der kargen Umgebung des istrischen Karstes wurden in der 1572 gegründeten Spanischen Hofreitschule in Wien bald nur noch Hengste aus Lipica «eingestellt».

Lipizzaner

Im Laufe der Zeit entstanden Zweitgestüte in den ehemaligen Kronländern, sodaß man heute in fast allen Nachfolgestaaten der Monarchie Lipizzaner finden kann. In Piber wurde bereits 1798 ein erstes Gestüt gegründet, das jedoch unter militärischer Leitung stand und dessen primäre Aufgabe es war, möglichst viele Remonten an die Armee abzuliefern.

Im Ersten Weltkrieg mußte das Hofgestüt in Lipica evakuiert werden. Die Pferde kamen zunächst nach Laxenburg und 1920 schließlich nach Piber, das den verbliebenen österreichischen Lipizzanern zur neuen Heimat wurde. Zwischen 1942 und 1945 war man gezwungen, das Gestüt nach Böhmen zu verlegen, doch bald nach Kriegsende konnten die Pferde mit Hilfe der US-Armee repatriiert werden. Landesweite Panik löste 1983 eine Virusinfektion aus, der mehrere Pferde zum Opfer fielen.

Das Bundesgestüt Piber steht unter der Verwaltung der Republik – und noch immer ist es seine Aufgabe, Hengste für die Spanische Hofreitschule in Wien zu züchten. Derzeit leben in Piber etwa 230 Pferde, einige erhalten hier auch ihr Altersbrot. Das Areal umfaßt mit den vier Außenhöfen, den Al-

men, dem Wald-, Weide- und Ackerland insgesamt 570 Hektar. Es gibt zwei Laufstallungen, eine für Stuten mit Fohlen und eine für Stuten, die bereits von ihren Jungtieren getrennt wurden oder nicht «aufgenommen» haben. Die Aufzucht erfolgt unter streng wissenschaftlichen Kriterien. Bis zum heutigen Tag lassen sich sechs Hengststämme nachweisen, und für alle Pferde kann ein nahezu lückenloser Abstammungsnachweis geführt werden. Und so kehren nur die besten und schönsten Hengste für einige Zeit als Samenspender ins Gestüt zurück.

Die Trächtigkeitsdauer einer Stute beträgt etwa 333 Tage. Die Jungtiere, deren Farbe von «Tiefschwarz über Rostgelb bis Pfirsichblütenrot» reicht – so etwas kann auch nur einem Pferdenarren einfallen! –, jedenfalls alles andere als weiß ist, mutieren mit der Zeit ins Graue und werden im Idealfall im zehnten Lebensjahr weiß. Die heute charakteristische weiße Farbe wurde übrigens erst im Verlauf des 19. Jahrhunderts züchterisch bevorzugt.

Pro Jahr werden in Piber etwa 50 Pferde geboren. Nach einer strengen Musterung kommen die dreijährigen Junghengste zur Ausbildung nach Wien. Den Damen bleibt dies erspart. Sie werden nur an Reiter und Gespann gewöhnt. Die «Überschüssigen», also für die Aufzucht bzw. die Hofreitschule nicht benötigten Tiere, werden zu stolzen Preisen an Liebhaber abgegeben.

KÖFLACH UND MARIA LANKOWITZ

Köflach, das an der wichtigen Strecke über den Packsattel nach Kärnten und über das Gaberl in die Obersteiermark liegt, wurde im Jahr 1170 zum Markt erhoben. Durch die Entdeckung und Erschließung großer Braunkohlevorkommen im 18. und 19. Jahrhundert und die Eröffnung der Graz-Köflacher Bahn im Jahr 1860 entwickelte sich auch Köflach zum Industriestandort.

Da die Arbeit in den zahlreichen kleinen Bergbaubetrieben nicht rentabel war, vereinigten sich diese zu größeren Gesellschaften. 1881 fusionierte die Vordernberg-Köflacher-Montanindustrie-Gesellschaft mit anderen Bergbauunternehmen zur Österreichischen Alpine-Montangesellschaft.

1957 wurde die höchste Jahresleistung im Köflacher Revier erzielt, dann führte die zunehmende Verwendung von Heizöl und Elektroenergie zu einem ständig rückläufigen Kohlenabsatz. Die Erdölkrise des Jahres 1973 brachte vorübergehend ein stärkeres Interesse an der Kohle und die Erschließung neuer Braunkohlenlager. Heute gibt es in Köflach keinen aktiven Kohlenbergbau mehr, und auch die Spuren der früheren Abbaustätten wird man vergeblich suchen. Die Gruben wurden zugeschüttet, die meisten Abbaufelder sind bereits rekultiviert. Das letzte große «ausgekohlte» Gebiet, der sogenannte Barbarapfeiler zwischen Piberstein und Köflach, soll demnächst ebenfalls verschwinden.

Im Gegensatz zu Voitsberg weist Köflach keinen städtischen Kern auf, sondern wird durch ausgedehnte Viertel von Reihen- und Siedlungshäusern geprägt. Der eigentliche Ortskern ist ein dörflich anmutender Dreiecksplatz. Die von einem Kranz von Häusern umgebene *Pfarrkirche zur hl. Magdalena* wurde Mitte des 17. Jahrhunderts von den Brüdern Sciassia unter Verwendung älterer Bauteile errichtet. Die Wandmalereien in den Gewölben stammen von Joseph Adam von Mölk (1777), ebenso die Bilder des mächtigen Hochaltars und der Seitenaltäre. Im Kirchenschiff befindet sich der berühmte Gradner Flügelaltar (um 1470) aus dem Franziskanerkloster Lankowitz mit einem Porträt des Stifters Georg von Gradner. Der neben der Kirche gelegene Karner, ein romanischer Rundbau mit Kegeldach, wurde 1926 zu einer Kriegergedächtnisstätte umgestaltet.

Das *Stadtmuseum* in Bahnhofsnähe besitzt eine gute Sammlung zur Stadt- und Bezirksgeschichte. Ein Gedenkraum ist dem Dichter und Arzt Hans Kloepfer (1867–1944) gewidmet, der in diesem Haus lebte und wirkte.

Stadtmuseum, Bahnhofstraße 24, Tel. 03144/27 20 71, Mo 8–16 Uhr, Di und Do 8–13 Uhr, Fr 8–12 und 15–19 Uhr sowie nach Vereinbarung.

Nach dem Dichterarzt ist auch ein 27 Kilometer langer Rundwanderweg (etwa 7 Std.) benannt, der zunächst von Köflach nach Maria Lankowitz und Piberstein führt, anschließend über den Hanslwirt und Edelschrott zum idyllischen Hirzmann-Stausee und über St. Martin am Wöllmißberg zurück nach Köflach.

AUSKUNFT Stadtgemeindeamt und Tourismusverein, Rathausplatz 1, 8580 Köflach, Tel. 03144/25 19. **ESSEN UND TRINKEN** Haubenlokal Zum Kleinhapl, Judenburger Straße 6, Tel. 03144/34 94.

Die Nachbargemeinde *Maria Lankowitz* ist als Wallfahrts-, aber auch als Bergwerksort bekannt. Der Kohlenbergbau in Lankowitz geht auf das frühe 18. Jahrhundert zurück, die hier geförderte Kohle wurde hauptsächlich an Werkzeug- und Sensenschmieden geliefert. 1975 mußte das große Braunkohlenwerk Piberstein wegen mangelnder Rentabilität stillgelegt werden. Die Umwidmung des Bergbaugeländes in ein 150 Hektar großes Freizeit- und Erholungsgebiet war ein entscheidender Schritt für die Neuorientierung der Gemeinde in Richtung Fremdenverkehr.

Die Gründung der Wallfahrtskirche Mariä Heimsuchung geht auf eine Legende zurück, nach der zwei Ochsen eine von Türken geraubte und später wiederaufgefundene Marienstatue in einem Karren hierher gebracht haben. 1437 wurde an dieser Stelle eine erste Kapelle, 1455 durch Ritter Georg Gradner ein Franziskanerkloster samt Kirche errichtet. Ende des 17. Jahrhunderts erfolgte der Kirchenneubau durch Jakob Schmerlaib, kurz nach der Fertigstellung wurde das Gnadenbild von Papst Innozenz XII. für «wundertätig» erklärt.

Die Zufahrt zur Wallfahrtskirche wird von acht barocken Heiligenstatuen aus Sandstein gesäumt. Durch ein bunt bemaltes Kirchhofportal gelangt man, vorbei an einer schwülstigen Kriegergedenkstätte und einem barocken Bildstock, zum Kircheneingang. Mittelpunkt des Gotteshauses ist natürlich der prächtige Hochaltar, ein Werk Veit Königers aus dem Jahr 1767. Über dem Tabernakel thront im barocken Strahlenkranz die gotische Marienstatue, das Ziel der Pilger. Unter der Orgelempore wird die Geschichte des Gnadenbildes in einer Folge ovaler Bildtafeln erzählt. Ein Beispiel: «Ein edl Fräul: Amalia, so an den Gnaden Bild spöttliche Reden und Werke verübt, ist des gächen Todes gestorben». O je!

Erwähnenswert sind ferner die Reliquien des römischen Märtyrers Clemens beim Josefsaltar, der Anna-Altar, der bis 1684 als Gnadenaltar diente, die Rokokokanzel von 1770, die reizvolle Orgel und der Kreuzaltar, ein Werk des Lankowitzer Malers Toni Hafner (1961). In der ehemaligen Schatzkammer steht der von den Bergmännern hochverehrte Barbara-Altar. Das beeindruckende Votivbild des Grafen Sigmund Herberstein (†1621) samt Familie in der wenige Schritte neben der Kirche gelegenen Antoniuskapelle ist vermutlich ein Werk von Giovanni Pietro de Pomis.

Im nahen Schloß, dem früheren Stammsitz der Ritter von Graden, wurde 1855 eine Straf- und Besserungsanstalt für Frauen eingerichtet, die bis 1985 bestand. Vor wenigen Jahren wurde das Schloß für Wohnzwecke adaptiert.

AUSKUNFT Gemeindeamt, Puchbacher Straße 204, 8591 Maria Lankowitz, Tel. 03144/34 84. **ESSEN UND TRINKEN** Restaurant Esse, Tel. 03144/67 22. **SPORT** Freizeitpark Piberstein: 16 ha großer Badesee, Surfen, Segeln und Bootsfahren, Tennishalle und Freiplätze, Sauna und Solarium, See 1, Tel. 03144/251 11 08. **GOLF** Golfclub Erzherzog Johann, Mitteleuropas einzige Water-Driving-Range, 18-Loch-Anlage, Puchbacher Straße 109, Tel. 03144/69 70.

AUSFLUG ZUR PACK

Die Packstraße war von alters her ein wichtiger, wenn auch unbequemer und steiler Paßübergang. Die heutige Strecke wurde im Rahmen des Arbeitsbeschaffungsprogrammes in den Jahren 1932–1936 als Verbindungsstraße nach Kärnten und Italien neu trassiert. Durch die Errichtung der A 2 hat die Packstraße ihre frühere Bedeutung weitgehend eingebüßt, weshalb man sich heute ganz auf die landschaftlichen Schönheiten konzentrieren kann. Vorsicht: In dem auf über 1100 Meter Höhe gelegenen Ort Pack kann es auch im Sommer recht frisch sein.

Ein im Gemeindegebiet aufgefundener Grabstein aus dem 1. Jahrhundert beweist, daß das Gebiet schon in keltisch-römischer Zeit besiedelt war. Die dem hl. Martin geweihte, ursprünglich spätgotische Pfarrkirche wurde im 18. Jahrhundert barockisiert. In den Gewölben und Fensterlaibungen sind hübsche Rokokomalereien, am prächtigen Hochaltar ein Bild des Kirchenpatrons und das Wappen des Grafen Raimund von Saurau zu sehen. Unterhalb der Kirche liegt der Pfarrhof, das frühere Schloß, ursprünglich ein kleiner Wehrbau von großer strategischer Bedeutung.

Der Packer Stausee ganz in der Nähe wurde 1929 als Fernspeicher für das Kraftwerk in Arnstein angelegt und gibt heute ein kleines, wenn auch kühles Wassersporteldorado ab.

AUSKUNFT Gemeindeamt, 8583 Edelschrott, Tel. 03146/81 44. **ESSEN UND TRINKEN UND ÜBERNACHTEN** Gasthof Kirchenwirt, Tel. 03146/81 40. Alpenhof Tilzwirt, Tel. 03146/81 07. **SPORT** Packer Stausee, für Surfer und Segler, kaltes Wasser, oft böiger Wind. Einstieg beim Campingplatz/Westende, Auskunft: Tel. 03145/244.

ZWISCHEN VOITSBERG UND GRAZ

Östlich von Voitsberg, auf einer Anhöhe im Södingtal, liegt die Gemeinde *Stallhofen.* Die große, schlichte und wehrhaft wirkende Pfarrkirche des Ortes ist dem hl. Nikolaus, Bischof von Myra, Patron der Seeleute, Bäcker und Schüler, geweiht. Das ursprünglich romanische Kirchenschiff wurde mit der Errichtung des Chors, des mächtigen Turmes und der Tore zu Beginn des 16. Jahrhunderts spätgotisch umgestaltet. Die Innenausstattung der Kirche ist zum Teil barock, zum Teil neugotisch. Im Vorraum sind zwei römische Löwenskulpturen aufgestellt, die sich vor der Restaurierung der Kirche zu beiden Seiten des Turmes befanden. An der Außenmauer finden sich über 20 römische Reliefsteine – Satyren mit Blasinstrumenten, Delphine und, als besondere Seltenheit, eine kämpfende Amazone. Ein Besuch des hochinteressanten *Ambrosi-Museums* unweit der Kirche ist nach Voranmeldung im Gemeindeamt möglich. Der Bildhauer Gustinus Ambrosi (1893–1975) hatte sich Stallhofen als Alterssitz gewählt und hier mit der Errichtung eines von ihm selbst entworfenen Hauses begonnen. Nach seinem Freitod überließ die Witwe das Haus der Gemeinde mit der Auflage, es als Gedenkstätte zu führen. Zu sehen gibt es die liebevoll zusammengetragene Einrichtung, Bücher und Dokumente, Modelle und Originalwerke des vor allem auf dem Gebiet der Porträtbildhauerei tätigen Künstlers.

Ziemlich ungewöhnlich ist die an der Straße nach Geisttal stehende *Huber- oder Lackenschmiede,* deren Schaufassade einem Gesicht nachempfunden ist. Noch ein Tip: Am Südhang des Raßberges, beim Leitenbauer, liegt die *Friedrichsgrotte,* eine schöne kleine Tropfsteinhöhle (Anmeldung unter Tel. 03142/83 01).

AUSKUNFT Gemeindeamt, 8152 Stallhofen 113, Tel. 03142/220 38.

Etwas abseits der kleinen Gemeinde *St. Bartholomä,* östlich des Raßberges, steht die bereits um 1200 errichtete alte Pfarrkirche des Ortes. Im 15. Jahrhundert wurde ihr ein kreuzrippengewölbter Chor angefügt, aus derselben Zeit stammen die erhaltenen Fresken mit Szenen aus dem Alten und dem Neuen Testament sowie den Symbolen der Evangelisten. Nachdem 1867 an anderer Stelle eine neue Kirche errichtet worden war, gab man das alte Gotteshaus gnadenlos dem Verfall preis, worauf Teile des gotischen Gewölbes einstürzten. Dem Politiker und Gelehrten Hanns Koren ist es zu verdanken, daß die desolate Kirche in den siebziger Jahren gerettet werden konnte. Hanns Koren, der einmal meinte: «Heimat ist Tiefe, nicht Enge», liegt heute bei «seiner» Kirche begraben.

AUSKUNFT Gemeindeamt, 8113 St. Bartholomä, Tel. 03123/22 27.

Ein kurzer Abstecher führt uns in die Nachbargemeinde *St. Oswald bei Plankenwarth,* zur dortigen Pfarrkirche. Der dem Viehpatron geweihte spätgotische Bau mit Kreuzrippen und Maßwerkfenstern im Chor wurde im 17. Jahrhundert barockisiert. Das auf einer Hügelkuppe gelegene Schloß Plankenwarth kann nicht besichtigt werden.

EINKAUFEN Plankenwarther Keramik, Familie Schwarz, Plankenwarth 52, Tel. 03123/32 48.

Auf dem Weg nach *Hitzendorf* sieht man rechter Hand das auf einem Hügel gelegene *Schloß Sonnegg* aus der zweiten Hälfte des 19. Jahrhunderts. Heute hat hier die Firma Payer, Österreichs einziger Hersteller von Rasierapparaten, ihre Niederlassung. Hitzendorf, nur 13 Kilometer westlich von Graz, ist nach dem Eigennamen Hizo benannt – zu finden auch im Wiener Bezirk Hietzing –, der wiederum auf das althochdeutsche «hit», Kampf, zurückgeht. Die Pfarrkirche Maria zu den drei Feichten stammt aus der Mitte des 15. Jahrhunderts und erhielt ihre heutige Form im 18. Jahrhundert. Bemerkenswert sind, neben dem schönen gotischen Gewölbe mit den großen Schlußsteinen, die barock überarbeitete Marienstatue und der Annenaltar.

Im Gemeindegebiet von Hitzendorf gibt es vier Schlösser, von denen zwar keines zu besichtigen ist, die aber durch einen gemütlichen, etwa 8 Kilometer langen Wanderweg miteinander verbunden sind. Die Strecke führt von Hitzendorf zu Schloß Schütting, anschließend zu Schloß Reiteregg (17. Jh.), weiter zu Schloß Altenberg, einem siebentürmigen barocken Kleinod vom Ende des 17. Jahrhunderts, und über Schloß Tausendlust (16. Jh.) zurück zum Ausgangspunkt. Schön ist auch der knapp 10 Kilometer lange Mostwanderweg von Hitzendorf über den Oberberggraben zur Sternwarte Steinberg und über den Holzberg zurück, der durch Obstgärten führt und herrliche Aussichten gewährt.

AUSKUNFT Fremdenverkehrsverein Hitzendorf, Tel. 03137/22 55. **ESSEN UND TRINKEN** Gasthof Schwentner, Tel. 03137/25 05 (mit Übernachtungsmöglichkeit). Gasthof Fürndörfler, Tel. 03137/22 79.

Mooskirchen, im breiten Kainachtal gelegen, wurde 1553 zum Markt erhoben und war früher vor allem von Handwerkern bewohnt, die die nähere Umgebung mit ihren Produkten versorgten. In der Pfarrkirche St. Veit konnten bei Renovierungsarbeiten gotische Wandmalereien mit Apostelarstellungen und Szenen aus dem Leben der hl. Katharina sowie zwei frühgotische Fenster freigelegt werden. Ihre heutige Gestalt erhielt die Kirche erst im Jahr 1701. Am Hochaltar ist eine Figurengruppe von Josef Schokotnigg mit dem hl. Veit und seinen Henkersknecht zu sehen, die das Feuer unter dem Kessel schüren. In die Außenwand sind drei figürliche Römersteine eingemauert.

AUSKUNFT Gemeindeamt, Marktplatz 4, 8562 Mooskirchen, Tel. 03137/22 56. **ESSEN UND TRINKEN** Gasthof und Brennerei Hochstrasser, Marktplatz 12, Tel. 03137/22 32.

Letzte Station unserer Tour ist *Ligist* am Beginn der Schilcher Weinstraße. In Ligist werkte bereits zu Beginn des 17. Jahrhunderts ein erster Kupferhammer, der später in einen Eisenhammer umfunktioniert wurde. Nachdem die Ligister Hämmer Ende des 19. Jahrhunderts ihre Rentabilität verloren hatten, wurde anstelle des Hammerherrenhauses ein Lohe- und Fichtennadelbad errichtet. Ligist war ab sofort Kurort – allerdings nur bis zum Zweiten Weltkrieg. Danach gelang es nicht mehr, den Betrieb der Badeanstalt wieder anzukurbeln.

Das Zentrum von Ligist wird von einem hübschen, leicht ansteigenden Platz mit herausgeputzen Häusern und der wehrhaften, ursprünglich spätgotischen Pfarrkirche zur hl. Katharina gebildet, die in der zweiten Hälfte des 19. Jahrhunderts bis zur Unkenntlichkeit erweitert und verändert wurde. Im Inneren sind einige Grabsteine der Familie Saurau (14.–17. Jahrhundert) zu sehen.

Oberhalb des Ortes liegt die Ruine des alten Schlosses, das sich vom frühen 14. Jahrhundert bis zum Jahr 1846 im Besitz der Familie Saurau befand. Ihre größte Ausdehnung erreichte die Herrschaft Ligist unter Carl von Saurau, der von 1635 bis 1648 als Landeshauptmann amtierte, weshalb sich die Familie vorwiegend in Graz aufhielt und das Schloß vernachlässigte. Zu Beginn des 19. Jahrhunderts wurde am Fuße des Berges, kurz vor der Ortseinfahrt, das Neue Schloß im Stil einer großen Meierei errichtet. 1846, nach dem Aussterben der Saurau, übernahmen die Grafen Goess den Saurauschen Besitz. 1928 wurde die Herrschaft vom Malteserorden erworben, dessen österreichische Besitzungen etwa zur Hälfte in der westlichen Steiermark liegen. Auf der nahen Hebalm unterhalten die Malteser auch Ferienwohnungen und bieten «naturnahe Waldsport- und Erlebniswochen» an; beides kann hier gebucht werden (Tel. 03143/22 01). Im Hof des Schlosses befindet sich auch das Heimatmuseum des Ortes.

Heimatmuseum, Mai bis Oktober, Voranmeldung bei Franz Unterweger, Tel. 03143/33 11, oder im Gemeindeamt, Tel. 03143/22 11.

Ein Ausflug bietet sich auch zum rekonstruierten Keltenhaus am Fuße des nahen Tittenberges an, der schon in prähistorischer Zeit besiedelt war.

Keltenhaus, Führungen: Mai bis Oktober, Voranmeldung bei Herrn Kürzl, Tel. 03143/21 55, oder im Gemeindeamt, Tel. 03143/22 11.

AUSKUNFT Gemeindeamt Ligist, Tel. 03143/22 11. **ESSEN UND TRINKEN UND ÜBERNACHTEN** Krämerwirt, Ligist 35, Tel. 03143/30 40, feine regionale Küche. Gasthof Schilcherhof, Tel. 03143/22 09. Naturhotel Enzianhof, Oberwald, Tel. 03143/21 06, umfassendes Sport- und Relax-Angebot. **EINKAUFEN** Schafwoll- und Webstube, Ligist 41, Tel. 03143/23 16.

NÜTZLICHE TIPS UND ADRESSEN

Auf den nachfolgenden Seiten finden Sie eine Auswahl an nützlichen Informationen

ESSEN UND TRINKEN

Anger:
Gasthof zur Post, Anger 10, Tel. 03175/22 06.

Arzberg:
Forellenhof Schweinegger, Arzberg 26, Tel. 03179/233 10.

Bad Radkersburg:
Das kleine Restaurant (Kurhotel, Haubenlokal), Tel. 03476/25 71.
Café Hermann, Langgasse 46, Tel. 03476/24 43.

Bad Tatzmannsdorf:
Restaurant Wintergarten, Tel. 03353/85 81.

Bad Waltersdorf:
Thermenhof (Haubenlokal), Tel. 03333/28 01.

Birkfeld:
Gasthaus zur Linde (mit schönem Schankraum und Biergarten), Birkfeld 1, Tel. 03174/44 71.
Forellengasthof Kulmer, Haslau 63, Tel. 03174/44 63.

Burgauberg:
Gasthaus Trummer, Burgauberg 5, Tel. 03326/522 58.

Deutschlandsberg:
Burghotel, Burgstraße 19, Tel. 03462/56 56.

Edelschrott:
Gasthof Kirchenwirt, Tel. 03146/81 40.

Ehrenhausen:
Weingut und Gästehaus im historistischen Georgischlößl, Tel. 03453/25 53.

Feldbach:
Gasthof Herbst, Gniebing 15, Tel. 03152/27 41.
Gasthof Kirchengast, Färbergasse 30, Tel. 03152/22 50.

Frohnleiten:
Weissenbacher, Mayr-Melnhof-Straße 2, Tel. 03126/23 34.

Fürstenfeld:
Hofkeller, Hauptstraße 6, Tel. 03382/548 54.

Gamlitz:
Restaurant und Hotel Sattlerhof, Sernau 2a, Tel. 03453/445 40, auch Zimmer.
Restaurant Altes Winzerhaus, Eckberg 11, Tel. 03453/24 92.

Gleisdorf:
Restaurant Kirchtavern, Hauptplatz 3, Tel. 03112/64 38.
Messner-Melchart, Weizer Straße 5, bodenständiges Lokal mit exzellenter Küche, Tel. 03112/2379.

Graz:
Gerlindes Gasthaus, Abraham-a-Santa-Clara-Gasse 2, Tel. 0316/81 38 30.
Hofkeller, Hofgasse 8, Tel. 0316/83 24 39, feine italienische Küche.
Stainzerbauer, Bürgergasse 4, Tel. 0316/82 11 06, feine bodenständige Küche.
Glockenspielkeller, Mehlplatz 6, Tel. 0316/82 87 01, steirische Küche.
Krebsenkeller, Sackgasse 12, Tel. 0316/82 93 77.
Café Fink, Freiheitsplatz 2, Tel. 0316/83 35 11, mit Musik.
Limarutti Bar, Prokopigasse 4, Tel. 0316/82 90 06.
Café Glockenspiel, Glockenspielplatz 4, Tel. 0316/83 02 91.

Großwilfersdorf:
Landhauspostillion Tel. 03385/84 01.

Güssing:
Bierstub'n, Marktplatz 4, Tel. 03322/423 66.
Burgrestaurant Ernesto, Tel. 03322/433 32.
Halbenrain:
Gasthof-Pension Wagner, Halbenrain 93, Tel. 03476/22 07.
Hartberg:
Restaurant Großschedl, Wiener Straße 1, Tel. 03332/622 10, mit gutbürgerlicher Küche.
Hatzendorf:
Gasthof Malerwinkl, Hatzendorf 152, Tel. 03155/22 53.
Herberstein:
Buschenschank Marienhof, Tel. 03176/88 78.
Jennersdorf:
Gasthof Heuriger, Hauptplatz 11, Tel. 03329/480 93.
Kapfenstein:
Burg Kapfenstein, Familie Winkler-Hermaden, Tel. 03157/22 02.
Kitzeck:
Restaurant, Pension und Weinhof Kappel, Steinriegel 25, Tel. 03456/23 47.
Kirchenwirt, Steinriegel 52, Tel. 03456/22 25.
Köflach:
Zum Kleinhapl, Judenburger Straße 6, Tel. 03144/34 94.
Köszeg:
Irottkö Hofbräu und Kulacs, beide am Fö Ter.
Leibnitz:
Gasthof Sailler, Hauptplatz 5, Tel. 03452/822 63.
Gasthaus Alte Post, Grazer Gasse 7, Tel. 03452/823 73.
Ligist:
Krämerwirt, Ligist 35, Tel. 03143/30 40, feine regionale Küche.
Lockenhaus:
Taverne Burg Lockenhaus, Tel. 02616/27 66.
Maria Lankowitz:
Restaurant Esse, Tel. 03144/67 22.
Mogersdorf:
Restaurant Kreuzstadl, Mogersdorf 77, Tel. 03325/8217.
Mooskirchen:
Gasthof und Brennerei Hochstrasser, Marktplatz 12, Tel. 03137/22 32.
Mureck:
Erikas Gasthaus, Hauptplatz 42, Tel. 03472/26 68, feine Küche.
Neuhaus am Klausenbach:
Gasthaus Samperl zur Burgruine, Tel. 03329/24 03, Kulinarischer Geheimtip.
Oberpurkla:
Radhotel Schischek, Oberpurkla 62, Tel. 03475/25 46.
Pöllau:
Gasthof Stalzer, Görzgasse 142, die Nummer eins im Bezirk Hartberg, Tel. 03335/22 76.
Pöllauberg:
Berggasthof König, Pöllauberg 5, Tel. 03335/23 11.
Hotel Restaurant Retter, Pöllauberg 88, Tel. 03335/26 90.
Puch
Landgasthof Eitljörg, Bäckerei, Café-Restaurant, Apfelkuren, Tel. 03177/22 04.
Rein:
Gasthof Schaupp, Tallack 53, Tel. 03124/517 32, bodenständige Küche bester Qualität.
Riegersburg:
Gasthof und Restaurant Zur Riegersburg, Riegersburg 29, Tel. 03153/82 16.
Schloß Kornberg:
Restaurant Schloßwirt, Tel. 03152/20 57.

Schwanberg:
Hotel-Restaurant Zum Schwan, Hauptplatz 4, Tel. 03467/82 27.
Sebersdorf:
Schloßhotel Obermayerhofen, Sebersdorf, Tel. 03333/25 03, Feinschmeckern seien die beiden hauseigenen Restaurants besonders ans Herz gelegt.
Söchau:
Carlo's Landhaus, Tel. 03387/31 05.
St. Johann bei Herberstein:
Weinhof und Buschenschank Lang, Hoferberg 27, Tel. 03113/85 60 (auch Zimmer).
St. Radegund:
Alpengasthof, Tel. 03132/237 23.
Stadtschlaining:
Gasthaus Zur Burg, Hauptplatz 1, Tel. 03355/22 38.
Stainz:
Restaurant-Hotel Stainzerhof, Grazer Straße 2, Tel. 03463/21 15.
Restaurant-Hotel Schilcherland-Hof, Hauptplatz 13, Tel. 03463/23 57.
Jagawirt, Sommereben 2, Reinischkogel, Tel. 03143/81 05.
Straden:
Buschenschank Sazianistubn, Tel. 03473/308.
Gasthof Jägerwirt, Straden 11, Tel. 03473/212.
Stubenberg:
Seerestaurant Gruber, Buchberg 76, Tel. 03176/86 10.
Voitsberg:
Landgasthof-Hotel Gußmark, Hötzendorfstraße 17, Tel. 03142/224 58.
Weiz:
Romantikhotel Modersnhof (Haubenlokal), Büchl 32, Tel. 03172/37 47.

<u>ÜBERNACHTEN</u>
Bad Gams ob Frauental:
Dorfhotel Fernblick, Bad Gams 101, Tel. 03463/29 05.
Bad Gleichenberg:
Hotel Gleichenbergerhof und Villa Gleichenberg, Tel. 03159/24 24.
Kurhotel Villa Max, Tel. 03159/23 28.
Hotel-Pension Villa Sophie, Tel. 03159/23 04.
Bad Loipersdorf:
Thermenhotel Stoiser, Tel. 03382/82 12.
Thermenhotel Vier Jahreszeiten, Tel. 03382/83 85.
Loipenhof Hotel-Garni, außerhalb der Therme im Wald gelegen, Tel. 03382/85 74.
Bad Radkersburg:
Thermenhotel Radkersburgerhof, Tel. 03476/35 60.
Hotel Kaiser von Österreich, Langgasse 1, Tel. 03476/21 27.
Das kleine Landhaus, Neuhummersdorf 33, Tel. 03476/33 22.
Bad Tatzmannsdorf:
Hotel Steigenberger, Tel. 03353/88 41.
Parkhotel, Tel. 03353/82 87.
Bad Waltersdorf:
Hotel Steigenberger, Tel. 03333/32 11.
Gasthof-Restaurant Safenhof, Bad Waltersdorf 78, Tel. 03333/22 39.
Bernstein:
Hotel Burg Bernstein, Tel. 03354/63 82.
Burgau:
Gasthof zum Hirschen, Burgau, Tel. 03383/22 26.
Deutschlandsberg:
Burghotel, Burgstraße 19, Tel. 03462/56 56.

Feldbach:
Gasthof Zum Weltmeister, Grazer Straße 17, Tel. 03152/24 22.
Frohnleiten:
Hotel Frohnleitnerhof, Hauptplatz 14a, Tel. 03126/41 50.
Fürstenfeld:
Romantik-Landhaus Julia, Stadtbergen 124, Tel. 03382/554 17.
Gleinstätten:
Sulmtalerhof, Gleinstätten 28, Tel. 03457/23 35.
Gleisdorf:
Hotel Pannonia Hof, Fürstenfelder Straße 7, Tel. 03112/24 01.
Graz:
Grandhotel Wiesler, Grieskai 4, Tel. 0316/90 66.
Schloßberghotel, Kaiser-Franz-Josef-Kai 30, Tel. 0316/807 00.
Gasthof Häuserl im Wald, Roseggerweg 105, Tel. 0316/39 11 65.
Pension Teuschler, Mariatroster Straße 12, Tel. 0316/32 14 48.
Frühstückspension Ing. Johannes, Münzgrabenstraße 48, Tel. 0316/83 77 66.
Hartberg:
Hotel Sonne, Hauptplatz 9, Tel. 03332/623 42.
Hotel Zum alten Gericht, Herrengasse 4, Tel. 03332/63 35 60.
Heiligenbrunn:
Hotel-Restaurant Krutzler, Heiligenbrunn 16, Tel. 03324/240.
Heiligenkreuz:
Gasthof Gibiser, Heiligenkreuz 81, Tel. 03325/42 16.
Jennersdorf:
Gasthof und Seminarhotel Raffel, Hauptplatz 6, Tel. 03329/466 22.
Kaindorf
Hotel Steirer Rast, Tel. 03334/22 84.
Kapfenstein:
Burg Kapfenstein, Familie Winkler-Hermaden, Tel. 03157/22 02.
Klöch:
Steirisches Radhotel Klöcherhof, Klöch 4, Tel. 03475/22 06.
Köszeg:
Hotel Irottkö, Fö Ter 4, Tel. 0036/94/603 73.
Leibnitz:
Hotel Restaurant Römerhof, Marburger Straße 1, Tel. 03452/824 19.
Schloß Seggau, Seggauberg 1, Tel. 03452/824 35.
Ligist:
Naturhotel Enzianhof, Oberwald, Tel. 03143/21 06.
Lockenhaus:
Burg Lockenhaus, Tel. 02616/27 66.
Maria Fieberbründl
Gasthof Rosmann, Tel. 03334/29 00.
Minihof-Liebau:
Landhofmühle, Minihof-Liebau, Tel. 03329/28 14.
Moschendorf:
Zur Alten Mühle, Strem, Tel. 03324/245.
Mureck:
Gasthof Pension Steirerland, Grazer Straße 40, Tel. 03472/27 52.
Pischelsdorf
Gasthof Zur neuen Post, Tel. 03113/22 16.
Pöllau:
Gasthof Stalzer, Görzgasse 142, Tel. 03335/22 76.
Pöllauberg:
Hotel Restaurant Retter, Pöllauberg 88, Tel. 03335/26 90.

Schwanberg:
Hotel-Restaurant Zum Schwan, Hauptplatz 4, Tel. 03467/82 27.
Seibersdorf:
Waldhof Mara, Seibersdorf 84, Tel. 03338/25 65.
Semriach:
Bürgerhof, Semriach 51, Tel. 03127/82 35.
Söchau:
Hotel Hubertushof, Söchau 37, Tel. 03387/22 43.
Maiers Hotel Oststeirischer Hof, Söchau 3, Tel. 03387/22 32.
St. Kathrein:
Gasthof-Pension Eder, Tel. 03179/82 35.
St. Nikolai i.S.:
Gasthof und Pension Harkamp, Flamberg 46, Tel. 03185/22 80.
St. Ruprecht a.d. Raab:
Gasthof Hotel Ochensberger, Tel. 03178/27 20.
St. Veit am Vogau:
Kirchenwirt, St. Veit 45, Tel. 03453/23 04.
Gasthof Zur Traube, St. Veit 44, Tel. 03453/25 08.
Stadtschlaining:
Hotel Burg Schlaining, Klingergasse 2–4, Tel. 03355/26 00.
Stainz:
Restaurant-Hotel Stainzerhof, Grazer Straße 2, Tel. 03463/21 15.
Restaurant-Hotel Schilcherland-Hof, Hauptplatz 13, Tel. 03463/23 57.
Straden:
Stradnerhof, Straden 23, Tel. 03473/202.
Stubenberg:
Seepension Erla, Buchberg 70, Tel. 03176/88 89.
Haus Kerngast (das Privatquartier!), Zeil 175, Tel. 03176/81 75.
Szombathely:
Hotel Claudius, Tel. 0036/94/31 37 60.
Hotel Savaria, Tel. 0036/94/31 14 40.
Tieschen:
Gasthof Königsberghof, Tieschen 72, Tel. 03475/22 15.
Trahütten:
Pension Villa Alban Berg, Tel. 03461/265.
Trautmannsdorf:
Kirchenwirt, Trautmannsdorf 6, Tel. 03159/40 64.
Vorau:
Gasthof Zum Goldenen Kreuz, Vorau 26, Tel. 03337/23 68.
Weiz:
Romantikhotel Modersnhof (Haubenlokal), Büchl 32, Tel. 03172/37 47.

KUR/GESUNDHEIT

Bad Blumau:
Therme Blumau, Blumau 100, Tel. 03383/32 00-19.
Bad Gams ob Frauental:
Kneipp-Gesundheitsbetrieb Med.-Rat Dr. Kipper, Bad Gams 88, Tel. 03463/22 66.
Bad Gleichenberg:
Gästeinformation und Kurkommission, Bad Gleichenberg 2, Tel. 03159/22 03. Kur- und Thermenzentrum, Tel. 03159/22 94.
Bad Loipersdorf:
Auskunft: Regionalverband Steirisches Thermenland, Tel. 03155/42 04.
Tourismusverein, Loipersdorf 152, Tel. 03382/82 04-95.
Bad Radkersburg:
Parktherme Bad Radkersburg, Tel. 03476/26 77.
Öffnungszeiten: Mo–Sa 9–21.30 Uhr, So bis 19.30 Uhr.
Kurzentrum, Tel. 03476/22 65.

Bad Tatzmannsdorf:
Kurverwaltung,
Tel. 03353/82 84.
Burgenland Therme,
Tel. 03353/89 90-10.
Bad Waltersdorf:
Auskunft: Informationsbüro,
Tel. 03333/31 50.
Heiltherme Bad Waltersdorf,
Tel. 03333/27 17.
Hartberg:
Gesundheitszentrum Ring-Hotel,
Tel. 03332/608.
Heiligenkreuz a.W.:
Haus der Stille, Rosental 50,
Tel. 03135/826 25, auch für Einzelpersonen, Gastgruppen und Familien mit Kindern. Das Angebot umfaßt Meditationskurse, meditative Tätigkeiten wie Tanz und Malerei, Exerzitien, Bibelarbeit und franziskanische Spiritualität.
Leibnitz:
Gesundfasten bei einer Fastenwanderungen durch das südsteirische Hügel- und Weingebiet, die der Bio-Farmer Toni Krainz jeden Samstag durchführt (Informationen: Tel. 03452/50 61).
Schwanberg:
Moorbad Schwanberg,
Tel. 03467/82 17.
St. Johann bei Herberstein:
Haus der Frauen,
Tel. 03113/22 07. Einzelerholung in Krisensituationen, Erholung für Mütter (mit/ohne Kinder), Familienerholungswochen.

SPORT

FREIZEITZENTREN

Feldbach:
Freizeitzentrum Feldbach, größtes Hallenbad der Steiermark, Tel. 03152/35 30.
Graz/Umgebung:
Freizeitzentrum Schwarzl-See,
Thalerhofstraße 85,
Unterpremstätten,
Tel. 03135/535 77.
Baden, Bootfahren, Angeln, Wasserschilift, Camping, Surfen, Tauchschule, Indoor-Go-Kart, Beachvolleyball, im Winter Eislaufen, 7 km von Graz, in der Nähe des Flughafens, Autobahnabfahrt Unterpremstätten.
Hartberg:
HERZ – Hartberger Erholungszentrum, Wiesengasse 16,
Tel. 03332/633 50, Frei- und Hallenbad, Tennis, Kegeln, Fußball und Volleyball, Massage und Solarium.
Kumberg:
Freizeitzentrum Kumberg, 8 ha großes Areal, Badesee, Tennis, Squash, Tretboote, Asphaltbahnen für Stockschützen, Sauna, Solarium und Restaurant, Tel. 03132/24 75.
Maria Lankowitz:
Freizeitpark Piberstein:
16 ha großer Badesee, Surfen, Segeln und Bootsfahren, Tennishalle und Freiplätze, Sauna und Solarium, See 1,
Tel. 03144/251 11 08.

ANGELN

Bad Gleichenberg:
Drei kleinere Fischteiche in Bad Gleichenberg, Anmeldung:
Tel. 03159/22 41.
Bad Radkersburg:
Im Drauchenbach, in der Mur und im Liebmannsee. Auskunft:
Tel. 03476/24 95.
Bad Waltersdorf:
Im Safen- und im Saifenbach sowie im Naturteich der Gemeinde Großhart-Auffen.

Blumau:
In der Lafnitz und im Safenbach, Auskunft: Tel. 03383/22 06.
Fürstenfeld:
25 km unregulierte Fischgewässer an Feistritz, Lafnitz und Lahn. Eine Fischereierlaubnis ist bei Josef Habersack erhältlich, Tel. 03382/536 91.
Ilz:
Im Ilzbach, Auskunft: Kaufhaus Baronigg, Tel. 03385/261.
Kaindorf
Fischteich Saifenbach, Gasthaus Gartlgruber, Tel. 03334/22 84.
Mureck:
Röcksee, Misselsdorfer und Murecker Murfischen.
Pöllau:
Winzendorfer Teiche, Veronika Oswald, Winzendorf 36, Tel. 03335/29 42.
Riegersburg:
Fischteich, Auskunft: Gemeindeamt, Tel. 03153/204.
St. Andrä/Höch:
FFZ-Trifthanslteich, Tel. 03457/32 74.
Wies:
Fischerrunde Krariegl Pitschgau. Auskunft: Max Poscharnik, Tel. 03465/22 58.

BADEN
Bärnbach:
Schloßbad Bärnbach, Tel. 03142/620 78.
Burgau:
Strandbad Burgau, Tel. 03383/23 55.
Fürstenfeld:
Das größte Freibad Europas, Tel. 03382/208.
Gleinstätten:
Badesee Gleinstätten, Tel. 03457/22 15.
Gleisdorf:
Freizeitbad Gleisdorf, Tel. 03112/23 12.
Großsteinbach:
Badesee Großsteinbach, Tel. 03386/208.
Kleinwöllmiß:
Hirzmannsperre, wildromantischer kleiner Badesee.
Leibnitz:
Sulmsee, Tel. 03452/828 66.
Riegersburg:
Seebad Riegersburg, Tel. 03153/264.
St. Nikolai i.S.:
Waldschacher Teich mit Segelschule, Campingplatz und öffentlicher Badeanstalt.
Straß:
Planksee, Tel. 03453/26 89.
Wildon:
Badesee Wundschuh, Tel. 03135/535 33.

BALLONFAHREN
Feldbach:
Gernot Krenn, Gniebing 158, Feldbach, Tel. 03152/22 80.
Graz:
1. Österreichischer Mongolfieren- und Aerostatic-Club, Schießstattgasse 53, Tel. 03571/23 04.
Ballonsportclub Graz, Heinrichstraße 7, Tel. 0316/37 33 04.
Hofkirchen:
Ballon Hotel Thaller, Hofkirchen 51, Tel. 03334/22 62.
Stubenberg:
Peterhof, Stubenberg 11, Tel. 03176/88 01.

CAMPING
Bad Radkersburg:
Parktherme, Tel. 03476/26 77.

Burgau:
Am Schloßweg, Auskunft:
Tel. 03383/22 22.
Fürstenfeld:
Campingweg 1,
Tel. 03382/549 40.
Gleinstätten:
Tel. 03457/33 44.
Jennersdorf:
Freizeitzentrum 3,
Tel. 03329/461 33.
Leibnitz:
Neben der Sulm,
Tel. 03452/824 23.
Camping Schloß Seggau,
Tel. 03452/824 35.
Mureck:
Röcksee, Auskunft beim Tourismusverein Gosdorf am Röcksee, Gosdorf 180, Tel. 03472/24 03.
Stubenberg:
Camping (und Pension) Steinmann, Buchberg 85,
Tel. 03176/390.

FALLSCHIRMSPRINGEN

Graz:
Fallschirmspringerclub Graz, Graz-Thalerhof, Tel. 0316/29 30 01, 571 11 32.

FLIEGEN, PARAGLEITEN, DRACHENFLIEGEN

Dietersdorf am Gnasbach:
Modellflugplatz, Auskunft: Karl Sand, Tel. 03151/83 73, oder Gemeindeamt Dietersdorf am Gnasbach, Tel. 03477/32 92.
Fürstenfeld:
Sportflieger-Club Fürstenfeld,
Tel. 03382/526 66.
St. Michael:
USFC Punitz, Rundflüge über das südliche Burgenland und die Oststeiermark, St. Michael, Untere Hauptstraße 165,
Tel. 03327/86 84.
Stubenberg:
Flugschule Fun2Fly, Freienberg 40, Tel. 03176/80 30 (Paragleiten und Drachenfliegen).

GOLF

Bad Gleichenberg:
Golfclub Bad Gleichenberg, 9-Loch-Anlage, Am Hoffeld 3,
Tel. 03159/37 17.
Bad Loipersdorf:
Thermengolfanlage Loipersdorf, 18-Loch-Golfplatz, Gillersdorf 50, Tel. 03382/85 33.
Bad Tatzmannsdorf:
Golf & Country Club Bad Tatzmannsdorf, 18- und 9-Loch-Anlage, Golfplatz 2,
Tel. 03353/82 82-700.
Deutschlandsberg:
Golfclub Schloß Frauental, 18-Loch-Anlage, Ulrichsberg 7,
Tel. 03462/57 17.
Freiberg:
Golfclub Gut Freiberg, 9-Loch-Anlage, Freiberg 32,
Tel. 03112/62 70.
Graz:
Golfpark Graz, Grazer Messe, Tel. 0316/81 08 93, 16 Abschlagplätze, Chip- und Pitchbereich, Puttinggreen.
Golfzentrum Andritz-Graz, 9-Loch-Anlage, Andritzer Reichsstraße 157, Tel. 0316/67 68 20
Hartberg:
Golf-Übungsplatz Hartberg, 9-Loch-Anlage, Am Ring,
Tel. 03332/626 15.
Maria Lankowitz:
Golfclub Erzherzog Johann, 18-Loch-Anlage, Puchbacher Straße 109, Tel. 03144/69 70.
Thal:
Grazer Golf Club, 9-Loch-Anlage, Windhof 137,
Tel. 0316/57 28 67.

RADFAHREN

Bad Loipersdorf/ Bad Waltersdorf:
In der Radregion Bad Waltersdorf – Fürstenfeld – Therme Loipersdorf gibt es insgesamt 27 markierte Radwanderwege. Das dreiteilige Kartenset erhält man über den Regionalverband Steirisches Thermenland.

Bad Radkersburg:
Klöcher Weinland-Tour, 9 km von und nach Bad Radkersburg; durchwegs flache Strecke auf Nebenstraßen, Familientour, grüne Tafeln: RA 7. Radkarten: Bad RADkersburg – Radkersburger Teich- und Hügelland: 3teiliges Kartenset.

Birkfeld:
Bummelbahn-Radweg, 35 km auf der Trasse der ehemaligen Schmalspurbahn von Birkfeld nach Ratten und zurück. Verkehrsfrei, ebene Strecke, ideale Familientour.

Burgau:
200 km markierte Radwege rund um Burgau. Für leistungsorientierte Radfahrer: Der Steirische Thermen-Radwanderweg «R 12» führt über Burgau. Mountainbikestrecke im Ort. Radverleih und Rückholdienst vorhanden.

Deutschlandsberg:
Sulmtal-Radweg, 44 km, von Deutschlandsberg nach Kaindorf, fast immer auf Nebenstraßen, ausgeschildert mit «R1». Karten: «Sulmtal-Radweg», erhältlich bei den Tourismusvereinen und bei allen gekennzeichneten Radwirten. Schilcher-Radweg, 22,5 km, von Deutschlandsberg nach Eibiswald, auf Nebenstraßen und Radwegen, ausgeschildert mit «R4».

Graz:
75 km langes Radwegnetz, 300 Radabstellplätze, 20 Servicestellen, 3 Radverleihstellen. In den Fußgängerzonen dürfen Räder nur geschoben werden! Radverleihstellen: Graz-Hauptbahnhof, Tel. 0316/984 85 08. Bicycle, Kaiser-Franz-Josef-Kai 56 und 66 sowie Rechbauerstraße 57, Tel. 0316/82 13 57.

Großsteinbach:
60 km markierte Radwege mit Verbindungswegen zu den Thermen Waltersdorf und Blumau sowie zum Wallfahrtsort Maria Fieberbründl.

Klöch:
Steirisches Radhotel Klöcherhof, Klöch 4, Tel. 03475/22 06, Radverleih, Abholdienst (nach langen Touren), spezielle Radlerwochen und geführte Touren.

Pöllau:
Fahrradverleih Kleindienst, Märzgasse 120, Tel. 03335/22 40.

REITEN

Anger:
Reitstall Holzer, Fölz 157, Tel. 03861/22 90.

Bad Gleichenberg:
Haus Grandl, Bad Gleichenberg 62, Tel. 03159/34 90.
Anton Fortmüller, Trautmannsdorf, Tel. 03159/20 86.

Bad Radkersburg:
Johann Durils, Zelting 8, Tel. 03476/28 62.

Bad Waltersdorf:
Dietlinde Duml, Untermayerhofen 208, Tel. 03333/25 09.

Blumau:
Reitstall Franz Heschl, Blumau 39, Tel. 03383/22 02.

Feldbach:
Reiterzentrum Saurugg, Gniebing bei Feldbach, Tel. 03152/371 35.
Fürstenfeld:
Mehrere Reitställe rund um Fürstenfeld, Auskunft beim Tourismusverband.
Großklein:
Reiterhof Großklein, Tel. 03456/21 15.
Hollenegg:
Reitanlage Hollenegg, Rettenbach 2, Tel. 03462/53 64.
Ilz:
Reitstall Vanek, Schloß Benndorf, Tel. 03385/221.
Kaindorf
Reitstall Rath, Kaindorf 278, Tel. 03334/29 36.
Klöch:
J. Hatzl, Gruisla 22, Tel. 03475/29 45.
Stubenberg:
Michlhof, Tel. 03176/88 97.
Weiz:
Reit- und Fahrverein Leska, Mortantsch, Tel. 03172/675 28.

SCHIESSPORT

Voitsberg:
Schießsportarena Zangtal, eine der modernsten Schießanlagen Europas, Tel. 03142/223 08.

EINKAUFEN/BAUERNMÄRKTE

Adressen von Weinbauern, die edle Tropfen ab Hof verkaufen, finden Sie auf Seite 32 und 33.

Arnfels:
Arnfelser Klapothek, Arnfels 37, Tel. 03455/66 44, regionale Spezialitäten und Kunsthandwerk. Jeden Sa vormittags Bauernmarkt.
Bad Gams ob Frauental:
Bauernmarkt jeden Do 8–11.30 Uhr vor dem Kindergarten. Schilcherkeller, Furth 8, Tel. 03463/31 07.
Bad Waltersdorf:
Bauernmarkt bei der Heiltherme, Di, Do und Fr 14–18 Uhr, Sa 14–17 Uhr.
Ehrenhausen:
Fr nachmittags Bauernmarkt im Stauderhof am Hauptplatz.
Feldbach:
Bauernmarkt am Hauptplatz, Di 14–16 Uhr, Sa 6–10 Uhr.
Großklein:
Holzschnitzereien, Familie Strohmeier, Mattelsberg, Tel. 03456/25 03.
Großsteinbach:
Ölmühle Auer, Großsteinbach 78, Tel. 03386/276, Kernöl und andere bäuerliche Produkte. Bäckerei Wachmann, Großsteinbach 81, Tel. 03386/279. Friedrich Eibel, der letzte Faßbinder der Region, Kroisbach a.d. Feistritz 67, Tel. 03386/223.
Hartberg:
Bauernmarkt Dienstag und Freitag nachmittags am Kernstockplatz beim Stadtpark.
Kaindorf:
Bauernmarkt bei der Baumschule Loidl, Sa 9–12 Uhr. Bauernmarkt im Teichhof, Juni bis September, Do 17–19 Uhr. Stutenmilchhof Loidl, Kaindorf 48, Tel. 03334/26 97, täglich ab 9 Uhr geöffnet.
Leibnitz:
Mi und Sa vormittags Bauernmarkt im Marenzipark. Vinothek im City-Kauf am Hauptplatz, Tel. 03452/729 50. Ölmühle Hartlieb, Heimschuh 107, Tel. 03452/825 51.

Ligist:
Schafwoll- und Webstube, Ligist 41, Tel. 03143/23 16.
Markt Hartmannsdorf:
Bauern- und Ikonenmalerei Maria Müllner, Tel. 03114/28 21.
Mureck:
Jeden Samstag Bauernmarkt vor dem Rathaus.
Oberfeistritz:
Stutenmilchgestüt Töchterlehof, Oberfeistritz 190, Tel. 03175/22 14. Führungen und Kostproben tgl. 10, 11, 14, 15 und 16 Uhr.
Oberwart:
Mittwochs Wochenmarkt am Hauptplatz.
Plankenwarth
Plankenwarther Keramik, Familie Schwarz, Plankenwarth 52, Tel. 03123/32 48.
Pöllau:
Ölmühle Fandler, Prätis 1, Tel. 03335/22 63, 13 verschiedene Öle.
Lebzelterei Ebner, Lamberggasse 31, Tel. 03335/23 50. Sa 8–12 Uhr Bauernmarkt.
Ratschendorf:
Pechmanns Alte Ölmühle, Ratschendorf 188, Tel. 03474/73 50, Kernöl, Buschenschank.
Rechnitz:
Vinothek Reichermühle, Faludigasse 5, Tel. 03363/797 50, geöffnet: 1.5.–31.10., Mo–Sa 16–19 Uhr, So, Fei 15–19 Uhr.
Söchau:
Im Informationsbüro können Kräuter, Kräuterschnäpse, Tees, Öle und Tinkturen gekauft werden.
St. Magdalena:
Kreatives Kunsthandwerk Uitz, St. Magdalena 84, Tel. 03332/88 66.
Stainz:
Prinzental, Biobetrieb mit Schafzucht und Fischzuchtteichen, Ab-Hof-Verkauf und Führungen, Tel. 03462/54 74.
Stainz:
Vinothek im «Schilcher Stöckl» in Rassach 25, Tel. 03464/43 33, über 40 verschiedene Schilcherweine. Geöffnet ist Di–So 10–12 und 14–18 Uhr.
Stegersbach:
Bauernmarkt jeden Freitag nachmittag.
Stubenberg:
Bauernmarkt am See, während der Badesaison tgl. 11–13 und 15–17 Uhr; im Ortszentrum jeden Fr 14–17 Uhr.
Nostalgiebrennerei Hödl-Hof, Stubenberg 21, Tel. 03176/85 02.
Weiz:
Bauernmarkt mittwochs und samstags Vormittag.

JÄHRLICH WIEDERKEHRENE VERANSTALTUNGEN

Deutschlandsberg:
Die Internationale Sommerakademie für Operngesang veranstaltet jedes Jahr im April einen Operngesangswettbewerb. Außerdem wird von Ende Juli bis Anfang August eine Sommerakademie abgehalten. Information: Internationale Sommerakademie für Operngesang, Hauptplatz 20, Tel. 03462/23 77.
Eggenberg:
Eggenberger Schloßkonzerte, Juni bis September, Information: Tel. 0316/83 02 55.
Feldbach:
Feldbacher Sommerspiele, Juni/Juli: Konzerte, Ausstellungen, Theater, Kabarett, Auskunft: Tel. 03152/22 02.

Gleisdorf:
Theatertage Gleisdorf im Juni, Auskunft: Tel. 03112/39 02.
Graz:
steirischer herbst, Palais Attems, Sackstraße 17/1, Tel. 0316/877 38 35.
styriarte, klassisches Musikfestival mit Nikolaus Harnoncourt, Juni/Juli, Information: Tel. 0316/82 50 00.
Freiluftbühne auf den Kasematten, Juni/Juli, Information: Tel. 0316/80 00.
Grazer Berg- und Abenteuerfilmfestival (November), Information: Tel. 0316/81 42 23.
Güssing:
Im Sommer finden auf der Burg Güssing Burgspiele statt. Auskunft: Tourismusverband, Tel. 03322/423 11-23, und im Burgmuseum, Tel. 03322/434 00.
Hartberg:
Oststeirischer Musiksommer, Konzerte von Mai bis September an verschiedenen Orten des Bezirks, Auskunft: Tel. 03332/642 13. Schloßhofserenade im Juni.
Neuhaus am Klausenbach:
Im September findet in Neuhaus ein großer Mostkirtag statt.
Oberwart:
Ende August findet hier die größte Publikumsmesse des Burgenlandes, die INFORM statt.
Stadtschlaining:
Jährlich am 1. Dezembersonntag findet hier der bekannte Christkindlmarkt statt.
Straden:
Alternierend: Stradner Straßen Spektakel und Aufg'spült & Ang'sungen, Wolfgang Seidl, Straden 25, Tel. 03473/20 72.
Voitsberg:
Weststeirische Theatertage im Mai, Auskunft: Tel. 03142/241 29.
Vorau:
Musikwochen, Juli/August. Literarische Sommerwoche, Ende August. Auskunft: Bildungshaus Vorau, Tel. 03337/28 15 42.

AUSFLUGSTIPS

Arzberg:
Schaustollen Arzberg, Tel. 03179/233 10, Führungen: 1.5.–26.10., Sa, So und Fei 11–17 Uhr und nach Voranmeldung.
Bärnbach:
Glasbläser-Museum der Firma Stölzle Glas, Hochtregisterstraße 1, Tel. 03142/629 50, Besichtigung und Werksverkauf: Mo–Fr 9–17 Uhr, Sa, So und Fei 9–13 Uhr, sonn- und feiertags allerdings nur Mai bis Oktober! Führungen durch die Glashütte: Mo–So, Glasbläser bei der Arbeit nur Mo–Fr 10 und 11 Uhr, Gruppen gegen Voranmeldung.
Eggenberg:
Jagdmuseum Eggenberg, Tel. 0316/58 32 64-16 und -40, Öffnungszeiten: 1.3.–30.11., tgl. 9–12 und 13–17 Uhr. Dem Museum ist ein Wildpark mit freilebendem Muffelwild, Wasser- und Ziervögeln, Pfauen und Fasanen angeschlossen.
Gerersdorf:
Freilichtmuseum Gerersdorf, Tel. 03328/322 55, Öffnungszeiten: Ostern bis Ende Oktober, Mo, Mi, Do, Fr 8–15 Uhr, Sa, So und Fei 10–12, 15–18 Uhr.

Güssing:
Drei Kilometer außerhalb von Güssing in Richtung Strem liegt der Naturwildpark Güssing mit Pferdegestüt, Straußenzucht und Tierschutzgehegen.
Information: Forstverwaltung Draskovich, Tel. 03322/24 19.
Herberstein:
Tierpark Herberstein, Öffnungszeiten: tgl. 9–18 Uhr, in der Wintersaison nur an Wochenenden.
Auskunft: Tel. 03176/22 50.
Kaag:
Die Weltmaschine von Kaag. Familie Gsellmann, 8332 Kaag bei Edelsbach, Tel. 03115/29 83.
Piber:
Bundesgestüt Piber,
Tel. 03144/33 23. Führungen: Ostern bis Ende Oktober, 9–10.15 Uhr, 14–15.15 Uhr.
Die Führung dauert etwas mehr als eine Stunde.
Rannach:
Alpengarten, Rannach 15,
Tel. 0316/69 30 31, Öffnungszeiten: 1.4.–30.9., tgl. 8–18 Uhr; 1.10.–31.3., Mo, Di, Do–So 8–16 Uhr, Mi 8–15 Uhr.
Riegersburg:
Greifvogelwarte Riegersburg,
Tel. 03153/73 90, Öffnungszeiten: Anfang April bis Ende Oktober, 10–16 Uhr.
Flugvorführungen finden, außer bei Schlechtwetter, Mo–Sa 11 und 15 Uhr, So und Fei 11, 14 und 16 Uhr statt, Dauer, je nach Wetterlage, 40–50 Minuten.
Söchau:
Kräutergarten Söchau, Besichtigung nach Anmeldung im Café Wilfling,
Tel. 03387/22 80, oder im Gemeindeamt, Tel. 03387/22 61, jederzeit Mai bis Oktober.

LITERATUR – AUSWAHL

Gerhard **Baumgartner**: Geschichte der jüdischen Gemeinde zu Schlaining, 1988.

Clemens Johann **Brandtner**: Religiöse Darstellung und christliches Brauchtum in den Pfarren des Stiftes Rein, 1991.

Dehio-Handbuch. Die Kunstdenkmäler Österreichs: Steiermark, 1982.

Die Vierzehn Nothelfer. Geschichte, Darstellung und Kult, Katalog, 1993.

Gernot **Fournier**: 100 Jahre Stainzer Bahn, 1992.

Reinhard P. **Gruber**: Das Schilcher ABC, 1988.

Susanne **Haupt**: Herberstein. Vielfalt und Tradition, 1996.

Maike **Höffken**: Die heilende Kraft der Stutenmilch, 1995.

Josef A. **Janisch**: Topographisch-statistisches Lexikon von Steiermark mit historischen Notizen und Anmerkungen, 3 Bände, 1885.

Kirsner und **Peternell** (Hg.): Der Bezirk Güssing im Wandel der Zeit, 1995.

Kirsner und **Peternell** (Hg.): Der Bezirk Jennersdorf im Wandel der Zeit, 1995.

Barbara **Kaiser**: Schloß Eggenberg, 1994.

Rochus **Kohlbach**: Steirische Bildhauer. Vom Römerstein zum Rokoko, Graz.

Peter **Krenn**: Die Oststeiermark, 1981.

... nach Amerika, Katalog zur Burgenländischen Landesausstellung, 1992.

Alfred **Niel**: Die Feistritztalbahn, 1970.

Herbert **Paschinger**: Steiermark. Sammlung geographischer Führer, Band 10, 1974.

Gerhard **Polzer**: Steirischer Freizeit Atlas, 1993.

Viktor H. **Pöttler**: Führer durch das Österreichische Freilichtmuseum, 1985.

Viktor H. **Pöttler**: Geschichte und Realisierung der Idee des Freilichtmuseums in Österreich, 1991.

Johann **Praßl**: «Mei Hoamat» zwischen Raab und Gleichenberg, 1988.

Gerhard **Roth**: Gsellmanns Weltmaschine, 1986.

Schloß **Eggenberg**: Landesmuseum Joanneum, 1994.

Gerald **Schöpfer** und Friedrich **Liechtenstein**: Steirisches Thermenland - Vulkanland, 1996.

Franz **Simon**: Bäuerliche Bauten und Geräte, Südburgenland und Grenzgebiet, 1982.

Werner **Tscherne**: Von Lonsperch zu Deutschlandsberg, o.J.